CB069322

UM NOVO BRASIL
O Despertar do Gigante Adormecido
"em berço esplêndido"

Américo de Souza

e-mail: americodesouza@uol.com.br
sites: www.tributounico.com.br
          www.umnovobrasil.com.br
          www.americodesouza.com

Ensaio

Impresso no Brasil
Outubro de 2006

Américo de Souza

UM NOVO BRASIL
O Despertar do Gigante Adormecido
"em berço esplêndido"

*Propostas para a
Solução dos
Problemas Brasileiros*

m.BOOKS

M. Books do Brasil Editora Ltda.

Av. Brigadeiro Faria Lima, 1993 - 5º andar - Cj. 51
01452-001 - São Paulo - SP - Telefones: (11) 3168-8242 / (11) 3168-9420
Fax (11) 3079-3147 - e-mail: vendas@mbooks.com.br
site: www.mbooks.com.br

Um Novo Brasil: O Despertar do Gigante Adormecido "em berço esplêndido"
(Propostas para a Solução dos Problemas Brasileiros)
Copyright © Américo de Souza, 2006
Todos os direitos reservados. Direitos exclusivos para o Brasil cedidos à M. Books do Brasil Editora Ltda. Proibida a reprodução total ou parcial por qualquer meio.

EDITOR
MILTON MIRA DE ASSUMPÇÃO FILHO

Leitura Crítica (ordem alfabética): Advogado (tributarista e constitucionalista), mestre e doutorando em Direito pela USP e professor universitário Antonio Riccitelli (S. Paulo-SP); comunicador Clarimundo Vilanova (Salvador-BA); desembargador e professor universitário José Filgueiras (S. Luís-MA); contador (com especialidade em tributação e créditos tributários) Gilberto Freitas (Porto Alegre-RS); advogada Maria de Lourdes da Costa Souza (Balneário Gaivota-SC); advogado e administrador de empresas Sálvio Medeiros Costa, ex-secretário da Receita Federal (Brasília-DF); engenheiro (com especialidade em siderurgia) Tomaz Félix de Sousa Saraiva (Belo Horizonte-MG); analista de sistema Uriel Agria (Rio de Janeiro-RJ); arquiteto e professor universitário Walter Américo da Costa Souza, Eng., MSc. (Brasília-DF)
Assessoria ao projeto editorial: Fernando Américo de Souza, Arq. (Purley, UK)
Revisão: Jó Saldanha (Porto Alegre-RS)
Capa e editoração em Page Maker: Valmor Barbosa da Cunha (Sombrio-SC)

Dados Internacionais de Catalogação na Publicação (CIP)
(Biblioteca Pública do Estado do Rio Grande do Sul, Brasil)

S719n Souza, João Américo de, 1932 –
   Um Novo Brasil: O Despertar do Gigante Adormecido "em berço esplêndido". / Américo de Souza. – São Paulo : M. Books do Brasil, 2006.
   500 p. ; il.

ISBN 85-7680-007-1

1. Administração pública – economia – Brasil. 2. Finanças – Brasil. 3. Desenvolvimento social – Brasil. 4. Reforma fiscal – Brasil. 5. Reforma tributária – Brasil. 6. Patrimônio – Brasil. 7. Cultura – Brasil. 8. Organização sócio-cultural – Brasil. 9. Organização social – Brasil. 10. Política – Brasil. 11. Problemas brasileiros. I. Souza, Américo de. II. Título.

CDU: 308(81)
   321(81)
   336.225(81)
   338(81)
   351.72(81)

Catalogação elaborada por Simone Peixoto Maia, CRB-10/1537

Um Novo Brasil
O Despertar do Gigante Adormecido
"em berço esplêndido"

Sinopse

> Neste novo livro, o autor indica os rumos que o país deve seguir para o seu rápido e consistente **DESENVOLVIMENTO** com disponibilidade orçamentária para **investimentos** e **atendimento ao social**, com **aumento da renda real** *per capita* sem inflação e com **geração de empregos** compatível com as necessidades da população de todas as idades.
>
> São **PROPOSTAS** exeqüíveis e de resultados positivos imediatos para **SOLUÇÃO** efetiva dos problemas brasileiros.

A seguir, em síntese, alguns de seus principais objetivos:

1.   **Reduzir drasticamente o número de órgãos públicos, incluídos os ministérios, com eliminação da superposição de competências e atividades** (III-1, p. 13).

*

2.   **Promover a profissionalização do servidor público civil e assegurar-lhe remuneração compatível com a qualificação exigida e a responsabilidade funcional** (III-5, p. 15).

*

3.   **Instituir um novo modelo econômico com adoção de Tributo Único (unicidade tributária) de 10% sobre recebimentos de valor de qualquer natureza (Dízimo Cívico) propiciador de redução da carga tributária para as pessoas físicas e jurídicas e de aumento da arrecadação pública** (IV-1, p. 25).

*

4.   **Extinguir todas as atuais bases de cálculo (bases de tributação), provocando a eliminação de todos os impostos, taxas, emolumentos e contribuições, incluídas as previdenciárias (laboral e patronal), responsáveis pelas receitas dos orçamentos públicos, e substituí-las por uma única outra: recebimentos de valor. Essa nova forma de tributação também põe fim à guerra fiscal entre os Estados e entre os Municípios** (IV-2, p. 26; IV-3, p. 27; IV-12, p. 35).

*

5. **Reativar o Programa Nacional de Desestatização - PND**, a ser executado pelo CND (Conselho Nacional de Desestatização), com destinação dos resultados dos leilões de concessões e de privatizações exclusivamente ao pagamento da Dívida Pública Mobíliária Federal Interna (títulos em mercado) de responsabilidade do Tesouro Nacional (V-4, p. 43).

*

6. **Reduzir a zero o depósito compulsório bancário** sem direcionamento dos valores liberados, o que, por conseqüência, provocará a diminuição dos juros de mercado (VI-3, p. 61).

*

7. **Estimular o ingresso e o retorno, com isenção tarifária, de dinheiro de brasileiros e de estrangeiros residentes no país depositados no exterior** e propor ao Congresso Nacional a revogação de imputação de ilícitos fiscal e penal nos casos de remessa fora dos padrões oficiais (VI-11, p. 70).

*

8. **Anistiar as dívidas dos Estados e Municípios para com a União** (VI-17, p. 73).

*

9. **Promover a anistia fiscal e tributária ampla, geral e irrestrita às pessoas físicas e jurídicas por seus débitos para com o Poder Público** (VI-18, p. 74).

*

10. **Extinguir todos os processos administrativos e judiciais de caráter financeiro e de natureza fiscal em que pessoas físicas e jurídicas demandem contra o Poder Público** (VI-19, p. 75).

*

11. **Anistiar as dívidas contraídas ao amparo do SFH para aquisição e construção de habitação unifamiliar e extinguir os fundos de compensações salariais** (VI-21, p. 76).

*

12. **Extinguir as dívidas securitizadas de todas as origens**, incluídas as contraídas pelo setor agrícola no pimeiro semestre de 2006 em conseqüência do atraso das medidas governamentais para atender a agricultura em crise (VI-22, p. 77).

*

13. **Fixar metas econômicas para o período de 2007-2010**: crescimento econômico a uma taxa mínima de 7,2% a. a. tendo por objetivo elevar o PIB-Brasil para 6% do PIB-Mundial, elevar a exportação nacional para 6% das exportações mundiais, reduzir os juros reais para o máximo de 3% a. a., e dobrar o poder aquisitivo do trabalhador e a renda *per capita* da população (renda das famílias), ambição factível em função do novo modelo econômico aqui proposto e da ativação da economia dele decorrente (VII-1, p. 81).

*

14.   Incorporar ao salário do trabalhador/funcionário de empresas privadas os 8% do FGTS atualmente depositados pelo empregador na CEF a crédito do Fundo de Garantia do Tempo de Serviço e transformá-lo em Fundo de Investimento e Previdência Privada do Trabalhador, com adesão facultativa (XII-4, p. 121; A.XVII-6, p. 359).

*

15.   Promover a revisão da legislação cível e penal com modernização do procedimento de apuração penal e adoção de penas mais severas por crimes contra a pessoa humana, contra a economia nacional e popular, e por crimes de contrabando de armas e de tráfico de drogas (XVI-2, p. 155).

*

16.   Federalizar a Educação Básica pública (Educação Infantil, Ensino Fundamental e Ensino Médio), com um total de quatorze anos-escola (a partir dos quatro anos de idade) e carga horária diária de onze horas (de 7h30min às 18h30min), e com obrigatoriedade de matrícula e freqüência (XXII-2, p. 198; XXII-2.8, p. 202).

*

17.   Conceder por meio eletrônico (sem intermediário e sem burocracia) bolsa de estudo integral a todos os estudantes carentes e bolsa de estudo parcial (proporcional à capacidade de pagamento) aos demais estudantes em todas as universidades e faculdades de ensino privado (XXII-5, p. 207).

*

18.   Transformar as universidades federais em fundações privadas com autonomia pedagógica e financeira, e administração a cargo de um Conselho Gestor composto de representantes dos professores, dos funcionários e dos estudantes, sem a participação do Estado (XXII-6, p. 208).

*

19.   Anistiar as dívidas, vencidas e vincendas, para com o FIES (Fundo de Financiamento ao Estudante do Ensino Superior), de responsabilidade dos atuais e ex-estudantes (XXII-7, p. 210).

*

20.   Oferecer atendimento médico e tratamento hospitalar gratuitos em todo o sistema de saúde privado a todas as pessoas que não puderem pagar e atendimento médico e tratamento hospitalar com pagamento proporcional à capacidade (de pagamento) das demais pessoas (XXVI-1, p. 225).

*

21.   Transformar o serviço público de saúde em fundações privadas com autonomia financeira e administração a cargo de um Conselho Gestor composto por representantes do corpo médico, do grupo de enfermagem e dos funcionários de cada unidade (XXVI-2, p. 227).

Sumário

Dedicatória – XXV

Agradecimentos – XXVII

Citações (Tancredo Neves, Marcel Proust e David Ben Gurion) – XXIX

Apresentação – XXXI

Prefácio – XXXIII

Introdução ao Texto – XXXVII

Advertência – XLI

Busca Remissiva – XLIII

Parte I
    Um Novo Brasil – 1

Capítulo I
    Um Novo Brasil: Reestruturação do Estado Brasileiro – 3
        I-1   O Estado – 3
        I-2   A Função do Estado – 3
        I-3   Reestruturação (Reengenharia) do Estado Brasileiro – 3

Capítulo II
    Desenvolvimento Nacional – 7
        II-1   Saneamento das Finanças Públicas – 7
        II-2   Fortalecimento das Organizações Empresariais Brasileiras de Capital Nacional – 8
        II-3   "Sonhando com os Brics: o caminho para 2050" – 9
        II-4   Conselho Nacional Curador do Patrimônio da União, do Tesouro Nacional e da Dívida Pública – 10

Capítulo III

Diminuição do Peso da Administração Pública na Economia Nacional – 13
- III-1   Administração Federal – 13
- III-2   Exercício da Presidência da República – 13
- III-3   Gestão de Custos, Prestação de Contas e Fiscalização dos Gastos Públicos – 14
- III-4   Comportamento Ético – 14
- III-5   Funcionalismo Público – 15
- III-6   Subsídios, Vencimentos e Soldos – 16
- III-7   Aposentadorias – 19
- III-8   Processos de Licitação – 21
- III-9   Viaturas Públicas – 22
- III-10   Audiência Pública – 23
- III-11   Agências Reguladoras – 23

Capítulo IV

Novo Modelo Econômico Propiciador da Redução da Carga Tributária e do Aumento da Arrecadação Pública – Dízimo Cívico – 25
- IV-1   Novo Modelo Econômico – 25
- IV-2   Uma Única Base de Cálculo – 26
- IV-3   Extinção dos Atuais Impostos, Taxas, Emolumentos e Contribuições – 27
- IV-4   Um Único Tributo Arrecadatório – 27
- IV-5   Formas de Arrecadação – 27
- IV-6   Alíquota Única de 10% para o Tributo Único (Dízimo Cívico) – 29
- IV-7   NFSP e Comprovação da Capacidade Arrecadatória do Dízimo Cívico – 31
- IV-8   Distribuição da Arrecadação do Dízimo Cívico para os Entes Federados – 32
- IV-9   Extrato Diário *on line* da Arrecadação Pública – 33
- IV-10   Geração de Novos Empregos – 33
- IV-11   Algumas Outras Vantagens da Adoção do Dízimo Cívico – 33
- IV-12   Fim da Guerra Fiscal entre os Estados e entre os Municípios e da Disputa Quanto ao Local de Recolhimento Tributário – 35
- IV-13   Base Tributária Universal Dentro do País – 36
- IV-14   Dízimo Cívico: um Tributo Bíblico, Justo e Eficaz – 36
- IV-15   Novo Conceito de Carga Tributária das Pessoas – 37

Capítulo V

Dívidas Públicas e Privatizações – 39
- V-1   Dívida Interna – 39
- V-2   Juros e Encargos da Dívida Pública Mobiliária Federal Interna – 42

Sumário XIII

V-3	Dívida Externa – 43
V-4	Privatizações – 43
V-5	Plebiscito e Regulamentação pelo Congresso Nacional – 57
V-6	Privatizações pela Ótica de Outros Brasileiros – 57

Capítulo VI
    Economia e Finanças – 59

VI-1	Equilíbrio Orçamentário – 59
VI-2	Banco Central – 59
VI-3	Redução do Depósito Compulsório – 61
VI-4	Copom e Juros Básicos – 62
VI-5	Juros de Mercado – 63
VI-6	Política Cambial – 64
VI-7	Compra e Venda de Câmbio – 66
VI-8	Inflação – 67
VI-9	Mercado de Capitais – 69
VI-10	Pagamento de Empréstimos e Financiamentos Bancários – 69
VI-11	Retorno do Dinheiro Remetido para o Exterior por Brasileiros ou Estrangeiros Residentes no País – 70
VI-12	Casa da Moeda – 71
VI-13	Empresas *Offshore* – 71
VI-14	Risco-Brasil – 72
VI-15	Política Habitacional – 72
VI-16	Microcrédito Rural e Periférico – 72
VI-17	Anistia das Dívidas dos Estados e Municípios para com a União – 73
VI-18	Anistia Fiscal e Tributária Ampla, Geral e Irrestrita às Pessoas Físicas e Jurídicas por seus Débitos para com o Poder Público – 74
VI-19	Extinção de Todo o Contencioso Administrativo e Judicial de Caráter Financeiro e de Natureza Fiscal e Tributária em que Pessoas Físicas e Jurídicas sejam Partes Contra o Poder Público – 75
VI-20	Depósitos Judiciais – 76
VI-21	Transferência para a CEF dos Débitos de Toda a Carteira de Financiamentos Habitacionais em Poder do Sistema Bancário Privado e Anistia das Dívidas Contraídas pelo Mutuário com o SFH para Aquisição ou Construção de Habitação Unifamiliar com a Quitação dos Respectivos Empréstimos e Extinção dos Fundos de Compensações Salariais – 76
VI-22	Extinção das Dívidas Securitizadas – 77

XIV *Sumário*

        VI-23   Precatórios – 78
        VI-24   Cartões de Crédito – 78
        VI-25   Cupom Fiscal – 78

Capítulo VII
    Desenvolvimento, Indústria e Comércio – 81
        VII-1   Desenvolvimento – 81
        VII-2   BNDES – 82
        VII-3   Desenvolvimento Regional – 83
        VII-4   Indústria – 85
        VII-5   Indústria do Lixo – 92
        VII-6   Comércio – 92
        VII-7   Comércio Virtual – 92
        VII-8   Comércio de Aparelhos Eletroeletrônicos – 93
        VII-9   Atividades Informais – 93
        VII-10   Equiparação das Empresas Estrangeiras às Nacionais – 93
        VII-11   Extinção dos Monopólios – 94
        VII-12   Registro e Extinção (baixa) de Empresa – 94
        VII-13   Conselho de Desenvolvimento Econômico e Social – 94

Capítulo VIII
    Exportação e Importação – 97
        VIII-1   Exportações – 97
        VIII-2   Profissionalização do Exportador – 98
        VIII-3   Importações – 99
        VIII-4   Manejo Portuário e Aeroportuário das Exportações e Importações – 99

Capítulo IX
    Turismo – 101
        IX-1   Desenvolvimento do Turismo – 101
        IX-2   Formação Profissional – 102
        IX-3   Ecoturismo – 102
        IX-4   Turismo Cultural – 102
        IX-5   Turismo Externo Receptivo – 103
        IX-6   Turismo Sexual – 103
        IX-7   Feriadões – 104
        IX-8   Promoção do Brasil no Exterior – 104
        IX-9   Limpeza das Praias – 105

Capítulo X
    Agricultura e Meio Ambiente – 107
        X-1   Plano Trintenário – 107

X-2   Agronegócio – 107
X-3   Embrapa – 109
X-4   Frutas para Exportação – 109
X-5   Lavoura de Subsistência – 110
X-6   Pecuária e Suinocultura – 110
X-7   Ovinos e Caprinos – 111
X-8   Couros e Peles – 110
X-9   Avicultura – 111
X-10 Eqüinos – 111
X-11 Reforma Agrária e os Sem-Terra – 111
X-12 Recadastramento Imobiliário Urbano e Rural – 112
X-13 Reflorestamento – 112
X-14 Indústria Madeireira – 113
X-15 Reserva Amazônica – 113
X-16 Proteção Ambiental – 113
X-17 Ecologia – 113
X-18 Preservação das Fontes de Água – 113
X-19 Crédito de Carbono – 114
X-20 Seca no Sul e no Norte do País – 114
X-21 Seguro do Crédito Agrícola – 115

Capítulo XI
    Caça e Pesca – 117
        XI-1   Caça – 117
        XI-2   Peles Naturais – 117
        XI-3   Pesca – 118

Capítulo XII
    Trabalho – 119
        XII-1   Salário Mínimo – 119
        XII-2   Pleno Emprego – 120
        XII-3   Flexibilização Trabalhista – 121
        XII-4   Fundo de Garantia – 121
        XII-5   Operários e Secretários Domésticos – 123
        XII-6   Profissionais Liberais e Autônomos – 123
        XII-7   Trabalho Infantil – 123
        XII-8   Trabalho Escravo – 124
        XII-9   Sindicatos e Entidades de Classe – 124
        XII-10 Código Nacional do Trabalho e Código de Processo do Trabalho – 124

Capítulo XIII
    Minas e Energia – 125
        XIII-1 Reservas Minerais – 125

XIII-2   Energia Elétrica – 125
XIII-3   Hidrelétrica – 126
XIII-4   Energia Nuclear – 127
XIII-5   Termelétrica – 129
XIII-6   Reservas Carboníferas – 130
XIII-7   Energia Alternativa de Origem Vegetal – 131
XIII-8   Energia Eólica e Solar Fotovoltaica – 132
XIII-9   Outras Fontes de Energia – 133
XIII-10   Hidrogênio Veicular – 134

Capítulo XIV
    Transportes – 135
        XIV-1   Grandes Eixos Rodoferroviários – 135
        XIV-2   Rodovias – 136
        XIV-3   Recuperação das Rodovias – 137
        XIV-4   Ferrovias – 138
        XIV-5   Anéis Viários – 140
        XIV-6   Trens de Alta Velocidade – 141
        XIV-7   Rodovias Estaduais – 141
        XIV-8   Estradas Vicinais Municipais – 142
        XIV-9   Farol Baixo nas Estradas – 142
        XIV-10   Transporte Marítimo – 142
        XIV-11   Portos e Vias de Acesso (VIII-4) – 143
        XIV-12   Transporte Aéreo – 145
        XIV-13   Empresas de Aviação Nacionais – 146
        XIV-14   Transportes Urbano e Suburbano – 147
        XIV-15   Ônibus Urbano e Suburbano – 148
        XIV-16   Táxis e Transporte Urbano Alternativo – 148
        XIV-17   Carros de Aluguel – 149

Capítulo XV
    Comunicações – 151
        XV-1   Telecomunicações – 151
        XV-2   Meios de Comunicação – 151
        XV-3   Rádios e Televisões Estatais – 152

Capítulo XVI
    Justiça – 155
        XVI-1   Maioridade Penal, Pena Máxima de Reclusão e o Instituto do Júri Popular – 155
        XVI-2   Legislação Cível e Penal – 155
        XVI-3   Procedimento Judicial em que o Poder Público for o Autor – 156
        XVI-4   Procedimento Judicial em que o Poder Público for o Réu – 157

XVI-5   Proteção ao Direito Autoral – 157
XVI-6   Revisão Integral da Legislação Federal – 158
XVI-7   Acesso dos Pobres à Justiça – 158
XVI-8   Foro Privilegiado, *Habeas Corpus*, Fiança, Liberdade Provisória, Liberdade Condicional, Prisão Domiciliar, Prisão Especial, Prisão Administrativa, Prisão Temporária, Relaxamento de Flagrante, Regimes Aberto e Semi-aberto, Sursis (suspensão condicional da pena), Prescrições Penais, Visita de Advogados, Visita Íntima e de Familiares, e outras Regalias (TV, celulares, comida especial e bebidas, revistas, roupas, tênis, cigarros etc.) – 159
XVI-9   CADE – 162
XVI-10   Criação de Mais Duas Unidades Federativas com a Divisão dos Estados do Amazonas e do Pará – 162
XVI-11   Multas – 163
XVI-12   Reforma Política – 163

Capítulo XVII
    Segurança Pública – 165
       XVII-1   Segurança Pública – 165
       XVII-2   Terminal Eletrônico, a Grande Arma do Policial em Ronda Preventiva – 168
       XVII-3   Polícias Federal e Estaduais – 169
       XVII-4   Unificação das Polícias Militar e Civil – 170
       XVII-5   Guarda Municipal – 171
       XVII-6   Sistema Prisional – 171
       XVII-7   Corpo de Bombeiros – 172
       XVII-8   Detran – 172

Capítulo XVIII
    Cidadania – 175
       XVIII-1   Cidadania – 175
       XVIII-2   Ministério Público – 175
       XVIII-3   Direito e Liberdade de Associação – 175
       XVIII-4   Registro Geral (de Identidade) com base na Lei Pedro Simon e Cartão Eletrônico de Identidade – 176
       XVIII-5   Idosos – 179
       XVIII-6   Deficientes Visuais – 180
       XVIII-7   Deficientes Físicos – 180
       XVIII-8   Crianças – 180
       XVIII-9   Creches Comunitárias Gratuitas para Todas as Crianças Carentes – 181
       XVIII-10   Meninos de Rua – 181
       XVIII-11   "Meninos do Tráfico" – 182

XVIII Sumário

	XVIII-12	Estudantes – 183
	XVIII-13	Prostituição Infantil – 183
	XVIII-14	Homossexualismo – 183
	XVIII-15	Imigrantes – 184
	XVIII-16	Inclusão Social (Bolsa-Família e Bolsa-Escola) – 184
	XVIII-17	Investimento Social e os Sem-Tetos – 186
	XVIII-18	Incorporação Social dos Habitantes do Semi-Árido – 186
	XVIII-19	Aposentados e Pensionistas (III-7) – 186
	XVIII-20	Reintegração das Pessoas na Sociedade Econômica do País – 187
	XVIII-21	Propaganda Enganosa – 187
	XVIII-22	Garagens e Estacionamentos – 188

Capítulo XIX
    Corrupção – 189
        XIX-1   Corrupção – 189
        XIX-2   Licitações Públicas – 190
        XIX-3   Quebra de Sigilo Fiscal e Bancário – 190
        XIX-4   Prêmio por Denúncia de Corrupção e Fraude – 190
        XIX-5   Processos e Condenações pela Prática de Corrupção e Fraude – 191
        XIX-6   Repatriamento e Ressarcimento aos Cofres Públicos do Principal e dos Ganhos Originários de Corrupção e Fraude (VI-11) – 192
        XIX-7   Cadastro Único de Registro de Imóveis – 192

Capítulo XX
    Droga – 193
        XX-1   Droga – 193
        XX-2   Bolsas de Tratamento e Recuperação de Dependentes Químicos – 194
        XX-3   Penas mais Severas aos Traficantes – 194

Capítulo XXI
    ONGs – 195
        XXI-1   ONGs – 195
        XXI-2   ONG "Amigos do Bem" – 195

Capítulo XXII
    Educação – 197
        XXII-1   Educação: Prioridade nº 1 – 197
        XXII-2   Federalização da Educação Básica Pública (Educação Infantil/Pré-Escola, Ensino Fundamental e Ensino Médio) – 198
        XXII-3   Turmas Diferenciadas para Alunos Especiais – 205

	XXII-4	Educação Superior – 205
	XXII-5	Bolsas de Estudo para os Estudantes nas Universidades e Faculdades da Rede Privada Obtidas por Meio Eletrônico – 207
	XXII-6	Transformação das Universidades Federais em Fundações Privadas – 208
	XXII-7	Anistia das Dívidas para com o Fies – 210
	XXII-8	Cursos Profissionalizantes – 210
	XXII-9	Escolas Técnicas Profissionalizantes Federais – 210
	XXII-10	Livro Didático – 210
	XXII-11	Analfabetismo – 211
	XXII-12	Ensino na Área Rural – 211
	XXII-13	Ensino do Idioma do País de Nascimento dos Participantes da Colonização Brasileira – 211

Capítulo XXIII
    Cultura – 213
        XXIII-1   Valorização da Intelectualidade – 213
        XXIII-2   Bibliotecas e Museus – 213
        XXIII-3   Arquivo Nacional – 214
        XXIII-4   Registro de Obras de Arte – 214
        XXIII-5   Programas Culturais – 215
        XXIII-6   Cultura Indígena – 215
        XXIII-7   Cultura Negra – 215
        XXIII-8   Acervo Cultural dos Imigrantes – 215
        XXIII-9   Grupos Étnicos – 215
        XXIII-10   Patrimônio Cultural – 216
        XXIII-11   Canto e Música – 216
        XXIII-12   Ensino de Balé, de Dança de Rua, de Violão e de Outras Expressões da Arte – 216

Capítulo XXIV
    Ciência e Tecnologia – 219
        XXIV-1   Ciência e Tecnologia – 219
        XXIV-2   Embriões Humanos e Medicina Regenerativa – 220
        XXIV-3   Pesquisa Científica Transgênica – 220
        XXIV-4   Lei de Biossegurança – 220
        XXIV-5   Biotecnologia e Nanotecnologia – 221
        XXIV-6   Convênios com Universidades – 221

Capítulo XXV
    Esporte e Lazer – 223
        XXV-1   Esporte Amador e Universitário – 223
        XXV-2   Esporte Profissional – 224

XXV-3 Lazer – 224

Capítulo XXVI
　Saúde – 225
　　XXVI-1　Atendimento Médico e Tratamento Hospitalar Gratuitos pelo Serviço de Saúde Privado – 225
　　XXVI-2　Transformação do Serviço de Saúde Pública em Fundações Privadas – 227
　　XXVI-3　Serviço Odontológico Gratuito por Clínicas Odontológicas do Setor Privado – 228
　　XXVI-4　Transformação do Serviço de Saúde Pública Odontológica em Fundações Privadas – 229
　　XXVI-5　Hospitais Psiquiátricos – 229
　　XXVI-6　Hospitais de Recuperação Locomotora – 229
　　XXVI-7　Unidades Móveis de Saúde – 230
　　XXVI-8　Santas Casas de Misericórdia – 231
　　XXVI-9　Mortalidade Infantil – 231
　　XXVI-10　Planejamento Familiar – 231
　　XXVI-11　Aborto – 231
　　XXVI-12　Transplante, Doação e Recepção de Órgãos Humanos – 231
　　XXVI-13　Eutanásia – 232
　　XXVI-14　Saneamento Básico – 232
　　XXVI-15　Controle Sanitário – 233

Capítulo XXVII
　Política Externa – 235
　　XXVII-1　ONU e Outros Organismos Internacionais – 235
　　XXVII-2　Mercosul – 236
　　XXVII-3　ALALC – 237
　　XXVII-4　ALCA – 237
　　XXVII-5　Acordos Bilaterais – 238
　　XXVII-6　Desenvolvimento Regional das Fronteiras – 238
　　XXVII-7　Paraguai – 238
　　XXVII-8　Uruguai – 239
　　XXVII-9　Haiti – 239
　　XXVII-10　Regimes de Exceção – 240
　　XXVII-11　Grupos Armados Ilegais Colombianos (FARCs, ELN, AUC e Outros) – 240
　　XXVII-12　Representações Diplomáticas – 241
　　XXVII-13　Maior Integração com os Países que Participaram da Colonização Brasileira – 241
　　XXVII-14　Vistos Consulares – 242

Capítulo XXVIII
    Forças Armadas – 245
        XXVIII-1   Segurança Nacional – 245
        XXVIII-2   Marinha, Exército e Aeronáutica – 246
        XXVIII-3   Novas Unidades (de Serviço) das Forças Armadas – 246
        XXVIII-4   Forças Armadas em Tempos de Paz – 247
        XXVIII-5   Reservistas – 247
        XXVIII-6   CPORs – 248
        XXVIII-7   Tiros-de-Guerra – 248
        XXVIII-8   CTA – 248
        XXVIII-9   Programa Espacial – 248
        XXVIII-10   Bens (tesouros) no Fundo do Mar – 250

Conclusão – 251

Parte II
    Novo Sistema Tributário Nacional (Anexo) – 253

Capítulo A.I
    Novo Sistema Tributário Nacional – Instituição do Dízimo Cívico – 255

Capítulo A.II
    Novos Paradigmas para o Sistema Tributário Nacional e seus Fundamentos Econômicos – NFSP e Estimativa de Receita do Dízimo Cívico – 261

Capítulo A.III
    Flat Tax e sua Expansão no Leste Europeu – 275

Capítulo A.IV
    Réplica aos Contrários – 277
        Seção I   Cumulatividade (em cascata) – 277
        Seção II   Desintermediação Bancária – 282
        Seção III   Dolarização – 284
        Seção IV   Insuficiência Arrecadatória – 285
        Seção V   Monetização – 285
        Seção VI   Neutralidade – 287
        Seção VII   Progressividade – 288
        Seção VIII   Seletividade – 289
        Seção IX   Subsídios e Isenções – 290
        Seção X   Unicidade da Base de Cálculo – 291
        Seção XI   Unicidade de Linguagem Tributária Internacional – 292
        Seção XII   Verticalização – 293

Capítulo A.V
    Extinção dos Atuais Impostos, Taxas, Emolumentos e Contribuições (IV-3) – 295

Capítulo A.VI
    Instituição do Dízimo Cívico sobre Recebimentos de Valor de Qualquer Natureza (IV-1) – 301

Capítulo A.VII
    Recebimentos Tributáveis – 305

Capítulo A.VIII
    Recebimentos Não-Tributáveis – 313

Capítulo A.IX
    Regulamentação pelo Banco Central – 319

Capítulo A.X
    Providências Administrativas pela Receita Federal – 325

Capítulo A.XI
    Impostos Extrafiscais (Regulatórios) de Importação e Exportação – 335

Capítulo A.XII
    Extinção da Declaração de Ajuste Anual do Imposto de Renda (Receita Federal) e Instiuição da Declaração Estatística Nacional (IBGE) – 339

Capítulo A.XIII
    Desregulamentação e Simplificação da Atividade Empresarial – 341

Capítulo A.XIV
    Deflação Momentânea – Queda do Índice Geral de Preços – Aumento Real *Per Capita* do Poder Aquisitivo do Trabalhador e Expansão do Nível de Emprego – 343

Capítulo A.XV
    Fim do Déficit Público – Equilíbrio Fiscal (Déficit Nominal Zero) e Reativação da Economia – 347

Capítulo A.XVI
    Transferência/Distribuição do Dízimo Cívico à União, aos Estados, ao Distrito Federal e aos Municípios – 351

Capítulo A.XVII
    Considerações Finais – 357
        Seção I   Integração (sem unificação) dos Fiscos Federal, Estaduais, Municipais e do Distrito Federal – 357
        Seção II   Adicional de Compensação às Perdas Salariais dos Agentes-Fiscais – 357

	Seção III	Extinção das Benesses Fiscais/Tributárias – 358
	Seção IV	Compensação pela Perda dos Incentivos Fiscais/Tributários – 358
	Seção V	Contribuição para Terceiros (INSS) e Seguro de Acidentes do Trabalho – 359
	Seção VI	Fundo de Garantia do Tempo de Serviço (FGTS) - (IV-11, b; XII-4.1) – 359
	Seção VII	IPVA e o Seguro Obrigatório – 360
	Seção VIII	Dízimo Cívico e os Tributos Municipais – 361
	Seção IX	Dízimo Cívico e Reforma Agrária (X-11) – 362
	Seção X	Tributação (Imposto de Renda) nos Estados Unidos – 365
	Seção XI	Malogro do "Imposto Único" em Outros Países – 365
	Seção XII	Diálogo Esclarecedor – 367
	Seção XIII	Certificação de Recolhimento do Dízimo Cívico – 368
	Seção XIV	Casos Omissos – 369
	Seção XV	Dízimo Cívico, Ainda sem Similar – 369
	Seção XVI	Fim do Desvio de Receita para Burlar o Fisco – 370

Parte III
    Apêndices – 373

    Programa Rodoferroviário, Obras e Providências Especiais Prioritárias – 375
        Rodovias (XIV-2) – 375
        Ferrovias (XIV-4) – 393
        Obras e Providências Especiais Prioritárias – 396

    Manifestações sobre Trabalhos do Autor – 403

    Críticas e Observações Generalizadas à Forma e ao Conteúdo de *Um Novo Brasil* – 407

    Agradecimento Especial – 413

    Resumida Biografia Iconográfica do Autor – 417

    ... e uma poesia para finalizar – 431

Bibliografia – 433

Índice Onomástico e Temático – 439

Dedicatória

A todos os brasileiros e estrangeiros aqui residentes que desejam viver em um Brasil melhor.

Aos colegas da turma *Ministro Nelson Hungria*, da antiga Faculdade de Direito de São Luís (Maranhão), pelo jubileu de nossa graduação, ocorrida em 10 de dezembro de 1955.

Agradecimentos

Aos familiares, amigos e às demais pessoas que contribuíram, direta ou indiretamente, para que as idéias do autor se transformassem em propostas, e estas se materializassem em livro, os mais reconhecidos agradecimentos.

Àqueles, nominados ao final, que aprimoraram este trabalho com subsídios, críticas e sugestões, a gratidão renovada do autor.

> *Enquanto houver, neste país, um só homem*
> *sem trabalho, sem pão, sem teto e sem letras,*
> *toda a prosperidade será falsa.*
> Tancredo Neves

Por isso, apressemo-nos

> *Em busca do tempo perdido.*
> Marcel Proust

Pois,

> *O difícil a gente faz imediatamente.*
> *O impossível leva um pouco mais de tempo.*
> David Ben Gurion

Apresentação

À sociedade brasileira, ávida por viver **um novo Brasil**, apresentamos este conjunto de **propostas** transformadoras do país e capazes de torná-lo uma **grande nação do presente**.

Intencionalmente, seu texto é despido de tecnicismo desnecessário, de estatísticas, gráficos, tabelas e cálculos matemáticos dispensáveis, objetivo que perseguimos para tornar mais atrativa sua leitura e facilitar a assimilação das **propostas** por todos os leitores, sem considerar a sua qualificação profissional.

> *Na verdade, para maior objetividade, demos às PROPOSTAS a formatação de um PROGRAMA DE GOVERNO.*

A leitura poderá ser feita de acordo com o interesse despertado ao leitor, independentemente da seqüência dos capítulos ou mesmo dos parágrafos, mas os assuntos, às vezes, não se esgotam em seu próprio capítulo ou parágrafo; eles se entrelaçam como elos de uma mesma corrente.

A seqüência dos capítulos não atende à ordem alfabética – até porque não existe um padrão oficial para titulá-los – ou à importância dos assuntos tratados (cada pessoa tem o seu próprio conceito de prioridade das matérias abordadas). Procuramos, no entanto, agrupá-los e ordená-los, tanto quanto possível, conforme o assunto do capítulo anterior.

A revisora, sempre muito atenta na correção dos deslizes do Autor, não poderá ser responsabilizada pelas transgressões de normas e critérios, que intencionalmente afrontamos com o objetivo de despertar maior atenção para o termo ou o texto.

Críticas e sugestões serão bem-vindas para o aprimoramento deste trabalho. Aguardamos e agradeceremos sua manifestação via Internet: americodesouza@uol.com.br. O Brasil e o seu povo não podem esperar.

Turimar, Balneário Gaivota - Santa Catarina, em 10 de agosto de 2006.

Prefácio

Como nasceu *UM NOVO BRASIL*?

No decorrer de 1991, sob o título *Sugestões para uma Reforma Geral do Brasil no âmbito Fiscal/Tributário e Monetário (com incursões pelos setores Educacional e de Saúde) e instituição do Dízimo Cívico*, escrevemos o primeiro ensaio em que se pretendeu reestruturar a relação de tratamento entre o Estado brasileiro e seus cidadãos. Distribuído à comunidade acadêmica a partir de 1992, com o título original, logo depois substituído para *Brasil Além do Primeiro Mundo*, provocou importantes manifestações favoráveis.

Duas delas, que a seguir transcrevemos, vieram dos economistas **Persio Arida** e **Edmar Bacha**, formuladores, juntamente com André Lara Resende, do Plano Cruzado, em 1986 (governo do presidente José Sarney), e do Plano Real, em 1994 (governo do presidente Itamar Franco).

Embora essas manifestações datem do início da estruturação das propostas, estas, presentemente bastante ampliadas e reescritas, continuam mantendo a mesma linha de pensamento e os mesmos objetivos.

De **PersioArida**:

> *Registrando o recebimento de sua atenciosa carta, datada de 9 de setembro de 1993, agradeço o envio do estudo "Brasil além do Primeiro Mundo"*.*
>
> *Acrescento que a leitura do estudo em referência permitiu-me antever um Brasil do futuro, que existirá quando superados os óbices hoje existentes, os quais, certamente, serão vencidos a partir do esforço conjunto e da participação de todos que, a exemplo de V. Exª, se disponham a colaborar para a consecução desse grande projeto.*
>
> (Rio de Janeiro, 29 de outubro de 1993)
>
> * Um dos títulos provisórios de *Um Novo Brasil*, em fase preliminar.

De **Edmar** Lisboa **Bacha**:

> *Li, com interesse, sua proposta de uma reforma geral do Brasil, que creio apontar corretamente para o norte que devemos buscar. Espero que o trabalho que estamos fazendo no Ministério da Fazenda possa fazer o país aproximar-se, pelo menos um pouco, do ideal que seu texto vislumbra.*
> *Grato pela contribuição.*
>
> (Brasília, 18 de novembro de 1993)

Em 1994, destacou-se do trabalho original a parte relativamente à proposição de uma reforma tributária, desenvolveu-se o seu texto e lhe foram acrescentadas pormenorizações, que foi publicada, em agosto de 1998, com o título **TRIBUTO ÚNICO - *Novo Paradigma Para Uma Reforma Tributária Moderna, Justa e Eficaz*** (MAKRON *Books* do Brasil Editora Ltda., São Paulo-SP, 1998, www.tributounico.com.br).

Porém, tendo em vista o recrudescimento dos problemas que já então apontávamos tenuamente, acrescidos de outros que também estão a reclamar objetiva solução, e a receptividade ao tema, como um todo, quando das palestras que temos proferido, resolvemos retomar o projeto de sua publicação na integralidade das propostas, ampliando-as e compatibilizando-as às necessidades e urgências atuais (julho de 2006). Primeiramente, com o título original: *Brasil Além do Primeiro Mundo*. Depois, *Brasil Rumo ao Primeiro Mundo*, e, finalmente, *Um Novo Brasil: O Despertar do Gigante Adormecido "em berço esplêndido"* (Propostas para a Solução dos Problemas Brasileiros).

O título **UM NOVO BRASIL** deve-se às alterações positivas que a adoção das propostas aqui explicitadas provocará ao país, às suas empresas e à vida de todos os cidadãos brasileiros.

Introdução ao Texto

"O Brasil não cresce há vinte anos. Comparadas às décadas de 1960 e 1970, as duas últimas se caracterizaram pela persistência de um crescimento quase nulo da renda por habitante. Uma invariância ainda mais antiga pode ser observada nos indicadores de desigualdade da distribuição de renda brasileira. Há trinta anos, esses indicadores são essencialmente os mesmos, com pequena piora nos anos de hiperinflação (fim da década de 1980) e retorno aos níveis da década de 1970, após o Plano Real." (A Agenda Perdida: diagnósticos e propostas para a retomada do crescimento com maior justiça social, Affonso Celso Pastore, José Alexandre Scheinkman, Marcos de Barros Lisboa e outros.[1 (p. XXXIX)]

Rio de Janeiro-RJ, Internet, setembro de 2002).

Diante de tão estarrecedor diagnóstico, que não sofreu

alteração substancial após essa data (setembro de 2002), torna-se imprescindível e inadiável fazer o Brasil crescer sua economia em ritmo mais acelerado, de modo a aumentar a riqueza nacional e proporcionar sua melhor distribuição via geração de empregos necessários ao atendimento da demanda do país.

Porém, a persistência de uma imensa carga tributária que pesa sobre as pessoas físicas e jurídicas e a insuficiência de receita do Poder Público para cumprimento (sem contingenciamento orçamentário) de seus compromissos financeiros advindos da dívida interna inibem o desenvolvimento consistente do país, que continuará manietado se preservado o atual modelo econômico responsável por essa situação. É preciso romper essa barreira, e acreditamos firmemente que encontramos o meio de fazê-lo.

Estamos convencidos de que o novo modelo econômico conseqüente do Sistema Tributário Nacional que propusemos à Nação, em síntese no Capítulo IV e pormenorizado na Parte II, provocará esse rompimento, diminuindo a carga tributária das pessoas físicas e jurídicas e aumentando a arrecadação do Poder Público nos três níveis de governo: União, Estados (incluído o Distrito Federal) e Municípios.

Os superávits fiscais, que serão imediatamente produzidos em conseqüência da implantação desse novo Sistema Tributário Nacional, proporcionarão as condições financeiras para o atendimento das atuais necessidades nacionais e das principais e justas aspirações do povo brasileiro.

Neste trabalho, partindo da instituição do novo modelo econômico que torna vigente o **Dízimo Cívico**, pretendemos indicar como será possível construir-se **UM NOVO BRASIL**.

A reforma tributária proposta pelo governo em 2003, aprovada pelo Congresso Nacional, bem como as programadas para os anos de 2005 e 2007 tornar-se-ão dispensáveis. A reforma previdenciária perderá seu caráter confiscatório e a dívida pública será substancialmente reduzida com o seu pagamento – principal, juros e encargos –, porém, sem representar óbices ao investimento público.

Em ***UM NOVO BRASIL***, tal como em ***TRIBUTO ÚNICO***, não tivemos preocupação com o que determinam a Constituição e as leis vigentes, que deverão ser alteradas. Nosso objetivo foi o de produzir propostas que possam promover o indispensável **crescimento econômico do Brasil**, com **geração de empregos** e **responsabilidade social**, única forma de se obter o **desenvolvimento nacional** consistente e contínuo.

---

[1] (p. XXXVII) Os demais subscritores do trabalho *A Agenda Perdida: diagnósticos e propostas para a retomada do crescimento com maior justiça social* são Aloísio Pessoa de Araújo, André Urani, Armando Castelar Pinheiro, José Marcio Camargo, Leandro Piquet Carneiro, Maria Cristina Pinotti, Maria Cristina Trindade Torres, Naércio de Aquino Menezes-Filho, Pedro Cavalcanti Ferreira, Pedro Olinto, Reynaldo Fernandes, Ricardo Paes de Barros, Rozane Bezerra Siqueira e Samuel de Abreu Pessoa.

Advertência

**Para se construir UM NOVO BRASIL
há que se alterar a Constituição de 1988 e as leis
em todos os pontos em que estas PROPOSTAS
com elas colidirem.**

**Tendo em vista a importância de que se revestem,
essas alterações certamente serão apreciadas e
votadas pelo Congresso Nacional tão rapidamente
quanto possível, a exemplo de outras reformas
constitucionais e legais que, por seu caráter
prioritário, já receberam do Congresso Nacional
tratamento privilegiado.**

Busca Remissiva

A fim de propiciar fácil localização na busca remissiva de determinado assunto, deu-se a cada parágrafo, em algarismo romano, a indicação do capítulo onde se encontra inserido, seguido do número arábico indicador de sua posição no respectivo capítulo. Quando o algarismo romano vier antecedido da letra "A" (de Anexo), trata-se de matéria integrante da Parte II (pormenorização do novo Sistema Tributário Nacional).

Exemplos: III-5 significa que o assunto se encontra inserido na Parte I, Capítulo III, 5º parágrafo; A.VI-2, indica que a matéria será encontrada na Parte II (Anexo), Capítulo VI, 2º parágrafo.

Parte I

Um Novo Brasil

Capítulo I

Um Novo Brasil: Reestruturação do Estado Brasileiro

> *Para obter-se a solução dos problemas nacionais tornam-se prioritárias a reestruturação do Estado brasileiro e sua modernização.*

I-1 **O Estado** – Na acepção do Direito Público, Estado é uma nação politicamente constituída e organizada, regulada por uma Constituição.

I-2 **A Função do Estado** – A principal função do Estado é **PROPORCIONAR AOS SEUS CIDADÃOS AS MELHORES CONDIÇÕES DE VIDA POSSÍVEIS**, sem qualquer distinção.

I-2.1 O **Estado Democrático** brasileiro proclamado pela Constituição Federal, ao manter-se incompetente para assegurar à pessoa humana o gozo dos direitos sociais com dignidade (saúde, educação, trabalho, segurança, moradia, lazer, proteção à maternidade e à infância, e assistência material aos desamparados), tornou-se falido e precisa ser repensado. É este o objetivo deste trabalho.

I-3 **Reestruturação (Reengenharia) do Estado**

Brasileiro – Para compelir o Estado a **CUMPRIR SUA FUNÇÃO** é preciso, no caso brasileiro, **REESTRUTURAR** e **MODERNIZAR** o próprio **ESTADO**, a começar pela restrição, ao estritamente essencial, de sua interferência nas áreas da **produção**, do **trabalho** e do **mercado**, e pela expansão, ao limite da competência, de seu apoio à **livre iniciativa**, sempre buscando eliminar da administração pública a burocracia desnecessária, que é encarecedora de custos, protelatória de resultados e estimuladora de corrupção.

I-3.1   Isto não significa que o Estado abdique de monitorar – porém, sem intervir – o processo de **desenvolvimento nacional**, principalmente no que disser respeito à "visão de futuro do país [que deve ficar] acima dos interesses de grupos políticos, acadêmicos e empresariais" (Luís Nassif em *O subdesenvolvimento mental*, FOLHA DE S. PAULO, Internet, 30/7/2004).

I-3.2   A modernização do Estado virá, inexoravelmente, como conseqüência de sua reestruturação nos moldes do que aqui está proposto. Adicionalmente, estudar a implantação do **Programa Estratégico** para o país, em elaboração no Inae (Instituto Nacional de Altos Estudos), que consta de cinqüenta temas seletivos, com destaque para oito deles com maior probabilidade de ocorrência.

> Nota – A coordenação desse **Programa Estratégico** está a cargo do coronel Oswaldo Oliva Neto, da Escola Superior de Guerra, de onde "trouxe o conceito de planejamento estratégico e de visão geopolítica", o qual recebe "a assessoria especial de Maria João Rodrigues, a economista portuguesa que comandou os estudos para a integração da União Européia". (Luís Nassif, *Um salto no planejamento*, FOLHA DE S. PAULO, Internet, 17/6/2005).

I-3.3   É imprescindível, no entanto, ter-se como objetivo principal, nessa reestruturação (reengenharia), o **DE-**

SENVOLVIMENTO NACIONAL, sem o que toda e qualquer providência para modernizar o Estado e impulsionar a economia do país produzirá resultados insuficientes à solução dos atuais problemas enfrentados pelo povo brasileiro. Como suporte desse DESENVOLVIMENTO é indispensável manter íntegros a **legitimidade** do Estado de Direito, as **indiscutíveis** Cláusulas Pétreas, a **soberana inviolabilidade** do patrimônio público e privado, os **sagrados** direitos adquiridos e os **intocáveis** contratos firmados.

Capítulo II

Desenvolvimento Nacional

> *Somente será possível promover o Desenvolvimento Nacional e resolver os principais problemas brasileiros, incluídos os mais urgentes para a população, mediante a execução do saneamento das finanças públicas.*

II-1   **Saneamento das Finanças Públicas** – O saneamento das finanças públicas é fundamental para que se obtenha um consistente **DESENVOLVIMENTO NACIONAL**. E não há como saneá-las sem a prática, prioritariamente, das seguintes básicas providências:

a)   **DIMINUIR O PESO DA ADMINISTRAÇÃO PÚBLICA**, direta e indireta, incluídas as empresas estatais e de capital misto, na economia nacional;

b)   **REDUZIR A CARGA TRIBUTÁRIA DAS PESSOAS FÍSICAS E JURÍDICAS**, em atenção ao clamor da sociedade pela diminuição do número de tributos (impostos, taxas, emolumentos e contribuições, estas, no sentido genérico) e de seu peso sobre as receitas individuais e empresariais;

c) **AUMENTAR A ARRECADAÇÃO PÚBLICA** a fim de suprir as necessidades de atendimento social da população, de investimento pela União, pelos Estados (incluído o Distrito Federal) e Municípios, e de pagamento dos juros e encargos da Dívida Pública Mobiliária Federal (Interna e Externa, de responsabilidade do Tesouro Nacional) e dos juros e encargos das Dívidas Públicas dos Estados e Municípios sem penalizar o cumprimento dos respectivos orçamentos federal, estaduais e municipais; e

d) **PAGAR O MÁXIMO POSSÍVEL DA DÍVIDA PÚBLICA MOBILIÁRIA FEDERAL INTERNA** (títulos em mercado) de responsabilidade do Tesouro Nacional e do Banco Central (remanescente), que já atingiu, em 30/6/2006, a R$ 1.016,10 bilhões, com a integralidade dos valores produzidos pela reativação, por intermédio do CND (Conselho Nacional de Desestatização), dos programas de concessão de exploração de reservas minerais e de serviços públicos, e de privatização de ativos estatais que ao Poder Público e à sociedade não interessem manter federalizados.

II-2 **Fortalecimento das Organizações Empresariais Brasileiras de Capital Nacional** – Concomitantemente ao cumprimento dessas providências, propiciar os meios indispensáveis ao fortalecimento das organizações empresariais brasileiras de capital nacional – em todas as áreas da atividade econômica – para que assumam sua responsabilidade de propulsoras do **DESENVOLVIMENTO NACIONAL** e de **geradoras de empregos**, e tenham condições de se transformar em corporações transnacionais capazes de concorrer em igualdade de condições com os grandes grupos internacionais, para os quais o país está aberto sem qualquer restrição.

II-3 **"Sonhando com os *Brics*[1]: o Caminho para 2050"** – Um estudo da Goldman Sachs, *Dreaming With Brics: The Path to 2050*, de outubro de 2003, colocou o **B**rasil ao lado da **R**ússia, da **Í**ndia e da **C**hina em um bloco de países emergentes predestinados a se tornar, até meados do século 21, a principal força da economia mundial. Considerando que as decisões econômicas, principalmente as relacionadas a investimentos futuros, são tomadas com base em expectativas, ser um *BRIC* é de suma importância no mundo econômico atual. Mas o Brasil, em matéria de crescimento econômico, não está correspondendo às expectativas da Goldman Sachs, considerando seu baixo PIB em 2005, comparativamente aos demais países por ela agrupados (**B**rasil, 2,3%; **R**ússia, 7,0%; **Í**ndia, 8,0% e **C**hina, 9,9% – Fonte: ÉPOCA nº 407, p. 36, de 6/3/2006, com ajustes pelo Autor). É preciso corrigir essa inquietante situação. Para isso, uma das principais medidas visando o **DESENVOLVIMENTO NACIONAL**, além das demais aqui apregoadas, é transformar os países *BRIC* em parceiros, numa espécie de **Mercobric**, como sugere Benjamin Steinbruch em *Ser um Bric* (FOLHA DE S. PAULO, Internet, 14/3/2006), pois neles está, ao que tudo indica e sem desmerecimento das economias norte-americana e européia, o futuro do mundo.

[1] BRIC (sigla, também em inglês, de **B**rasil, **R**ússia, **Í**ndia e **C**hina).

II-3.1 O que falta para o país crescer? José Alexandre Scheinkman resume: "o senso de urgência". A Rússia revolucionou seu sistema tributário com a instituição do *Flat Tax*. A Índia optou por acelerar a desregulamentação (e desburocratização) de sua economia e pela privatização, tal como a de seus dois principais aeroportos, e está investindo na educação e na saúde rurais. A China, por sua vez, aderiu à economia de mercado (mesmo que ainda incipiente). A Coréia do Sul investiu maciçamente na Educação e no fortalecimento de suas instituições empresariais. E o Brasil?, pergunta o Autor, que responde com estas **propostas**.

II-4   **Conselho Nacional Curador do Patrimônio da União, do Tesouro Nacional e da Dívida Pública** – Saneadas as finanças públicas, criar o Conselho Nacional Curador do Patrimônio da União, do Tesouro Nacional e da Dívida Pública, integrado por sete membros, a saber: presidente da República, presidentes do Senado Federal e da Câmara dos Deputados, presidente do Supremo Tribunal Federal e representantes dos empregadores, dos empregados e dos funcionários públicos civis. Os três últimos serão eleitos pelos presidentes das respectivas entidades classistas, dentre eles, com mandato de dois anos, vedada nova eleição em qualquer época.

II-4.1   A principal atribuição do conselho será acompanhar a evolução do patrimônio da União, a situação do Tesouro Nacional e o volume do endividamento público, e aconselhar o presidente da República sobre os assuntos correlatos.

II-4.2   O presidente da República será o seu presidente, que convocará as reuniões, mínimo de uma por trimestre-calendário. As proposições serão apresentadas exclusivamente pelo presidente, o qual poderá convocar, para expor e/ou defendê-las, ministros de Estado, assessores e/ou pessoas estranhas ao serviço público, todos sem direito a voto. Os demais membros do conselho apenas aprovarão ou rejeitarão as proposições e, a título de colaboração, poderão oferecer sugestões. As decisões serão tomadas por um mínimo de quatro votos a favor ou contra, fisicamente presentes os senhores membros do conselho em uma mesma reunião, vedada sua representação por terceiros. Nos casos de férias, licença ou impedimento do titular, este será substituído por quem estiver no exercício legal do respectivo cargo.

II-4.2.1 Não havendo convocação de reunião no trimestre, os demais membros, por unanimidade, convocarão e realizarão, sob a presidência do presidente do Supremo Tribunal Federal, em dependência deste, reunião extraordinária para deliberarem, também por unanimidade, sobre a conveniência de encaminharem ao Congresso Nacional pedido de abertura de processo de cassação do mandato (*impeachment*) do presidente da República.

II-4.3 O conselho não disporá de estrutura administrativa própria. As atividades burocráticas indispensáveis ao seu funcionamento serão executadas pelo Gabinete Civil da Presidência da República e não haverá *jetons* ou qualquer outro tipo de remuneração pelo exercício das funções de Conselheiro. As despesas efetuadas por seus membros não residentes em Brasília serão pagas pelas entidades de que sejam representantes.

Capítulo III

Diminuição do Peso da Administração Pública na Economia Nacional

> *É impossível à administração pública tornar-se ágil em seu funcionamento e eficaz em seus resultados com um número tão grande de ministérios e de órgãos administrativos paralelos (com objetivos superpostos) e de autarquias e empresas estatais.*

III-1   **Administração Federal** – O organograma da administração federal será reordenado e modernizado para sua adequação às estritas necessidades do serviço público, com **DIMINUIÇÃO (drástica) DO NÚMERO DE ÓRGÃOS PÚBLICOS,** incluídos os **MINISTÉRIOS,** e **ELIMINAÇÃO da superposição de competências e atividades**. Quanto às empresas estatais, estas deverão, em sua maioria e o quanto antes, ser privatizadas, reservando-se ao Poder Público o direito de exercer a devida fiscalização institucional de suas atividades, sem, contudo, interferir em sua administração interna.

III-2   **Exercício da Presidência da República** – O exercício da Presidência da República far-se-á tendo por suporte os ministérios e demais órgãos administrativos federais, a Assessoria presidencial e os consultores do presidente, estes sem vinculação empregatícia com o Governo Federal, não implicando o exercício dessa função em qualquer restrição à atividade privada ou pública do consultor presidencial.

III-3 **Gestão de Custos, Prestação de Contas e Fiscalização dos Gastos Públicos** – Instituir o sistema de gestão de custos e adotar mecanismos de prestação de contas e de rigorosa fiscalização dos gastos públicos imediatamente após a execução das despesas, em todas as esferas do Governo Federal, independentemente da atuação da Controladoria-Geral da União e do Tribunal de Contas da União.

III-3.1 Promover estudos para a implantação no serviço público do "conceito de tecnologia de gestão", que vem sendo "trabalhado" por um pequeno núcleo em Brasília, conforme sugere com propriedade o empresário Jorge Gerdau Johannpeter (*O apagão de eficiência*, VEJA, edição 1.902, entrevista a Marcio Aith, Internet, 27/4/2005).

III-3.1.1 Manter convênios com a OSCIP (Organização da Sociedade Civil de Interesse Público) e com o MBC (Movimento Brasil Corporativo) para a urgente implantação de seus programas de gestão em todos os setores do serviço público.

III-3.1.2 Estudar a implantação da Estrutura Organizacional Projetizada de que fala Harold Kerzner, para a gestão de projetos específicos.

III-3.2 Informatizar todo o serviço público e modernizar suas instalações e equipamentos.

III-4 **Comportamento Ético** – Combater de todas

as formas o desvio de comportamento ético do servidor no desempenho da função pública, qualquer que seja o seu cargo ou o nível de sua função.

III-5 **Funcionalismo Público** – Assegurar a profissionalização do funcionalismo público, com planos de carreira adequados e reajustamento de seus vencimentos (incluindo a recomposição das perdas salariais provocadas pela inflação dos últimos anos), compatibilizando-os à qualificação exigida para a função e às responsabilidades do cargo, de forma a recuperar a dignidade da profissão de servidor público e o poder de compra de sua remuneração e a desestimular a busca por outras fontes de custeio de suas despesas, incluídos os compromissos financeiros pessoais.

III-5.1 Exigir o integral cumprimento da Lei Nº 8.112, de 1990, com destaque para o artigo 116, que trata dos deveres funcionais do servidor público.

III-5.2 Reduzir o número de cargos de confiança (em comissão e funções gratificadas) ao mínimo necessário ao funcionamento dos gabinetes dos administradores públicos demissíveis *ad nutum*, e buscar o preenchimento dos cargos e funções de chefia, a partir do secretário-geral de cada ministério, preferencialmente com funcionários concursados já integrantes do quadro permanente da administração pública.

Nota – O número de cargos de confiança (em comissão e funções gratificadas) em nível federal no Brasil é superior a dezenove mil (2006). A Inglaterra e a França têm, cada um, cerca de mil e os Estados Unidos, incluindo toda a administração federal em todo o mundo, por volta de cinco mil.

III-5.3 Instituir cursos de especialização condizentes com as atuais necessidades do serviço público objetivando a profissionalização de corpo burocrático.

III-5.4   Suspender, temporariamente, os concursos públicos e todas as contratações para o serviço burocrático não-especializado até o completo levantamento das reais necessidades da administração pública.

III-5.5   Proceder a rigoroso levantamento do número de servidores contratados de empresas prestadoras de serviço e de seus custos, com especificação de sua qualificação e da efetiva função que desempenham no serviço público.

III-6   **Subsídios, Vencimentos e Soldos** – Enfrentar, com seriedade, a dura realidade dos baixos subsídios dos parlamentares e dos vencimentos dos ministros do Executivo e do Judiciário, bem como dos ocupantes de cargos do segundo escalão do Poder Executivo federal, de forma a torná-los livres dos "penduricalhos" (gratificações, verba de representação sem critérios, "auxílio paletó" etc.) e *fringe benefits* (auxílio-moradia ou moradia gratuita, ou simples taxa de ocupação de valores irrisórios, pagamento de hospedagem em hotéis ou similares, passagens aéreas, auxílio-combustível, cotas para ligações telefônicas, cartões de crédito corporativos, participação em conselhos de empresas estatais ou de economia mista etc.) que os aviltam e se tornam difíceis de serem quantificados e sobre os quais, em muitos casos, não incide a obrigação tributária. É justo que haja uma verba de representação social capaz de cobrir as despesas adicionais que o ocupante de cargo público demissível *ad nutum* ou por mandato de prazo certo seja obrigado a fazer em razão do desempenho de suas funções, mas que esse adicional seja do conhecimento público (por conta de verba orçamentária específica), acessível via Internet, sem subterfúgios ou escamoteações. Que seja, também, enfrentada, sem sofismas e corajosamente, a situação dos baixos soldos dos militares, de modo a lhes devolver o indispensável poder de compra que já tiveram.

Notas – 1. Não é crível, nem admissível, que o presidente da República perceba, como vencimento, menos de 10% do que recebe globalmente um presidente de empresa estatal ou de capital misto; nem que um ministro de Estado ganhe muito menos que um seu subordinado que exerça a presidência, ou até mesmo uma diretoria de empresa pública ou de economia mista vinculada a seu Ministério; ou que um senador da República receba um subsídio inferior ao vencimento de seu próprio chefe de gabinete, ou mesmo de um assessor parlamentar, ou, ainda, que um ministro de Estado, para manter-se em Brasília, recorra a receitas de seus negócios particulares. Um ocupante de cargo público, em defesa da integridade de sua independência, não pode "viver de favor", mesmo que seja de sua empresa, ou do próprio governo, no Distrito Federal. Muito menos aqueles que ocupam cargos e exercem funções de grande relevância e responsabilidade na burocracia federal. Ou terão vencimentos condizentes com a capacitação profissional exigida para o exercício desses cargos e a eminência da função, ou não haverá pessoas qualificadas e honradas para ocupá-los.

2. Quem sabe quanto percebe mensalmente, no total, incluindo tudo (até participação nos lucros), os presidentes da Petrobras, do Banco do Brasil, do BNDES, das hidrelétricas estatais, dos Correios, do Sebrae ou das empresas subsidiárias do Banco do Brasil (incluída a Previ) e da própria Petrobras (incluído o Petros)? Ou até mesmo um funcionário da presidência da República, ou de uma estatal, que tenha o privilégio de ser portador de um cartão de crédito corporativo? Será que esse funcionário, ao utilizar o cartão de crédito, paga o devido Imposto de Renda sobre o que gasta em proveito próprio (salário indireto)?

3. O Poder Público não pode temer a sociedade e dela esconder a verdadeira e efetiva remuneração de seus servidores, sejam eles do Executivo, do Legislativo ou do Judiciário, qualquer que seja o nível de sua função; do presidente da República, que deve ter o maior vencimento da hierarquia pública, ao mais modesto servidor, que deve ser remunerado com um vencimento compatível com sua função.

III-6.1   Adotar uma nova tabela de subsídios, vencimentos e soldos, com valores realistas, sem qualquer tipo de verba extra, seja ela qual for, e sem vinculações ou atrelamentos entre os subsídios, vencimentos e soldos pagos pela União e os pagos pelas Unidades Federativas, e entre os pagos por estas e os pagos pelos Municípios (III-5).

III-6.1.1   O subsídio, o vencimento e o soldo serão para remunerar o exercício da função específica, ou da ocupação do posto militar, considerando a sua importância na hierarquia e/ou a qualificação exigida para o seu ocupante, sem direito a adicionais por tempo de serviço ou de periculosidade, insalubridade ou mesmo por trabalho noturno, nem à participação nos lucros das empresas públicas ou de economia mista cuja privatização a sociedade não permitir. No exercício de uma função com risco de vida, ou em lugares insalubres ou no horário noturno, o vencimento será de tal monta que nele já esteja considerada essa condição. O mesmo ocorrerá nos outros muitos casos. Na hipótese de o funcionário trocar de função (por exemplo, se deixar de trabalhar à noite para trabalhar de dia), seu salário será reduzido, ou seja, a tabela de seu vencimento será outra.

> Nota – Ora, para o exercício de um mesmo cargo ou função não é justo que haja remuneração diferenciada somente porque um servidor tem mais tempo de serviço público que outro, se, para o seu desempenho, todos precisam ter os mesmos requisitos morais e intelectuais. Às vezes, pode até ocorrer a situação em que o servidor mais moderno esteja mais adequadamente capacitado e com maior disposição para o trabalho, o que, possivelmente, representará maior produtividade para o seu setor.

III-6.1.2   Também não haverá mais a participação indireta dos agentes fiscais nos valores das multas aplicadas ou sobre outros valores, em qualquer circunstância. No salário de sua categoria funcional já estará considerada a importância de suas atribuições e a qualificação exigida para exercê-las. O seu salário será compatível com o serviço, seja ele qual for. A mesma situação deverá ocorrer com os militares, que sempre tiveram baixos soldos. Com o transcorrer do tempo, para melhorá-los, foram a eles acrescentados diversos adicionais e vantagens que, no entanto, não resolveram o problema da injusta remuneração.

III-6.1.3 Relativamente aos agentes fiscais das receitas federal, estadual e municipal, não há porque manter sua participação indireta em multas, porquanto não haverá mais multa a cobrar por descumprimento de obrigações tributárias. Sob o novo Sistema Tributário Nacional (que será adotado em substituição ao atual), o tributo devido será preponderantemente arrecadatório, pago pela pessoa jurídica no ato do crédito em conta do valor da venda do produto ou do serviço prestado, ou pela pessoa física, quando do crédito ou recebimento do salário/vencimento/subsídio/remuneração, não mais havendo sonegação tributária. Nos casos de aplicação de multa por infringência de legislação específica (casos de importação, por exemplo), o agente fiscal estará cumprindo o seu dever, e, para isto, não precisará de estímulo, pois já estará recebendo o seu justo salário.

III-7 **Aposentadorias** – A aposentadoria dos servidores públicos civis somente ocorrerá aos **setenta anos de idade**, compulsoriamente, ou por **incapacidade permanente** para o exercício de qualquer função pública. Isto significa dizer que o servidor incapacitado para o exercício de uma função poderá estar apto para o desempenho adequado de outra em sua área, independentemente do tempo de serviço e do sexo. A aposentadoria antes do limite de idade será sempre proporcional não ao tempo de serviço, mas ao tempo que faltar para completar os setenta anos (a idade-limite para permanência do servidor no serviço público). A maior remuneração para a aposentadoria será de 80% dos vencimentos recebidos pelo exercício efetivo da função (ou cargo) em que se aposentar.

Notas −1. Considerando que há consenso de que o servidor público deverá trabalhar pelo menos 35 anos para ter direito à aposentadoria integral – com a mudança de critério da contagem de tempo para ser pleiteada a aposentadoria facultativa (com proventos proporcionais aos anos que faltarem para completar a idade-limite de setenta anos*) –, ser-lhe-ão deduzidos dos 80% remanescentes (100% - 20% = 80%) 2,85714285714% (100/35) por ano que faltar para completar a idade-limite de setenta anos. Pouco importa quantos anos o servidor tenha trabalhado no serviço público (ressalvados os pré-requisitos: dez anos de serviço público e cinco anos de efetivo exercício no cargo ou função pelo qual deseja aposentar-se). Atualmente (julho de 2006), o tempo de serviço é contado sem considerar o nível da função pública que haja exercido ou o ente federado que lhe tenha sido empregador; há, ainda, o caso de desempenho de atividade privada (advocacia) que é equiparada à função pública para efeito de percepção de vantagens (anuênios) e de aposentadoria.

* Proposta de Emenda Constitucional Nº 42, de 2003, aprovada pelo Senado Federal (agosto de 2005) aumenta para 75 anos a idade-limite para a aposentadoria compulsória. Essa PEC já se encontra na Câmara dos Deputados.

2. A diminuição dos proventos em 20% quando da aposentadoria é justificada pelo fato de o servidor não mais precisar deslocar-se diariamente para o serviço e não ser mais instado ao uso de indumentária diferenciada da que passará a usar na aposentadoria, além de eximir-se de outras despesas por não ser obrigado a ausentar-se de casa durante todo o dia.

III-7.1 Os novos servidores públicos que desejarem, eles próprios, responsabilizar-se por sua subsistência depois de aposentados, eximindo o Estado dessa obrigação, por preferirem a liberdade para escolher um fundo de previdência (aposentadoria) privada, terão seus vencimentos acrescidos de 12,36%, a fim de lhes propiciar condições financeiras de pagá-lo (11% do salário/provento/subsídio reajustado) sem comprometimento de seu poder aquisitivo. Uma vez feita a opção, esta não poderá ser revista.

III-7.2 Os atuais servidores públicos, a partir da vigência das novas normas, que desejarem responsabilizar-se por suas próprias aposentadorias, serão aposentados proporcionalmente ao tempo de serviço sob as normas da legislação atual (2006) e, ato contínuo, serão nomeados para o mesmo cargo sob a vigência da nova legislação.

> Nota – Essas normas podem não atender integralmente ao que pleiteia o Mosap (Movimento dos Servidores Aposentados e Pensionistas), mas restabelecem, em parte, a situação anterior, corrigindo as distorções da legislação atual (julho de 2006). Independentemente dessa melhoria, há a considerar o fato de o novo Sistema Tributário Nacional aqui proposto desonerar o aposentado/pensionista da contribuição à previdência pública e do recolhimento do IRRF (Imposto de Renda Retido na Fonte) com alíquota progressiva, substituindo-os pelo recolhimento de uma alíquota única de 10%, conforme será aqui pormenorizado.

III-8 **Processos de Licitação** – Manter, como norma geral, o sistema de licitação pública via Internet (pregão eletrônico com certificação digital), sempre buscando seu permanente aperfeiçoamento para evitar fraudes, de modo a torná-lo mais abrangente e com maior transparência, imune à formação de cartéis ou de grupos de apoios recíprocos (cobertura do preço pelos "concorrentes" e divisão fechada do mercado), tendo como conseqüência a diminuição do preço dos produtos e serviços licitados. O Ministério Público estará sempre presente em todo o processo das licitações públicas.

III-8.1 Somente os fabricantes poderão participar de licitações públicas para a compra de produtos nacionais (vedada a entrega de produtos fabricados no exterior com a etiqueta "Indústria Brasileira"). E quando se tratar de produtos importados, somente as importadoras legal e tradicionalmente constituídas. Este procedimento evitará a nociva participação de intermediários, de "empresas de fachada" e de lobistas, responsáveis pelo aumento dos preços dos produtos licitados.

III-8.2 O faturamento, o controle de entrega, o registro de recebimento do produto nos almoxarifados da repartição pública (com fiscalização física pelo setor competente) e o pagamento serão feitos via Internet (eletronicamente, mediante crédito em conta), sempre disponíveis à consulta pública.

III-8.3   As licitações que, por sua complexidade, não puderem ser realizadas via Internet, serão minuciosamente fiscalizadas pelo Ministério Público, com apoio logístico da Polícia Federal, independentemente da atuação específica da Controladoria-Geral da União e do Tribunal de Contas da União.

III-8.4   Tornam-se proibidos os adendos ou aditamentos, as prorrogações do prazo de vigência e as revisões de preços nos contratos de venda ou de prestação de serviços, bem como as transferências pelas empresas vencedoras das licitações para atendimento por empresas concorrentes, do total ou de parte dos contratos referentes aos produtos ou aos serviços licitados, e as terceirizações não explicitadas no edital de concorrência e nas propostas das empresas concorrentes.

III-8.4.1   Quando se tratar de obra viária, por sua peculiaridade em função de sempre estar presente o fator de imprevisibilidade, somente serão permitidos os adendos ou aditamentos, as prorrogações do prazo de vigência e as revisões de preços em processos que tenham a presença do Ministério Público e do Tribunal de Contas da União.

III-9   **Viaturas Públicas** – Promover a venda em leilão público, no estado, via Internet, de todas as viaturas públicas, e o arrendamento, pelo sistema de *leasing* de uso, mediante licitação pública, também via Internet, de todas as viaturas que se fizerem necessárias para o funcionamento adequado do serviço público, ficando a cargo da locadora a responsabilidade pela manutenção da viatura arrendada e por sua substituição imediata todas as vezes que qualquer viatura se danificar ou precisar de revisão, em qualquer parte do Brasil.

III-9.1 Relotar, em funções condizentes com suas aptidões, os funcionários dedicados à manutenção das atuais viaturas dos órgãos públicos.

III-10 **Audiência Pública** – Fixar em trinta dias após sua solicitação o prazo máximo para a realização de audiências públicas.

III-11 **Agências Reguladoras** – Manter as Agências Reguladoras efetivamente independentes, de modo a criar um "ambiente regulatório razoável, confiável e estável" (Alcides Amaral, O ESTADO DE S. PAULO, Internet, 13/12/2004), com regras claras e impessoais, isentas do arbítrio governamental, capazes de oferecer credibilidade ao mercado e aos investidores internos e externos. A nomeação de seus membros será imune às indicações político-partidárias. A isenção das Agências Reguladoras não significa que sua atuação seja insensível ou contrária à orientação do presidente da República, o qual pautará suas ações conforme o programa de governo que submeteu ao povo ao candidatar-se.

Capítulo IV

Novo Modelo Econômico Propiciador da Redução da Carga Tributária e do Aumento da Arrecadação Pública – Dízimo Cívico

> *A REDUÇÃO da carga tributária para as pessoas físicas e jurídicas com o AUMENTO simultâneo da arrecadação pública é o PRINCIPAL tema deste trabalho e o suporte de toda a estruturação deste projeto de UM NOVO BRASIL.*
>
> *AUMENTAR a arrecadação com REDUÇÃO da carga tributária pode parecer impossível.*
>
> *Mas não é. Basta quebrar os paradigmas tradicionais tributários e substituir todas as atuais bases de cálculo por uma única outra: Recebimentos de Valor, o que ensejará a unicidade tributária, ou seja, o Tributo Único, com alíquota de 10%, que passará a ser identificado por Dízimo Cívico.*

IV-1　　**Novo Modelo Econômico** – Instituir novo Sistema Tributário Nacional, com a adoção de **tributo único federal*** (por ser de abrangência ampla em todo o território nacional) **de 10% sobre todos os recebimentos de valor** sem qualquer distinção, denominado **DÍZIMO CÍVICO**, proporcional, cumulativo e de natureza arrecadatória, a ser pago/recolhido por todas as pessoas físicas e jurídicas – tal como proposto à nação no livro *TRIBUTO ÚNICO*. O **Dízimo Cívico**, além de **REDUZIR a carga tributária, AUMENTARÁ a arrecadação pública,** produzindo superávits em escala suficiente para alicerçar a adoção de medidas administrativas, econômicas e financeiras capazes de promover o **DESENVOLVIMENTO NACIONAL** em ritmo acelerado e de forma consistente, e de criar as condições materiais para a construção de **UM NOVO BRASIL**, conforme será aqui demonstrado.

* Por que **Tributo Único** e não **Imposto Único**? Pela abrangência do vocábulo *tributo,* que engloba os impostos, as taxas, os emolumentos e também as contribuições, ou seja, todos os valores provenientes das pessoas físicas e jurídicas e dos entes despersonalizados que suprem de receita os Poderes Públicos em seus três níveis (União, Unidades Federativas e Municípios).

IV-1.1   A seguir, a síntese desse novo **Sistema Tributário Nacional**, que se encontra pormenorizado na Parte II (Anexo) deste livro.

IV-2   **Uma Única Base de Cálculo** – O novo Sistema Tributário Nacional provocará a extinção de todas as atuais *bases de cálculo* (bases de tributação) federais, estaduais (incluído o Distrito Federal) e municipais – **produção**, **serviço**, **comercialização** (faturamento/circulação/consumo), **estoque**, **lucro líquido**, **patrimônio** (propriedade), **folha de pagamento**, **renda** (subsídios, proventos, salários, aposentadorias, pensões, lucros imobiliário e sobre bens de capital etc.), **movimentação financeira** entre pessoas diferentes, **dação, doação, herança** (legado) e demais – e sua substituição por uma única outra: **recebimentos de valor de qualquer natureza** (numerário, ativo financeiro ou bem, quando o bem for o próprio valor ou o meio de pagamento).

IV-2.1 Exportação, importação e operações financeira e cambial não integram as *bases de cálculo* substituídas, considerando a categoria extrafiscal (regulatória) de seus impostos.

IV-3 **Extinção dos Atuais Impostos, Taxas, Emolumentos e Contribuições** – A extinção de todas as atuais *bases de cálculo*, em função da vigência desse novo conceito tributário, levará, por conseqüência, à **eliminação de todos os atuais impostos, taxas, emolumentos e contribuições** que são geradores das receitas que integram os orçamentos da União, das Unidades Federativas e dos Municípios.

IV-3.1 Até as contribuições sociais do empregado e do empregador para a previdência social federal (INSS) e do servidor público para os governos federal, estadual ou municipal deixarão de existir.

IV-3.2 Somente não serão extintos os impostos extrafiscais (regulatórios) incidentes sobre as exportações, importações e operações financeira e cambial.

IV-4 **Um Único Tributo Arrecadatório** – Com uma única *base de cálculo* – **recebimentos de valor** – obter-se-á a **unicidade tributária**, ou seja, o **Tributo Único (Dízimo Cívico)**, de natureza arrecadatória (que dispensa o uso de declarações, formulários, guias, Dar/Darfs ou outro documento para seu pagamento/recolhimento, salvo restritas exceções).

IV-5 **Formas de Arrecadação** – A arrecadação do **Dízimo Cívico** dar-se-á sempre no recebimento/crédito de valor (numerário, ativo financeiro ou bem, quando o bem for o próprio valor ou o meio de pagamento) pelo contribuinte e das seguintes formas:

a) **automática**, quando o recebimento/crédito de valor que gerar o **Dízimo Cívico** ocorrer por intermédio do sistema bancário. São os casos de recebimentos por depósito em espécie ou cheque, ou por crédito em conta bancária, situação em que, para o Fisco, o receptor torna-se declarado por ser o titular da conta;

b) **compulsória**, quando o recebimento de valor que produzir o **Dízimo Cívico** for em espécie (sem interveniência bancária), caso em que, para o Fisco, a pessoa receptora permanecerá incógnita. Ocorrerá nas retiradas bancárias em espécie, situação em que o recebedor, no caixa, desse dinheiro, torna-se mero intermediário até repassar a terceiro (que será o verdadeiro receptor desse valor), o qual, por ser desconhecido, será tributado na fonte (caixa do banco); e nos depósitos bancários ou pagamentos em espécie, situação em que esse dinheiro, por não ter origem declarada ou conhecida, o seu recebedor anterior (desconhecido) e o seu portador (conhecido) serão tributados no ato de seu uso, conforme explicitado na Parte II (Anexo); e

c) **espontânea**, nos casos em que o recebimento de valor (ativo financeiro ou bem, quando o bem for o próprio valor ou o meio de pagamento) ocorrer sem intermediação bancária e sem a existência de dinheiro em espécie nacional, muito comum nos escambos (troca) envolvendo bens e ativos financeiros; ou quando o recebimento de valor (ativo financeiro ou qualquer outro bem) ocorrer por dação, doação, herança, legado, usufruto, presente, empréstimo não-bancário, procuração em causa própria etc. necessitar da legitimação e/ou legalização da operação geradora do **Dízimo Cívico**.

IV-5.1 Os bens, as jóias e demais objetos de valor (ou a estes equiparados), ao serem adquiridos, serão registrados eletronicamente na SRF (Secretaria da Receita Federal), via Internet com certificação digital, como **bens patrimoniais**. Os recebidos de presente ou por doação, dação, usufruto, herança, legado etc. serão avaliados e sobre o seu valor será pago/recolhido o **Dízimo Cívico**, operação que ficará registrada na SRF. Nos casos de troca (permuta) também será pago/recolhido o **Dízimo Cívico**, conforme especificado na Parte II. O não-cumprimento dessas obrigações acarretará a sua **inexistência** para o Poder Público, não podendo ser considerados pelo sistema policial e pelo Poder Judiciário nos casos de arrombamento, furto, roubo ou perda, nem recebidos em garantia de qualquer operação comercial ou bancária, incluída a penhora, nem ser objetos de seguro por empresas seguradoras, nem poderão integrar inventários.

Nota – Considerando que todas as operações de crédito bancário ou comercial terão por base, sempre, o patrimônio e o total dos recebimentos de valor da pessoa (física ou jurídica) comprovados pelo tomador (do empréstimo), presume-se que a quase totalidade dos contribuintes deseje ter registrado oficialmente seus **recebimentos de valor** e **bens patrimoniais**.

IV-5.2 As retiradas bancárias em espécie acima de determinado valor a ser fixado pela SRF somente serão concretizadas com sua autorização via Internet.

IV-6 **Alíquota Única de 10% para o Tributo Único (Dízimo Cívico)** – Considerando que, no atual sistema tributário (julho de 2006), nenhuma atividade econômica paga/recolhe, em tributos diretos e indiretos, menos de 10% sobre seu faturamento bruto e tendo em vista os benefícios generalizados que a adoção dessa nova *base de cálculo* única (recebimentos de valor de qualquer natureza) proporcionará a todos – pessoas físicas e jurídicas, incluídas as microempresas com faturamento mensal de até R$ 10 mil e as demais inscritas no SIMPLES, bem como as tributadas por lucro presumido e até os entes despersonalizados –, e considerando também o somatório das Necessidades de Financiamento do Setor Público (NFSP) nos três níveis de governo, incluídos os investimentos e o atendimento ao social, bem como as despesas com o funcionamento dos Poderes Executivo, Legislativo e Judiciário e demais necessidades de custeio da administração pública federal, estadual e municipal, estimou-se, depois de comparada com a arrecadação da CPMF em 2005 e as projetadas para 2006 e 2007, que a alíquota considerada ideal para o **Tributo Único** será de 10%, ou seja, o **Dízimo Cívico**.

IV-6.1 O **Dízimo Cívico** não será alcançado, em qualquer circunstância, por renúncias fiscais, imunidades, isenções, incentivos, benefícios, subsídios, descontos, deduções, parcelamentos, devoluções, bonificações, vantagens, reduções de alíquota, facilidades, prazos de carência fiscais/tributários, proteções alfandegárias, reservas de mercado etc. nos âmbitos federal, estadual (incluído o Distrito Federal) e municipal, em que sejam beneficiários do **recebimento de valor** as pessoas físicas, as pessoas jurídicas de direito privado ou público e os entes despersonalizados (cartórios, espólio, massa falida etc.) em todos os setores e áreas da economia e em todas as regiões do país.

IV-6.2 O Poder Público – a União, as Unidades Federativas e os Municípios – também pagará/recolherá o **Dízimo Cívico** quando dos recebimentos de valor, excetuados, unicamente, os originários de sua quota-parte na arrecadação global do **Dízimo Cívico**. Essa disposição legal levará os entes federados a se beneficiarem dos recebimentos de valor (não-tributários) por cada um deles, compartilhando do respectivo **Dízimo Cívico** que será pago/recolhido.

IV-7 **NFSP e Comprovação da Capacidade Arrecadatória do Dízimo Cívico** – As NFSP (Necessidades de Financiamento do Setor Público) em valores inquestionáveis, ou seja, as receitas globais tributárias e de contribuições obtidas em **2005** pela União, pelas Unidades Federativas e pelos Municípios, foram, de acordo com os registros do Ministério do Planejamento e da Secretaria do Tesouro Nacional, de **R$ 708,46 bilhões**[1] (sem considerar a inflação no período), enquanto o **Dízimo Cívico**, se já houvesse sido instituído, teria arrecadado entre **R$ 822,49 bilhões** (mínimo) e **R$ 904,73 bilhões** (máximo), produzindo um superávit primário global entre **R$ 114,03 bilhões** (mínimo) e **R$ 196,27 bilhões** (máximo), isto é, entre 16,09% (mínimo) e 27,70% (máximo) das NFSP, que seria distribuído entre os três níveis de governo (União, Unidades Federativas e Municípios) obedecendo à mesma proporção da participação de cada ente federado na formação das NFSP.

[1] O IBPT (Instituto Brasileiro de Planejamento Tributário) informa que esse total foi de R$ 732,87 bilhões, indicando uma diferença a maior de R$ 24,41 bilhões, o que reduziria, em valor igual, o superávit produzido pelo **Dízimo Cívico**.

Nota – Para demonstrar a capacidade de arrecadação do **Dízimo Cívico** utilizou-se, como exemplo e à guisa de simulação, a arrecadação da CPMF de 0,38% ocorrida no exercício de 2005, quantificada em R$ 28,94 bilhões. Se, por hipótese, essa CPMF tivesse sido de 10%, sua arrecadação teria sido de **R$ 761,57 bilhões**, que viria a ser, apenas como referência, o piso da arrecadação (na pior hipótese) do **Dízimo Cívico**. Considerando que a CPMF contempla uma série de imunidades e isenções tributárias (cerca de 10% de seu total) e não alcança as transações (transferência de valor) em espécie, nem as operações de troca, dações, doações, procuração em causa própria etc. (também cerca de 10%), o que não ocorre com o **Dízimo Cívico**, acrescentou-se a esse valor o percentual de 20% (R$ 761,57 bilhões + R$ 76,15 bilhões + R$ 76,15 bilhões) perfazendo **R$ 913,87 bilhões**. E, pelo fato de haver no **Dízimo Cívico** algumas poucas operações não-tributáveis (incluídas as transações **gráficas** ou meramente **escriturais**), diminuiu-se desse subtotal o percentual de 10% (R$ 913,87 bilhões – R$ 91,38 bilhões) do que resultou um total de **R$ 822,49 bilhões**, com um superávit primário global de R$ 114,03 bilhões (16,09% sobre as NFSP de 708,46 bilhões). Não se descarta a possibilidade de o **Dízimo Cívico** proporcionar uma arrecadação muito superior à aqui indicada, considerando a dinamização da economia que a sua instituição provocará. Neste caso, a arrecadação poderia aumentar cerca de 10% (R$ 82,24 bilhões), atingindo um patamar de **R$ 904,73 bilhões**, com um superávit primário global de **R$ 196,27 bilhões** (27,70% sobre as NFSP de R$ 708,46 bilhões). As projeções para 2006 e 2007 apresentam resultados igualmente promissores, conforme se verá no Capítulo A.II (Parte II, Anexo).

IV-7.1 Observe-se que, para atingir, em 2005, a arrecadação de **R$ 708,46 bilhões**, o Poder Público precisou de mais de **130 tributos** (impostos, taxas, emolumentos e contribuições distribuídos pelos três níveis de governo), os quais, para serem recolhidos, exigiram declarações, formulários, guias, provisões financeiras, DAR/DARFs etc., além de complexos registros contábeis e muitas horas de trabalho do contribuinte quando pessoa jurídica. Mesmo a pessoa física, para apresentar à Receita Federal a sua Declaração de Ajuste Anual (IRPF), consome horas de seu tempo ou paga a terceiros para fazê-la. Com a instituição do **Dízimo Cívico,** essa declaração será extinta por se tornar ociosa.

Nota – Tem-se consciência de que esses cálculos, ainda empíricos, estariam a necessitar de simulações científicas mais acuradas. Porém, em qualquer delas, seus números não estarão muito distantes dos aqui indicados.

IV-8 **Distribuição da Arrecadação do Dízimo Cívico para os Entes Federados** – O **Dízimo Cívico**, sendo de natureza arrecadatória (idêntica à atual CPMF), será simultaneamente distribuído por impulso eletrônico à União, às Unidades Federativas e aos Municípios, na proporção que couber a cada um dos entes federados, no ato de seu recolhimento pelo banco em que for efetuado qualquer crédito ao contribuinte, pessoa física ou jurídica, ou de seu pagamento diretamente pelo contribuinte, sem interferência de qualquer órgão federal, estadual ou municipal. Ao Poder Público caberá, apenas, fiscalizar as instituições bancárias no que disser respeito ao cumprimento dos procedimentos adequados à correta distribuição do imposto arrecadado.

IV-9 **Extrato Diário *on line* da Arrecadação Pública** – Diariamente, a qualquer hora, os órgãos financeiros da União, das Unidades Federativas e dos Municípios saberão, em tempo real, por telefone ou pelo extrato bancário via Internet ou terminal eletrônico, a posição de sua conta.

IV-9.1 O Governo Federal, para maior transparência de suas contas, também colocará à disposição da sociedade, *on line* (em tempo real), todas as suas movimentações financeiras, incluídos os pagamentos, transferências e liberações de verba diários efetuados pela União. Os Estados (e o Distrito Federal) e os Municípios serão compelidos a seguir o exemplo.

IV-10 **Geração de Novos Empregos** – A instituição do **Dízimo Cívico** facilitará o planejamento estratégico e econômico-contábil empresarial, com incentivo a novos investimentos pelas empresas brasileiras e à imigração de capitais estrangeiros, o que dinamizará a economia, criando condições favoráveis para a **geração de muitos novos empregos**.

IV-11 **Algumas Outras Vantagens da Adoção do Dízimo Cívico** – Com a instituição de uma única *base de cálculo* (recebimentos de valor) e de um único tributo com alíquota fixa de 10%, apontam-se resumidamente, a seguir, dentre outras, algumas importantes conseqüências favoráveis da implantação do **Dízimo Cívico**:

a) **o fim do déficit público** em virtude da produção de superávits orçamentários, os quais provocarão o equilíbrio fiscal e a reativação da economia, ensejando novos investimentos públicos nas mais diversas áreas, com destaque para o investimento social;

b) **diminuição da carga tributária das pessoas físicas**, o que redundará em aumento do salário líquido (sem contribuição previdenciária e sem Imposto de Renda e com a incorporação do FGTS) que, por conseqüência, proporcionará maior disponibilidade para poupança, consumo e investimento;

c) **aumento do capital de giro das pessoas jurídicas**, tendo em vista que o pagamento do **Dízimo Cívico** somente ocorrerá quando do recebimento do valor das respectivas vendas (regime de caixa) e não mais tendo por base a data da emissão da Nota Fiscal (regime de competência), sistema que ignora os parcelamentos, o atraso nos pagamentos e a inadimplência – (IV-5);

d) **redução tributária na indústria, no comércio e no setor de serviços**, incluída a eliminação da contribuição previdenciária patronal, o que possibilitará a diminuição dos custos dos produtos e dos preços das mercadorias e dos serviços, com estímulo às vendas e, em conseqüência, ao aumento da produção, repercutindo na **geração de mais empregos**;

e) **integração do mercado informal na economia formal**. A participação, na arrecadação tributária nacional, da indústria, do comércio, dos serviços e do emprego informais colocará essas atividades em igualdade de condições com os setores legalizados;

f) **facilidade de desoneração tributária integral dos produtos exportáveis**, incluída sua cadeia produtiva;

g) **extinção da declaração de rendimentos à Receita Federal** (Declaração de Ajuste Anual), que será substituída por uma Declaração Estatística Nacional a ser apresentada ao IBGE (Instituto Brasileiro de Geografia e Estatística), **sem objetivo de apuração tributária ou de ilícitos fiscais**;

h) **desregulamentação e simplificação da atividade empresarial** e

i) **deflação momentânea** atingindo todos os preços dos produtos, mercadorias, serviços e bens em conseqüência da diminuição tributária, devendo esses preços estabilizar-se em patamar bem abaixo dos atuais, o que representará aumento do poder de compra dos salários, que permanecerão nominalmente estáveis. Os produtos que sofrerão maior redução de preço serão aqueles em que a incidência tributária é mais elevada, tais como os combustíveis, que terão seus preços reduzidos, em média, cerca de 30% em função da extinção da CIDE (Contribuição de Intervenção no Domínio Econômico).

IV-12 **Fim da Guerra Fiscal entre os Estados e entre os Municípios e da Disputa Quanto ao Local de Recolhimento Tributário** – O **Dízimo Cívico,** por sua condição de **tributo único** com alíquota única instituído por legislação federal, não é passível de ser negociado pelos Estados e Municípios para beneficiar terceiros. A disputa entre os Estados por novos investimentos industriais e entre os Municípios para sediar pessoas jurídicas do setor de serviços deixará de ter por estímulo incentivos de ordem fiscal.

IV-12.1 Com a inexistência de tributação sobre a produção, a comercialização/circulação/consumo (venda intermediária ou final) e sobre os estoques (ICMS), perde sentido a preocupação quanto ao local da geração (pagamento) do **Dízimo Cívico**, se na origem (onde o produto foi produzido) ou no destino (onde a mercadoria foi vendida ou consumida).

IV-13 **Base Tributária Universal Dentro do País** – Por sua natureza arrecadatória e por atingir até os recebimentos em espécie e as trocas de bens e ativos, alcançando todas as pessoas físicas, independentemente de idade e de atividade econômica, todas as pessoas jurídicas, quaisquer que sejam suas atividades ou categorias, e os entes despersonalizados, o **Dízimo Cívico** incide sobre a mais ampla *base tributária* possível, daí o grande volume de sua arrecadação, apesar de sua baixa alíquota.

IV-14 **Dízimo Cívico: um Tributo Bíblico, Justo e Eficaz** – A presente proposta de instituição do **Dízimo Cívico** atinge a todos os objetivos de uma justa e eficaz reforma fiscal/tributária: **aumenta a arrecadação** (União, DF/Estados e Municípios), **diminui a carga tributária** em geral – provocando a queda imediata do Índice Geral de Preços, com deflação momentânea e aumento permanente do poder aquisitivo da população – e substitui os mais de **130 tributos** atuais (impostos, taxas, emolumentos e contribuições federais, estaduais e municipais) por um **único tributo**; simplifica e racionaliza a burocracia tributária; unifica a *base de cálculo* e amplia o universo da *base tributária,* restringindo substancialmente a evasão fiscal/sonegação tributária; acaba com o pagamento de tributo antes da geração da receita (pessoa jurídica), aumentando, assim, o seu capital de giro, e se obtém o pagamento/recolhimento do tributo imediatamente após a sua geração; provoca o aumento da produção, a reativação do comércio e a redução dos juros, com a conseqüente elevação do poder aquisitivo da sociedade em geral, e melhora a distribuição da renda nacional; haverá o incremento do consumo sem temor de provocar inflação e se obterá o **equilíbrio fiscal**. Tudo isso sem expansão inflacionária da **base monetária** e, logicamente, sem recessão. Além disso, haverá a diminuição dos custos internos da produção industrial exportável, com estímulo à criação de novos empregos. Reformula, ainda, os critérios de distribuição da receita tributária nacional, independentemente de propiciar condições favoráveis para a revogação de suas vinculações constitucionais e legais vigentes (2006), fazendo retornar aos Estados e Municípios, e ao Distrito Federal, a **autonomia federativa** para aplicação de sua cota-parte tributária como melhor lhes aprouver ou para o seu reordenamento em consonância com as necessidades e anseios de suas populações. E, por fim, **tem respaldo bíblico**.

IV-15 **Novo Conceito de Carga Tributária das Pessoas** – Com a adoção do **Dízimo Cívico** sobre os recebimentos de valor de qualquer natureza deverá ser alterada a forma de se calcular a carga tributária para as pessoas físicas e jurídicas. Em vez de se usar a relação *Total da Arrecadação Tributária versus PIB*, poder-se-á considerar o percentual de tributação sobre o total dos recebimentos de valor das pessoas físicas e jurídicas, e dos entes despersonalizados, que será, apenas, de 10%. Como conseqüência, perderá importância o fato da arrecadação tributária ser igual ou superior a 50% do PIB (equivalente à da Suécia).

IV-16.1 Atualmente (julho de 2006), se todos, pessoas físicas e jurídicas e entes despersonalizados, pagassem rigorosamente de acordo com a legislação tributária em vigor, sem sonegação, sem a prática da elisão fiscal e sem forçadas isenções, nos âmbitos federal, estadual e municipal, a arrecadação pública também seria igual ou superior a 50% do PIB (o IBPT informa que esse total é de 59,36%, incluída a inadimplência tributária). E isto sem incluir o Poder Público (nas três esferas de governo), que goza de imunidade fiscal, e as muitas instituições que são legalmente beneficiadas por imunidades e isenções tributárias, e as transações em espécie (em reais, em dólares americanos e euros), em grande evidência nos últimos anos.

Capítulo V

Dívidas Públicas e Privatizações

> *Diminuir ao máximo possível o volume da dívida interna da União é, talvez, a mais importante missão que um governante brasileiro deve se impor, com determinação e seriedade.*
>
> *A dívida interna federal é danosa à economia e perversa à sociedade por tirar do mercado doméstico importantes somas de recursos que deveriam financiar a produção, o comércio e os investimentos privados.*

V-1 **Dívida Interna** – O montante da **Dívida Pública Mobiliária Federal Interna** (títulos em mercado), de **responsabilidade do Tesouro Nacional** e do **Banco Central** (remanescente), que em 31 de dezembro de 2005 chegou a **R$ 979,66 bilhões** (em 30 de junho de 2006 já havia atingido **R$ 1.016,10 bilhões**), é o maior empecilho para o crescimento econômico do país. O Governo Federal precisa enfrentar essa dependência, que faz desaparecer, em forma de juros e encargos (pagos aos investidores), toda a arrecadação (**superávit primário**) que a União deveria destinar para os investimentos econômicos e sociais.

Nota – Na verdade, o **superávit primário** (diferença entre receita maior e despesa menor antes do pagamento dos juros e encargos da Dívida Pública) anunciado pelo governo é uma falácia. Nunca existiu. O que tem havido são contenções orçamentárias, ou seja, verbas autorizadas para atender às necessidades do serviço público e de investimento especificadas no orçamento da União que são contingenciadas (imprópria designação às verbas não liberadas) para formação do que se convencionou chamar de **superávit primário**. Este haveria se o orçamento da União consignasse a receita superior à despesa antes da inclusão dos valores destinados ao pagamento dos juros e encargos da dívida de responsabilidade do Tesouro Nacional ou se a União reduzisse (na execução) as despesas fixas de custeio e de pessoal constantes do orçamento, ou, ainda, se conseguisse realizar as obras programadas por preços inferiores às consignações orçamentárias respectivas.

V-1.1 Essa **Dívida Interna**, além de impeditiva do crescimento econômico, pode levar o país à insolvência pelo fato de estar crescendo em ritmo mais acelerado que o da economia nacional. O chamado **superávit primário** está sendo insuficiente para o pagamento da integralidade de seus juros e encargos, o que resulta em acrescentar ao estoque da dívida esse saldo de juros e encargos não-pagos. É uma "bola de neve"... que não pára de crescer.

Notas – 1. O economista brasileiro José Alexandre Scheinkman, professor na Universidade Princeton (EUA), adverte que, "se a política [monetária] atual continuar, o **juro real** [descontada a inflação] sobre a dívida pode exceder [de] 5% do PIB em 2005 – mais do que todo o superávit primário". E isto já ocorreu. Ele ainda se mostra **inseguro** quanto à capacidade do Brasil de **pagar** os juros de sua dívida interna: "**Se o governo continuar a honrar sua dívida**"..., ou seja, rolar a dívida com o pagamento (mesmo parcial) dos juros e encargos dela decorrentes, "esse custo vai ser pago no futuro por meio de [mais] impostos, redução de despesa ou maior inflação". (*A política monetária precisa de ajustes*, Opinião Econômica, FOLHA DE S. PAULO, B-2, 8/5/2005. O destaque não consta do original.)

2. O economista Cezar Medeiros, membro do PT (Partido dos Trabalhadores) de Minas Gerais e portador de currículo profissional que o credencia à admiração nacional, é Autor de engenhosa proposta, ainda em fase preliminar (junho de 2005), para romper essa dependência da economia brasileira à dívida pública. Ele propõe "a constituição de uma Empresa Nacional de Ativos (BRPar) detendo a participação acionária que o governo tem no Banco do Brasil, na Caixa Econômica Federal, no Banco do Nordeste

do Brasil, no Basa (Banco da Amazônia), na Petrobras, a carteira acionária do BNDESPar, entre outros títulos mobiliários e imóveis com valor de mercado comprovado" que ele estima possam atingir a R$ 600 bilhões.

"Constituindo esse patrimônio, seria possível levantar mais R$ 600 bilhões por meio da emissão de debêntures, ações resgatáveis, fundos imobiliários etc.

"Essa empresa teria 1/3 de ações ordinárias e 2/3 de preferenciais. Os recursos captados pela BRPar obedeceriam a um cronograma de acordo com a capacidade de absorção pelos investidores financeiros – especialmente fundos de pensão, seguradoras, bancos de investimentos e investidores institucionais nacionais e estrangeiros. É como se fossem trocadas aplicações em títulos públicos (que são papéis de dívida, que precisam ser resgatados) por ações do BB ou da Petrobras (que, como investimentos, não representam passivos do governo). O objetivo final será permitir a **redução da dívida pública para até 30% do PIB** (Produto Interno Bruto) **em até dois anos**.

"Uma segunda função da BRPar seria participar com até 49% das SPEs (Sociedades de Propósito Específico) em parceria com investidores privados, para viabilizar os *projects finances* de infra-estrutura.

"Não se trata de **privatização, embora, em última instância, se possa pensar até na alienação de ações.**" (Luís Nassif em *A BRPar e a dívida pública*, FOLHA DE S. PAULO, Internet, 8/4/2005. O destaque não consta do original.) A venda de suas ações, em verdade, **é uma privatização disfarçada.**

Se efetivada essa proposta do economista Cezar Medeiros, a BRPar será uma empresa maior que o Brasil. Seu corpo dirigente terá incomensurável poder sobre a economia do país, superior ao do próprio presidente da República. Para se ter idéia desse poder, basta citar que toda a arrecadação da União, em tributos e contribuições, no ano de 2005, foi de R$ 474,70 bilhões. Todo esse poder (R$ 1,2 trilhão) em uma administração que não seja 100% honesta será um desastre. E não devem ser esquecidos os exemplos de corrupção que afloraram da esfera administrativa federal expostos pelas CMPIs. Se for para privatizar por vias transversas os ativos pertencentes à União objetivando diminuir o endividamento público, que se privatize abertamente, mediante leilões, sob a fiscalização da sociedade representada pelo Ministério Público, empresa por empresa (para evitar concentração de poder econômico), e se receba, em pagamento, os títulos (em mercado) da dívida da União de responsabilidade do Tesouro Nacional. Possivelmente serão obtidos resultados financeiros superiores ao estimado (R$ 600 bilhões).

É importante frizar que a cada emissão de debêntures ou de ações resgatáveis corresponderá uma dívida no valor equivalente à da emissão, independentemente dos juros, dividendos ou bonificações pagos ao investidor durante o período compreendido entre sua compra (pelo investidor) e o respectivo vencimento (resgate).

V-1.1.1   Se for considerado o Setor Público como um todo (Governo Central, as Estatais, as Unidades Federativas e os Municípios), a **Dívida Interna Líquida** alcançou, em 2005, o total de **R$ 1.002,5 bilhões** (em 30/6/2006 essa mesma dívida já havia atingido o somatório de **R$ 1.024,3 bilhões**).

Nota – Não parece prudente ter-se como parâmetro do endividamento do país para efeito de risco o conceito de Dívida Líquida do Setor Público, porquanto este engloba valores cuja variação independe da política econômica do Governo Federal. Além das dívidas do Tesouro Nacional, do Banco Central e das empresas estatais, incluem as dívidas dos Estados e dos Municípios, e desse total são deduzidos os valores das reservas internacionais do país e dos demais ativos da União, tais como, os fundos, tipo FAT (Fundo de Amparo ao Trabalhador), e as participações no capital das empresas estatais (públicas e de capital misto), que são créditos não-disponíveis.

V-2   **Juros e Encargos da Dívida Pública Mobiliária Federal Interna** – Os dispêndios com os juros e encargos (apropriados) dessa dívida, de responsabilidade do Tesouro Nacional e do Banco Central (remanescente), em 2005, foram de **R$ 143,8 bilhões**, ou seja, **30,29%** de toda a arrecadação tributária e de contribuições da União no período, que foi de **R$ 474,70 bilhões**. E o **superávit primário** obtido para o seu pagamento foi de apenas **R$ 55,7 bilhões**, incluídos o Banco Central e a Previdência Social. Em 30 de junho de 2006, os juros e encargos (apropriados) dessa dívida já haviam atingido a cifra de **R$ 72,8 bilhões**.

V-2.1   Se for considerado o Setor Público como um todo (Governo Central, as Estatais, as Unidades Federativas e os Municípios), os juros e encargos (apropriados) de sua

Dívida Interna alcançaram, em 2005, a cifra de **R$ 157,14 bilhões**, e o **superávit primário** obtido para seu pagamento foi de apenas **R$ 93,5 bilhões**, resultando um excedente de **R$ 63,64 bilhões**, que foi incorporado ao estoque da dívida pública. Em 30 de junho de 2006, os juros e encargos (apropriados) dessa mesma dívida já haviam atingido a cifra de **R$ 81,6 bilhões**.

V-3 **Dívida Externa** – A dívida externa da União (de responsabilidade do Tesouro Nacional), ao final de dezembro de 2005, era de **US$ 172,03 bilhões**, porém, seu valor em reais oscila de acordo com a cotação diária da moeda em que foi contratada. O Tesouro Nacional quitará progressivamente essa dívida na medida de suas disponibilidades, ou substituirá seus títulos por outros, com prazos mais dilatados, para tornar o seu pagamento (resgate) mais confortável. Considerando-se que as reservas monetárias internacionais do país, em 31/12/2005, eram de **US$ 129,23 bilhões**, sob o conceito de Dívida Líquida, essa dependência ficou reduzida para **US$ 42,8 bilhões**. Pelo potencial exportador do Brasil, a Dívida Externa, nesse nível, não afetará negativamente a economia interna.

Fontes: Banco Central do Brasil e Secretaria do Tesouro Nacional.

V-4 **Privatizações** – O mais recomendável para a diminuição do endividamento público (interno) é dar continuidade, por intermédio do CND (Conselho Nacional de Desestatização), ao Programa Nacional de Desestatização - PND, com a privatização, **sem financiamento pelo BNDES,** dos ativos que ao Poder Público e à sociedade não interessem manter como estatais (II-1, d), e com as concessões de exploração de reservas minerais e de serviços públicos, promovendo, inclusive, a revogação das leis que excluíram muitas das empresas estatais do referido programa.

> *Todo o produto dos leilões de concessões e das vendas dos ativos estatais será exclusivamente utilizado para resgatar a dívida pública.*[1] *(p. 58)*

V-4.1   O BNDES, por sua vez, na medida em que lhe permitirem os contratos de financiamentos com garantias em ações, desfar-se-á de sua participação em empresas privadas (carteira acionária do BNDESPar), em leilões ou diretamente na Bolsa de Valores, conforme o caso e no que for mais recomendável aos interesses do país.

V-4.2   É decidir por opção. Manter o **Estado empresário** como acionista majoritário da Petrobras, do **Banco do Brasil**, do **Banco da Amazônia**, e proprietário da **Caixa Econômica**, dos **Correios**, da **Infraero**, do **IRB** (incluído o mercado de resseguros), da **Eletrobras** e de seus sistemas de geração, transmissão e distribuição de energia, dos **portos**, das **estradas**, de milhares de **imóveis** e de muitos outros ativos, enquanto a população continuará sem atendimento adequado à sua **saúde**, à **educação** e à **segurança** e boa parte dela sem dispor de **moradia** e às vezes até **passando fome**, ou **privatizar tudo** para **pagar a dívida** e usar honestamente as verbas orçamentárias (não-liberadas) que compõem o chamado **superávit primário** na **solução desses problemas**? É uma questão de bom senso, **mas a decisão será do povo** via plebiscito.

    Nota – A União, ao final de 2004, possuía, diretamente (Tesouro Nacional), "participação acionária majoritária em 32 sociedades de economia mista e 21 empresas públicas, e minoritária em outras 45 empresas, das quais 7 do setor de telecomunicações". Não estão aqui incluídas as participações acionárias em entidades da Administração Federal Indireta, tais como as subsidiárias da Petrobras, do Banco do Brasil, dentre outras, e as participações acionárias do BNDES (BNDESPar) em empresas privadas.

> *As empresas estatais não podem mais servir de moeda de troca (ou de compra) de apoios políticos.*
>
> *O povo brasileiro merece mais respeito, e o valor de seu patrimônio tem de reverter em seu próprio benefício.*
>
> *Por tudo isso, as privatizações são o melhor caminho para o país quitar suas dívidas e deixar de pagar juros aos investidores.*

V-4.3 O Estado não deve ser **empresário**. Uma de suas funções é a de promover o **DESENVOLVIMENTO DO PAÍS** por intermédio da **INICIATIVA PRIVADA** responsável, ordenando a economia. A regulação do setor privado nas atividades públicas e a fiscalização do cumprimento das normas públicas serão executados pelas Agências Reguladoras, com regras confiáveis e estáveis, imunes à influência política ideológico-partidária.

V-4.3.1 A opção estatal não mais deve prevalecer. Ela foi imprescindível no passado, quando não havia capitais internos ou externos disponíveis em volume necessário à promoção do desenvolvimento do país, e a composição populista e ideológica exercia forte pressão nas decisões de governo, o que não ocorre no momento, com o país preparado para receber capitais externos e a sociedade mais amadurecida politicamente.

V-4.3.2 O que se deseja evitar é a perpetuação da

penúria em que vive o governo, sem condições de atender às mais prementes necessidades da sociedade brasileira.

V-4.3.3   Enquanto o povo fica sofrendo suas conseqüências, a União dispõe de muitas empresas estatais (sociedades de economia mista com participação majoritária e empresas públicas) que poderão ser vendidas, o que irá diminuir sensivelmente o volume de sua dívida e dos respectivos juros. A venda (privatização) da Petrobras, por exemplo, em nada afetará a extração do petróleo e o seu refino. Pelo contrário, por disporem as empresas privadas de maiores recursos para investimento, certamente que a auto-suficiência do Brasil nessa área também ocorrerá no setor de refino, de sorte a não mais precisar importar o petróleo leve para misturar ao petróleo pesado brasileiro.

V-4.3.4   A ausência de investimento na área é a responsável pela inexistência de refinarias nacionais adequadas para o refino de todo o petróleo extraído pela Petrobras. Como a produção brasileira é de petróleo pesado (tipo Marlim), e as refinarias nacionais foram construídas para refinar o petróleo leve (de origem árabe), que existe nas bacias sedimentares brasileiras somente em pequenas quantidades, parte da produção da Petrobras é exportada com deságio de 20% em relação ao preço-padrão do petróleo importado.

V-4.3.4.1   Inversamente, a Petrobras importa o petróleo leve, mais caro, para, com a parte remanescente do petróleo pesado nacional, formar um *blend* de petróleo, após o que será processado em suas refinarias, a fim de atender ao mercado interno de derivados de petróleo, exportando a gasolina excedente por preço inferior ao que é cobrado do consumidor brasileiro, em parte pela forte tributação (CIDE) que recai

Capítulo V - Dívidas Públicas e Privatizações 47

sobre os combustíveis no Brasil.

Nota – A CIDE é a responsável pelo abastecimento de carros brasileiros nas cidades de fronteira dos países vizinhos. A Argentina, por sinal, aumentou (agosto de 2006) o preço de seu combustível para os carros estrangeiros.

> *O Petróleo é nosso! E continuará sendo.*
> *Mas a Petrobras deixará de ser propriedade do Estado para ser efetivamente de todos os brasileiros que desejarem comprar suas ações para que o país possa pagar sua Dívida Interna.*
>
> *Quando se fala em privatizar a Petrobras, será unicamente da empresa Petrobras, respeitadas as suas concessões, jamais das reservas minerais do subsolo, que permanecerão como patrimônio do Estado brasileiro.*
>
> *A qualquer tempo, se indispensável à segurança nacional, o Governo Federal poderá criar tantas empresas similares quantas forem necessárias. Mas sem endividamento público.*

V-4.3.4.2   A dependência da importação do petróleo leve é uma das razões pelas quais a Petrobras se vê obrigada, no mercado interno, a seguir os preços do petróleo no mercado externo, mesmo que o barril de petróleo extraído pela Petrobras custe cerca de US$ 10 contra o preço de cerca de US$ 60 (sem crise) no mercado internacional. Se for privatizada, ela perderá a proteção do Estado e passará a sofrer a concorrência de outras empresas nacionais que serão criadas no setor, o que será benéfico para o consumidor. Independentemente dessa vantagem, o Tesouro Nacional deixará de ser o fiador e principal pagador (em caso de inadimplência) de todas as suas dívidas, o que reduzirá o risco-Brasil. E o **Dízimo Cívico** que será pago ao Poder Público (nos seus três níveis de governo: União, Unidades Federativas e Municípios) pela Petrobras privatizada (incluídas as suas atuais subsidiárias) será em valor maior do que os dividendos líquidos (dividendos recebidos menos o investimento público) atualmente (julho de 2006) recebidos pela União da Petrobras estatal.

V-4.3.4.3   Em verdade, **a auto-suficiência brasileira em petróleo não existe**. Auto-suficiência existiria se todo o petróleo extraído no país fosse aqui refinado. Aí, sim, haveria independência do Brasil em relação à comunidade petrolífera estrangeira.

V-4.3.4.4   Outra razão do atrelamento do preço do petróleo brasileiro às cotações internacionais do petróleo é o fato de ser a Petrobras uma empresa estatal de capital misto, tal qual o Banco do Brasil, com suas ações negociadas em Bolsas de Valores, incluída a de Nova Iorque, **sempre visando a obtenção de maiores lucros para atender às expectativas de seus investidores nacionais e estrangeiros**. E isso não proporciona nenhum benefício direto para o povo brasileiro[1].

[1] A respeito do preço da gasolina produzida pela Petrobras, um leitor do jornal gaúcho O Sul (nº 1.662, p. 8, edição de 3/3/2006), Paulo Hackmann (paulohackmann@redemeta.com.br), diz o seguinte: "Sempre ouvi as autoridades brasileiras dizerem que os combustíveis subiam de preço porque o dólar subia, o petróleo era importado, não tínhamos auto-suficiência ou a inflação era maior a cada mês. Pois agora temos o dólar baixo, inflação também, a Petrobras anuncia o maior lucro de sua história (23 bilhões de reais), além da auto-suficiência, sem falar que temos o álcool, combustível genuinamente brasileiro. E o preço continua aumentando". Por que não privatizá-la, então, tendo em vista que as vantagens não são repassadas para a população brasileira, consumidora de seus produtos, mas os lucros são divididos entre os investidores (compradores de suas ações) no Brasil e no exterior? Seria mais

justo, porque, privatizada, a Petrobras terá que disputar o mercado, sem o amparo do Estado, com outras empresas que lhe farão concorrência, o que beneficiará a sociedade em geral. Por outro lado, o dinheiro arrecadado de sua privatização irá reduzir a **Dívida Pública Mobiliária Federal Interna** e, em conseqüência, os juros e encargos que são pagos aos financiadores do déficit fiscal (orçamentário) da União.

V-4.3.5   O maior dos absurdos que ocorre com a Petrobras é a periódica transferência de seus recursos (o que significa dinheiro do povo brasileiro) para a cobertura dos "rombos" dos fundos de pensão e de saúde de seus funcionários. **E disso o povo não sabe.** A respeito, o *jornal O* Estado de S. Paulo e a revista Veja têm denunciado essa prática, benéfica aos petroleiros, porém contrária aos interesses da sociedade como um todo.

> *O novo "rombo" (adicional), resultante da "revisão de premissas atuariais" conseqüentes do "progressivo aumento da longevidade das pessoas", segundo divulgação de fato relevante pela própria Petrobras, é de R$ 13,3 bilhões.* (Alaor Barbosa em *Fundo de pensão da Petrobras tem rombo de R$ 13,3 bi*, O Estado de S. Paulo, Internet, 4/2/2005, informação confirmada por Giuliano Guandalini, com valores pormenorizados, em *Aos Petroleiros, com carinho*, Veja, edição 1.968, p. 56, 9/8/2006.)

Nota – Esse valor (R$ 13,3 bilhões) seria suficiente para recuperar toda a malha rodoviária federal.

V-4.4   Com relação ao Banco do Brasil, não há porque se mantê-lo **como uma empresa estatal de capital misto, se ele tem sido um sorvedouro de dinheiro do Tesouro Nacional,** ou seja, **de dinheiro do povo brasileiro** que foi usado para salvar o capital do investidor privado. E aqui não cabe discutir os motivos dos descalabros havidos nem apontar os responsáveis que o levaram àquela situação pré-falimentar. O que interessa são os fatos e as suas conseqüências.

V-4.4.1 Somente nos anos de **1996** e **2001, para não deixar o Banco do Brasil ir à falência, o governo onerou o Tesouro Nacional em R$ 18.448.743.452,45** (cerca de **R$ 22 bilhões** em valores de julho de 2006), distribuídos entre a subscrição de capital (R$ 6.410.255.452,45, conforme as AGEs/BB de 29/3/1996 e 17/6/1996), a transferência de risco (securitização das dívidas autorizadas pela União, de recebimento duvidoso ou créditos podres, no valor de R$ 5.630.991.000,00) e a permuta de títulos públicos (com aumento da dívida interna no valor de R$ 6.407.497.000,00), as duas últimas providências amparadas na Medida Provisória Nº 2.196, de 28/6/2001 (convalidada pela MP Nº 2.196-3, de 25/8/2001, com força de lei). **Isso o povo ignora.**

> *Para ter-se idéia do impacto desse valor*
> *(R$ 22 bilhões) em programas sociais, basta*
> *saber-se que ele seria suficiente para a construção*
> *de pelo menos dois milhões de habitações populares.*
> *Milhares de empregos seriam gerados na construção*
> *dessas habitações e cerca de dois milhões de*
> *famílias carentes teriam ganhado um teto digno.*

V-4.4.2 O povo, mesmo, não se sente beneficiado pelo Banco do Brasil. Seus juros são tão altos quanto os dos demais bancos privados. Somente no cheque especial o Banco do Brasil está cobrando 6,66% ao mês, isto é, 116,78% a.a. (julho de 2006), quando a taxa Selic é de 14,75% a.a. (possivelmente 13% a.a. até dezembro). Mesmo os agiotas cobram, para seus empréstimos, juros inferiores aos do Banco do Brasil. Sendo uma sociedade de capital misto, com parte de suas ações negociadas em bolsa, não pode fugir às regras do mercado, que são as de buscar a obtenção de lucros crescentes para atender as expectativas de seus investidores quanto à percepção de dividendos.

V-4.4.3   Para financiar o setor produtivo em toda a sua extensão, o governo não precisa do Banco do Brasil. Existe o BNDES (Banco Nacional de Desenvolvimento Econômico e Social), que pode muito bem diversificar suas linhas de crédito e atuar em parceria com o setor bancário privado.

V-4.4.4   "Que tal privatizar o Banco do Brasil?", pergunta Mário Henrique Simonsen em artigo publicado sob este título na revista EXAME, edição de 10 de novembro de 1993. E acrescenta: "No debate brasileiro sobre o papel do Estado na economia há um aspecto que vale ressaltar: praticamente ninguém fala em privatizar os bancos federais, particularmente o Banco do Brasil e a Caixa Econômica Federal". E depois de enumerar quatro razões, encerra com a quinta: "É que os políticos, por razões óbvias, adoram os bancos oficiais. O poder de dar crédito é o poder de criar despesas sem aprovação orçamentária, pois o crédito pode não ser cobrado, ou ser renovado eternamente. (...) É público e notório que, entre nós, uma diretoria do Banco do Brasil ou, em escala menor, da Caixa Econômica Federal é moeda política mais valiosa do que muitos ministérios. (...) Com efeito, eles [os bancos oficiais] conferem ao Executivo um poder discricionário que uma democracia moderna tem o direito de contestar".

V-4.5 Quanto à CEF (Caixa Econômica Federal), pensa-se que a ela deve ser concedida a exclusividade para exploração de todo tipo de jogos de loterias, como já o é atualmente, acrescido dos jogos de bingos e similares. Corajosamente, também deve-lhe ser concedida permissão (não exclusiva) para a exploração de cassinos em centros turísticos, assim considerado um município em cada estado, por indicação dos governos estaduais.[1]

[1] A CEF, mesmo privatizada, transferirá para a União a "totalidade dos recursos de premiações não procurados pelos contemplados" até a data de sua prescrição, e, destes, o **Dízimo Cívico** será automaticamente repassado à própria União, às Unidades Federativas e aos Municípios obedecendo aos mesmos percentuais de suas participações no montante das NFSP.

Com a privatização da CEF o valor das apostas lotéricas sofrerá drástica diminuição, tendo em vista que elas deixarão de financiar parte da Seguridade Social, o Fies, os comitês Olímpico (COB) e Paraolímpico (CPB), o Ministério dos Transportes, o FNC (Fundo Nacional de Cultura) e o Funpen (Fundo Penitenciário Nacional), que passarão a ser financiados por verbas específicas consignadas no orçamento da União. Quanto aos clubes de futebol, também financiados pelas apostas lotéricas, passarão a buscar financiamento no setor privado e em suas próprias receitas, considerando sua vocação de entidades desportivas privadas.

De toda a arrecadação das loterias e similares, incluídas as receitas dos cassinos, será automaticamente recolhido ao erário o **Dízimo Cívico,** que será compartilhado pela União, pelas Unidades Federativas e pelos Municípios. O mesmo ocorrerá quando do recebimento dos prêmios pelos respectivos ganhadores das apostas lotéricas, dos jogos de azar, das corridas de cavalo e de todas as demais modalidades de jogos ou sorteios. Os cassinos pagarão o **Dízimo Cívico** por cada centavo recolhido de seus clientes nas apostas de todas as formas de jogo: dos caça-níqueis às mesas de carteado, isto é, no ato da venda das fichas e na introdução da moeda nos caça-níqueis; e os jogadores, no ato da troca das fichas por dinheiro em espécie ou na retirada do dinheiro nos caça-níqueis (nestes casos, pagarão o **Dízimo Cívico** na fonte), sob a fiscalização eletrônica da Receita Federal. Se o recebimento for mediante crédito em conta ou em cheque, o **Dízimo Cívico** será recolhido automaticamente quando do crédito da transferência ou do desconto do cheque. A fiscalização, física e eletrônica, por parte da SRF e da Polícia Federal, será implacável.

> **Somente depois dessa providência – que será submetida à aprovação do Congresso Nacional – e após a autorização plebiscitária é que será privatizada. Quanto passaria a valer, então, a Caixa Econômica Federal?**

Nota – Aos que são contra a legalização do jogo no Brasil, pergunta-se: por que podem existir cassinos em Punta del Leste, no vizinho Uruguai; na Ciudad del Leste, no vizinho Paraguai; em Las Vegas e em Atlantic City, nos Estados Unidos; em Mônaco, na Europa Central, e em Macau, na China, para citar somente uns poucos, e não no Brasil? Para proteger a sociedade, basta criar regras e fiscalizar o seu cumprimento sob a responsabilidade de uma Agência Reguladora, representando o Governo Federal, e do Ministério Público, representando a sociedade.

V-4.5.1 Os benefícios sociais concedidos pelo Governo Federal e pagos por intermédio da Caixa Econômica Federal continuarão a ser recebidos na própria CEF ou em qualquer agência bancária, agência dos Correios e casas lotéricas, bastando que o beneficiário apresente seu **Cartão Eletrônico de Identidade**, que será emitido em substituição ao RG (Registro Geral de identidade civil), ao CPF e aos demais documentos de identidade.

V-4.6 Relativamente aos Correios (Empresa Brasileira de Correios), também deverão ser privatizados, mas sem exclusividade na exploração desse serviço. Deve-se leiloar a concessão da exploração de serviços de correios para, pelo menos, mais duas empresas, a fim de estimular a concorrência. Não há mais sentido a exploração desse tipo de serviço pelo Estado. Será muito mais proveitoso para o país e para o povo tê-lo privatizado. À Agência Reguladora dos Serviços Postais caberá a tarefa de estabelecer normas e fiscalizar essa atividade.

V-4.7 A Infraero também deverá ser privatizada. Os aeroportos civis estão cada vez mais a necessitar de grandes investimentos para atenderem ao conforto dos passageiros e às necessidades das empresas aéreas e das operadoras de carga. As atuais pistas de pouso precisam ser ampliadas e outras tantas precisam ser construídas para darem maior agilidade e segurança às operações de pouso e decolagem. Instrumentos de controle do tráfego aéreo, de última geração, precisam ser adquiridos. Outros, que permitam o pouso com teto zero, precisam ser instalados nos aeroportos mais movimentados sujeitos a restrições por condições atmosféricas.

V-4.7.1 Na Argentina, no Chile, no Uruguai, no Peru e no México, os aeroportos já foram privatizados; e em outros países da América Latina estão em processo de privatização. Os que já foram privatizados, como os de Buenos Aires, melhoraram sobremaneira o atendimento aos seus usuários: passageiros, empresas aeroviárias e operadoras de carga.

V-4.7.2 Nos Estados Unidos, os aeroportos mais importantes pertencem a corporações (*Corporations*) formadas pelos governos federal, estadual e municipal, com ações negociadas em bolsa, mas as áreas físicas são concedidas ao setor privado, incluídas as empresas aéreas, que podem construir seus próprios terminais de passageiros.

> *A Inglaterra, pioneira na privatização de aeroportos (British Airport Authority), tinha, por sinal, antes da privatização, uma estrutura aeroportuária semelhante à da Infraero .*

V-4.7.3 No caso brasileiro, não há mais ambiente para

haver preocupação quanto à segurança nacional. Até porque a Aeronáutica continuará com seus aeroportos militares, que deverão ser ampliados e modernizados com verbas orçamentárias. E quando a FAB (Força Aérea Brasileira) utilizar os aeroportos civis privatizados, pagará por seu uso, como qualquer outro usuário.

V-4.8　　A privatização das empresas estatais provocará, ainda, a transferência, para o setor privado, da responsabilidade pelo pagamento (resgate) de todas as suas dívidas, em reais e em moedas estrangeiras, que, atualmente, integram a **Dívida do Setor Público**, tendo por conseqüência a diminuição do risco-Brasil.

V-4.9　　Para evitar que o resultado das concessões e privatizações seja desviado de sua finalidade (ressarcimento da dívida interna), o seu pagamento será efetuado somente com títulos da dívida pública pelo valor de mercado negociado na Bolsa de Valores de São Paulo, limitado ao valor de face.

V-4.9.1　　O Banco Central e o Ministério Público ficarão atentos para evitar qualquer tentativa de manipulação do valor dos títulos públicos que possam macular a lisura da operação.

V-4.10　　Os erros e os eventuais desvios de conduta que possam ter havido quando de privatizações anteriormente ocorridas não se repetirão, considerando os exemplos por elas oferecidos e as normas rígidas de execução e comportamento que serão adotadas, incluída rigorosa fiscalização pelo Ministério Público, o qual será chamado a participar dessa nova fase de privatizações na condição constitucional de representante e defensor da sociedade.

Nota – Para ilustrar, dois episódios: um fato (não-confirmado) e uma pequena estória, verossímil, mas sem amparo na realidade.

1. O fato. No dia em que a loja Harrods, de Londres, foi vendida, e o comprador era de origem árabe, o dr. Olavo Setúbal, então presidente do Banco Itaú, entrevistava-se com o Barão Rothischild, presidente do Banco Rothischild, da Inglaterra.

O dr. Olavo Setúbal, ao dizer-lhe que aquele não deveria ser um alegre dia para os ingleses, considerando que a Harrods, um monumento nacional, orgulho do Império Britânico, estava sendo comprada por capitais estrangeiros, teria ouvido o Barão, impávido, responder-lhe que era o contrário, pois a Harrods continuaria inglesa, ninguém iria tirá-la de Londres e, o que era mais importante, havia entrado no país um volume apreciável de petrodólares.

A mesma coisa acontecerá se o povo brasileiro resolver privatizar a Petrobras, o Banco do Brasil, a CEF, os Correios, a Infraero, o IRB, Furnas e quantas mais estatais forem necessárias ao Poder Público para libertar o país da dependência aos seus credores.

2. Agora, a pequena estória. Um idoso proprietário de uma vinícola na França, ainda orgulhoso de seu extinto título nobiliárquico, mantinha, em ampla adega subterrânea, um grande número de garrafas de valiosíssimos vinhos, que ele guardava como um verdadeiro "tesouro": não bebia nem vendia.

Enquanto isso, a vinícola ia muito mal, econômica e financeiramente, exatamente por falta de investimento em sua modernização. As suas dívidas aumentavam pela incapacidade financeira de pagar até mesmo a integralidade dos juros. As estradas vicinais que cortavam a sua propriedade estavam intransitáveis. Seus prédios, quase aos escombros. Os veículos, verdadeiras sucatas. Os empregados, descontentes, não ganhavam o necessário para manterem convenientemente suas famílias. A pequena escola não funcionava adequadamente por falta de professores capacitados e de material escolar. O médico e o dentista, que davam assistência aos empregados, haviam abandonado o pequeno ambulatório por falta de medicamentos e de condições mínimas para o atendimento aos pacientes. Até os guardas, responsáveis pela segurança do empreendimento, estavam desestimulados e passaram a fazer biscates por fora.

Enquanto isso ocorria, o vinhateiro, que mantinha intocada sua incalculável fortuna em vinhos nobres, recusava-se a vender o seu "tesouro", mesmo sabendo que, se o fizesse, pagaria suas dívidas, reativaria a vinícola em bases sólidas e todos voltariam a ser felizes. E ainda poderia, se o quisesse, refazer o seu "tesouro".

Será que a sociedade brasileira deseja o mesmo destino para o país e o seu povo? De que adianta ter tantos tesouros se a população não dispõe de educação adequada, de atendimento médico-hospitalar decente, de segurança pública, de juros estimuladores do desenvolvimento, de empregos condizentes às suas necessidades, de estradas transitáveis e de tantas outras coisas mais? Afinal de contas todas essas empresas estatais (públicas e de economia mista), se privatizadas, continuarão brasileiras, permanecerão em território brasileiro, empregarão brasileiros, pagarão o **Dízimo Cívico** ao Poder Público brasileiro e reduzirão a dívida pública da União em face dos valores recebidos em sua privatização serem integralmente destinados ao seu pagamento, tendo como conseqüência a diminuição do volume de juros gerados pela Dívida Pública. E, adicionalmente, será reduzida a participação do Estado na economia nacional.

A privatização dessas empresas poderá ser um seguro repositório para as aplicações da poupança de todos os brasileiros, dos ativos financeiros dos fundos de previdência privada nacionais e estrangeiros, e dos capitais nacionais que se encontram no exterior. E, mesmo que elas venham a ter expressiva participação de capitais estrangeiros, estes serão tão bem-vindos como o foram os que se encontram investidos na Ford, na GM, na Fiat, na Toyota, na Honda, na Dell e em muitos outros empreendimentos, pelos quais tanto se empenharam os governos federal e estaduais e as administrações municipais.

V-4.11 Dos leilões de concessão e de venda de ativos da União não poderão participar pessoas jurídicas que sejam controladas pelo Poder Público representativo de país estrangeiro ou por suas instituições estatais.

V-5 **Plebiscito e Regulamentação pelo Congresso Nacional** – A privatização de alguns desses ativos somente ocorrerá após consulta plebiscitária e a respectiva regulamentação pelo Congresso Nacional.

V-6 **Privatizações pela Ótica de Outros Brasileiros** – O ex-ministro Ciro Gomes, candidato a presidente da República nas eleições de 1998 e 2002, e o professor e filósofo Roberto Mangabeira Unger, sustentam "que a política antiinflacionária não se completa sem uma grande reorganização das finanças públicas" e apontam, como solução, a necessidade de "sanear a situação patrimonial do Estado e aumentar em muito a receita pública". Por fim, complementam que "a melhor maneira de resolver o problema patrimonial [do Estado] é promover algumas **PRIVATIZAÇÕES ESPETACULARES**". (*O Próximo Passo – Uma alternativa política ao neoliberalismo*, p. 31-32, Topbooks Editora e Distribuidora de Livros, Rio de Janeiro-RJ, 1996. O destaque não consta do original.)

[1 (p. 44)] 1. "Mas usar as receitas de privatização para resgatar parte da dívida pública, sobretudo a dívida interna mobiliária, é altamente salutar. Resgatando essa dívida caríssima e assim economizando seus encargos, o Governo Federal poderá: a) liberar recursos para programas de alta prioridade econômica e social, hoje emperrados pela falta de verbas; b) criar um superávit fiscal." (Mário Henrique Simonsen, em *O saldo é muito favorável*, sobre o Plano Real.)

2. Do total apurado nos leilões de concessão e de venda dos bens/ativos privatizados, 10% serão destinados ao pagamento do **Dízimo Cívico**, que será distribuído à União, às Unidades Federativas e aos Municípios (IV-6.2), e os 90% restantes serão **integralmente** canalizados para amortização da **Dívida Pública Mobiliária Interna** (títulos em mercado) de responsabilidade do Tesouro Nacional.

Capítulo VI

Economia e Finanças

> *Saneadas as finanças públicas, o exercício da administração federal terá por norma intransponível manter o equilíbrio orçamentário, ou seja, déficit nominal zero.*

VI-1 **Equilíbrio Orçamentário** – O equilíbrio do Orçamento da União inclui todos os investimentos econômicos e sociais programados para o exercício mais o superávit primário compatível com o pagamento dos serviços da dívida (juros e encargos) de responsabilidade do Tesouro Nacional, de modo a assegurar maior confiabilidade no país e a tornar a economia brasileira mais resistente às eventuais crises econômicas externas. Isso significa dizer que o país passará a ser administrado com um orçamento federal **sem déficit nominal**.

VI-2 **Banco Central** – É indispensável manter o Banco Central como o guardião da solidez da moeda, exercendo rigorosa fiscalização em sua área, de modo a evitar manipulações ou distorções da política de não-intervenção nos mercados de câmbio, financeiro e de capital.

VI-2.1 Quanto à sua total independência, concedida

por medida legal – com nomeação de seus diretores para mandato determinado que se estenderia pelo mandato do próximo presidente da República e durante o qual se tornariam inamovíveis –, não merece ser recomendada. Dar total independência ao Banco Central, como querem alguns, é fazer o presidente da República, eleito diretamente pelo povo, abdicar de suas prerrogativas constitucionais (mesmo não-explícitas) na condução das políticas econômica e monetária. Seria ensejar atrito permanente entre duas autoridades, com graves prejuízos à administração federal, quando as idéias do presidente da República não coincidissem com as do presidente do Banco Central.

> *Mesmo nos Estados Unidos, onde a independência de seu Federal Reserve (Banco Central), tão decantada no Brasil pelos arautos dessa tese, existem dois "órgãos que participam com ele da supervisão das instituições bancárias: o Comptroller of the Currency e o Federal Deposit Insurance Corporation".* (Paulo Nogueira Batista Jr.)

Nota – O economista José Alexandre Scheinkman, em *A política monetária precisa de ajustes* (V-1.1 – Notas), manifesta sua discordância ao que chama de "um BC [Banco Central] essencialmente independente" e informa que "a idéia de forçar a autoridade fiscal [Ministério da Fazenda] a se ajustar à política monetária [Banco Central] já foi tentada sem sucesso em vários países".

VI-2.2 Os dirigentes do Banco Central, enquanto no exercício dessas funções, ficarão proibidos de administrar, direta ou indiretamente, aplicações financeiras próprias ou de terceiros no mercado de capitais, interna ou externamente.

VI-2.2.1 Essa proibição, tal qual a proibição ao servidor público de exercer atividades gerenciais de negócios, torna-se salutar para evitar especulações relativamente à condução da política monetária.

VI-2.3   O Banco Central, dentro de seis meses, a contar da data da medida governamental, concluirá os processos de liquidação dos bancos que tiveram sua liquidação extrajudicial decretada e que ainda permanecem sem solução definitiva. Se necessário, com alteração, por Medida Provisória, da Lei Nº 6.024, de 13/3/1974, que disciplina a matéria.

VI-2.3.1   O Banco Central, por via de medida legal que disciplinará a matéria, tornará extintos os títulos públicos que integram a massa falida dos bancos liquidados até o limite do total de seu passivo para com o Banco Central/Tesouro Nacional.

VI-2.3.2   A Emgea (Empresa de Gerenciamento de Ativos), empresa pública vinculada ao Ministério da Fazenda (CNPJ 04.527.335/0001-13), criada pelo governo para administrar os ativos imobiliários da CEF e do BNH (Banco Nacional de Habitação) também concluirá, via Internet e dentro do mesmo prazo, a venda em leilões dos imóveis retomados dos mutuários por inadimplência de seus contratos de mútuo.

VI-3   **Redução do Depósito Compulsório** – Reduzir a zero o depósito compulsório.

VI-3.1   A existência do Depósito Compulsório, pela necessidade de o Tesouro Nacional financiar parte de sua dívida interna, torna-se ociosa tendo em vista a diminuição dessa dívida em função de seu pagamento com os recursos advindos da reativação do Programa Nacional de Desestatização - PND (V-4).

> *A redução a zero do depósito compulsório, sem direcionamento dos valores liberados, provocará, em conseqüência, a queda dos juros de mercado.*

VI-3.1   Com maior volume de dinheiro no sistema bancário e com a União sem necessitar tomar empréstimos adicionais ao mercado financeiro, considerando seus superávits orçamentário e fiscal em face da arrecadação proporcionada pela adoção do novo Sistema Tributário Nacional, os bancos passarão a desempenhar o seu papel de financiador do sistema produtivo, oferecendo a seus clientes, em salutar disputa com seus concorrentes, taxas civilizadas de juros. Haverá a inversão do que está ocorrendo atualmente (2006): a taxa de juros de mercado é que orientará o Banco Central na fixação da taxa Selic.

VI-4   **Copom e Juros Básicos** – A composição do Copom será alterada para dar lugar ao Secretário de Política Econômica do Ministério da Fazenda e a representantes da indústria, do comércio e dos trabalhadores, um de cada atividade, por indicação de suas entidades de âmbito nacional, dentre cidadãos de reputação ilibada, para exercerem, com mandato de um ano (sem direito a nova indicação), essa representação, e suas reuniões serão semanais, com o objetivo de manter sob permanente vigilância o comportamento da economia, em geral, e do mercado, em particular.

VI-4.1   As reuniões do Copom perderão a condição de grande acontecimento nacional para tornarem-se rotina de trabalho, deixando de provocar ansiedade nos agentes econômicos.

VI-4.2   Com a redução a zero do depósito compulsório e com superávit fiscal consistente capaz de assegurar o pagamento dos juros da dívida pública remanescente sem comprometimento do orçamento federal, conseqüência da instituição do novo Sistema Tributário Nacional e da reativação dos programas de concessões e de privatizações, com seus resultados líquidos destinados exclusivamente para o pagamento da dívida federal interna – provocando sensível redução dos valores correspondentes ao serviço dessa dívida –, haverá um razoável volume de dinheiro excedente no mercado financeiro suficiente para forçar a queda dos juros de mercado e, por seus efeitos, dos juros básicos.

VI-4.2.1   Dizer-se que a queda brusca dos juros básicos (taxa Selic) representaria um calote nos investidores em títulos brasileiros não parece argumento consistente, porquanto calote ocorreria somente nos casos de não-pagamento do principal ou dos juros e encargos contratados e vencidos; mas expectativa de juros altos em aplicações financeiras com a taxa pós-fixada (do dia do vencimento do título) não é direito adquirido, e, assim não sendo, não pode ser considerado calote.

VI-5   **Juros de Mercado** – Os juros dos bancos federais (BB/CEF/BN/Basa), enquanto não ocorrer sua possível privatização, deverão baixar ao máximo permissível a uma justa remuneração do capital, porém, sem distinção das categorias de empréstimo. Por que os juros do cheque especial têm que ser maiores do que os do CDC (Crédito Direto ao Consumidor)? Inadimplência? Se os juros forem altos, estimularão a inadimplência. Se forem baixos, diminuirão a inadimplência e aumentarão a escala, tendo, por conseqüência, maiores rendimentos bancários. Cabe à gerência de contas da agência, que conhece sua clientela e o seu cadastro, controlar o crédito de acordo com a capacidade de endividamento do tomador.

VI-5.1   Existe a crença no setor bancário de que os juros altos são conseqüência da "incerteza jurisdicional", conforme exposto por Edmar Bacha em seu novo trabalho acadêmico *Juros Altos e Instabilidade Jurídica*[1], escrito em parceria com André Lara Resende e Persio Arida, todos os três laureados economistas e respeitados autores dos planos Cruzado e Real.

[1] Esse trabalho foi apresentado por Edmar Bacha, em 24/6/2004, em Seminário do Instituto de Estudos de Política Econômica do Departamento de Economia da Pontifícia Universidade Católica do Rio de Janeiro, Casa das Garças, Rio de Janeiro-RJ (http://www.econ.puc-rio.br/seminarios.html), e divulgado em inglês, via Internet, sob o título *Credit, Interest and Jurisdictional Uncertainty: Conjectures on the Case of Brazil*. Também é citado por Eduardo Giannetti em seu livro *O valor do amanhã*, nota 33, p. 320 (Companhia Das Letras, Editora Schwarcz, São Paulo-SP, 2005).

VI-6   **Política Cambial** – Promover a unificação das cotações oficiais do dólar americano (comercial, turismo e demais), com manutenção do câmbio flutuante (liberalizado). O mercado ditará a sua cotação. O Banco Central manterá a fiscalização para evitar manipulações ou distorções da política cambial, punindo os responsáveis quando houver comprovação dessas práticas, e somente intervirá em casos de extrema necessidade.

VI-6.1   Compatibilizar a atual (2006) legislação nacional ao regime de câmbio flutuante (Roberto Giannetti da Fonseca).

Nota – Luís Nassif, em *Banco Central e Tesouro* (FOLHA DE S. PAULO, Internet, 14/9/2005), discorda da política de câmbio flutuante em favor de "um quadro de equilíbrio virtuoso, em que se tenha um câmbio competitivo, mas estável. (...) A taxa tem que ser competitiva o suficiente para impedir crises cambiais futuras e garantir a estabilidade da moeda".

VI-6.2   Liberar, dentro do país, para serem contratadas em moeda estrangeira conversível, transações comerciais e financeiras de qualquer natureza, com o pagamento do **Dízimo Cívico**, quando houver recebimento de valor, em moeda nacional ao câmbio da data da transação.

VI-6.2.1   Desses contratos (em moeda estrangeira conversível) constarão como e onde será cumprida a obrigação pecuniária, se em território nacional ou no estrangeiro.

> *Permitir a abertura de contas-correntes em moeda conversível diretamente no Banco Central por empresas exportadoras registradas no Siscomex, com sede ou filial no país, ou por investidores ou devedores externos registrados no Sisbacen.*

VI-6.2.2   Essas contas não terão livre movimentação (curso interno), e seus saldos somente serão utilizados para pagamentos de produtos (incluídos máquinas e equipamentos), insumos e serviços (incluída tecnologia não disponível no país) importados, fretes, seguros etc., *royalties*, dividendos e outros compromissos financeiros no exterior vinculados à atividade empresarial exportadora ou para conversão em reais objetivando a formação de fluxo de caixa, ou o investimento interno, quando bem aprouver aos respectivos correntistas.

VI-6.2.3   Em casos de pagamento no exterior de produtos, serviços e matérias-primas importados como componentes ou insumos de produtos exportáveis, ou de fretes, seguros etc. relativamente a essas importações, os valores respectivos serão debitados diretamente em suas contas em moeda estrangeira conversível mantidas no Banco Central, imunes ao pagamento de imposto de importação, pois, em tais casos, este procedimento funcionará como um sistema *drawback* automático (desburocratizado). Caberá à Receita Federal, em conjunto com o Siscomex (Sistema Integrado de Comércio Exterior), pormenorizar os procedimentos (sempre presente a desburocratização e simplificação) e, com o Banco Central, manter sob permanente fiscalização eletrônica todas essas contas.

    Nota – O economista Roberto Giannetti da Fonseca, em *Câmbio flutuante e quase livre* (FOLHA DE S. PAULO, Tendências/Debates, Internet, 19/3/2005), sugere a revogação das Leis Nº 23.258, de 1933 (era Vargas), e Nº 4.131, de 1964, "além de inúmeras outras leis da década de 80", que acredita desatualizadas, por considerar "inadequada ao regime de câmbio flutuante a obrigação de venda do câmbio de exportação ao Banco Central em prazo determinado", e objetivamente propõe, "a exemplo do que ocorre hoje na grande maioria de países desenvolvidos e emergentes, que se permita no Brasil a existência de contas-correntes denominadas em dólares em instituições financeiras estabelecidas no país, a serem constituídas exclusivamente por pessoas jurídicas residentes no país e que sejam registradas como exportador ou importador no Siscomex, ou como investidores ou devedores externos no Sisbacen, evitando, assim, custos de corretagem, *spread* entre a taxa de compra e de venda e a dupla incidência de CPMF, custos estes que podem, em conjunto, atingir de 2 a 4% do valor de cada transação cambial".

VI-6.2.4   Tornar extinto o prazo de obrigatoriedade de conversão para a moeda nacional das moedas estrangeiras conversíveis produto das exportações brasileiras, atualmente (julho de 2006) fixado em 210 dias.

VI-7   **Compra e Venda de Câmbio** – Manter a liberdade para compra e venda de moedas estrangeiras no país e para remessas ao exterior com obediência às normas adotadas pelo Banco Central.

VI-7.1   Nas remessas para o exterior de reais convertidos em moeda estrangeira, a tributação estará sujeita às normas do Banco Central para as Operações Financeiras e Cambiais (tributo extrafiscal ou regulatório) que, tal qual o **Dízimo Cívico**, também será automaticamente distribuído entre os entes federados: União, DF/Estados e Municípios, na proporção que lhes couber.

VI-7.1.1   Quando a remessa para o exterior de reais convertidos em moeda estrangeira for proveniente de lucros de pessoa jurídica estrangeira instalada no país ou de aplicadores estrangeiros ou brasileiros não residentes no Brasil, não haverá tributação.

VI-7.2   Nas entradas de moeda estrangeira convertida em reais não haverá cobrança de qualquer tributo. O Banco Central apenas fará o registro da operação.

VI-8   **Inflação** – A inflação é conseqüência da política econômica adotada pelo governo e não a causa determinante para norteá-la, salvo quando se configurar descontrole ou manipulação pelo mercado.

VI-8.1   As metas de inflação fixadas pelo Banco Central são de seu uso interno e exclusivo, servindo primordialmente como parâmetro para o comportamento da economia e não para o exercício de influência sobre as atividades do mercado. Elas serão decrescentes, sem qualquer controle de preços e sem considerar a deflação provocada pela instituição do novo Sistema Tributário Nacional (**Dízimo Cívico**), até o limite considerado ideal para a manutenção de uma economia propiciadora do **desenvolvimento consistente** do país (entre 1% e 2% ao ano).

> *As metas de inflação não serão divulgadas, para evitar a geração de expectativas positivas, capazes de influenciarem artificialmente o comportamento do mercado, ou negativas, que possam realimentar a própria inflação, provocando o ressurgimento da inflação inercial, de triste memória.*

VI.8.2   Em caso de inflação de demanda, deve-se abandonar a política de juros altos (inibidores da inflação artificial, especulativa, sem base nos fundamentos econômicos), para adotar-se a política de importação de produtos não-supérfluos, com redução da alíquota de importação (imposto extrafiscal ou regulatório), conforme o caso, até a zero, medida possível considerando a abundância dos superávits da balança comercial. A adoção da política de juros altos, se, por um lado, pode frear a inflação, por outro, é redutora da atividade produtiva, que tem como conseqüência a retração da atividade econômica, responsável pela perda de empregos.

VI-8.3   Desindexar, de forma terminal, de qualquer índice de inflação, os contratos de responsabilidade futura.

VI-8.3.1   Sem que represente quebra de contrato, o governo, à luz do novo modelo econômico do país, procurará renegociar, sem agressão às cláusulas pactuadas, as condições de reajustamento dos serviços com preços administrados.

VI-8.3.2   O atual (julho de 2006) sistema de cálculo de dívidas vencidas e de juros em ações judiciais, que sobrepõe ao principal, além da injusta correção monetária, os juros legais, torna a dívida impagável, o que prejudica o credor (que não recebe o valor de seu ativo financeiro) e torna o devedor incapacitado para recuperar o seu crédito. A remuneração do capital empatado, mesmo no caso de inadimplência – a multa contratual não excederá a 2% sobre o valor da parcela vendida –, será exclusivamente por meio dos juros contratados, sensíveis às taxas de mercado, que poderão ser inferiores ao percentual estipulado pelo Código Civil, que os aumentou em 100%, de 6% para 12% ao ano, dispositivo que será revisto.

VI-9 **Mercado de Capitais** – Estimular maior participação dos assalariados, das empresas e dos investidores no mercado de capitais (Bolsa de Valores e Bolsa de Mercadorias & Futuros) e a abertura do capital pelas empresas nacionais.

VI-9.1 Criar mecanismos de maior controle por parte do Banco Central e da Comissão de Valores Mobiliários "sobre as operações da BM&F (Bolsa de Mercadorias e Futuros) para conter as falhas do sistema e as distorções apontadas por Luís Nassif em suas colunas *As Operações de Balcão* e *A grande lavanderia* (FOLHA DE S. PAULO, Internet, 20/10/2005 e 21/10/2005, respectivamente).

VI-10 **Pagamento de Empréstimos e Financiamentos Bancários** – Adotar um sistema de pagamento/amortização de empréstimos/financiamentos bancários, industriais e comerciais, de forma arrecadatória e automática, com o débito em conta corrente de um percentual dos créditos que forem feitos em favor do tomador/devedor, para crédito parcelado do pagamento/amortização dos empréstimos/financiamentos, até sua total liquidação.

VI-10.1 O sistema aqui sugerido reduzirá a inadimplência generalizada dos tomadores/devedores, com diminuição das tarifas de seguro do crédito e dos juros para o tomador/devedor e, por conseqüência, para o consumidor final.

VI-11 **Retorno do Dinheiro Remetido para o Exterior por Brasileiros ou Estrangeiros Residentes no País**
– Criar condições legais para o retorno ao Brasil, com isenção tarifária, do dinheiro **remetido** para o exterior por brasileiros ou estrangeiros residentes no país sem o temor de sofrerem estigmatização ou constrangimentos, bem como represálias fiscais e penais, respeitada a legislação internacional contra a lavagem de dinheiro.

VI-11.1 Enquadram-se nesse propósito os valores ganhos ou recebidos e mantidos no exterior por brasileiros ou estrangeiros residentes no país.

VI-11.2 Também serão beneficiadas com essas medidas as pessoas jurídicas de todos os setores e níveis.

> *"O procurador Celso Três, com base em dados do Banco Central, concluiu que, entre os anos de 1992 e 1998, foram remetidos para o exterior, via CC-5, R$ 124 bilhões. Apurou ainda que 80% dessas remessas que foram efetuadas por pessoas físicas, representando 50% do total remetido, continham alguma irregularidade."* (Claudio Humberto em *Ordem na Casa,* O SUL, Porto Alegre, RS, Caderno Colunistas, p. 2, 13/8/2004.)

Nota – A advogada paulista Thelma Ribeiro dos Santos, secretária-geral do PMN (Partido da Mobilização Nacional), em conversa com o Autor, sugere que esses valores ingressem na economia formal do país unicamente para aplicação no mercado primário de ações, condição indispensável para que seus possuidores possam beneficiar-se do perdão, quando for o caso.

VI-11.3 Autorizar a abertura de contas bancárias numeradas de não-movimentação, exclusivamente para receber depósitos de repatriamento de capital, com isenção tributária – após o que seus valores reingressarão no mercado interno –, de modo a estimular o retorno do dinheiro saído do país, não importando ao Poder Público o status legal dessa remessa para o exterior (VI-7.2), ressalvadas as transferências originadas de processo de corrupção e de desvio de dinheiro público.

VI-11.4 A isenção tributária dar-se-á apenas no ingresso ou reingresso do dinheiro no país (VI-7.2). A partir daí, o dinheiro começará a produzir receita tributária na medida em que for sendo transferido para outras pessoas, físicas ou jurídicas, ressalvado, no último caso, se for aplicado no mercado primário de ações ou para formação de capital inicial de pessoa jurídica.

Nota – O repatriamento de capital já ocorreu na Alemanha e na Itália, que cobraram, por seu retorno ao país, alíquotas de 4% e 2,5%, respectivamente. No Brasil já existe mecanismos, por "vias informais", que propiciam esse retorno com pagamento de taxas entre 3% e 4% (Sonia Racy em *Anistia fiscal pode sair por meio de títulos ao portador*, O ESTADO DE S. PAULO, Internet, 5/11/2004).

VI-12 **Casa da Moeda** – A Casa da Moeda será reequipada e modernizada, com a importação das mais avançadas tecnologias na arte de impressão de cédulas e cunhagem de moedas à prova de falsificações, com vistas ao abastecimento interno e ao atendimento da demanda externa, tendo por paradigma a nota de dez dólares americanos que "é impressa com uma tinta que muda a cor do numeral no canto direito quando vista ligeiramente inclinada (...) e na esfígie da cédula".

VI-13 **Empresas *Offshore*** – Admitir a utilização de empresas *offshore* exclusivamente por pessoas jurídicas com o único objetivo de captação de bônus sem tributação. Fazer revogar a Circular Nº 3.187, de abril de 2003, do Banco Central, e a Resolução Nº 3.265, de março de 2005, do Conselho Monetário Nacional, e buscar maior integração do Brasil ao *Gafi* (Grupo de Ação Financeira Contra a Lavagem de Dinheiro), órgão internacional coordenador das ações dos países contra o crime organizado.

Nota – Medida inspirada na denúncia de Luís Nassif em *Sob o império do crime* (FOLHA DE S. PAULO, Internet, 1º/5/2005).

VI-14 **Risco-Brasil** – O risco-Brasil tenderá a cair ainda mais, considerando a diminuição da dívida pública em face de seu pagamento pela retomada do programa de privatizações, a nova política econômica estimuladora de superávits orçamentário e fiscal e a diminuição da inadimplência com a adoção do novo sistema de pagamento/amortização dos empréstimos e/ou financiamentos bancários industriais/comerciais mediante o débito em conta de um percentual sobre os valores creditados em favor do tomador/financiado (VI-10).

VI-15 **Política Habitacional** – O financiamento habitacional para todas as categorias de residências, incluídas as populares e rurais, advirá de programas específicos do Governo Federal em parceria ou não com o sistema bancário privado.

VI-16 **Microcrédito Rural e Periférico** – Criar postos itinerantes de crédito a domicílio para oferta de financiamento à agricultura familiar e à aquisição de máquinas, equipamentos, ferramentas e materiais destinados ao trabalho manual remunerado exercido nos lares, e ao pequeno negócio.

Nota – Esse programa (oferta de crédito rural a domicílio) funcionou muito bem no governo do presidente Jânio Quadros (1961), quando posto em prática por intermédio do Banco do Brasil. Em caso do Banco do Brasil vir a ser privatizado, esse programa será reeditado pelo BNDES em convênio com o sistema bancário privado, incluído o próprio Banco do Brasil.

VI-17 **Anistia das Dívidas dos Estados e Municípios para com a União** – Tendo em vista que ao Estado não são lícitos os mesmos objetivos do setor privado, ou seja, a busca de lucros, torna-se odioso a União continuar a exigir das Unidades Federativas e dos Municípios o pagamento de suas dívidas pretéritas, uma vez que os déficits orçamentário e fiscal, atualmente (julho de 2006) produzidos, serão substituídos por superávits em razão do aumento da arrecadação tributária proporcionado pela adoção do **Dízimo Cívico** e em conseqüência da reativação do Programa Nacional de Desestatização - PND, que provocará o pagamento da Dívida Interna e a redução do volume de seus juros. Daí tornar-se justa a promoção da anistia das dívidas das Unidades Federativas e dos Municípios para com a União, até porque a Lei de Responsabilidade Fiscal freará eventuais futuros ímpetos de liberalidade financeira dos administradores estaduais e municipais.

VI-17.1 Por outro lado, é preciso dar às Unidades Federativas e aos Municípios, cada vez mais, condições financeiras para atender às suas necessidades de investimento e de atendimento ao social. Justifica-se, portanto, a anistia de suas dívidas para com a União, pondo fim a esse contencioso que tanto debilita a ação administrativa dos governantes estaduais e municipais.

VI-17.2 De igual modo, as Unidades Federativas e os Municípios renunciarão a todos os seus possíveis créditos ou compensações tributárias, incluídos os de ressarcimento das perdas decorrentes da desoneração dos tributos estaduais ou municipais, quando for o caso, nas exportações (Lei Kandir), bem como a todo e qualquer direito pretérito de ressarcimentos tributários pela União.

VI-18 **Anistia Fiscal e Tributária Ampla, Geral e Irrestrita às Pessoas Físicas e Jurídicas por seus Débitos para com o Poder Público** – Promover a anistia fiscal e tributária ampla, geral e irrestrita às pessoas físicas e jurídicas por seus débitos para com o Poder Público. Se ao Estado compete criar condições para a geração de empregos, nada mais salutar do que retirar das obrigações do setor privado, incluídas as pessoas físicas, o peso do pagamento de suas dívidas para com o Poder Público, em todos os níveis da administração pública (União, Unidades Federativas e Municípios), muitas das quais (dívidas) se tornaram impagáveis pela ganância do Poder Público, que apôs sobre elas multas escorchantes e lhes impôs juros extorsivos.

Nota – Da PEC (Proposta de Emenda Constitucional) de que trata este item constará que a anistia não alcançará as pessoas físicas do presidente e do vice-presidente da República e de seus familiares, nem as pessoas jurídicas nas quais possam ter participação, excetuando quando se tratar de ações preferenciais de caráter minoritário sem direito a voto.

VI-18.1 O Poder Público, não mais precisando de receitas extras para equilibrar o seu orçamento, nem de comprometer os investimentos com a "fabricação" de superávits primários, deve desonerar o setor privado dessas obrigações, recursos que, certamente, voltarão ao Estado e à sociedade em forma de novos investimentos, que incentivarão a produção e **gerarão empregos**, salários, vendas e tributo (**Dízimo Cívico**).

VI-18.2 Argumente-se, ainda, que a unicidade tributária (**Dízimo Cívico**), de natureza arrecadatória, ou seja, insonegável, evita transformar a anistia em estímulo à sonegação futura.

VI-18.3 Quanto à possível argumentação de que a anistia é um prêmio para os sonegadores e uma injustiça para com os honestos, entenda-se que o que aqui está em pauta não são juízos sobre comportamentos empresariais ou pessoais, nem sempre corretos, mas, sim, a economia global da nação, o futuro do país, o bem-estar de seu povo.

VI-18.4   Com a decretação da anistia dos débitos de origem fiscal e tributária das pessoas físicas e jurídicas para com o Poder Público, serão extintos todos os arrestos, as penhoras e as hipotecas sobre ativos ou bens móveis e imóveis que lhes garantiam a execução, devendo os cartórios de imóveis, independentemente de qualquer manifestação por parte do interessado, procederem, de ofício, dentro de seis meses, às averbações de sua liberação na forma da nova legislação.

VI-19   **Extinção de Todo o Contencioso Administrativo e Judicial de Caráter Financeiro e de Natureza Fiscal e Tributária em que Pessoas Físicas e Jurídicas sejam Partes contra o Poder Público** – De igual forma, se o Poder Público está abrindo mão de seus créditos, sem ver a quem estará particularmente beneficiando, também deve receber da sociedade a liberação de seus possíveis débitos, não interessando saber se a origem deles é justa ou espúria – e nem sempre é justa –, com o que se estarão extinguindo os possíveis direitos a créditos, a compensações fiscais e tributárias e a todas as demais demandas de caráter financeiro, incluídas as que têm por base os planos econômicos instituídos pelo Governo Federal (com ou sem autorização do Congresso Nacional) ou medidas administrativas, em qualquer época, contra o Poder Público, nas suas três esferas de governo. Extinguem-se, assim, todos os direitos (e as presunções de direito) a créditos acumulados (IPI, ICMS, ICMS-Exportação, exclusão do ICMS da *base de cálculo* da Cofins e os demais que possam existir), sem distinção, incluídos aqueles que integram o contencioso administrativo e judicial de caráter financeiro e de natureza fiscal e tributária em que pessoas físicas e jurídicas sejam partes contra o Poder Público, bem como todos os processos em tramitação no Conselho Federal de Contribuintes e nos respectivos conselhos estaduais e municipais relacionados à presente proposta.

VI-19.1   Não são alcançadas por esta medida as operações já concluídas, ou seja, aquelas em que os pagamentos já tiverem sido efetuados até o dia 30 de setembro de 2006.

VI-20   **Depósitos Judiciais** – Extintas as expectativas do setor privado de direito à anulação dos executivos fiscais de iniciativa do Poder Público, e extintos os débitos tributários e alegações de ilícitos fiscais das pessoas físicas e jurídicas para com o Fisco, nas três esferas de governo, 50% dos depósitos judiciais serão liberados em favor dos depositantes judiciais e 50% serão liberados em favor do Poder Público, a crédito do qual foi efetuado o depósito, compensadas as liberações já ocorridas.

VI-20.1   Essa repartição ensejará a que se ordene a liberação já havida de 40% dos respectivos depósitos judiciais em favor de alguns entes federados.

VI-21   **Transferência para a CEF dos Débitos de Toda a Carteira de Financiamentos Habitacionais em Poder do Sistema Bancário Privado e Anistia das Dívidas Contraídas pelo Mutuário com o SFH para Aquisição ou Construção de Habitação Unifamiliar com a Quitação dos Respectivos Empréstimos e Extinção dos Fundos de Compensações Salariais** – Esta providência transferirá todos os saldos de financiamentos concedidos pela rede privada bancária para aquisição ou construção do imóvel residencial unifamiliar para a CEF que os "comprará" com o deságio adequado à operação. A CEF, de posse desse passivo, anistiará os devedores, quitando os seus débitos, tal como tem ocorrido com todos os mutuários que tenham sido submetidos a cirurgia coronariana ou sofram de doenças consideradas terminais.

VI-21.1   O governo, de comum acordo com a Caixa Seguradora S.A. (CNPJ 34.020.354/0001-10), sociedade por ações sucessora da Sasse Companhia Nacional de Seguros Gerais, contratada pela Emgea "para explorar, com exclusividade, pelo prazo de 20 (vinte) anos, os seguros decorrentes de financiamentos imobiliários comercializados através da Caixa Econômica Federal (CEF), em suas agências"[1] (VI-2.3.2) e do extinto BNH, encontrará uma forma para atender ao disposto no parágrafo anterior.

[1] Da "Medida Cautelar Inominada" impetrada pela Caixa Seguradora S.A. contra a Emgea, em 26/3/2004, perante o Juízo Federal da 9ª Vara da Seção Judiciária do Distrito Federal, por sinal, deferida no mesmo dia, e da qual a autora desistiu dois dias depois, em 28/3/2004.

VI-22   **Extinção das Dívidas Securitizadas** – De igual forma, não há por que manter valores tão expressivos de créditos de impossível recebimento que compõem as dívidas securitizadas e que nenhum benefício trazem ao Poder Público, porém, impõe aos devedores uma condição de permanente inadimplência, impedindo-os de produzirem mais riquezas que iriam beneficiar ao país e à própria sociedade, principalmente pela geração de empregos e de tributos. São, em verdade, contas gráficas impagáveis, "esqueletos" que não têm qualquer valor comercial ou negocial, resultando recomendável a sua liquidação por medida legal, principalmente considerando que, muitas vezes, foi a própria administração governamental a responsável por sua existência, como as que resultaram dos programas de saneamento das finanças públicas e do sistema bancário, incluída a de salvação (da falência) do Banco do Brasil por obra do próprio Governo Federal (V-4.4.1). Promova-se, portanto, a extinção das dívidas securitizadas.

VI-22.1 Serão consideradas dívidas securitizadas as contraídas pelo setor agrícola no primeiro semestre de 2006 em consequência da crise provocada pelo atraso das medidas governamentais, o que levou o setor a suportar grandes prejuízos e a enfrentar a insolvência de seus negócios.

VI-23 **Precatórios** – O Tesouro Nacional emitirá títulos públicos com prazo de 25 anos e juros da taxa SELIC para pagamento de toda a dívida originada da emissão de precatórios federais.

VI-23.1 Esses títulos, imediatamente depois de emitidos, serão usados compulsoriamente para o pagamento, pelo setor privado, de suas dívidas para com o Poder Público, qualquer que seja a origem, caso não tenham sido alcançadas pela aplicação das disposições constantes do parágrafo VI-18.

VI-24 **Cartões de Crédito** – As sociedades/empresas administradoras/gestoras de Cartões de Crédito e/ou de Débito serão obrigatoriamente registradas no Banco Central, que passará a autorizar o seu funcionamento e a fiscalizar-lhe as atividades. Essas organizações comerciais de prestação de serviços passarão a ter *status* de instituições financeiras e, como tais, subordinar-se-ão à legislação específica.

VI-25 **Cupom Fiscal** – A pessoa jurídica (microempresa ou de pequeno porte), ao obter seu registro na Junta Comercial e no CNPJ, receberá da repartição fazendária uma minimáquina (terminal eletrônico portátil, como os usados pelos taxistas de Estocolmo, na Suécia) de emissão de Cupom Fiscal, que já estará conectada aos bancos de dados da Fazenda Pública, sem ônus para o seu receptor, que responderá por sua guarda na condição jurídica de fiel depositário. Esse tipo de minimáquina (terminal eletrônico portátil) já está em uso no Brasil para registro e emissão de cupom (sem efeito fiscal) das compras com cartão de crédito/débito.

VI-25.1   Os autônomos e profissionais liberais ao se cadastrarem nessas categorias econômicas receberão idêntica minimáquina.

Capítulo VII

Desenvolvimento, Indústria e Comércio

> *Quem assumir a Presidência da República em janeiro de 2007 e desejar corresponder ao clamor público no atendimento de suas mais urgentes demandas, terá de eleger o Desenvolvimento Nacional como o grande objetivo de seu governo.*

VII-1 **Desenvolvimento** – Buscar o **DESENVOLVIMENTO NACIONAL** com um programa administrativo **ambicioso** e **consistente,** sem xenofobia e sem preconceitos – conforme aqui pormenorizado –, **que faça o país crescer a sua economia global a uma taxa mínima de 7,2% ao ano**[1], amparado em metas específicas que atendam às necessidades nacionais em todos os setores da economia, é o grande desafio deste "Programa de Governo".

[1] Média dos países em desenvolvimento em 2004, segundo o FMI. No 3º trimestre de 2005, comparativamente ao mesmo período de 2004, segundo a revista THE ECONOMIST (2ª semana de fevereiro de 2006), o índice de crescimento na China foi de 9,9%, na Argentina de 9,2%, na Índia de 8%, na Rússia de 7%, no México de 3,3% e no Brasil de 1% (Benjamin Steinbruch, em *Meta de Crescimento*, FOLHA DE S. PAULO, Internet, 14/2/2006).

Antônio Ermírio de Moraes, em *Desperta Brasil!* (FOLHA DE S. PAULO, Internet, 4/3/2006) informa os seguintes índices de crescimento em 2005: China, 9,9%; Cingapura, 8,7%; Índia, 8%; Peru, 7,5%; Rússia, 7%; Colômbia, 6%; Coréia do Sul, 5%; Taiwan, 4,5%; média da América Latina, 4,3%; média dos países emergentes,

6,4%; o mundo, 4,3%; e Brasil, 2,3% (menor do que o Brasil, na América Latina, somente o Haiti). Outro fator preocupante foi o baixo crescimento brasileiro de apenas 1,6% das compras de máquinas e equipamentos e da construção civil.

VII-1.1 A meta-síntese é elevar o PIB-Brasil, que foi de R$ 1,937 trilhão em 2005, para 6% do PIB-Mundial (US$ 36,3 trilhões em 2004[1]), em quatro anos (2007-2010). As metas setoriais são: **elevar as exportações brasileiras para 6% das exportações mundiais, reduzir os juros reais para o máximo de 3% a.a. e dobrar o poder aquisitivo do trabalhador e a renda *per capita* da população**, no período, perfeitamente viável a partir da vigência do novo modelo econômico e da reativação da economia dele resultante, simultaneamente com a execução das medidas aqui propostas.

[1] Fonte: Antônio Ermírio de Moraes, em *Mais do que nunca precisamos crescer!* (FOLHA DE S. PAULO, Internet, 17/4/2005).

VII-1.2 Instituir rigoroso programa de desburocratização em todas as áreas administrativas e, em especial, as relacionadas à atividade econômica.

Nota – Revitalizar, atualizando, a Cartilha da Desburocratização instituída pelo ministro Hélio Beltrão (governo do presidente Costa e Silva).

VII-2 **BNDES** – O BNDES será o principal suporte creditício do processo de expansão acelerada da industrialização do país e da ampliação e modernização de seus serviços, coadjuvado, no que couber, pelos bancos de investimento internacionais – em especial, BID (Banco Interamericano de Desenvolvimento), BIRD (Banco Mundial) e, no referente às exportações, Bladex (Banco Latinoamericano de Exportaciones) –, e pela poupança externa, ávida por seguras e promissoras aplicações de longo prazo.

VII-2.1 Instituir, via BNDES, amplos programas de

financiamento de investimento, com garantias, porém sem delongas ou procedimentos burocráticos protelatórios e desnecessários, a todas as atividades industriais, comerciais e de serviços de todos os níveis, incluindo a indústria de base (pesada), a construção naval e civil e outras atividades afins. Seu presidente será um executivo de alta qualificação profissional, com grande sensibilidade para o **desenvolvimento nacional** e imune a ideologias político-partidárias.

VII-2.2   A adoção do novo Sistema Tributário Nacional e das outras medidas econômicas aqui propostas provocará a diminuição da carga tributária e dos juros, o que proporcionará a dinamização da atividade econômica em todos os setores, tornando o sistema produtivo apto à tomada de financiamentos de longo prazo para grandes investimentos, com resultados positivos para a exportação e conseqüente **geração de empregos**.

VII-3   **Desenvolvimento Regional** – Assinar convênios com os Municípios visando ao desenvolvimento das áreas empobrecidas do país, com a execução de programas e obras regionais que produzam imediatos resultados benéficos à sua população, tais como, dentre outros, edificação de moradias, construção de estradas vicinais, formação de açudes para estimular a criação de peixes/camarões e proporcionar irrigação para plantação de hortifrutigranjeiros, construção de cisternas e perfuração de poços artesianos em toda a região do semi-árido, beneficiando-se da exitosa experiência da ASA (Articulação para o Semi-Árido).

VII-3.1   Dar prioridade à revitalização do rio São Francisco. Concomitantemente a essa providência, proceder a pormenorizados estudos técnicos visando a transposição de suas águas para a região do semi-árido, tendo por base a disparidade de manifestações sobre a conveniência de sua execução, não somente pela insignificância de resultados positivos comparativamente ao seu custo ("sua totalidade envolve recursos da ordem de R$ 6,3 bilhões", dos quais R$ 1,3 bilhão destinados à revitalização do rio), mas, também, pela complexidade de sua operação. Simultaneamente será estudada uma solução alternativa em caso de a conclusão técnica vir a ser contrária à transposição. Se for favorável à integração com as bacias hidrográficas do Nordeste Setentrional, iniciar as obras de transposição no menor espaço de tempo possível (Fonte: Projeto de Lei Orçamentária para 2006).

> Nota – Uma referência: na Alemanha, perto da cidade de Magdeburg, região Leste do país, foi construído sobre o rio Elba um canal suspenso de 918 metros de comprimento por 32 metros de largura, com amplas passarelas laterais, em aço e cimento armado, navegável simultaneamente nos dois sentidos por grande barcaças. As obras duraram seis anos e o custo foi de aproximadamente 1,67 bilhão de reais (500 milhões de euros). Essa obra ciclópica foi inaugurada em outubro de 2003 e vale a pena ser vista. Poderá servir de estímulo em favor das obras de transposição das águas do rio São Francisco, caso venha a ser a solução recomendada para os problemas da escassez de água na região (*Uma obra-prima de engenharia*, ZERO HORA, p. 25, Porto Alegre-RS, 11/10/2003).

VII-3.2   Executar, em regime de urgência, o projeto de recuperação do rio Doce, obra que interessa prioritariamente às populações dos Estados do Espírito Santo e de Minas Gerais.

VII-3.3   A Zona Franca de Manaus, ao perder os subsídios tributários, inexistentes no **Dízimo Cívico**, receberá tratamento especial no que disser respeito aos impostos regulatórios ou extrafiscais (importação, exportação e operações financeiras e cambiais) e a financiamento por parte do BNDES, de tal forma que compensem os cerca de 16% de incentivo tributário (diferença a menor de carga tributária em relação às demais regiões do país) que recebe atualmente.

VII-3.4 As regiões abrangidas pelos programas das extintas Sudam, Sudeco e Sudene receberão tratamento especial do Governo Federal que lhe compense os subsídios perdidos.

VII-4 **Indústria** – A política industrial do país será voltada para o **desenvolvimento consistente** de sua economia, para a expansão do mercado interno e para o aumento consolidado das exportações, com desburocratização do setor e privatização das atividades industriais e afins ainda exploradas pelo Estado.

> *Fixar uma política objetiva de resultados e de longo alcance, com definição de regras claras e estáveis de industrialização do país.*

VII-4.1 Estabelecer ambiciosas metas de produção em todas as áreas da economia, especialmente aquelas que são decisivas para o desenvolvimento industrial do país.

VII-4.1.1 Como meta básica, promover a duplicação, em dez anos, da produção da indústria petroquímica, de metais não-ferrosos, de borracha e de papel e celulose; e da produção de bens de capital e de bens duráveis.

VII-4.2 Relativamente ao aço bruto, adotar como meta a produção de 60 milhões de toneladas métricas/ano em 2010, no momento (julho de 2006) considerada impossível[1], e de 100 milhões em 2020; e, a partir desse patamar, estabelecer um programa para fazer sua produção crescer em 100 milhões de toneladas/ano a cada decênio. Atualmente (julho de 2006), para uma demanda interna de 16 milhões de toneladas/ano², a produção brasileira de aço é da ordem de 32 milhões de toneladas/ano (incluída a refusão de sucata), mas há projetos em gestação para aumentá-la em 18 milhões de toneladas/ano até 2010, ou seja, um total de 50 milhões de toneladas/ano.

> *O Brasil, país que detém as maiores reservas do melhor minério de ferro do mundo, poderia ser o maior produtor e exportador de aço do mundo. Deixou de ser por falta de uma política séria e objetiva para o setor.*

[1] A fixação dessas metas tem por objetivo diminuir o *gap* existente entre o mercado de extração do minério de ferro (setor primário), mais ativo, e o da produção de aço (setor secundário), ainda inibido em seu ritmo de crescimento. A Companhia Vale do Rio Doce, no entanto, acredita ser possível "duplicar a capacidade de produção brasileira atual [de aço]" (novembro de 2004), caso o BNDES atue decisivamente "na viabilização e estruturação" dos empreendimentos que especifica em seu trabalho apresentado ao Fórum de Competitividade da Siderurgia (3ª Reunião GT – BNDES em 12/11/2004). A Companhia Siderúrgica Mearim (Raimundo Pessoa, da Paraibuna Metais), em processo de conclusão de projetos, propõe-se a produzir na região de Bacabeira, no Maranhão, cinco milhões de toneladas/ano de placas, devendo a 1ª Fase estar concluída em 2009 e a 2ª Fase em 2011, com um investimento da ordem de US$ 4,1 bilhões.

[2] Cerca de 100 quilos/habitante, considerado muito baixo. Os EUA, a Europa ocidental e o Japão consomem, cada qual, entre 400 e 550 quilos/habitante. O consumo da China está na faixa dos 200 quilos/habitante e a Coréia do Sul surpreende com um consumo de 950 quilos/habitante.

Notas – 1. O baixo consumo *per capita* do Brasil significa que o nível de industrialização nacional está muito aquém das reais possibilidades brasileiras.

2. O engenheiro Tomaz Saraiva, em análise dos textos deste parágrafo, adverte que *a afirmação de que "a demanda interna de 16 milhões de toneladas/ano", "cerca de 100kg/habitante", "significa que o nível de industrialização nacional está muito aquém das reais possibilidades*

brasileiras" deixa a impressão de que o baixo consumo é conseqüência da baixa produção, o que não é fato, uma vez que temos um excedente de 50% da mesma. E acrescenta que *as dificuldades do crescimento desse setor estão justamente conectadas ao nosso baixo desenvolvimento dos últimos 30 anos, além de uma persistente e inadmissível desigualdade de renda. E que, nessas circunstâncias, tínhamos e continuamos tendo uma dependência muito forte das exportações, atividade econômica onde o nível de competição aumenta o risco dos investimentos no setor.*

E conclui: *A minha sugestão é a de que o texto mostre que o mundo está hoje, em termos siderúrgicos, dividido em dois blocos, que são o asiático e o europeu/americano. No primeiro, onde estão o Japão, a Coréia, a China e a Índia, que representam cerca de 20%/25% da economia mundial, as oportunidades estão nas altas taxas de crescimento da China e da Índia, países que, somados, têm uma população de 2,3 bilhões de habitantes. No caso do Ocidente, onde Europa e EUA, somados, representam cerca de 60% da economia mundial, a nossa oportunidade está no fato de que ambos, apesar de terem taxas de crescimento já bem mais baixas (de manutenção), tendem, hoje, a transferir os investimentos na produção de aço para países menos desenvolvidos devido aos menores custos de produção destes. Na Europa e EUA, os custos de mão-de-obra e as exigências ambientais reduzem progressivamente a competição das usinas instaladas nos mesmos. A melhor alternativa natural seria o Brasil, para onde poderiam transferir gradualmente a produção do aço e semi-acabados, em um primeiro estágio (é melhor do que exportar minério). Esses são os casos dos investimentos da Thyssen (alemã), em Sepetiba, e da Arcelor (Arcelor Brasil[1], com sede em Minas), que detém o controle da Acesita, da Vega do Sul e da Belgo Mineira (que pretende duplicar a usina de João Monlevade-MT e está investindo pesadamente na expansão da CST – Companhia Siderúrgica de Tubarão –, no Espírito Santo). Muitos outros investimentos poderiam ter como destino o Brasil, inclusive da oriental Posco (coreana), visando a nossa posição privilegiada em relação aos principais mercados do mundo (EUA e Europa). O que está dificultando? A nossa esdrúxula carga tributária e a burocracia, principalmente a relacionada às exigências de caráter ambiental, que, a essas alturas, já comprometeram, talvez irremediavelmente, alguns projetos do pólo Maranhão.*

---

[1] A Arcelor (matriz) adquiriu o controle acionário (88,38%) da canadense Dofosco e fundiu-se (junho de 2006) à indiana Mittal Steel, do que surgirá a gigante Arcelor-Mittal, com cerca de 320 mil empregados, a maior do mundo no setor siderúrgico (FOLHA DE S. PAULO, Internet, 26/6/2006).

VII-4.2.1 Para uma programação tão ousada quanto

aparentemente inexeqüível, torna-se necessário a reativação e o desenvolvimento da indústria pesada nacional na área de máquinas e equipamentos destinados à mineração e à siderurgia; à construção e operação de rodoferrovias; à ampliação, modernização e reaparelhamento dos portos (incluídos guindastes e contêineres); à geração e transmissão de energia; e à reativação da indústria bélica, de modo a reduzir a dependência do país dos fornecedores externos, nem sempre em condições de atenderem com presteza às encomendas.

> Nota – Apenas como referência: a produção nacional de aço (32 milhões de toneladas/ano) representa tão somente cerca de 3% da produção mundial (1.035,495 milhões de toneladas/ano), enquanto a China, cujo minério de ferro, por sua inferior qualidade, precisa ser misturado ao minério de procedência australiana ou brasileira, considerados de qualidade superior, produz 29,56%, representando dez vezes mais, ou seja, cerca de 300 milhões de toneladas/ano (somente nos meses de janeiro e fevereiro de 2005 produziu 50,09 milhões de toneladas de aço, 22,9% superior ao mesmo período de 2004). Para uma produção mundial, em fevereiro de 2005, da ordem de 83,892 milhões de toneladas, a China produziu 24,806 milhões de toneladas, isto é, 29,56%. (Fonte: IISI – Instituto Internacional de Ferro e Aço)

VII-4.3   Assegurar a reativação da indústria naval de médio e grande calados, com a construção de navios destinados ao transporte de contêineres e de granéis, visando aos mercados interno e externo; de plataformas para a extração de petróleo em alto-mar; e de navios e submarinos para a Marinha de Guerra.

VII-4.3.1   Aumentar o percentual de participação de produtos/equipamentos de origem nacional nas construções navais e de plataformas para a extração de petróleo, de seus atuais (julho de 2006) 40% para, no mínimo, 80% em quatro anos.

> Notas – 1. A indústria naval, pelo menos para navios do tipo Panamax (com capacidade de carga na faixa de 60 mil a 90 mil toneladas), está enfrentando grande defasagem em relação à demanda, considerando a extraordinária

expansão na movimentação de granéis. Basta citar que a diária do aluguel desse tipo de navio que, historicamente, era cotada entre US$ 9 mil e US$ 10 mil está entre US$ 35 mil e US$ 40 mil (maio de 2005). E o Brasil tem comprovada capacidade técnica para disputar esse importante mercado (construção naval).

2. Noticia-se que a Petrobras/Transpetro teria aberto concorrência (outubro de 2005) para a compra/construção de 60 a 70 navios petroleiros de diversos portes (DWT de 15 mil a 130 mil toneladas), para entrega no prazo de três anos, no valor global de US$ 2 bilhões a US$ 2,4 bilhões (incluídas nesse montante melhorias em dois terminais no Rio de Janeiro). Desse total, 42 navios (petroleiros e graneleiros) do tipo Panamax teriam sido encomendados a estaleiros brasileiros, o que já seria um bom começo.

VII-4.4   Estimular a expansão da indústria aeronáutica brasileira com encomendas de aviões militares para reequipar a Força Aérea e de helicópteros para atender às necessidades das Forças Armadas, das polícias Federal e Civil e das Unidades de Saúde e do Corpo de Bombeiros.

VII-4.5   Apoiar a reorganização e modernização da estrutura do INPI (Instituto Nacional da Propriedade Industrial) propiciando-lhe meios para sua integração ao programa de **DESENVOLVIMENTO NACIONAL**, incluindo a diminuição do tempo para registro de marcas para três meses e de patentes para no máximo seis meses,[1] de tal forma que o Brasil possa quadruplicar, em quatro anos, o número de registros internacionais de patentes.

[1] Esse tempo é de quatro anos para registro de marca e de sete anos para registro de patente (Luís Nassif, em *O novo INPI*, FOLHA DE S. PAULO, Internet, 25/11/2004). Dados da ONU informam que o Brasil, em 2005, registrou, apenas, 283 patentes, contra cerca de 134 mil dos Estados Unidos, 2,4 mil da China e 600 da Índia, que, há cinco anos, se encontrava no mesmo patamar que o Brasil (*País fica estagnado no registro de patentes*, ZERO HORA, p. 25, 5/2/2006). As patentes brasileiras representaram, em 2005, apenas 0,2% do total registrado, enquanto que as do Japão e as da Coréia representam entre 3 a 4%, segundo a OCDE – Organização para Cooperação e o Desenvolvimento Econômico (*Pesquisa Aplicada*, FOLHA DE S. PAULO, Internet, 14/2/2006). A revista VEJA (ed. 1943, p.38, 15/2/2006), em *No Fim da Fila da Tecnologia*, informa que "um dos principais indicadores de avanço tecnológico de

um país é o número de registros de novas patentes". E apresenta os seguintes percentuais de crescimento do número de patentes internacionais de 2005 em relação a 2004: Chile, 116%; Argentina, 100%; Turquia, 46%; China, 45%; Coréia do Sul, 34%; Romênia, 31%; México, 15% e Brasil, 0,7%, ou seja, apenas "duas patentes a mais do que no ano anterior".

VII-4.6 Incentivar o desenvolvimento da indústria automobilística no que disser respeito ao aperfeiçoamento tecnológico e à popularização do veículo *flexfuel* (com motor acionado por quatro tipos de combustível), tendo por meta os mercados interno e externo.

VII-4.6.1 Estimular as montadoras a procederem à fabricação no Brasil dos automóveis de alto luxo lançados nos seus países de origem com o objetivo de atender preponderantemente ao mercado externo e, adicionalmente, à pequena, porém, promissora demanda interna.

VII-4.6.2 Propor à indústria automobilística o desenvolvimento de veículos de passeio dos tipos médio e grande, com motor movido a gasolina/álcool/gás natural veicular (mas com o tanque de combustível reestilizado para não retirar cubagem do porta-malas), com características de veículo destinado à utilização para táxi, a fim de propiciar, com acessível financiamento direto ao taxista (pelo BNDES, via rede bancária), a renovação da frota de táxi de todo o país.

VII-4.6.2.1 Esses veículos serão dotados de computador de bordo com GPS (*Global Positioning System*, isto é, um sistema de localização eletrônica via satélite).

VII-4.7 Estimular a industrialização dos produtos agropastoris, com vistas à agregação de valor ao setor primário, indispensável à maior sofisticação da pauta de exportação nacional.

VII-4.8 Apoiar, com medidas efetivas (financiamento pelo BNDES com TJLP, por exemplo), o desenvolvimento da vitivinicultura, incluída a indústria vinícola, de tal forma que possa sentir-se estimulada a concorrer em situação de igualdade, ou até de superioridade, com os vinhos importados de melhor elaboração, especialmente da Argentina, do Chile e do Uruguai.

VII-4.8.1 A instituição do **Dízimo Cívico** será uma grande contribuição para esse enfrentamento. Outra providência será a isenção tributária dos insumos importados (rolha de cortiça é um exemplo).

VII-4.9 Apoiar o desenvolvimento tecnológico da indústria salineira e ampliar a assistência médica e social ao trabalhador do setor.

VII-4.10 Estimular o desenvolvimento e modernização tecnológica das indústrias moveleira, calçadista, eletroeletrônica, eletrodoméstica, têxtil (com destaque para a fabricação de tecidos com mil fios por polegada) e todas as demais, incluídas as de alimento (enlatados, conservas, doces etc.) e de bebidas (sucos, cachaças etc.), que terão expressivos valores agregados, com vistas a participarem da competição externa em condições de superioridade.

VII-4.11 Eliminar a interferência estatal e sindical no estabelecimento dos dias e horários de funcionamento da **indústria**, e da carga horária semanal, deixando a critério de acordos entre empregados (assistidos por seu sindicato) e patrões.

VII-4.11.1 As horas extras, assim consideradas as que ultrapassarem as 44 horas semanais, serão remuneradas com adicional pactuado entre empregados e patrões, não podendo o acréscimo do valor da hora extra ser inferior a 10%.

VII-4.12 Tornar obrigatória a indicação do nome e endereço completo – incluídos telefone, fax e *e-mail* – do fabricante em todos os produtos de origem nacional, em letra legível.

VII-5 **Indústria do Lixo** – Em convênio com os Municípios e com financiamento pelo BNDES (TJLP), estimular a iniciativa privada a instalar **Usinas Verdes** (um vitorioso projeto da Universidade Federal do Rio de Janeiro - UFRJ) para beneficiamento e aproveitamento do lixo urbano, e para geração de energia não-poluente.

VII-6 **Comércio** – Dinamizar a atividade comercial em todos os seus setores, com disseminação do crédito e programas de contenção à inadimplência.

VII-6.1 Eliminar a interferência estatal e sindical no estabelecimento dos dias e horários de funcionamento do **comércio** e da carga horária semanal, deixando a critério de acordos entre empregados (assistidos por seu sindicato) e patrões (VII-4.11).

VII-6.1.1 As horas extras, assim consideradas as que ultrapassarem as 44 horas semanais, serão remuneradas com adicional pactuado entre empregados e patrões, não podendo o acréscimo do valor da hora extra ser inferior a 10%.

VII-7 **Comércio Virtual** – Buscar a total segurança do usuário do comércio virtual, em estreita colaboração com a Câmara Brasileira de Comércio Eletrônico, objetivando a eliminação de falhas no setor e o aumento das vendas *on line*, que poderão se transformar em importante meio de barateamento do produto e conseqüente contenção de estímulos inflacionários.

VII-8　　**Comércio de Aparelhos Eletroeletrônicos** – Estimular, com a interveniência do BNDES, o comércio de aparelhos/equipamentos eletroeletrônicos em geral, com destaque para os computadores de todos os modelos, que são estimuladores de maior qualificação e capacitação profissional para as pessoas físicas e de aumento de produtividade para as pessoas jurídicas.

> Nota – O aumento de suas vendas provocará a diminuição dos respectivos preços, com disseminação desses produtos por toda a sociedade, independentemente de sua condição econômica.

VII-9　　**Atividades Informais** – Estimular e facilitar a formalização das atuais atividades informais nas áreas da indústria, do comércio e dos serviços, de modo a fazê-las aptas para participarem do mercado financeiro e das exportações nacionais.

VII-10　　**Equiparação das Empresas Estrangeiras às Nacionais** – Eliminar todo e qualquer impedimento, restrição e/ou limitação impostos a empresas estrangeiras, ao capital estrangeiro e ao capital misto (estrangeiro e nacional) de participarem de atividades econômicas nacionais, equiparando-os, definitivamente e sem exceção, às empresas nacionais e ao capital nacional.

VII-10.1　　Como conseqüência, eliminar todos os impedimentos à participação, sem qualquer restrição e/ou limitação, de capitais/pessoas/empresas estrangeiros, nas atividades econômicas nacionais de qualquer natureza, em todos os setores e áreas. Se não há distinção entre empresa nacional e empresa estrangeira, por que a limitação de participação de capital estrangeiro em empresas ou atividades industriais/comerciais e de prestação de serviços no território nacional?

VII-11 **Extinção dos Monopólios** – Extinguir todos os monopólios e exercer acompanhamento das atividades dos oligopólios. A atuação danosa dos oligopólios nas áreas industrial e comercial será contida com a liberação das importações e eliminação de tarifas e demais barreiras alfandegárias quando se fizerem necessárias.

VII-12 **Registro e Extinção (baixa) de Empresa** – Revisar a legislação específica objetivando simplificar os procedimentos para registrar e para extinguir (dar baixa) empresas (pessoas jurídicas) de qualquer porte, de tal forma que não ultrapasse a dez dias para o registro e a trinta dias para a extinção (dar baixa), considerando que, a partir da instituição do **Dízimo Cívico**, não mais haverá resíduo tributário a pagar, salvo restritas exceções.

Nota – O tempo que um empresário despende para registrar uma empresa é superior a cinco meses, e para proceder à sua extinção (dar baixa), é superior a dez anos, eventos que dificilmente ocorrerão sem a participação de um contador (despachante). (VEJA, ed. 1838, 28/1/2004.) Providências desburocratizantes postas em prática pela Junta Comercial de alguns Estados têm diminuído esse tempo.

VII-12.1 Propor a alteração da legislação comercial para eliminar a exigência de dois sócios, como o mínimo para composição de empresa por quotas de capital limitado.

Nota – Não se concebe essa exigência (mínimo de dois sócios) quando se permite que um sócio detenha 99,99% do capital social e que a alteração do contrato social prescinda da assinatura do sócio minoritário.

VII-13 **Conselho de Desenvolvimento Econômico**

e Social – Reformular sua estrutura e normas de funcionamento, de tal forma que os seus membros possam ter maior participação nas deliberações de governo, assegurada sua ampla manifestação, com oportunidade para opinar, sugerir, analisar e discutir as medidas que o governo pretenda implantar administrativamente.

VII-13.1　　Os membros do Conselho receberão antecipadamente, via *e-mail*, a pauta dos assuntos que serão tratados e poderão se manifestar a respeito, também antecipadamente. A Secretaria-Geral do Conselho coordenará todas as suas atividades.

VII-13.2　　Nos casos em que as medidas recomendadas pelo Conselho recebam o apoio do presidente da República, mas dependam da aprovação do Congresso Nacional para entrarem em vigor, serão as mesmas encaminhadas ao Poder Legislativo, com indicação de regime de urgência, porém já expondo o pensamento de respeitável parcela de representantes da sociedade.

Capítulo VIII

Exportação e Importação

> *Neste novo modelo econômico o câmbio será efetivamente flutuante.*
>
> *Porém, as demais medidas de ordem administrativa, fiscal e tributária que serão adotadas e que aqui estão explicitadas tornarão as exportações brasileiras mais rendosas e mais competitivas.*

VIII-1 **Exportações** – Estimular as exportações, em geral, com total desburocratização das diversas etapas do processo exportador, objetivando diminuir, com os superávits comerciais, a dependência externa do país e aumentar, com o incremento da produção exportável, a **geração de empregos**.

VIII-1.1 Dar prioridade às medidas estimuladoras de exportação de máquinas e equipamentos e demais produtos industrializados que contiverem maior percentual de agregação de valor.

VIII-1.1.1 A implantação do novo modelo econômico com base na unicidade tributária e a conseqüente extinção de todos os tributos sobre a produção, a comercialização e a folha de pagamento, em toda a cadeia produtiva, tornarão mais competitivos os produtos, as *commodities* e os serviços exportáveis.

VIII-1.2 Remeter ao Congresso Nacional projeto de Lei Única de Comércio Exterior que consolide a imunidade tributária para os produtos destinados à exportação e os mais de três mil instrumentos fiscais que regem a matéria, conforme sugestão do embaixador Rubens Barbosa (Sonia Racy, *Direto da Fonte – Impressão Digital*, O ESTADO DE S. PAULO, Internet, 20/11/2004).

VIII-1.3 Redefinir as atribuições do Siscomex e promover a modernização dos procedimentos aduanaeiros, incluída a eliminação de exigências desnecessárias que dificultam as exportações nacionais.

VIII-1.4 Dar ênfase à cultura de rígido controle de qualidade para todos os produtos exportáveis, objetivando conferir à **marca brasileira** o status de produto de primeira linha com certificação de ISO 9000, de modo a lhes assegurar confiabilidade e, pelo esmero da produção e por sua apresentação, provocar a preferência dos consumidores finais no exterior.

VIII-2 **Profissionalização do Exportador** – Incentivar a organização de seminários pelas entidades empresariais objetivando a formação profissional do empresário-exportador, tendo em vista a importância do cumprimento dos contratos de exportação quanto às datas de embarque do produto vendido e ao rigoroso controle de sua qualidade.

Nota – O MDIC (Ministério do Desenvolvimento, Indústria e Comércio Exterior), em cumprimento à sua política industrial, instituiu o Peiex (Projeto de Extensão Industrial Exportadora), que tem por missão o treinamento e o atendimento de pequenas empresas objetivando inseri-las no processo exportador (*Painel S. A.*, FOLHA DE S. PAULO, Internet, 8/2/2005).

VIII-2.1 Apoiar a ação da Apex (Agência de Promoção de Exportações), órgão do MDIC, em seus programas de assistência às pequenas e médias empresas para expansão das exportações.

VIII-3 **Importações** – Desburocratizar o processo de importação de forma a tornar os produtos e serviços importados menos onerosos para o consumidor brasileiro, o que estimulará a indústria nacional – que passará a desfrutar de menor carga tributária (**Dízimo Cívico**) e de juros mais baixos[1] – a concorrer em preço e qualidade com o produto e o serviço importados.

[1] Como conseqüência da instituição do novo modelo econômico materializado na adoção do **Dízimo Cívico** e de outras medidas correlatas aqui propostas, os juros reais deverão ficar na ordem de 6% a.a., porém o objetivo deste programa é o de perseguir sua redução para 3% ao ano.

VIII-3.1 Estimular e financiar a importação de máquinas e equipamentos de última geração tecnológica que venham modernizar o parque industrial, provocando a melhoria de qualidade dos produtos exportáveis, com diminuição de seus custos e aumento dos ganhos de produtividade.

VIII-3.2 Eliminar, progressiva e celeremente, as barreiras e tarifas alfandegárias nacionais, que tanto debilitam o comércio exterior, de modo a propiciar maior abertura da economia brasileira nas importações, o que, certamente, levará a indústria nacional a aprimorar a qualidade dos produtos e adequar os seus preços a níveis internacionais.

VIII-4 **Manejo Portuário e Aeroportuário das Exportações e Importações** – Promover a mudança da legislação específica objetivando a diminuição dos custos do manejo dos produtos exportados e importados e a extinção de burocracia desnecessária, que são estimuladores do encarecimento de seus preços. O resultado dessas prvidências aumentará os lucros e os ganhos de produtividade.

VIII-4.1   Adotar normas que estimulem a inclusão de todas as empresas exportadoras e importadoras na categoria "Linha Azul", estendendo-lhes as exigências mínimas de controle, e reformular os procedimentos aduaneiros de modo a diminuir a média de permanência (atualmente em 21 dias) nos portos e aeroportos das mercadorias exportadas e importadas para três dias, com o regime de turnos ininterruptos de serviço durante as 24 horas de todos os dias do ano.

Capítulo IX

Turismo

> *O México e a Espanha, há muitas décadas, produzem mais divisas com o turismo internacional do que o Brasil com sua exportação de café.*
>
> *Por que o Brasil não pode fazer o mesmo, com tanta potencialidade turística em todo o país e temperatura amena no Nordeste o ano inteiro?*

IX-1 **Desenvolvimento do Turismo** – Dar elevada prioridade à indústria do turismo por sua condição de atividade econômica **geradora de grande número de empregos** e de divisas e de consistente propulsora do desenvolvimento nacional.

IX-1.1 É "o setor turístico considerado o terceiro produto de exportação na balança comercial brasileira, atrás, apenas, do minério de ferro e da soja em grãos." (Mensagem Presidencial, p. 49 – Projeto de Lei Orçamentária para 2006). Este setor produziu, em 2005, cerca de US$ 4,5 bilhões. Por sua importância econômica e social, merece do Governo Federal maior atenção e apoio aos *Programas de Desenvolvimento do Turismo – PRODETUR*.

IX-1.2 Assegurar total liberdade de movimento e **SE-GURANÇA FÍSICA** aos turistas, de tal modo que se ponha fim aos assaltos de que têm sido vítimas com freqüência, que tanto degradam a imagem do país e repercutem negativamente nos resultados dos programas para incrementar o turismo receptivo.

IX-1.3 Promover ampla e persistente campanha publicitária de conscientização popular em favor da prática de higienização dos ambientes públicos (ruas, praças, banheiros públicos, teatros, cinemas, *shoppings*, estações rodoviárias, metrôs, postos de combustíveis etc.) e privados (hotéis, pousadas, restaurantes etc.).

IX-1.4 Prover de recursos os Municípios considerados turísticos, mediante convênio, para colocação de placas de sinalização nas vias públicas, indicativas dos locais de interesse turístico, em português, espanhol, inglês e japonês.

IX-2 **Formação Profissional** – Apoiar a formação de profissionais da área, com distribuição de bolsa de estudo integral aos alunos carentes (e proporcional aos semicarentes) em escolas e faculdades de turismo, hotelaria e gastronomia privadas, indispensável à preparação adequada da mão-de-obra especializada em todas as áreas de serviço.

IX-3 **Ecoturismo** – Apoiar e estimular o ecoturismo em todas as suas modalidades.

IX-4 **Turismo Cultural** – Transformar os pontos geográficos extremos do Brasil em centros de interesse turístico nacional, em convênio com os respectivos Estados: Monte Caburaí (RR), o ponto mais setentrional; Ponta do Seixas (PB), o mais oriental; Barra do Chuí (RS), no extremo-sul; e

Serra da Contamana (AC), próximo a Boqueirão da Esperança (AC), o mais ocidental, com um programa de construção de toda a infra-estrutura de acesso, de telecomunicação e de atendimento ao turismo receptivo.

IX-4.1 Incluir nesse programa o Cabo Orange (AP), próximo à cidade de Oiapoque (AP), tido, por muito tempo, como o ponto extremo Norte do Brasil.

IX-4.2 Dispensar atenção especial para o atendimento das demandas das cidades históricas brasileiras sempre tendo por objetivo o desenvolvimento do turismo interno.

IX-5 **Turismo Externo Receptivo** – Prover, em convênio com os Estados e Municípios, todos os Municípios e regiões que se estão destacando como centros de interesse do turista estrangeiro, de todas as facilidades que estejam ao alcance do Governo Federal para melhor capacitação desses centros, tais como, financiamentos pelo BNDES, vias de acesso, segurança física do turista, dentre outras.

IX-5.1 Promover a assinatura de convênio com os Municípios turísticos para a criação de uma Polícia Turística municipal composta de pessoal qualificado e com alto grau de escolaridade e domínio de idiomas estrangeiros, em especial o espanhol e o inglês.

IX-6 **Turismo Sexual** – Combater, de todas as formas, o turismo sexual, adotando programas específicos destinados à recuperação das pessoas já envolvidas em sua prática e à repressão aos agentes desse tipo de prostituição. Dedicar atenção especial ao desenvolvimento dessa atividade nas praias e nos hotéis.

IX-7 **Feriadões** – Adotar o sistema de comemoração dos feriados da semana sempre às sextas-feiras. No Brasil, já ocorreu a comemoração dos feriados da semana na segunda-feira seguinte, tal como nos Estados Unidos, por iniciativa do governo do presidente José Sarney (Lei Nº 7.320, de 11/6/1985). Essa medida, que teve grande repercussão no incremento do turismo interno, foi revogada pela Lei Nº 8.087, de 29/10/1990, com a justificativa de que algumas igrejas ignoraram a nova legislação e continuaram a comemorar os eventos religiosos nas datas constantes de seus calendários, provocando a ocorrência de dois feriados por cada dia santificado, com graves prejuízos ao setor produtivo do país. Para que essa medida possa ter as conseqüências desejadas ao estímulo do turismo interno, torna-se necessário um acordo entre o Governo Federal e a Igreja Católica Apostólica Romana.

IX-7.1 Apoiar o Projeto de Lei da Câmara Nº 6.476, de 2006, de autoria do deputado Edison Andrino, que dispõe sobre a fixação para o último sábado de fevereiro do início da comemoração do Carnaval, considerando a repercussão favorável que terá nas atividades turísticas, de indiscutíveis conseqüências positivas na economia nacional.

IX-8 **Promoção do Brasil no Exterior** – Buscar construir um *stand* do Brasil no Epcot Center da Disney World, em Orlando, EUA, tal como os de outros países, para promoção do Brasil, com amplo salão para exposições e feiras de produtos nacionais e um grande auditório para apresentação de artistas brasileiros, sem prejuízo da participação promocional do país em outros eventos em todo o mundo.

IX-8.1 Uma vez concluído e posto em funcionamento o *stand* em Orlando, e verificado o acerto da medida, estudar a repetição da experiência nas Disney de Las Vegas, de Hong Kong, de Tóquio e da França.

IX-9 **Limpeza das Praias** – Assinar convênios com os Municípios praianos de todo o país para doação, pelo Governo Federal, de tratores *Vemex* ou similares para limpeza e higienização (eliminação das bactérias, protozoários e parasitas) das praias brasileiras que, normalmente, são os locais de maior freqüência dos turistas domésticos e estrangeiros nas temporadas de veraneio, a exemplo do que já ocorre nos Municípios de Caraguatatuba e Praia Grande, no litoral paulista.

Capítulo X

Agricultura e Meio-Ambiente

> *O Brasil poderá se transformar no Celeiro do Mundo, bastando tratar com responsabilidade e eficácia os assuntos relativos à agricultura, incluídos o meio ambiente e o MST.*

X-1 **Plano Trintenário** – Apoiar a execução do Plano Agrícola para os próximos trinta anos, em elaboração no Ministério da Agricultura.

X-2 **Agronegócio** – Estimular e apoiar com financiamento sem burocracia protelatória a agricultura em larga escala, sem desestímulo à agricultura de médio e pequeno porte.

X-2.1 Eliminar definitivamente da cultura cafeeira a política de "retenção de café", substituindo-a pela de estímulo e apoiamento creditício à plantação e industrialização de cafés especiais com agregação de "valor, qualidade e marca" voltadas para o mercado exportador.

Nota – Proposta inspirada em Luís Nassif, em *O fim do café mofado* (FOLHA DE S. PAULO, Internet, 7/4/2005).

X-2.1.1 Incentivar de todos os modos a cultura de cafés especiais, de tal sorte que deixe de ser necessária a importação de grãos de café para industrialização do solúvel destinado à exportação. A prática de importação de grãos de café para a industrialização e exportação desqualifica e descaracteriza o café brasileiro, abrindo espaço para a propalada pureza de origem e qualidade do café colombiano.

X-2.1.2 De igual forma, incentivar a cultura do cacau onde quer que melhor se adapte às condições climáticas, objetivando melhorar, cada vez mais, a sua produtividade.

X-2.2 Financiar a cultura em larga escala do coqueiro-da-praia, objetivando a substituição de importação de coco-da-praia para atender ao mercado de água-de-coco, com vistas à exportação.

X-2.3 Apoiar o **Pronaf** (Programa Nacional de Agricultura Familiar), com medidas efetivas e permanentes, com destaque para a assistência técnica, médico-sanitária e financeira (**financiamento bancário pelo BNDES via rede bancária privada nunca superior a 1,5% ao ano**), objetivando resultados comprováveis de melhoria do nível de vida dos rurícolas.

X-2.4 Assistir aos agricultores que tenham suas lavouras atingidas por secas ou enchentes, proporcionando-lhes empréstimos de longo prazo ou, em casos excepcionais, a fundo perdido (a débito da Agência de Fomento Agropecuário que o Governo Federal instituirá), de tal sorte que não venham a se desfazer de suas propriedades para pagar compromissos financeiros. Ao Ministério da Agricultura cabe orientá-los para procederem ao seguro do crédito agrícola por perda/quebra de safra.

X-2.5 Financiar, por intermédio do BNDES, a construção, nos campos e nos portos, de armazéns e silos destinados à preservação das condições sanitárias ideais para os produtos agrícolas e de câmaras frigoríficas.

X-2.6 Extinguir os atuais (2006) sistemas de estoques reguladores e estratégicos e de garantia de preço mínimo de produtos agropecuários e, com os recursos até então destinados a eles, instituir um Fundo de Fomento Agropecuário para o financiamento da produção, da estocagem, do transporte e da comercialização dos produtos agropecuários e hortifrutigranjeiros.

X-2.7 Instituir mecanismos de compensação (preço de produção e preço de mercado) de tal forma que se possa assegurar ao produtor rural o lucro mínimo compensatório à sua atividade campesina, ou seja, **a garantia de estabilidade do preço dos produtos agrícolas**. Será uma reativação moderna do programa **Plante que o Governo Garante**.

X-3 **Embrapa** – Proporcionar total apoio e financiamento às pesquisas e experimentações de iniciativa da **Embrapa** (Empresa Brasileira de Pesquisa Agropecuária), sem qualquer restrição.

X-3.1 Desenvolver, para colheita em escala de produção industrial, o algodão colorido (que seja também fibra longa) em suas mais diversas tonalidades de cores, objetivando a fabricação de tecidos finos para atender à demanda dos mercados interno e externo.

X-4 **Frutas para Exportação** – Estimular e apoiar com financiamento sem burocracia protelatória a produção de frutas para exportação e para o suprimento do mercado interno.

X-5 **Lavoura de Subsistência** – Estimular a lavoura de subsistência e a produção de hortifrutigranjeiros, e apoiá-las com crédito de fácil acesso.

X-6 **Pecuária e Suinocultura** – Apoiar o melhoramento dos rebanhos de gado bovino e bubalino, e de suíno (incluído o javali), com estímulo à exportação de carne e de seus derivados.

X-6.1 Exercer rigoroso controle sanitário dos rebanhos e permanente fiscalização quanto ao combate à febre aftosa e demais doenças que possam contaminar os rebanhos de todas as espécies de animais, com destaque para as regiões de fronteira.

> Nota - Tramita na Câmara dos Deputados o Projeto de Lei Complementar de Nº 349/2006, de autoria do deputado Vander Loubet (MS), que "cria o Sistema Nacional de Rastreamento Animal - Sinara, estabelece norma relativa à rotulagem da carne e dos produtos à base de carne" e determina "ações, medidas e procedimentos com o objetivo de caracterizar a origem, o estado sanitário, a produção e a produtividade da pecuária nacional e a segurança dos alimentos desta exploração econômica".

X-6.1.1 Estudar a adoção da aplicação da vacina antiaftosa desenvolvida, há cerca de trinta anos, pelo engenheiro agrônomo brasileiro Benedito Lasmar, que curaria o rebanho afetado e imunizaria, com uma única aplicação, os rebanhos bovino e suíno.

Fonte: Alexandre Garcia, *Bom Dia Brasil*, TV GLOBO, em 13/10/2005.

X-6.2 Criar programa permanente de atendimento emergencial à comunidade rurícola capaz de proporcionar apoio logístico para remoção de rebanhos de regiões alagadas por enchentes de rios e lagos nas épocas chuvosas.

X-7 **Ovinos e Caprinos** – Estimular a melhoria e

o aumento dos rebanhos de ovinos e caprinos, a exportação de sua carne e a industrialização de sua pele.

X-8 **Couros e Peles** – Estimular a industrialização de couros e peles, com utilização das mais modernas técnicas de beneficiamento existentes no mundo, com vistas ao mercado coureiro interno (substituição de importações) e à exportação.

X-9 **Avicultura** – Apoiar o aumento da produção avícola e de ovos, com vistas ao barateamento dos produtos no mercado interno e ao incremento de suas exportações.

X-9.1 Estimular a criação em larga escala de avestruz, a comercialização de sua carne e a refinada industrialização de seu couro, com vistas ao mercado calçadista interno e à exportação.

X-10 **Eqüinos** – Apoiar a melhoria genética do plantel de eqüinos de todas as raças.

X-11 **Reforma Agrária e os Sem-Terra** – Adotar um programa de reforma agrária realista, com assentamento do maior número possível de famílias de agricultores sem acesso à terra que desejarem cultivá-la. Ao governo caberá oferecer estrada e comunicação, assistência técnica e creditícia, moradia, condições sanitárias e de saúde aos assentados, e assistência social e educacional aos seus filhos.

X-11.1 Os assentados que, por qualquer meio, repassarem suas glebas para terceiros ficarão impedidos de receber nova doação, a qualquer tempo.

X-11.2   Subsidiariamente, as formas de concepção da reforma agrária de Xico Graziano em seu livro *O Carma da Terra no Brasil* (A Girafa Editora, 2004) e do cardeal Dom Cláudio Hummes (O ESTADO DE S. PAULO, Internet, 18/04/2004) podem ser o rumo para a sua definitiva implantação.

X-12   **Recadastramento Imobiliário Urbano e Rural** – Promover, no espaço de tempo de um ano a contar da data da lei que o instituir, o **recadastramento dos terrenos urbanos e das áreas rurais no país** "contendo [em seus registros] as coordenadas dos vértices definidores dos limites dos imóveis, geo-referenciadas no Sistema Geodésico Brasileiro e com precisão posicional" obtida com a utilização dos equipamentos GPS ou Galileo (sistema europeu equivalente ao GPS), ou mediante o transporte de coordenadas com o auxílio do equipamento Estação Total, ao amparo na Lei Nº 10.267, de 28 de agosto de 2001*, e tendo por base o **Cadastro Único de Registro de Imóveis** da Secretaria da Receita Federal, que unificará todos os registros constantes dos cartórios de imóveis e será compartilhado com o Ministério da Agricultura (INCRA).

* Lei que alterou dispositivos das Leis Nº 4.947, de 6/4/1966; Nº 5.868, de 12/12/1972; Nº 6.065, de 31/12/1973; Nº 6.739, de 5/12/1979, e Nº 9.393, de 19/12/1996, e deu outras providências.

X-13   **Reflorestamento** – Incentivar o reflorestamento das áreas devastadas, com replantio de todas as espécies de madeira, incluídas a seringueira e o mogno, visando ao atendimento e à intensificação das necessidades das indústrias da borracha e madeireira e à exportação.

X-13.1   Incentivar o cultivo em larga escala e a exploração controlada de plantas medicinais, com vistas ao desenvolvimento da indústria farmacêutica e de cosméticos.

X-14 **Indústria Madeireira** – Disciplinar a derrubada de árvores nativas, com reposição florestal e estímulo à plantação de novas espécies.

X-14.1 Rever a Lei Nº 11.184, de 2/3/2006, que "dispõe sobre a gestão de florestas públicas" e permite a **concessão por quarenta anos** (a proposta do Governo Federal era de sessenta anos) de áreas de selva para corte de madeira destinada à comercialização, fato denunciado, quando ainda era projeto de lei, pelo jornalista Flávio Tavares (*Desarmamento do verde!*, ZERO HORA, p. 17, 16/10/2005, e *Adeus, florestas!*, ZERO HORA, p. 17, 23/10/2005).

X-15 **Reserva Amazônica** – Preservar a mata amazônica e promover o incentivo e o patrocínio do replantio de sua vegetação natural, objetivando evitar o risco de sua extinção.

X-16 **Proteção Ambiental** – Promover a proteção ambiental em defesa da flora, da fauna e das belezas naturais.

X-16.1 Instituir programas que produzam resultados eficazes de combate às queimadas.

X-17 **Ecologia** – Instituir programas ecológicos em defesa da preservação das florestas e da pureza do ar e da água.

X-18 **Preservação das Fontes de Água** – Preservar os mananciais e as nascentes, bem como as margens de todos os rios e lagos, incluindo as lagoas e os córregos (arroios/sangas).

X-18.1 Executar enérgico programa de despoluição dos reservatórios de água, em geral, dos rios e córregos, incluindo oferta de financiamento para obras e equipamentos (compra e instalação) de tratamento de águas utilizadas pelas indústrias.

X-19 **Crédito de Carbono** – Executar amplo **programa de reflorestamento para seqüestro de carbono** com estímulo e financiamento para grandes plantações de florestas e outros tipos de vegetação que possam absorver o excesso de gases poluentes causadores do efeito estufa produzido pelas grandes indústrias do planeta, em especial dos Estados Unidos, da Europa toda e do Japão. Essas indústrias não têm condições físicas nem financeiras para substituir todo o seu parque industrial responsável pela contaminação do meio ambiente (emissões de dióxido de carbono), que tem sido responsável pela diminuição da camada de ozônio que protege o planeta Terra dos efeitos dos raios solares diretos. Em contra-partida, essas indústrias pagarão somas apreciáveis (em certificados negociáveis em bolsas de balores) aos proprietários dessas plantações. Será uma nova forma de "exportação" de um "produto" até recentemente sem valor venal (*commodities* ambientais).

Nota – A Fundação Getúlio Vargas, de São Paulo, promoveu minuciosos estudos sobre o assunto e desenvolveu um projeto de orientação para o reflorestamento. O embaixador Paulo Tarso Flexa de Lima, uma das maiores autoridades no país nessa área, será convidado a participar da montagem desse programa.

X-20 **Seca no Sul e no Norte do País** – Instituir programas de enfrentamento das secas, onde quer que elas ocorram, mediante a construção de açudes, cisternas e cacimbas, e ampla perfuração de poços artesianos, e a adoção da cultura de adequado aproveitamento das águas, incluída a utilização da água de reúso (a partir do tratamento do esgoto líquido) na indústria e na limpeza pública.

X-20.1   Após a ocorrência de secas, em 2004/2005, em amplas regiões do Sul e do Norte do país, o Governo Federal criará programas de prevenção à seca e aos seus nefastos resultados sobre a lavoura, a pecuária e a economia dos agricultores e criadores.

X-20.2   O Governo Federal investirá pesadamente no aprimoramento das pesquisas climáticas por intermédio do INMET (Instituto Nacional de Meteorologia) e do CPTEC (Centro de Previsão do Tempo e Estudos Climáticos), objetivando antecipar-se, com medidas efetivas, aos efeitos das condições climáticas negativas.

X-21   **Seguro do Crédito Agrícola** – Instituir a obrigatoriedade do seguro do crédito agrícola, de forma a evitar a situação de penúria em que ficam os agricultores todas as vezes que suas lavouras são atingidas por devastações provocadas por pragas ou ocorrências climáticas desfavoráveis. Quando o agricultor cultivar com recursos próprios, o governo oferecer-lhe-á financiamento bancário para cobertura do seguro de sua lavoura na eventualidade de quebra de safra.

X-21.1   Rever, com objetividade e praticidade, o *Proagro* (*Programa Nacional de Garantia da Atividade Agropecuária*), do Banco do Brasil, à luz dos custos ao erário e da segurança ao investimento em atividades agropecuárias.

Capítulo XI

Caça e Pesca

> *A indústria pesqueira de alto-mar terá de corresponder à amplitude da costa marítima brasileira, das mais piscosas do planeta.*
>
> *O Governo Federal dará todo apoio creditício necessário para que ela se transforme em uma das mais pujantes do mundo.*

XI-1 **Caça** – Disciplinar, à luz da realidade, a caça profissional e a destinada à subsistência do caçador rurícola, combatendo a caça predatória e defendendo as espécies com risco de extinção.

XI-1.1 Estimular a criação em cativeiro das espécies de caça destinadas ao abate comercial e à exportação.

XI-2 **Peles Naturais** – Estimular a criação em cativeiro dos animais com aceitação de suas peles no mercado internacional, bem como financiar a modernização de seu beneficiamento, com vistas ao atendimento do mercado interno e ao aumento de sua exportação.

XI-3 **Pesca** – Estimular a indústria pesqueira, incluindo a criação em cativeiro de peixes e crustáceos, com assistência creditícia aos criadores e industriais do setor, objetivando expandir sua exportação e baratear o produto internamente.

XI-3.1 Proporcionar, via BNDES, financiamento de longo prazo para a renovação e modernização da frota de navios pesqueiros destinados à pesca de alto-mar, com vistas à exportação e ao barateamento do pescado no mercado interno.

XI-3.2 Apoiar a pesca esportiva, com incentivo ao *catch-and-realese* (pesque e solte), e combater a pesca predatória de qualquer natureza, com total respeito às épocas da desova (defeso).

XI-3.3 Incentivo ao repovoamento de alevinos (peixes ativos) nos rios, de modo a poporcionar um real equilíbrio ecológico.

XI-3.4 Apoiar a pescaria de subsistência (vara, tarrafa, rede de poita, rede de calão, rede de cabo fixo, rede de caceio, cabo fixo, cerco e outras modalidades). Conter a pescaria predatória "de arrastão" e a "pescaria de bomba", que consiste em explodir bombas no centro de cardumes, prática usual de alguns pescadores na baía de Todos os Santos (Salvador, Bahia).

XI-3.4.1 Prover os pescadores profissionais de meios (financiamento) para aquisição de material de pesca e de equipamento profissional adequado ao exercício de sua profissão, bem como de atendimento médico e de saúde preventiva extensivo às suas famílias, e proporcionar apoio às Colônias de Pescadores e às demais entidades profissionais do setor.

Capítulo XII

Trabalho

> *Os direitos adquiridos pelo trabalhador são imutáveis. Buscar-se-á a flexibilização nas áreas responsáveis pela restrição da oferta de emprego, razão pela qual aqui se propõe a desoneração tributária da folha de pagamento.*
>
> *Perseguir o pleno emprego é a mais importante missão do governo para atender à sociedade.*

XII-1 **Salário Mínimo** – Instituído o **Dízimo Cívico** e com a total desoneração tributária da folha de pagamento (incluída a extinção da contribuição patronal à previdência pública), ter-se-ão criadas as condições favoráveis para a melhoria do Salário Mínimo, para contratação de mão-de-obra e até para reajustamento espontâneo dos salários em geral. A incorporação ao salário do FGTS (Fundo de Garantia do Tempo de Serviço), a extinção da contribuição previdenciária do empregado e a diminuição dos preços em geral, conseqüência da redução da carga tributária da indústria, do comércio e dos serviços, também representarão aumento indireto do poder de compra dos salários, mesmo que tenha o trabalhador de arcar com o custo de seu próprio plano de aposentadoria.

XII-1.1   A incorporação ao salário do atual FGTS tem por objetivo dar ao trabalhador a liberdade de escolher livremente seu fundo de pensão, se público ou privado.

XII-1.1.1   Concomitantemente à instituição do **Dízimo Cívico**, o salário mínimo, a bolsa-família e todos os valores relativos aos programas sociais, bem como todos os salários (setores público e privado), aposentadorias (III-7) e pensões cujos recebedores encontram-se dentro da faixa de isenção de pagamento do Imposto de Renda serão reajustados em 11,12% a fim de permitir aos funcionários públicos e trabalhadores, aos aposentados e pensionistas e aos beneficiários desses programas sociais pagarem seu **Dízimo Cívico** sem perda da capacidade de compra de seu salário ou de seus benefícios.

XII-1.2   O ideal será elevar o salário mínimo ao nível de equivalência de US$ 250, o que não será impossível, tal a dinamização da economia conseqüente da política de desenvolvimento propiciado pelo novo modelo econômico aqui proposto. Essa nova situação do país, de tão privilegiada, também propiciará a que o salário mínimo passe a ser reajustado com vigência a partir de 1º de janeiro de cada ano, já considerando as possíveis perdas salariais do ano anterior.

XII-2   **Pleno Emprego** – Em lugar de fixar o número de empregos (vagas de trabalho com carteira profissional assinada) a serem criados, o governo perseguirá o pleno emprego. Logo após a instituição do Plano Cruzado (governo do presidente José Sarney), houve um período de pleno emprego no Brasil. Kombis com alto-falantes percorriam a periferia das cidades convocando operários para trabalharem com carteira assinada. Reformular o *PROGER Urbano (Programa de Geração de Emprego e Renda)* de modo a fazê-lo atingir seus objetivos de forma visível e consistente.

XII-3 **Flexibilização Trabalhista** – A flexibilização trabalhista deverá ser decidida pelo trabalhador. Em caso de aprovação pelo Congresso Nacional, sua aceitação pelo empregado não será impositiva, mas, sim, opcional.

XII-3.1 Essa flexibilização não atingirá ao direitos adquiridos pelo trabalhador brasileiro, tais como, **seguro-desemprego, férias de trinta dias** e **adicional, 13º salário, licença-maternidade, tíquete-refeição, vale-transporte** e demais benefícios já incorporados aos seus direitos trabalhistas.

XII-3.2 A concessão do plano de saúde privado e o tíquete-alimento (não confundir com o tíquete-refeição) pelo empregador serão opcionais. Com a privatização do Serviço Público de Saúde e o atendimento gratuito a todas as pessoas carentes que precisarem de atendimento médico-hospitalar, desaparecerá a preocupação dos que não têm atualmente (julho de 2006) acesso ao serviço médico-hospitalar privado.

XII-4 **Fundo de Garantia** – Transformar o FGTS atualmente (2006) administrado pela Caixa Econômica Federal em um Fundo de Investimento e Previdência dos Trabalhadores, gerido por seus representantes, para o qual será transferido todo o acervo de ativos do atual FGTS e do FAT (Fundo de Amparo ao Trabalhador).

XII-4.1 Concomitantemente, o valor do FGTS (correspondente a 8% do salário bruto), atualmente (2006) pago e depositado pelo empregador na CEF, será incorporado, em sua integralidade, ao atual salário do empregado (IV-11, b). Esta proposição, por sinal, encontra amparo em Persio Arida, que a explicitou em *Novas Reformas para Acelerar o Crescimento* (VALOR ECONÔMICO, F5, 30/6/2004).

XII-4.2 O Fundo de Investimento e Previdência dos Trabalhadores (ex-FGTS), que se formará tendo por suporte os atuais ativos financeiros e creditícios pertencentes aos trabalhadores e que se encontram em poder da CEF e do BNDES a crédito do FGTS e do FAT, respectivamente, continuará disponível para receber contribuições dos atuais titulares (trabalhadores), a exemplo do que ocorre com os funcionários do BB para o Previ e com os da Petrobras para o Petros, dentre muitos outros fundos de pensão. A participação no fundo, no entanto, não será compulsória, podendo o trabalhador utilizar os valores que deixou de recolher ao INSS e parte do aumento salarial provocado pela incorporação do valor do FGTS para assegurar sua aposentadoria privada (pelo Fundo de Investimento dos Trabalhadores ou por outro qualquer, de sua livre escolha) ou pública, neste caso, se preferir continuar recolhendo para o INSS. Não haverá contrapartida por parte do empregador que já assegurou ao seu empregado um aumento salarial no valor da contribuição ao antigo FGTS. Esse novo fundo, pelo patrimônio imobilizado, pelos créditos a receber e pelos ativos financeiros disponíveis, poderá vir a integrar o grupo dos maiores investidores financeiros do país.

Nota –Somente em 2004, a arrecadação líquida (depósitos menos saques) do FGTS foi de R$ 6,1 bilhões (O ESTADO DE S. PAULO, Internet, 13/2/2005).

XII-4.3 Ao trabalhador será dado o poder de decidir se deseja receber o seu salário integralmente, sem qualquer desconto para a previdência pública e ser ele próprio o responsável por sua previdência, fazendo o seu pecúlio em sociedade de previdência privada de sua livre escolha, incluído o Fundo de Investimento e Previdência dos Trabalhadores (a ser formado com a extinção do FGTS), ou se deseja descontar para o fundo previdenciário estatal gerido pelo Governo Federal, Estadual ou Municipal (INSS e equivalentes).

XII-5 **Operários e Secretários Domésticos** – Instituir programas de profissionalização e valorização do trabalhador em geral, incluídos os secretários domésticos, proporcionando-lhes, em convênio com o Sesi e o Senac, cursos de especialização em todas as áreas, com destaque para os abrangentes setores de serviços, tais como os turísticos, hoteleiros, gastronômicos e de atendimento a residências.

XII-5.1 Proporcionar, em convênio com o Sesi e o Senac, cursos de reciclagem e treinamento para as pessoas que hajam perdido seus empregos ou funções em virtude de sua atividade ter-se tornado ociosa por conseqüência dos avanços tecnológicos.

XII-6 **Profissionais Liberais e Autônomos** – Esse novo modelo econômico reconhece a importância para a economia e para a sociedade dos profissionais liberais e autônomos de todas as áreas. A extinção do ISS, da Cofins, do IR e de todos os demais tributos, substituídos pelo **Dízimo Cívico,** é fator de desoneração de ônus tributário de suas atividades, o que proporcionará a possibilidade de novos investimentos em instalações e equipamentos, e em aprimoramento profissional (VI-25.1).

XII-7 **Trabalho Infantil** – Combater de todas as formas o trabalho infantil, incluída a reformulação do atual (2006) *Programa de Erradicação do Trabalho Infantil,* para que possa melhor cumprir sua função. Adicionalmente à educação formal, dar prioridade, dentro das escolas, à prática de esporte e de lazer, tendo como fonte de inspiração o *Programa ABB-Comunidade*, do Banco do Brasil. Os cursos profissionalizantes também são catalisadores do interesse juvenil.

XII-7.1   Com a federalização da Educação Básica pública, e obrigatoriedade e controle de freqüência diária às aulas, tornar-se-á muito mais difícil a evasão do aluno menor para dedicar-se ao trabalho ou para entregar-se à ociosidade.

XII-8   **Trabalho Escravo** – Tornar efetiva a erradicação do trabalho escravo com medidas que vão além das recomendadas pelo *Programa de Combate ao Trabalho Escravo*. O Governo Federal será intransigente no combate a essa prática.

XII-9   **Sindicatos e Entidades de Classe** – Apoiar todas as entidades de classe laborais e patronais, objetivando o seu fortalecimento e o bom relacionamento entre os patrões e os empregados e de ambos com o governo.

XII-10   **Código Nacional do Trabalho e Código de Processo do Trabalho** – Instituir os Códigos Nacional do Trabalho e de Processo do Trabalho em substituição à arcaica Consolidação das Leis do Trabalho. Suas disposições não poderão conflitar-se com as dos Códigos Civil e de Processo Civil, que sempre terão precedência normativa, nem se transformar, à guisa de defender os interesses trabalhistas, em fator de inibição da geração de empregos. O Código de Processo do Trabalho deverá objetivar, também, o fim dos recursos protelatórios, que se eternizam em prejuízo da própria Justiça do Trabalho, sem, contudo, retirar do trabalhador sua capacidade de recorrer, quando justa a sua pretensão. As conquistas sociais do trabalhador, em vigor, são intocáveis.

Capítulo XIII

Minas e Energia

> *O Brasil, para manter seu desenvolvimento econômico em nível crescente, tem que planejar o respectivo suporte energético sempre com antecedência de pelo menos dez anos.*

XIII-1 **Reservas Minerais** – Preservar as reservas minerais a céu aberto e do subsolo como patrimônio nacional, permitindo sua exploração por terceiros mediante concessão governamental.

XIII-1.1 Os leilões de concessão abrangerão prospecção, pesquisa, lavra/extração, importação/exportação, refino/industrialização, distribuição, transporte, comercialização etc. de minerais em geral, incluídos petróleo e derivados, ouro e pedras preciosas, e demais riquezas minerais.

XIII-2 **Energia Elétrica** – Rever a matriz energética do país com prioridade para as fontes hídrica, de gás natural e de origem vegetal, e manter como meta a **duplicação**, no **prazo de dez anos**, da geração, transmissão e distribuição de energia elétrica, com vistas à integração desses sistemas com os dos países vizinhos.

XIII-3 **Hidrelétrica** – Estimular a iniciativa privada para, mediante concessão, promover a construção e exploração de usinas hidrelétricas – com irrigação das áreas ribeirinhas e formação de colônias agrícolas –, objetivando a ampliação da exploração econômica das bacias hidrográficas brasileiras. Se não houver interesse do setor privado, no país ou fora dele, o Governo Federal as construirá, e com urgência. Uma hidrelétrica de razoável porte demanda cerca de cinco anos para ser concluída. O que não pode acontecer é faltar energia para sustentar o crescimento econômico nacional no presente como no futuro.

Notas – 1. Luiz Pinguelli Rosa, coordenador do Programa de Planejamento Energético da Coppe (Coordenação dos Programas de Pós-Graduação de Engenharia), da UFRJ (Universidade Federal do Estado do Rio de Janeiro), em *Energia na contramão* (FOLHA DE S. PAULO, p. B2, 28/12/2005) informa que a situação energética no Brasil "poderá se tornar crítica em cerca de três anos"; que "de 17 hidrelétricas previstas o governo somente conseguiu licença ambiental para 7."

2. "O Plano Decenal elaborado pela Empresa de Pesquisa Energética (EPE)" ... "prevê a construção de três grandes usinas hidrelétricas e uma nuclear (Angra 3) e a interligação de dois grandes sistemas de fornecimento": o do Norte do país com o do Sudeste/Centro-Oeste." No "período de 2006 a 2010, deverão entrar em operação as usinas hidrelétricas que já estão em implantação ou em construção." (*R$ 125 bi em 10 anos para suprir consumo*, ZERO HORA, p. 25, 15/3/2006)

XIII-3.1 Acelerar a conclusão das hidrelétricas em construção (e a execução das projetadas), promovendo a urgente superação de eventuais obstáculos burocráticos e a licitação de concessão de sua exploração pela iniciativa privada.

Nota – É imprescindível que o Governo Federal promova, com a urgência devida, o andamento e a implementação das dezenas de projetos de hidrelétricas que repousam em seus escaninhos à sombra de argumentações nem sempre corretas de que a exploração de nossas reservas hídricas degrada a natureza. Que sejam esses projetos imediatamente reestudados à luz da realidade nacional, incluindo a assistência do CBDB (Comitê Brasileiro de Barragens), para que o Brasil não permaneça refém da iminência de um novo "apagão energético", tal qual o que ocorreu em passado recente, com grandes repercussões negativas na economia nacional.

XIII-3.1.1   Dentre outras, estão em construção na divisa dos Estados do Rio Grande do Sul e Santa Catarina as hidrelétricas Foz do Chapecó, no rio Uruguai, e a de Pai-Querê, no rio Pelotas (ZERO HORA, p. 5, 10/1/2006). A binacional Hidrelétrica Garabi, no rio Uruguai, é um importante projeto de interesse do Brasil e da Argentina (Ana Amélia Lemos, ZERO HORA, p. 13, 14/3/2006).

Nota – Comenta-se, com insistência, que há sério risco de "apagão" a partir de 2010. No entanto, "um relatório da Câmara Brasileira de Investidores em Energia Elétrica, formada por 15 grupos empresariais da Bélgica, do Brasil, da Espanha, dos EUA, da França e de Portugal, teme pelo pior já em 2008". (*Luz fraquinha no meio do túnel*, José Alan Dias, PRIMEIRA LEITURA, Edição N° 46, p. 60, dezembro de 2005).

XIII-3.2   Promover, mediante acordos com a Argentina, com o Paraguai e o Uruguai, o total aproveitamento energético das bacias hidrográficas formadas pelos rios Paraná e Uruguai, com a construção de hidrelétricas e a interligação de seus sistemas de transmissão, de preferência a cargo da iniciativa privada.

XIII-3.3   Propor ao Governo do Paraguai a alteração do *Tratado Constitutivo de Itaipu Binacional* para tornar obrigatória a fiscalização de sua administração por órgãos públicos brasileiros e paraguaios, indistintamente, **considerando que seus dispêndios não são DIRETAMENTE controlados pelos órgãos de coordenação e controle brasileiros.**

XIII-4   **Energia Nuclear** – À luz do trabalho *Revisão do Programa Nuclear Brasileiro*, elaborado em conjunto pela CNEN (Comissão Nacional de Energia Nuclear), pela INB (Indústria Nuclear Brasileira), pelo Nuclep e pela Marinha do Brasil considerando o universo técnico-econômico-ambiental estudado, definir, com segurança, os rumos e os objetivos para a expansão da exploração econômica e pacífica da energia nuclear, que tem tido na usina Angra 3, com suas obras paralizadas por cerca de dez anos, sua principal fonte de discórdia.

XIII-4.1   Entre as decisões preliminares a serem tomadas destaca-se a relativa à destinação dos equipamentos adquiridos para a usina nuclear Angra 3 (investimento de cerca de US$ 750 milhões há mais de vinte anos) que se encontram estocados ao custo anual de cerca de US$ 20 milhões (FOLHA DE S. PAULO, 23/1/2005), tendo que considerar sua possível obsolescência em face das novas tecnologias surgidas no setor e os investimentos adicionais da ordem de US$ 1,8 bilhão para conclusão da referida usina.

XIII-4.2   Adicionalmente, considerar, ainda, a necessidade de "preservar o conhecimento técnico brasileiro [de] produzir enriquecimento de urânio [tecnologia já dominada pelo Brasil] e [de] desenvolver outras aplicações [na saúde e na agricultura]", além do fato de o Brasil possuir a oitava reserva de urânio do mundo, com apenas 30% de seu território prospectado, podendo essa quantificação ser aumentada exponencialmente com a prospecção de 100% do território nacional.

XIII-4.3   "Essa revisão do programa permitiria [construir sete usinas nucleares e] completar a construção de submarinos nucleares, inclusive para fins civis; porta-aviões; navios quebra-gelo, graneleiros e petroleiros, além de permitir programas de dessanilização da água do mar."

Fontes: ZERO HORA (*Palocci discorda de usinas nucleares*, p. 25, 9/3/2006) e Luís Nassif em *A revisão do programa nuclear* (FOLHA DE S. PAULO, Internet, 10/3/2006).

Notas – 1. A EPE informa que "a usina nuclear Angra 3 está prevista para entrar em operação em 2013", porém, esclarece: "para que isso ocorra é necessário que o Conselho Nacional de Política Energética expeça, até o ano 2007, a indispensável autorização para a continuidade de sua construção".

2. Enquanto isso "a previsão de crescimento médio do mercado de energia, em um cenário de referência, é de 5,2% ao ano. Em um cenário mais otimista, o consumo aumentará 5,8%. No mais pessimista, 4,3%". (ZERO HORA, matéria e ed. retrocitadas.)

XIII-5 **Termelétrica** – Criar um programa emergencial para estimular a exploração econômica das reservas nacionais de gás natural, objetivando suprir, em curtíssimo espaço de tempo, as necessidades do parque industrial brasileiro e da população usuária do GNV (Gás Natural Veicular), independentemente do desfecho da crise no setor originada pelo rompimento de contrato com o Brasil (Petrobras) por parte da Bolívia.

XIII-5.1 Reestudar, à luz do exemplo oferecido pela Bolívia, a programada construção de um gasoduto ligando a Venezuela (a partir de Puerto Ordaz) aos demais países do Cone Sul, com recursos do Tesouro Nacional ou do BNDES, ou mesmo da Petrobras, enquanto empresa estatal.

XIII-5.2 Implantar, em regime de emergência, um programa de substituição do uso do GNV por gás liquefeito de petróleo (GLP, conhecido como gás de cozinha), com o recurso a novas tecnologias para adaptação dos atuais equipamentos e motores que utilizam o GNV como combustível, e de formação de frota de navios especializados no seu transporte, bem como de contratação de fornecedores tradicionais desse tipo de combustível.

XIII-5.3 Fazer a Petrobras concentrar nas divisas do Brasil com a Bolívia e com a Venezuela a prospecção de gás e de petróleo, considerando a relativa proximidade com as reservas desses combustíveis dos países vizinhos, pródigos em seus respectivos mananciais.

XIII-5.4 Acabar com o monopólio da Petrobras no transporte de gás, permitindo a utilização, mediante pagamento, de seus gasodutos por outros interessados.

Nota – O senador Rodolfo Tourinho é Autor do Projeto de Lei do Senado de N° 226/2005, que regulamenta essa matéria.

XIII-5.5 Estimular a produção de energia térmica carbonífera em usinas que se localizem nas proximidades das minas e dos portos para eliminar ou diminuir os custos do transporte terrestre do carvão e, em conseqüência, diminuir o preço da energia produzida.

XIII-5.5.1 O Governo Federal colaborará na superação dos obstáculos que possam estar atrasando a retomada das obras para conclusão das usinas térmicas de Candiota (Fase C) e Jacuí I, no Rio Grande do Sul.

Nota – O Senado Federal autorizou (agosto de 2006) a elevação do endividamento da CGTEE-Companhia de Geração Térmica de Energia Elétrica com o objetivo de lhe possibilitar concluir o projeto de Candiota 3 (Ana Amélia Lemos, ZERO HORA, p. 15, 7/8/2006).

XIII-6 **Reservas Carboníferas** – Estimular e financiar a prospecção do subsolo, prioritariamente nos Estados de Santa Catarina e Rio Grande do Sul, objetivando descobrir sítios carboníferos de alta qualidade (baixo teor de enxofre) para atender à demanda da indústria siderúrgica nacional e ao incremento do mercado interno de geração de energia térmica.

Notas – 1. O senador Pedro Simon informa que as reservas carboníferas conhecidas do Estado do Rio Grande do Sul, do qual foi governador, "garantem abastecimento por 140 anos" (Ana Amélia Lemos, ZERO HORA, p.17, 30/10/2004).

2. Ainda é do engenheiro Tomaz Saraiva a contribuição ao tema deste parágrafo. Eis o que nos diz: *O texto [deste parágrafo] não me parece adequado na medida em que sugere que a falta desse insumo é só uma questão de não haver prospecção e não uma condição de natureza geológica. Além desse reparo, ressalto que a minha visão dessa questão é a de que a importação de 100% das necessidades de carvão das nossas siderúrgicas não representa em si uma restrição de competitividade do setor, visto que o valor FOB dos carvões coqueificáveis no mercado internacional é mais ou menos equivalente para todos os mercados por desfrutarmos de uma posição privilegiada em termos de fretes marítimos, principalmente dos navios vindos do Pacífico para o Atlântico. Essa posição se fundamenta no fato de ser a América do Sul, e, em especial, o Brasil, uma das mais importantes áreas de carregamento de granéis do mundo, tendo em vista os volumes das exportações de grãos (trigo, soja etc). Em resumo, pagamos um frete de posicionamento dos navios do Pacífico para o Atlântico, visto que muitos deles vêm vazios (de uma forma simplificada, podemos dizer que o valor do frete do carvão que importamos da Austrália e do Canadá é metade daquele que o Japão, a China e a Coréia pagam pelo frete do minério que importam do Brasil).*

O presente comentário não significa que não se deva dar atenção ao setor carbonífero do Sul, mas sim que essa atenção não deve se fundamentar numa expectativa, provavelmente impossível, de atendimento pleno das necessidades de nosso setor siderúrgico (o consumo em percentuais reduzidos é possível). Arrisco sugerir que devamos concentrar esforços nos setores onde temos vantagem competitiva (não me parece o caso do setor carbonífero).

XIII-7 **Energia Alternativa de Origem Vegetal** – Visando o mercado externo, estruturar uma nova política para o setor sucroalcooleiro com apoio à cultura da cana-de-açúcar para produção de álcool (metanol) como fonte de energia de origem vegetal, alternativa ao combustível de origem fóssil, e proporcionar financiamento para o desenvolvimento tecnológico da bioenergia, incluída a gaseificação, a partir do uso do bagaço da cana-de-açúcar e de sua palha (biomassa), que são abandonados no campo, e para a construção de "complexos alcoolquímicos, o que fará que o setor consiga agregar [maior] valor à sua produção". (Fonte adicional: Luís

Nassif em *O álcool é nosso*, FOLHA DE S. PAULO, Internet, 15/3/2006.)

Nota – O jornal ZERO HORA, de Porto Alegre, informa que o Secretário de Ciência e Tecnologia, Valdir Andres, do Rio Grande do Sul, tem informações da disponibilidade de recursos a fundo perdido dos governos da Alemanha e da Holanda para investimentos no Brasil na área de energia alternativa.

XIII-7.1   Incentivar com estímulos creditícios o desenvolvimento tecnológico da produção do biodiesel, óleo combustível que tem como principal matéria-prima vegetais oleaginosos[1] tradicionais na agricultura brasileira, bem como das usinas (alimentadas com biodiesel) desenvolvidas pela Embrapa em convênio com a Universidade de Brasília.

[1] Soja, mamona, girassol, babaçu, algodão, nabo forrageiro, pinhão manso e palmas, dentre muitos outros que estão sendo pesquisados.

XIII-8   **Energia Eólica e Solar Fotovoltaica** – Estimular a exploração, pela iniciativa privada – independentemente de concessão –, de energia eólica e solar fotovoltaica onde quer que se apresentem condições economicamente viáveis (Centro Brasileiro de Energia Solar Fotovoltaica), tendo por base o Programa de Incentivo às Fontes Alternativas de Energia Elétrica-PROINFA (Lei Nº 10.438, de 26 de abril de 2002, revista pela Lei Nº 10.762, de 11 de novembro de 2003).

XIII-8.1   Prover de recursos os programas de pesquisa e desenvolvimento dessas inesgotáveis fontes de energia (vento e sol) e apoiar os projetos em execução em Rio do Fogo, no Rio Grande do Norte, com 62 torres (aerogeradores), e em Osório, no Estado do Rio Grande do Sul, onde estão em construção três parques de energia eólica, tendo por modelo os avanços tecnológicos obtidos no setor pela Alemanha, país que já contabilizava em 2005 cerca de 15 mil aerogeradores produzindo 17 mil miliwat, instalados em um período de 15 anos em sua região Norte. No Ceará, estão em operação 34 aerogeradores, sendo 20 na Prainha (Aquiraz), 10 em Taíba (S. Gonçalo do Amarante) e 4 em Mucuripe (região do porto de Fortaleza). Também já há usinas eólicas no Paraná (Palmas), em Santa Catarina (Bom Jardim da Serra e Horizonte) e no Rio Grande do Norte (Macau).

Nota – As empresas Enerfin Enervento do Brasil/Elecnor, Wobben Windpower/Enercon GmbH e CIP do Brasil, sócias da empresa Ventos do Sul Energia S. A., estão investindo em torno de US$ 230 milhões (e o BNDES financiará mais R$ 465 milhões) na construção de três parques (para geração de energia eólica) na cidade gaúcha de Osório (próximo à lagoa dos Quadros), com 75 torres de 98 metros de altura cada uma, capazes de produzir, com seus aerogeradores (turbinas eólicas), energia suficiente para atender a uma cidade de 500 mil habitantes (site www.wobben.com.br e Informe Econômico, *Bons ventos/Grandiosidade*, Lurdete Ertel, ZERO HORA, p. 26, 19/6/2005). O Brasil tem potencial para "produzir ao redor de 143 gigawatts em energia eólica (13 vezes a capacidade de Itaipu)", o que seria improvável por seu alto custo, mas 10% desse total é razoavelmente possível, considerando ser essa a capacidade instalada pela Alemanha, afirma o técnico Hamilton Moss de Souza (ZERO HORA, p. 5, 28/6/2006).

XIII-8.2 Desenvolver sistemas de financiamento a juros compatíveis (Taxa de Juros de Longo Prazo) e instituir programas assistenciais para instalação de energia solar fotovoltaica nas regiões remotas do interior do país para atendimento de residências isoladas (prática exitosa em Bangladesh).

Nota – Em diversas regiões de Minas Gerais, com destaque para Belo Horizonte, e do Estado do Rio de Janeiro (Pouso da Cajaíba), o uso de energia provinda de coletores solares tem-se tornado comum, inclusive pelas famílias mais modestas, com auspiciosos resultados no retorno do investimento. Em Tubarão, no Estado de Santa Catarina, o cidadão José Alcino Alano desenvolveu e patenteou um sistema de coletor solar de baixíssimo custo, com utilização de garrafas plásticas e caixas de leite vazias, e eficácia já comprovada, o que levou a própria Celesc (Centrais Elétricas de Santa Catarina) a aprovar e a estimular a instalação desse sistema.

XIII-9 **Outras Fontes de Energia** – Apoiar o projeto em desenvolvimento da "Usina de Ondas", que produz energia a partir das ondas do mar, pelo Laboratório de Tecnologia Submarina da UFRJ (Universidade Federal do Rio de Janeiro), que será implantado no Porto de Pecém, no Ceará, até o final de 2006, em parceria com o Governo do Estado do Ceará (*No Balanço das ondas do mar*, ZERO HORA, Globaltech, 20/2/2006).

XIII-9.1   Estudar a implantação no Brasil da nova tecnologia em energia solar desenvolvida pela *Nevada Solar One*, em Boulder City, próxima a Las Vegas, EUA (ZERO HORA, ed. supracitada).

XIII-10   **Hidrogênio Veicular** – Estimular a pesquisa e a produção em escala industrial de hidrogênio para uso veicular (ônibus urbanos).

Capítulo XIV

Transportes

> *As obras viárias serão executadas durante as 24 horas de todos os dias do ano, sem interrupção. Essa prática multiplicará, por praticamente três, o número de operários empregados, aumentará os salários nas horas noturnas e reduzirá, no mínimo pela metade, o tempo de sua construção. Será o retorno do ritmo Brasília. E a sociedade vai beneficiar-se das obras muito mais cedo.*

XIV-1 **Grandes Eixos Rodoferroviários** – Promover licitação internacional para a construção e a exploração de grandes eixos rodoferroviários, com estradas de primeira categoria em duas pistas e dupla linha férrea, cortando o país de Norte a Sul e com ramificações a Oeste e a Leste. As rodovias serão em cimento armado e as ferrovias, preferencialmente, eletrificadas.

XIV-1.1 De acordo com as necessidades presentes e futuras das regiões, as rodovias, tipo *autobans*, deverão ter de duas a seis faixas de rolamento em cada pista.

XIV-1.2 O eixo rodoferroviário Sul deverá, mediante

acordo a ser assinado com o Uruguai, estender-se até Colonia del Sacramento, à margem do rio da Prata. Outro eixo rodoferroviário, a Sudoeste, aproveitando parte do tronco rodoviário já existente, ligará São Paulo a Uruguaiana (RS), às margens do rio Uruguai, divisa com a Argentina, onde as rodovias são melhores do que as do Brasil[1]. O eixo a Noroeste, com destino ao Peru, com seu trecho rodoviário já aberto, terá suas obras aceleradas ao ritmo de 24 horas/dia e concluídas integralmente em quatro anos.

[1] No território argentino já existem estradas de excelente qualidade, em pista dupla, algumas das quais com extensos trechos dotados de iluminação elétrica.

XIV-2   **Rodovias** – Promover ampla licitação para construção e exploração, mediante concessão, de grandes rodovias, em pista dupla de várias faixas, com o mais alto padrão construtivo internacional, ligando as mais diversas regiões do país e as interligando com as rodovias dos países vizinhos, onde a iniciativa privada nacional ou estrangeira se interessar. O prazo da concessão de sua exploração será proporcional ao valor dos respectivos investimentos: quanto maior o investimento, maior o prazo de concessão. A meta para a construção de novas rodovias é de 20 mil quilômetros no período de quatro anos.

Nota – As estradas já existentes ou projetadas que integrarão o programa de obras rodoviárias encontram-se indicadas na Parte III (Apêndices).

XIV-2.1   Reaver para a responsabilidade federal, mediante convênio com os Estados, as estradas federais que foram "estadualizadas".

XIV-2.2   Privatizar todas as rodovias federais de modo a tê-las em condições de tráfego permanente e seguro, sem quebra de veículos e sem morosidade, sabendo-se que os prejuízos provocados pelas inadequadas condições das estradas de rodagem são infinitamente superiores ao valor dos pedágios.

XIV-2.2.1   Nos contratos de privatização das rodovias será considerado que os caminhoneiros são agentes do desenvolvimento nacional, merecedores de tratamento especial.

XIV-2.3   Dos contratos de privatização será dado ênfase especial à sinalização das estradas, que deverão ter marcação luminosa da pista (*Obstáculo com Fotossensor*), espécie de pisca-pisca alimentado por microbateria solar (usado nos acessos do aeroporto de Brasília), ou outro meio com tecnologia mais moderna, o que redundará em aumento da segurança do tráfego rodoviário noturno e nos casos de neblina ou chuva torrencial.

XVI-2.3.1   As concessionárias das rodovias serão obrigadas a instalar o sistema CFTV (Circuito Fechado de TV), que consiste em monitorar todo o seu trecho por meio de câmeras de vigilância (tipo redoma) colocadas no alto de postes à margem das estradas e já em uso em algumas estradas dos Estados do Rio, Rio Grande do Sul e São Paulo.

XIV-2.4   O padrão construtivo rodoviário ideal no Brasil passará a ser o do Rodoanel Mário Covas, em S. Paulo, e o da *freeway* (prosseguimento da BR-101) Osório-Porto Alegre (trechos em cimento armado).

XIV-3   **Recuperação das Rodovias** – As rodovias que estiverem em situação precária de conservação e que não forem de interesse da iniciativa privada para recebimento por concessão, serão, de imediato, recuperadas (incluídas a correção de sua geometria e a adequada sinalização) pelo Governo Federal (não confundir com "operação tapa-buraco").

XIV-3.1 Enquanto não forem definidos os projetos e assegurados os recursos para sua duplicação, as rodovias com maior movimento receberão, emergencialmente, recapeamento asfáltico com nivelamento dos acostamentos, o que proporcionará melhoria das condições de tráfego.

XIV-3.2 As rodovias federais que não forem incluídas no programa de duplicação, mas que tiverem razoável volume de tráfego, também terão seus acostamentos nivelados quando de sua recuperação asfáltica.

XIV-3.3 O prazo máximo para conclusão da recuperação das estradas de rodagem federais será de seis meses a partir da data da posse do presidente, com trabalho diário ininterrupto de 24 horas. Os recursos para cobertura dessas despesas serão assegurados pelo remanejamento orçamentário e pelo excedente de arrecadação proporcionado pela instituição do novo Sistema Tributário Nacional com adoção do **Dízimo Cívico** e, adicionalmente, por financiamento externo.

> Nota – Dos 180 mil quilômetros que compõem a malha rodoviária nacional (federal, estadual e municipal), cerca de 82 mil foram pesquisados sob a responsabilidade da Confederação Nacional dos Transportes, dos quais cerca de 72% estão "em má condição no que tange à pavimentação, sinalização e geometria", o que classifica os seus trechos como "deficiente", "ruim" ou "péssimo". As melhores são as estradas privatizadas. (Antônio Ermírio de Moraes, em *Uma triste realidade!*, FOLHA DE S. PAULO, Internet, 2/10/2005.)

XIV-4 **Ferrovias** – Executar programa de substituição progressiva para a bitola larga das linhas férreas do país e, em conseqüência, dos eixos das locomotivas e vagões.

XIV-4.1 Promover ampla licitação para construção e exploração, mediante concessão, de grandes eixos ferroviários, em linha dupla de bitola larga, com padrão construtivo internacional, ligando as mais diversas regiões do país e as interligando com os países vizinhos, onde a iniciativa privada nacional ou estrangeira se interessar. O prazo da concessão de sua exploração será proporcional ao valor dos respectivos investimentos: quanto maior o investimento, maior o prazo de concessão. O programa ferroviário será orientado para a construção de 15 mil quilômetros de novas ferrovias no período de quatro anos, em regime de trabalho ininterrupto de 24 horas por dia em todos os dias do ano. Impossível? Que o seja. Mas é preciso ter-se uma meta a perseguir, mesmo que todos a considerem inatingível. Mas também pode ocorrer que, com determinação, planejamento, organização e seriedade, além de cumpri-la, a meta seja ultrapassada. A transferência da Capital Federal para o planalto central também era impossível, e o presidente Juscelino Kubitschek construiu Brasília e lhe deu condições de habitabilidade em três anos e meio. A forma de obtenção dos recursos financeiros para sua construção, que não deve servir de exemplo, não cabe ser discutida neste trabalho.

Notas – 1. O Brasil possui uma malha ferroviária de apenas 30 mil quilômetros (já foi de 34 mil), inexpressiva quando considerada a dimensão do país e comparada com as malhas ferroviárias dos demais países de economia equivalente à brasileira.

2. Acredita-se que as empresas ALL (América Latina Logística), MRS Logística, CFN (Companhia Ferroviária do Nordeste, subsidiária da CSN-Companhia Siderúrgica Nacional) e Vale do Rio Doce, que já detêm razoável parcela da malha ferroviária responsável pelo transporte graneleiro, possam se interessar por novas concessões, procurando manter um "ambiente logístico concorrencial".

XIV-4.2　　　Concluir as obras da **Ferrovia Norte-Sul** (com introdução de bitola larga), preferencialmente por concessão à iniciativa privada e/ou em parceria (PPP - Parceria Público-Privada), e construir os ramais que se fizerem necessários para facilitar o escoamento da produção regional.

XIV-4.3　　　Reativar, em parceria com a atual concessionária, a construção da **Ferrovia do Aço** de conformidade com seu projeto original, com substituição progressiva para a bitola larga.

XIV-4.4　　　Ampliar, com urgência, mediante concessão, a malha ferroviária onde sua construção se mostrar viável economicamente, principalmente tendo em vista as prementes necessidades de transporte de granéis agrícolas e minerais para os portos e para as usinas siderúrgicas.

XIV-4.4.1　　　Tornar realidade a conclusão da **Ferrovia Transnordestina**, com vista à adoção de bitola larga, incluída a variante **Senador Pompeu** (CE)-**Castelo do Piauí** (PI), no menor espaço de tempo, ao ritmo de trabalho de 24 horas/dia.

　　　Nota – A Ferrovia Transnordestina foi incorporada, por concessão do Governo Federal, pela CFN (Companhia Ferroviária do Nordeste, subsidiária da CSN-Companhia Siderúrgica Nacional), em operação recente (agosto de 2006) financiada pelo BNDES, pelo FDNE (Fundo de Desenvolvimento do Nordeste) e pelo Finor (Fundo de Investimento do Nordeste), com o objetivo de ligar "as regiões produtoras de grãos do sul do Piauí e do oeste da Bahia aos portos de Suape (PE) e Pecém (CE)".

XIV-4.5　　　Fazer constar dos contratos de concessão a obrigatoriedade da construção, em determinado prazo, de contornos ferroviários nas linhas que atravessem centros residenciais, bem como da correção dos atuais trechos com raios de curvatura inferiores a 500 metros e com rampas superiores a 1,3%, além da transferência dos terminais ferroviários para locais mais adequados.

XIV-5　　　**Anéis Viários** – Estimular a construção de anéis rodoviários e ferroviários no entorno das cidades.

XIV-6 **Trens de Alta Velocidade** – Promover leilões para construção e exploração pela iniciativa privada, mediante concessão, de ligações ferroviárias de alta velocidade entre centros urbanos de grande densidade demográfica, para transporte de passageiros e de carga, tais como Rio-S. Paulo, Rio-Belo Horizonte, S. Paulo-Belo Horizonte-Goiânia-Brasília e S. Paulo-Curitiba-Florianópolis-Porto Alegre. E uma linha internacional ligando Porto Alegre-Montevidéu-Colonia del Sacramento, mediante acordo com o Uruguai.

XIV-6.1 O tipo de trem de alta velocidade será, preferencialmente, o denominado Maglev (*magnetic levitation*), de levitação magnética, sem atrito com os trilhos, já em operação na China, entre o centro de Shangai e seu aeroporto (com projeto para uma segunda ferrovia com a mesma tecnologia), ainda possível somente para o transporte de passageiros (julho de 2006), ou ao japonês Shinkansen (batizado de "Fastech 360S") que desenvolve 360 km/h (podendo atingir a até 405 km/h) e iniciou no mês de junho de 2005 seus testes entre Sendai (Miyagi) e Kamikata (próxima a Iwate), no Norte do país, devendo entrar em operação comercial pela JR East (East Japan Railway), entre Tokyo e Aomori, em 2011 (*Le Japon dans la course au train le plus rapide du monde*, LE FIGARO/AFP, Internet, 24/6/2005). O prazo para a concessão deverá ser tão amplo quanto necessário para despertar o interesse dos investidores internacionais e compensar os elevados investimentos.

Nota – O grupo italiano Italplan, com experiência "na administração de viagens de trens de alta velocidade em diversas partes do mundo", apresentou ao Ministério dos Transportes uma proposta de investimento para uma linha do trem-bala de São Paulo ao Rio (*Grupo propõe trem-bala de SP ao Rio*, FOLHA DE S. PAULO, Internet, 29/5/2005).

XIV-7 **Rodovias Estaduais** – Assinar convênios

com os Estados para melhoramento e recuperação das rodovias-tronco estaduais, com vistas à sua privatização.

XIV-7.1   Em convênio com os Estados e em parceria com o BID (Banco Interamericano de Desenvolvimento), efetivar a interligação entre todos os Municípios brasileiros com estradas asfaltadas (Padrão Vicinal, para estradas alimentadoras), a exemplo das construídas no Estado de Santa Catarina (BID-IV).

XIV-8   **Estradas Vicinais Municipais** – Assinar convênios com os Municípios para melhoramento e construção de estradas vicinais que facilitem o escoamento da produção e o transporte da população rurícola.

XIV-8.1   Assinar convênio com os Municípios mais pobres tendo por objetivo a doação de patrolas, tratores de esteira, retroescavadeiras e caçambas que serão destinados à conservação dessas estradas.

XIV-9   **Farol Baixo nas Estradas** – Determinar a obrigatoriedade do uso de farol baixo durante o dia por todos os veículos automotores em trânsito nas estradas do país.

Nota – O Estado do Rio Grande do Sul instituiu essa obrigatoriedade pela Lei Estadual Nº 10.778, de 7/5/1996 (iniciativa do então deputado estadual Onyx Lorenzoni), que teve sua legitimidade contestada judicialmente, o que abalou sua eficácia. Na Suécia, onde a segurança no trânsito/tráfego de veículos é uma constante preocupação, essa providência é exigida mesmo no perímetro urbano; os faróis acendem-se automaticamente ao ligar a ignição.

XIV-10   **Transporte Marítimo** – Reativar o transporte marítimo por empresas nacionais e estrangeiras, de cabotagem e transoceânico, de passageiros e de cargas, e modernizar as instalações destinadas ao embarque e desembarque de passageiros.

XIV-10.1   Eliminar qualquer restrição à navegação de cabotagem por navios de bandeira estrangeira, objetivando diminuir o preço do transporte de passageiros e de cargas.

XIV-11   **Portos e Vias de Acesso** (VIII-4) – O Governo Federal, diretamente ou em convênio com os Governos dos Estados, quando for o caso, ou em parceria com a iniciativa privada (PPP), incluídos os atuais concessionários, providenciará, **com a maior urgência possível** a recuperação, o reaparelhamento e a modernização dos portos, e a melhoria de suas vias de acesso, rodoviária (incluídos os bolsões de estacionamento com infra-estrutura adequada à recepção de caminhões e motoristas) e ferroviária, e dos canais de navegação (aprofundamento da calha e da bacia de evolução), para tornar mais rápido e eficiente o escoamento da produção.

Nota – É inadmissível que, por questões menores (administradores que não se entendem por defenderem interesses políticos divergentes), o porto de Santos tenha o seu funcionamento comprometido, e o preço do embarque da tonelada de soja (US$ 6) seja o dobro do preço cobrado em portos da Argentina. "Os problemas de logística levam os fretes a ter custos, até cinco vezes maiores para Santos, também na comparação com o país vizinho." (*Disputa política emperra porto de Santos*, FOLHA DE S. PAULO, Internet, 18/3/2006.)

XIV-11.1   Duplicar, em quatro anos, a capacidade de atracação e de manejo de cargas e promover a modernização dos equipamentos portuários (guindastes, empilhadeiras, câmaras frigoríficas etc.) dos portos com destinação de manuseio de contêineres (Tecon), de embarque de granéis não-ferrosos (sólidos e líquidos), de veículos e demais, cuja taxa de ocupação esteja superior a 75%, ou próxima dos 50%, de modo a torná-los equiparados aos mais modernos do mundo.

XIV-11.1.1   Construir novos acessos rodoferroviários e respectivas obras-de-arte onde se fizerem necessários, visando os próximos 25 anos.

XIV-11.2 Aprimorar e consolidar o Sistema de Segurança nos Portos Nacionais (ISPS Code), em cumprimento de acordo firmado pelo Brasil no âmbito da Organização Marítima Internacional.

XIV-11.3 Entre os portos que serão ampliados ou recuperados, modernizados, reaparelhados e reequipados em parcerias com os agentes privados envolvidos na atividade portuária, com vistas à eliminação dos "problemas logísticos para o escoamento das exportações" e "dos entraves físicos e operacionais" ou, caso não haja interesse da iniciativa privada por sua concessão, pelo Governo Federal (diretamente ou em convênio com o governo dos respectivos Estados), estão os seguintes (os portos privados não foram aqui incluídos):

Areia Branca (RN); **Itajaí** (SC), também considerando sua condição, pela proximidade, de porto auxiliar e alternativo para o porto de São Francisco do Sul (SC); **Itaqui** (MA); **Mucuripe** (CE); **Paranaguá** (PR), apesar de sua precariedade quanto ao pequeno calado, ao espaço limitado de sua bacia de evolução e ao difícil acesso; **Rio de Janeiro** (RJ); **Rio Grande** (RS); **Salvador** (BA); **Santos** (SP); **Sepetiba/ Itaguaí** (RJ), incluída a construção de pista segregada, de acesso rodoviário em pista dupla e dos viadutos que se fizerem necessários, de modo a criar um corredor natural de exportação interligado às estradas federais de outras regiões do país, o que possibilitará o manejo de outros tipos de carga, despertando o interesse das companhias marítimas para atracação de supernavios-contêineres de 4ª e 5ª gerações; **São Francisco do Sul** (SC), compatibilizando sua capacidade de atracação e de movimentação de carga em geral, de granéis sólido e líquido, de veículos e contêineres e da produção industrial catarinense às necessidades presentes e futuras, na exportação e importação, para os próximos 15 anos, e à sua condição de porto alternativo para o porto de Paranaguá (PR); **Suape** (PE), independentemente das obras de recuperação e da modernização de seus equipamentos, construir o Cais 4 no porto Interno; e **Tubarão** (ES) e **Vitória** (ES), dentre outros dos Estados do **Amazonas**, da **Bahia**, do **Ceará**, do **Espírito Santo**, do **Pará**, do **Paraná** e do **Rio de Janeiro**, que têm localização privilegiada para a expansão das exportações brasileiras e do transporte de cabotagem.

XIV-11.4   Acelerar as obras de dragagem e aprofundamento das calhas dos canais de acesso e da bacia de evolução dos portos, com prioridade para os de **Santos** (SP) e de **Rio Grande** (RS), com o prolongamento dos molhes da Barra, para maior segurança de navegação e atracação de navios de maior calado. O de **Paranaguá** (PR), que apresenta sérias deficiências nessas áreas, e também quanto à precariedade de seu acesso, não oferece condições favoráveis para melhorias substanciais.

XIV-11.5   Construir, por concessão ou diretamente pelo Governo Federal, novos portos destinados à exportação onde as condições naturais e de acesso sejam propícias, como, por exemplo, em algumas localidades do Estado do Espírito Santo.

XIV-11.6   A meta para o setor portuário é dobrar a capacidade de atracação de navios e de manejo das mercadorias exportadas e importadas dos portos nacionais e diminuir pela metade o tempo de sua permanência nos portos, quer na exportação, quer na importação, em quatro anos.

XIV-12   **Transporte Aéreo** – Desenvolver programas

de ampliação e modernização das estruturas operacionais dos atuais aeroportos e de estudos e projetos para construção de novos terminais de passageiros e de cargas privatizados (V-4.7).

XIV-12.1   Instalar nos principais terminais aeroportuários as novas tecnologias já implantadas (em diversos setores) nos aeroportos no exterior, tais como os de Hong Kong, na China, de Osaca (Kansay), no Japão, de Vancouver, no Canadá, de Londres (terminal nº 5 em Heathrow), na Inglaterra, de Amsterdam, na Holanda, dentre outros.

XIV-12.2   Dar celeridade aos projetos de ampliação do aeroporto de Viracopos, em Guarulhos (SP), até o limite de sua capacidade, e de construção do complexo aeroportuário de Cumbica, em Campinas (SP), para assumir, em futuro, a condição de maior aeroporto do Brasil e de um dos mais modernos do mundo.

> Nota – O Governo Federal, segundo foi noticiado, autorizou o início da construção do "Aeroporto Industrial de Campinas" (SP), o que será um bom começo.

XIV-13   **Empresas de Aviação Nacionais** – Estender os privilégios das empresas estrangeiras às empresas nacionais de transporte aéreo.

XIV-13.1   Em respeito aos acordos multilaterais restritos ao transporte aéreo, as empresas aéreas internacionais são dispensadas, no Brasil, do pagamento de alguns tributos, o que não ocorre com as empresas de transporte aéreo nacionais, encarecendo o custo operacional das empresas brasileiras. Com a adoção do **Dízimo Cívico,** essa distorção deixará de existir.

XIV-13.2   Na Proposta de Emenda Constitucional (PEC)

que será submetida ao Congresso Nacional com as alterações aqui indicadas constará a eliminação da exigência de participação restritiva de capital estrangeiro na composição societária das empresas de aviação comercial. Essa medida, se tivesse sido tomada em 2005, teria resolvido, sem delongas, a crise financeira que abalou a Varig, do que resultou sua divisão em duas empresas e a perda de milhares de empregos (julho de 2006), tal como já havia ocorrido com a Transbrasil e com a Vasp (VII-10).

> Nota – De que adianta ter-se empresas brasileiras de capital majoritário nacional, se a sua precária situação financeira pode deixar sem emprego milhares de brasileiros (triste episódio ocorrido com a divisão da Varig e com a paralisação da Transbrasil e da Vasp), quando é sabido que existe capital internacional sobrando no mundo à procura de uma boa aplicação, não importando onde? Que se liberalize a participação no capital social das empresas de transporte aéreo, em favor da **preservação de empregos** e do **recolhimento de tributos** que impulsionarão o desenvolvimento nacional. Com os sofisticados satélites "espiões" rondando o planeta, não se justifica manterem-se as empresas de aviação nacionalizadas (80% do capital social) em nome da segurança nacional. Principalmente quando se caminha no sentido da eliminação definitiva da distinção legal entre empresa nacional e empresa estrangeira.

XIV-14 **Transportes Urbano e Suburbano** – Construir, em parceria com a iniciativa privada e em convênio com os Estados e Municípios, linhas de metrô subterrâneas nos centros urbanos e elevadas nos perímetros suburbanos das grandes cidades (sistema metroferroviário), e de corredores de transporte público urbano nas cidades de médio porte, quando essas soluções forem as indicadas por estudos técnicos específicos. Em convênio com os Municípios menores, adequar suas vias urbanas às necessidades do tráfego urbano.

XIV-14.1 De igual modo, o Governo Federal, em convênio com os Estados e Municípios, apoiará financeiramente a construção de obras de infra-estrutura urbana e suburbana para facilitar o escoamento do tráfego, quer por meio de vias expressas, quer de elevados e até de anéis rodoviários, incluindo interligação de áreas urbanas e adequações de vias, e de drenagem e canalização de rios e córregos nos centros urbanos, objetivando eliminar seus constantes transbordamentos.

XIV-14.2   O Governo Federal, em convênio com os Estados e Municípios envolvidos, instituirá, com a urgência devida, um programa de descentralização dos trens urbanos de passageiros nas cidades onde se fizer necessário, e dará prosseguimento aos programas já iniciados no Rio de Janeiro e em São Paulo.

XIV-15   **Ônibus Urbano e Suburbano** – Assinar convênios com os Estados e Municípios para renovação e modernização da frota de ônibus das empresas que não forem privatizadas e que atendam as regiões urbana e suburbana das cidades.

XIV-16   **Táxis e Transporte Urbano Alternativo** – Instituir programas de financiamento pelo BNDES para modernização da frota de táxis (VII-4.6.2) e adotar providências para legalização e regulamentação do transporte urbano alternativo, sem prejuízo dos taxistas.

XIV-16.1   Esses financiamentos, em até sessenta meses, com entrada facultativa limitada à capacidade de pagamento do taxista, serão exclusivamente para atender aos taxistas autônomos com registro (matrícula ou credenciamento) nos órgãos públicos municipais competentes e às cooperativas, não alcançando os frotistas, pessoas físicas ou jurídicas.

XIV-16.1.1   O Governo Federal manterá convênio com o

governo do Distrito Federal e com as administrações municipais para que esses carros (táxis) financiados pelo BNDES já sejam entregues aos taxistas devidamente emplacados (com novo número de placa), em substituição à placa alugada. Esse procedimento liberará o taxista do aluguel do carro e/ou da placa, que tanto debilita as finanças desses profissionais.

XIV-16.2   Os táxis terão cor e pintura diferenciada, para melhor identificação e fácil visualização, uniforme em todo o território nacional.

XIV-16.3   Os táxis serão obrigatoriamente veículos dos tipos médio ou grande, de quatro portas, dotados de calefação e ar condicionado, ou somente ar condicionado, conforme a região do país.

XIV-16.4   Os motoristas profissionais proprietários de veículos que efetuem transporte público alternativo (caminhonetes/vans/peruas e motos), quando registrados no órgão municipal competente, são equiparados aos taxistas para obtenção dos financiamentos de que trata este item.

XIV-17   **Carros de Aluguel** – Também serão financiados pelo BNDES a compra de carros de aluguel, do tipo grande ou limusine, e sua blindagem (facultativa) pela própria montadora ou por empresa especializada legalmente constituída e com registro na Polícia Federal, na cor preta e placa diferenciada, para prestação de serviço público não-determinado, a ser explorado por motoristas profissionais autônomos, com licenciamento a cargo das administrações municipais.

Capítulo XV

Comunicações

> *Com o desenvolvimento tecnológico mundial no setor das comunicações, o Brasil não pode permanecer estático.*
>
> *Tornam-se urgentes as providências para fazer o país crescer também nessa área, e a Zona Franca de Manaus será o seu suporte.*

XV-1 **Telecomunicações** – Fortalecer a Anatel (Agência Nacional de Telecomunicações), assegurando sua independência nas decisões administrativas e operacionais.

XV-1.1 O Governo Federal providenciará, com a urgência que se fará necessária, a implantação, no Brasil, do sistema de TV de Alta Definição (não confundir Alta Definição com TV Digital, duas tecnologias independentes uma da outra).

XV-1.2 Dar apoio à unificação da Lei Geral de Telecomunicações à Lei de Radiodifusão, em bases que atendam à realidade e à modernidade do momento presente (2006).

XV-2 **Meios de Comunicação** – Apoiar o integral

exercício de suas atividades consubstanciadas na Constituição Federal, sem qualquer ingerência do Poder Público, assegurada sua total e absoluta independência, e plena liberdade de expressão. Tornar extinta a proibição de manifestação por parte da mídia, de seus comentaristas e colunistas sobre qualquer assunto ou pessoa, física e jurídica, incluída a divulgação de pesquisas eleitorais, não importando a proximidade do evento a que se referirem.

XV-2.1 Propor ao Congresso Nacional a revogação do artigo 20 do Código Civil, "no que permite, na prática, a censura prévia à imprensa, ao rádio, à televisão. A censura prévia é explicitamente vedada pela Constituição". (Ministro Edson Vidigal, então presidente do Superior Tribunal de Justiça, FOLHA DE S. PAULO, Internet, 24/12/2004.)

XV-2.3 Outra grande vantagem da privatização das empresas estatais e de capital misto (Banco do Brasil, Caixa Econômica e Petrobras, dentre outras) será a libertação dos meios artísticos e de comunicação da influência governamental sobre sua programação pela condição de grandes patrocinadoras de atividades teatrais e de transmissões rádio-televisivas.

XV-3 **Rádios e Televisões Estatais** – Transformar as emissoras de rádio e de televisão estatais em fundações privadas, com absorção por estas de todo o patrimônio daquelas e a transferência da administração de cada uma delas para um Conselho Gestor composto de representantes dos respectivos comunicadores, redatores, técnicos e demais funcionários administrativos. Na hipótese de não haver interesse por parte dessas categorias profissionais, transferi-las às universidades, mediante licitação. O Governo Federal não precisa ser proprietário de qualquer veículo de comunicação, salvo a Imprensa Nacional, editora do *Diário Oficial da União*. A transmissão da *Voz do Brasil* pelas emissoras de Rádio será facultativa. Os Poderes Legislativo e Judiciário manterão suas emissoras de Rádio e TV seguindo as normas federais estabelecidas para os respectivos setores.

Capítulo XVI

Justiça

> *Ao ensejo da instituição do novo Sistema Tributário Nacional, promover ampla revisão da Constituição de 1988, de modo a escoimá-la das minudências incompatíveis com um texto constitucional.*

XVI-1 **Maioridade Penal, Pena Máxima de Reclusão e o Instituto do Júri Popular** – Propor ao Congresso Nacional a realização de plebiscito para que o povo decida sobre a diminuição da idade para a responsabilização penal do menor, o aumento da pena máxima de reclusão para criminosos condenados e a substituição do instituto do Júri Popular por julgamento pela Câmara Criminal do Tribunal de Justiça.

XVI-2 **Legislação Cível e Penal** – Efetivar, via Congresso Nacional, ampla revisão da legislação cível e penal com profunda reforma das leis processuais, objetivando a redução do tempo de tramitação dos processos judiciais; o fim da protelação dos julgamentos finais dos processos e da impunidade por todas as formas de crime; e a eliminação das facilidades para as concessões de liminares e da procrastinação da ação penal no cumprimento das decisões judiciais.

Nota – Com a assinatura de cerca de 1,3 milhão de pessoas, um grupo de brasileiros inconformados com a impunidade dos crimes entregou (8/3/2006) aos presidentes do Senado Federal e da Câmara dos Deputados um memorial com sugestões de seis alterações do Código Penal para "fechar brechas em pontos da lei que beneficiariam os criminosos": acabar com o crime continuado nos casos de homicídio, multiplicando-se a pena pelo número de vítimas (na prática de dois ou mais crimes em seqüência, aplica-se a pena do primeiro ou do mais grave, aumentada de um sexto até dois terços); acabar com o protesto por novo júri popular (se condenado a mais de vinte anos por homicídio, direito a um segundo julgamento); fazer a aplicação dos benefícios se basear no tempo total da condenação (e não em trinta anos, a pena máxima admitida no Brasil); estipular que o trabalho seja condição para a concessão de benefícios (livramento condicional e progressão para os regimes semi-aberto e aberto); impedir que o condenado pela prática de crime hediondo recorra em liberdade (em caso de réu primário e sem antecedentes criminais); e não conceder o benefício de indulto a presos condenados por crime de tortura (o que pode ocorrer, pois é prerrogativa do Presidente da República). (*1,3 milhão de pessoas pedem rigor na lei*, ZERO HORA, p. 43, 9/3/2006.)

XVI-2.1   Estender a vigência da Súmula Vinculante às decisões consolidadas do STJ (Superior Tribunal de Justiça) e do TST (Tribunal Superior do Trabalho).

XVI-2.2   Modernizar o procedimento da apuração penal e instituir penas mais severas por crimes contra a pessoa humana, contra a economia nacional e popular, e por crimes de contrabando de armas e de tráfico de drogas.

XVI-2.3   Propor ao Congresso Nacional uma lei anti-seqüestro nos moldes da adotada pela Sardenha, na Itália, onde a "indústria" do seqüestro foi banida.[1]

[1] Sugestão com base em informação do jornalista Diogo Mainardi (*Manhattan Connection*, GNT, 10/7/2005).

XVI-3   **Procedimento Judicial em que o Poder Público for o** Autor – As ações judiciais em que o Poder Público for o Autor não poderão permanecer por mais de seis meses em cada instância sem julgamento do mérito e publicação do respectivo acórdão.

XVI-3.1   O Ministério Público dará o seu parecer e o devolverá dentro de trinta dias do registro em seu protocolo.

XVI-3.2   O não-atendimento desses prazos acarretará a extinção do processo e seus responsáveis serão suspensos do exercício de suas funções, responderão a inquérito e serão, se confirmada a procedência de sua responsabilidade, punidos com a pena de demissão do serviço público.

XVI-3.3   O direito reclamado pelo Autor nas ações dos processos extintos nessas circunstâncias não caducará.

XVI-4   **Procedimento Judicial em que o Poder Público for o Réu** – As ações judiciais em que o Poder Público for o réu igualmente não poderão permanecer por mais de seis meses em cada instância sem julgamento do mérito e publicação do respectivo acórdão. De igual forma o Ministério Público dará o seu parecer e o devolverá dentro de trinta dias do registro em seu protocolo.

XVI-4.1   O não-cumprimento desses prazos acarretará a suspensão de seus responsáveis do exercício de suas funções, e eles responderão a inquérito e serão, se confirmada a procedência de sua responsabilidade, punidos com a pena de demissão do serviço público.

XVI-4.2   Essas ações não serão extintas. Novo responsável (Juiz ou Relator, conforme o caso) lhes dará segmento.

XVI-5   **Proteção ao Direito Autoral** – Promover as alterações que se fizerem necessárias da legislação vigente para assegurar o máximo de proteção ao direito autoral em todas as suas formas de expressão, incluída a indústria fonográfica e de *software*, e reprimir com medidas eficazes a industrialização e a comercialização de produtos "piratas" nacionais e estrangeiros.

XVI-6 **Revisão Integral da Legislação Federal** – Proceder à revisão de toda a legislação federal de modo a propiciar a revogação das leis e decretos que não foram aceitos pela sociedade (leis que "não pegaram") e o aprimoramento daquelas que têm provocado a institucionalização da impunidade e o abuso a reivindicações além do razoável.

XVI-6.1 Dentre as últimas estão as sentenças de condenação ao pagamento de indenização por danos morais e materiais (ou imateriais) que têm sido prolatadas a esmo, sem qualquer relação de sensatez entre a ofensa à honra ou o esbulho ao direito (ou patrimônio) e os valores requeridos.

XVI-7 **Acesso dos Pobres à Justiça** – Com a extinção dos emolumentos, extinguem-se, em conseqüência, as custas judiciárias, elevando o pobre à condição de igualdade com os ricos – que podem pagá-las confortavelmente – sem precisar recorrer aos burocratizados e constrangedores Atestados de Pobreza. Os atuais (2006) *Balcões de Direitos* e os *Centros de Atendimento a Vítimas de Crimes* não estão, em muitos lugares, cumprindo sua missão a contento da população pobre. Eles serão reformulados para atingirem os seus objetivos.

XVI-7.1 Atualmente (julho de 2006), as altas custas judiciais (preparo) das ações em grau de recurso são consideradas fator de inibição a recursos protelatórios. Que não se utilize essa justificativa que, em verdade, impede os pobres de recorrerem das decisões de primeira instância. Entende-se que esse não deve ser o meio de inibir o prosseguimento da ação protelatória, mas, sim, a alteração da legislação específica. A aprovação da Súmula Vinculante já foi um grande progresso para diminuir o número de processos em tramitação na Justiça, a maioria deles de caráter protelatório, não somente por parte do Autor ou réu pessoa física ou jurídica, mas, também, por parte do Poder Público que é imune ao pagamento de custas judiciais.

XVI-7.2   Quanto às custas finais, utilizadas também para remunerar adicionalmente os Oficiais de Justiça no cumprimento dos mandados judiciais, não têm sentido, porquanto essas despesas devem ser cobertas por verbas orçamentárias, ou seja, pelo Poder Público.

XVI-7.3   Há Estados em que as custas judiciárias também têm servido para custear obras e manutenção de sedes sócio-esportivas das associações dos magistrados, despesas que deverão ficar a cargo exclusivamente dos próprios associados. A sociedade não pode ser compelida a pagar esse tipo de tributo em privilégio de uma classe profissional, por mais convincentes que possam ser seus argumentos.

XVI-8   **Foro Privilegiado, *Habeas Corpus*, Fiança, Liberdade Provisória, Liberdade Condicional, Prisão Domiciliar, Prisão Especial, Prisão Administrativa, Prisão Temporária, Relaxamento de Flagrante, Regimes Aberto e Semi-Aberto, Sursis (suspensão condicional da pena), Prescrições Penais, Visita de Advogados, Visita Íntima e de Familiares e outras Regalias (TV, celulares, comida especial e bebidas, revistas, roupas, tênis, cigarros etc.)** – Proceder à rigorosa análise a legislação relativa aos institutos titulados e propor ao Congresso Nacional sua alteração com o objetivo de eliminar privilégios e as "brechas da lei" que têm assegurado a alguns e aos marginais de todos os níveis tratamento diferenciado; aos últimos, incompatível à sua condição de criminosos, provocando retardamento da ação da Justiça e até a total impunidade.

XVI-8.1 Não será concedido *habeas corpus* preventivo em casos de depoimento em Comissão Parlamentar de Inquérito (CPI) ou Comissão Parlamentar Mista de Inquérito (CPMI). Os depoentes serão obrigados a responder a todos os questionamentos, à exceção daqueles em que o silêncio estiver protegido pela Constituição Federal, dispositivo que será auto-aplicável, não necessitando, portanto, de manifestação do Poder Judiciário.

XVI-8.2 A concessão de prisão domiciliar, de regimes aberto e semi-aberto, e de liberdade condicional será mais restritiva, considerando que, na maioria das vezes, é facilitadora da volta do apenado à delinqüência, conforme tem sido demonstrado na prática cotidiana.

XVI-8.2.1 O apenado ou ex-presidiário que voltar a delinqüir receberá penalidade adicional e nova penalidade, respectivamente, mais severa que a anterior, perdendo, em conseqüência, o benefício da progressão de pena (cumprimento de parte da pena em regime não-fechado).

XVI-8.3 Que se apliquem penas menores, mas para cumprimento da sentença na sua integralidade. Apenado não deve ter privilégio algum, e todos os crimes são hediondos, especialmente aqueles cometidos contra a pessoa humana e o patrimônio público e privado, e contra o turista, pelas repercussões negativas que provocam à imagem e à economia do país, quando turista estrangeiro.

XVI-8.4   Qualquer infração penal deve ser punida com a perda da liberdade, não importando o período de tempo da pena. Condená-lo ao pagamento de fiança ou de multa é privilegiar os que mais podem, deixando os que menos podem sem condições de acesso a esse privilégio. É discriminação entre ricos e pobres, prática odiosa condenada pela Constituição Federal e pelas religiões de todos os credos, apesar de adotada internacionalmente.

XVI-8.5   Conceder força judicial ao inquérito policial, que passará a ser assistido pelo Ministério Público, eliminando, assim, a repetição de depoimentos perante o juiz, o que proporcionará agilidade no encaminhamento do processo penal.

XVI-8.5.1   Eliminar o formalismo procrastinador dos inquéritos policiais e dos processos cíveis e penais, causas de suas constantes anulações, devendo as correções indispensáveis à formação de juízo serem efetuadas sem anulação ou interrupção da tramitação do processo.

XVI-8.6   Propor nova redação à Lei Nº 7.210, de 11/6/1984, em seu artigo 52, item I (modificada pela Lei Nº 10.792, de 2/12/2003), que trata do RDD (Regime Disciplinar Diferenciado), de modo a torná-lo livre do limite de tempo (360 dias) para os condenados por crimes hediondos. O juiz, ao aplicar-lhe a pena, já determinará quanto tempo deverá o apenado cumpri-la em RDD.

XVI-8.7   Faz-se imprescindível, ainda, a revisão da legislação concernente à prescrição de crimes, quaisquer que sejam, de modo a torná-la menos favorável aos criminosos.

XVI-8.8   Rever objetivamente e com rigor a legislação

cível e penal para pôr fim aos excessos recursais que tornam impossível a conclusão das ações e a conseqüente punição do réu em tempo razoável.

XVI-9 **CADE** – O Conselho Administrativo de Defesa Econômica será reformulado para eliminar a burocracia prejudicial à livre atividade econômica e para se tornar uma instituição ágil em suas decisões, que devem objetivar atendimento dos interesses da sociedade.

> Nota – No caso recente (2005) da compra da Garoto pela Nestlé, a decisão, sempre protelada pelo CADE, provocou manifestações de repúdio por parte dos funcionários e operários da Garoto, que representam uma parcela da sociedade, os quais se sentiram ameaçados de **perder os seus empregos**.

XVI-9.1 O CADE fiscalizará as "promoções de venda" em que é assegurado o parcelamento sem juros e em que o valor da venda à vista seja igual à soma do valor das prestações, com aplicação de penalidades em casos de comprovação de falsidade da informação.

XVI-10 **Criação de Mais Duas Unidades Federativas com a Divisão dos Estados do Amazonas e do Pará** – Propor ao Congresso Nacional a realização de plebiscito nos Estados do Amazonas e do Pará com o objetivo de desmembrá-los para a criação de mais duas Unidades Federativas.

XVI-10.1 Está provado que a divisão física (territorial e administrativa) de Estados dotados de grandes áreas, tal como ocorreu com Mato Grosso e Goiás, resulta em fator de progresso para as regiões desmembradas, independentemente de contribuir para a consolidação do desenvolvimento econômico e social dos Estados originários.

XVI-11 **Multas** – Nenhuma multa pecuniária, em qualquer circunstância, incluídas as originadas por inadimplência de contrato, será superior a 2% sobre o valor de sua base de cálculo (desconsiderados eventuais juros de mora) - (VI-8.3.2).

XVI-12 **Reforma Política** – Enviar ao Congresso Nacional Projeto de Emenda Constitucional objetivando ampla reforma política consubstanciada nos seguintes pontos: a) instituição do sistema de voto distrital misto para as eleições legislativas proporcionais, em que metade da composição parlamentar da Câmara dos Deputados, das Assembléias Legislativas e das Câmaras de Vereadores será preenchida pelo voto pessoal e direto dado ao candidato e a outra metade será preenchida por listagem partidária organizada mediante eleição no âmbito interno de cada partido sob a fiscalização da Justiça Eleitoral; serão eleitos pelo voto pessoal e direto os que obtiverem, nos seus Distritos, em ordem decrescente, maior número de votos pessoais, independentemente de partido, até a metade das cadeiras que lhes serão reservadas em cada casa legislativa; serão eleitos por listagem partidária os candidatos nela posicionados de acordo com o resultado da eleição interna partidária; determinará o número de cadeiras a serem ocupadas por cada partido, no caso de listagem partidária, o quantitativo dos votos de sua legenda, assim considerados os diretamente obtidos pelos candidatos do partido e os votos na legenda partidária; b) obrigatoriedade de preenchimento mínimo por mulheres ou homens de um terço da composição da Câmara dos Deputados, das Assembléias Legislativas e das Câmaras de Vereadores; c) manutenção da cláusula de desempenho ("de barreira"); d) financiamento explícito de campanha pelo próprio candidato, por seus familiares ou parentes, amigos ou simpatizantes, por si ou por suas empresas (proibidas as que mantiverem ou venham a manter relacionamento com o Poder Público), diretamente aos candidatos ou ao partido, sem qualquer limitação, porém sempre com declaração de sua procedência nas prestações de conta dos candidatos e dos partidos aos respectivos Tribunais Eleitorais e de seu destino na contabilização dos doadores-pessoas jurídicas (as pessoas físicas declararão as doações diretamente à Justiça Eleitoral de seu Estado); proibição de programas artificialmente produzidos e "showmícios", de distribuição de brindes, de *outdoors* etc. nos termos da legisção eleitoral em vigor (2006).

> Nota – Qualquer restrição ao financiamento de campanha ensejará formas de burlar a legislação. Dizer que o poder econômico vai dominar o Congresso não tem sentido, porquanto esse mesmo poder econômico, quando quer, sempre encontrará uma forma de burlar a lei e financiar os candidatos de sua preferência ou os que lhe buscam o apoio. E fazê-la às custas dos cofres públicos será uma agressão ao contribuinte, que não desejará ver o seu **Dízimo Cívico** canalizado para os cofres de partidos cujos programas são contrários às suas idéias e para candidatos nem sempre merecedores de receber financiamento público.

XVI-12.1   Os programas de televisão constarão da presença física do candidato, que apresentará e defenderá seu programa (ao vivo ou pré-gravado), ou da exposição do retrato com a respectiva mensagem, permitida a exibição de filmes (vídeos) de fatos anteriormente ocorridos e proibida a apresentação de filmes (vídeos) com produção de cenas ou animação relativamente às propostas dos candidatos.

XVI-12.1.1   Somente as pessoas filiadas ao partido poderão participar dos programas partidários.

XVI-12.2   Instituir a condição impositiva à Lei Orçamentária, de modo a obrigar o seu cumprimento pelo Poder Executivo tal como aprovada pelo Poder Legislativo.

Capítulo XVII

Segurança Pública

> *O Brasil enfrenta uma guerra civil com a criminalidade ousada e o narcotráfico explícito. O Governo tem de agir para que não se crie um Estado paralelo comandado pelos marginais.*

XVII-1 **Segurança Pública** – A insegurança da população brasileira, independentemente de sua condição social ou econômica, pelo nível a que já atingiu, transformou a segurança pública em assunto institucional de Estado. A face exposta dela, representada pelo **banditismo explícito,** que atua no contrabando de armas sofisticadas, no crescente tráfico de drogas, nos seqüestros e nos assaltos de todos os matizes – e, por último, impôs ao povo paulistano o pânico e o medo, e a estranha sensação de impotência coletiva, promovendo atentados a bancos, incêndios em ônibus de transporte público e ataques a viaturas e a delegacias da Polícia Civil –, está desmoralizando a autoridade pública em todos os níveis e pondo em risco a própria segurança nacional. Depois de solapar a confiança da população nas polícias estaduais, que perderam sua autoridade, já invadiu quartéis das Forças Armadas e tenta contaminá-las. Em algumas capitais já se transformou em poder paralelo, que determina o fechamento do comércio e a proibição de livre trânsito, como ocorreu em maio deste ano (2006) em São Paulo, uma das maiores e mais importantes cidades do mundo. O Governo Federal não pode mais ignorar a gravidade da situação, ausentando-se de enfrentá-la objetivamente. Urge buscar, sem tergiversações, uma drástica e definitiva solução. As instituições públicas de segurança estão perdendo essa **guerra civil,** é a triste realidade. E os assaltantes de todos os níveis aproveitam-se dessa situação para agir contra a sociedade, às vezes até em conluio com policiais que são pagos pelo Estado para defendê-la. O país inteiro está em **estado de calamidade pública** em matéria de **segurança da pessoa humana** e de seu **patrimônio**. Não há uma só família brasileira que não tenha tido um de seus membros ou um conhecido assaltado, roubado ou furtado. É uma estatística aterradora. Faz-se inadiável a decisão governamental de seu enfrentamento objetivo que produza resultados imediatos e sensíveis à população até agora abandonada pelo Poder Público. Nunca, tal qual como agora, a expressão "estamos entregues à própria sorte" foi tão apropriada.

XVII-1.1   As "Cláusulas Pétreas" da Constituição de 1988 relativamente aos direitos dos presos, que tinham por objetivo principal criar atenuantes aos presos políticos, terminaram por acobertar os bandidos e precisam ser revistas. Há que se encontrar um meio jurídico eficaz e democrático de modificá-las. É clamor nacional. O Governo Federal, em obediência às normas constitucionais, remeterá ao Congresso Nacional, para apreciação em regime de "urgência urgentíssima", propostas de emenda constitucional e de uma lei de exceção temporária que as regulamente, com poderes especiais para enfrentar com determinação o narcotráfico, o banditismo de todas as categorias e a delinqüência em todos os seus estágios, que se disseminaram por todo o país.

XVII-1.2 A necessidade da intervenção maciça das Forças Armadas é urgente. Mas que estejam munidas de equipamentos eletrônicos de comunicação à prova de interceptação e de armamento mais sofisticado do que o usado pelos marginais; que haja toque de recolher e inspeção de todas as casas das áreas concentradoras de marginais. Essa intervenção deve ser antecedida por um minucioso planejamento (não improvisadamente, como o foi no caso da recuperação dos fuzis roubados de um de seus quartéis, no início de março de 2006), com levantamento aerofotogramétrico via satélite de todas as regiões dominadas pelos narcotraficantes e prévia infiltração de agentes de informação em seu meio, independentemente de cuidadosa cooptação de moradores das zonas conflagradas.

Notas – 1. Se as Forças Armadas podem ser "polícia" no Haiti, por que não poderão ser no seu país nessa guerra contra a marginalidade?

2. Uma Força Armada, que deve ser treinada para enfrentar guerrilha urbana, que deve saber como "limpar o terreno" para ocupá-lo com segurança, que deve estar preparada para dominar o território conquistado, com certeza estará preparada também para enfrentar os bandidos brasileiros integrantes da "força" do narcotráfico e de grupos de assaltantes e seqüestradores de todos os níveis que ocuparam as principais cidades brasileiras, impondo, pelo terror, o seu domínio. Por outro lado, as Forças Armadas também têm experiência policial, pois dispõem de suas próprias polícias que, como tais, devem ser treinadas para assim agirem. Em setembro de 2005, militares das Forças Armadas dos Estados Unidos foram chamados do Iraque para reforçarem as equipes de socorro às vítimas do furacão *Katrina*, que devastou o Sul do país, especialmente parte de New Orleans, onde também fez o papel de força policial.

XVII-1.3 Da lei de exceção deverá constar a autorização ao Poder Central de intervir, até a vitória final dessa "guerra", nas polícias estaduais, com plenos poderes para saneá-las de seus maus elementos, os quais, uma vez identificados, serão processados em rito sumaríssimo e condenados, quando culpados.

XVII-1.4   Dessa lei de regulamentação constarão as alterações que deverão sofrer, no período, as disposições legais na área penal (Código Civil, Código Penal e Código de Processo Penal) para eliminação das facilidades na concessão de *habeas corpus* e de liminares que tanto beneficiam hordas de bandidos e chusmas de corruptos.

XVII-1.5   O Ministério Público será chamado a participar de todo esse processo de saneamento das polícias estaduais.

XVII-1.6   O Governo Federal também comparecerá com um programa social consistente, que atinja positivamente todas as populações das áreas que serão afetadas pela ação das Forças Armadas, de tal forma que substitua, com bastante superioridade, ao atendimento social que os grupos de bandidos propiciam às famílias que lhes dão guarida, por ausência do Poder Público.

Nota – Sabe-se, e lamenta-se, que muitos interesses serão contrariados e muitos cidadãos decentes serão atingidos pelas restrições constitucionais que lhes serão impostas, mas essa é uma "guerra" de todos os brasileiros, porquanto já atingiu o cerne do próprio Estado brasileiro. Se Nova York e Hong Kong, depois de serem execradas como centros mundiais de banditismo, tornaram-se exemplos de segurança urbana, por que Rio, São Paulo, Porto Alegre, Belo Horizonte e demais não poderão seguir-lhes o exemplo? Serão seus governantes mais capazes que os brasileiros?

XVII-2   **Terminal Eletrônico, a Grande Arma do Policial em Ronda Preventiva** – Toda patrulha policial em serviço de ronda preventiva estará munida com um terminal eletrônico portátil (idêntico a um telefone celular) conectado ao Banco de Dados da Central da Polícia Federal, com poderes para pedir a identificação de qualquer pessoa, a qual, obrigatoriamente, deverá portar seu **Cartão Eletrônico de Identidade** (XVIII-4). De posse do cartão, o policial consultará os registros da Polícia Federal e agirá em função deles. Caso a pessoa declare não manter consigo o cartão ou se negue a entregar o mesmo ao policial, será detida para averiguações.

XVII-3   **Polícias Federal e Estaduais** – Reaparelhar e modernizar os meios de atuação da Polícia Federal e, mediante convênios, das polícias militar e civil, com ênfase para a segurança da sociedade e para o combate à marginalidade, ao tráfico de drogas e ao contrabando de todas as formas, incluída a pirataria de produção intelectual.

XVII-3.1   Exigir a conclusão do **ensino médio** e a condição de **Reservista de 1ª Categoria** para o ingresso, mediante concurso, na carreira de policial civil ou militar. Aprovado, o candidato, na condição de estagiário, submeter-se-á a cursos específicos para sua futura função. Se não obtiver a nota mínima exigida será dispensado.

XVII-3.1.1   O acesso a Oficial da Polícia Militar será privativo de Aspirantes a Oficial formados por Academias Militares em nível de terceiro grau, considerando como valiosa prova de título sua carta de Aspirante ou de Oficial da Reserva das Forças Armadas.

XVII-3.2   Criar um Arquivo Nacional Eletrônico, com acesso via Internet, contendo todas as informações sobre as pessoas registradas civilmente em todo o país, incluídas as impressões digitais e palmares (que passarão a ser obrigatórias dos procedimentos policiais), a altura, a gravação da voz, sinais característicos e a fotografia (com radiografia dos ossos da face e gravação eletrônica da íris) em diversos ângulos. A Polícia Civil de São Paulo já dispõe de aparelhagem (Sistema Phoenix) para identificação criminal digitalizada.

XVII-3.3 Equipar os postos da Polícia Federal nos aeroportos, portos e pontos de entrada no território brasileiro com microcâmeras eletrônicas digitais fixas (que se movam em torno de seu eixo e com amplo campo de abertura) de alta resolução/precisão, que possam, sem constrangimentos, registrar, nos mais diversos ângulos e em *close*, todas as pessoas que por eles transitarem. Esses postos disporão, em seus guichês, de *scaner* digital (tipo *hand key*[1]) ligado ao banco de dados da PF, de modo a armazenar as páginas do passaporte com a identificação de seu portador ou o seu documento de identidade (quando originário de país para o qual o Brasil não exija passaporte), as impressões digitais/palmares e a ficha de entrada/saída de todas as pessoas que entrarem no país. Essa ficha, após "escaneada", permanecerá em poder de seu portador até sua saída do território brasileiro, quando se repetirão todos os procedimentos de "escanear" as páginas de identificação constante do passaporte ou o documento de identidade, e as impressões digitais/palmares, que serão automaticamente comparadas, em tempo real, com as informações contidas no banco de dados, tendo em vista que todas as pessoas estarão isentas de vistos de entrada.

[1] *Scaner* que identifica a largura e a espessura das mãos, com todas as suas particularidades.

Nota – Notícia da FOLHA DE S. PAULO (*Painel*, Internet, 14/11/2005) informa que a Polícia Federal adotará "o sistema de controle digital de passaportes" (criado pelo Serpro) nos "postos de fronteira, portos e aeroportos" até o final de 2006, o que já é um bom começo.

XVII-4 **Unificação das Polícias Militar e Civil** – Promover a unificação das polícias Militar e Civil, mantendo sua independência na forma de departamentos próprios e missões específicas. O chefe da polícia unificada será sempre um civil estranho ao corpo de qualquer delas, tal qual o Ministro da Defesa em relação às Forças Armadas.

XVII-4.1   Dividir o país em microrregiões que abranjam a todos os Municípios e, mediante convênio com as Unidades Federativas, dotar a Polícia Civil de todas as facilidades para processar as provas que possam identificar os criminosos, tais como: terminal do arquivo nacional (Internet), laboratório eletrônico para análises, identificação de digitais etc.

XVII-5   **Guarda Municipal** - Encaminhar ao Congresso Nacional proposição com Projeto de Lei unificando a legislação que rege as Guardas Municipais (criadas ao amparo do artigo 144, parágrafo 8º da Constituição Federal), de modo a transformá-las em regime estatutário, qualquer que seja o seu atual regime normativo.

XVII-6   **Sistema Prisional** – Privatizar todo o sistema de carceragem e penitenciário, com exigência de construção de prisões e de penitenciárias de efetiva segurança máxima, capazes de tornar impossível a fuga dos apenados.

XVII-6.1   Em regime de guerra, no decorrer do primeiro ano de governo, serão construídas, por concessão ou pelo Governo Federal, considerando a população carcerária de cada Estado, pelo menos cem prisões e penitenciárias de segurança máxima absoluta em todo o país, em turnos contínuos de trabalho (à semelhança do que ocorreu em Brasília) e procedimentos licitatórios especiais sob a fiscalização do Ministério Público e órgãos do Poder Executivo obedecendo a rígidos esquemas de fiscalização e prazos de entrega. Essas construções obedecerão aos padrões de segurança das prisões e penitenciárias dos países mais desenvolvidos nessa área, e o número de suas celas será equivalente às reais necessidades do sistema prisional brasileiro, de tal forma que não fique em liberdade um único delinqüente condenado, ou com prisão decretada por falta de vagas nas prisões ou penitenciárias.

Notas – 1. Na América do Sul, a vizinha Colômbia antecipou-se ao Brasil ao construir sua penitenciária de Cômbita, considerada uma das trinta penitenciárias mais seguras do mundo.

2. O Governo do Estado do Rio Grande do Sul (Secretaria da Justiça e da Segurança - SJS), em agosto de 2004, concluiu um projeto de lei propondo a Parceria Público-Privada Prisional (PP-Prisional). Aprovado pela Secretaria Estadual de Planejamento, o projeto teria sido encaminhado à Casa Civil para a redação da Mensagem governamental à Assembléia Legislativa, o que, até o presente (julho de 2006), não ocorreu.

"Pelo projeto, o Governo do Estado poderá conceder a empresas privadas, por meio de licitação, o direito à administração das atuais casas [de carceragem] e à construção de novos presídios, em troca de repasses mensais do Tesouro.

"As [empresas] vencedoras [das licitações, conforme constarão] dos editais, passarão a prestar assistência jurídica, social, médica, odontológica, psicológica e psiquiátrica aos presos. Além disso, organizarão cursos de qualificação profissionalizantes e poderão utilizar a mão-de-obra prisional em fábricas instaladas em presídios." (*Estado planeja terceirizar presídios*, ZERO HORA, Porto Alegre-RS, p. 34, 16/8/2004.)

XVII-7 **Corpo de Bombeiros** – Assinar convênios com os Estados e Municípios para manter uma unidade do Corpo de Bombeiros em cada microrregião do país, de tal forma que essa unidade não fique a mais de trinta quilômetros de distância da sede de cada Município.

XVII-7.1 Essas unidades do Corpo de Bombeiros estarão equipadas e preparadas para prestar urgente e eficaz atendimento em casos de emergência e de calamidade pública, de incêndios e acidentes, e assistirão à população em parceria com as Unidades Móveis de Saúde.

XVII-8 **Detran** – Manter o Detran como um órgão da polícia unificada, aprimorando os procedimentos de registro e licenciamento de veículos em rede nacional informatizada e, quando possível, com seu banco de dados interligado com os dos órgãos equivalentes dos demais países da América do Sul.

Capítulo XVIII

Cidadania

> *O poder da cidadania é tão forte quanto o direito da pessoa humana de exigir a proteção do Estado e de reivindicar as condições ideais para bem viver na comunhão de sua família.*

XVIII-1 **Cidadania** – Assegurar à pessoa humana o pleno exercício individual da democracia e o gozo de seus direitos constitucionais inalienáveis.

XVIII-2 **Ministério Público** – Apoiar incondicionalmente a atuação constitucional do Ministério Público, reconhecendo-lhe o direito de proceder a inquérito investigativo.

XVIII-3 **Direito e Liberdade de Associação** – Toda pessoa, física e jurídica, goza do direito e de plena liberdade para associar-se a qualquer entidade civil no país, ou dela desvincular-se, no momento que lhe convier.

XVIII-3.1 Nenhuma pessoa pode ser compelida, por qualquer meio, a associar-se a entidade à qual não deseje pertencer.

XVIII-3.2 Serão extintos todos os processos de cobrança e de execução propostos pelo Poder Público por débitos a associações de classe e a sindicatos patronais e laborais.

XVIII-4 **Registro Geral (de Identidade) com Base na Lei Pedro Simon e Cartão Eletrônico de Identidade** – Unificar em um único **RG** (Registro Geral), que terá o número do **CPF** (Cadastro de Pessoas Físicas de emissão da Secretaria da Receita Federal), todos os documentos da pessoa física, tais como os de identidade civil e profissional, título de eleitor, habilitação de motorista, Carteira de Trabalho e Carteira de Saúde, contas bancárias e cartões de crédito/débito (que serão acrescidos de dígitos alfanuméricos identificadores do banco e da respectiva agência ou das administradoras de cartões de crédito), e demais, tendo por base a Lei Nº 9.454 de 7/4/1997 (originada do Projeto de Lei do Senado Nº 32, de 7/3/95, de autoria do senador Pedro Simon), que "institui o número único de registro de identidade civil". Esse RG será representado por um **Cartão Eletrônico de Identidade**, o qual conterá todas as informações sobre o seu portador, tais como: fotografia do rosto em diversos ângulos com radiografia dos ossos da face e da íris, impressões digitais e palmares (XVII-3.2), o nome dos pais e do cônjuge, se houver, e respectivos endereços e telefones, profissão, endereço, telefones e nome, endereço e telefones de um parente ou pessoa amiga que sirva de referência. O **Cartão Eletrônico de Identidade** será, ao mesmo tempo, identidade policial, fiscal, trabalhista, profissional e funcional, estudantil (substituindo o Cartão do Estudante, com acompanhamento de sua vida escolar), bancária (contas bancárias/cartões de crédito/débito), eleitoral, sanitária/saúde (tipo de sangue, doenças especiais – hemofilia, diabetes, alergia, aids, asma ou outras que exijam assistência médica diferenciada –, marca-passo etc.), carteira de motorista e conterá a indicação de sinais característicos permanentes de seu titular etc. Esse **cartão-identidade** será expedido pela Secretaria da Receita Federal, em conexão com os demais órgãos envolvidos, quando do nascimento da pessoa humana (também substituindo a Caderneta de Saúde da Criança), e atualizado eletronicamente todos os anos, no mês do aniversário de seu titular, em qualquer repartição pública autorizada pelo órgão emissor, mediante sua apresentação e documentos comprobatórios, sem qualquer burocracia. Nos casos de impossibilidade ou dificuldade de deslocamento de seu titular, este será visitado, mediante solicitação, por assistente social do Município onde resida, portando um terminal eletrônico portátil.

XVIII-4.1   As instituições bancárias, seguradoras, administradoras de cartão etc. poderão, para uso interno, instituir numerações adicionais para seu controle, mas sempre vinculando-as ao número do **Cartão Eletrônico de Identidade**.

XVIII-4.2   A senha eletrônica do portador do **Cartão Eletrônico de Identidade**, pessoal e sigilosa, será a sua assinatura digital. Em futuro, poderá constar do cartão eletrônico, a critério do portador, até GPS ou Galileo.

XVIII-4.3   O **Cartão Eletrônico de Identidade** atenderá a todas as necessidades de seu titular: da simples identificação pessoal à operação de contas bancárias, obtenção ou renovação de empréstimos bancários e de bolsas de estudo por meio eletrônico em faculdades/universidades privadas (XXII-5), atendimento médico-odontológico-hospitalar (na rede privada de saúde), recebimentos de benefícios sociais (seguro-desemprego, auxílio-maternidade, bolsa-família) etc.

XVIII-4.3.1   As pessoas jurídicas terão, também, o seu **Cartão Eletrônico de Identificação**, de emissão múltipla devidamente controlada, e o número será o do **CNPJ** (Cadastro Nacional da Pessoa Jurídica do Ministério da Fazenda), incluindo informações do portador (sócio ou funcionário-procurador).

> Nota – O jovem Heitor Antônio Barbosa Viana, residente em Gramado (RS), revoltado com a onda de corrupção que vem assolando o país (2006), sugere que toda pessoa, ao nascer, deveria receber um cartão magnético de identificação pessoal e uma conta bancária unificada (certamente que no Banco Central), onde ficariam registrados eletronicamente todos os recebimentos de valor e as movimentações financeiras de todas as suas contas, de tal sorte que a Receita Federal (sem quebra do sigilo bancário) poderia pedir explicações todas as vezes que detectasse uma movimentação financeira fora dos padrões pessoais do titular daquela identidade.

XVIII-4.3.2   [Considerando essa sugestão], criar a obrigatoriedade de registro do recém-nascido no Cartório de Registro Civil dentro de 24 horas após a ocorrência do nascimento, do que resultará a emissão do **Cartão Eletrônico de Identidade**, que ficará sob a guarda da mãe, com o que se habilitará a receber todos os benefícios que o Estado proporcionará à mãe lactante. Dos registros constantes do **Cartão Eletrônico de Identidade** (Receita Federal em parceria com a Polícia Federal e com o Banco Central) relativamente ao recém-nascido, constará o número do **Cartão Eletrônico de Identidade** da mãe e, quando sabido, também do pai.

XVIII-4.3.3   Concomitantemente com a emissão desse **Cartão Eletrônico de Identidade,** o Banco Central abrirá, com o mesmo número e nome de seu titular, uma conta unificada de todos os futuros lançamentos bancários e a encerrará (sem extinguir os registros nela contidos) quando de sua morte. O mesmo ocorrerá quando do registro e emissão do **Cartão Eletrônico de Identidade** do recém-nascido.

XVIII-5 **Idosos** – Instituir programas de valorização dos idosos com o objetivo de criar condições de trabalho adequadas no setor privado para aqueles que se considerarem capazes de desenvolver atividades remuneradas.

XVIII-5.1 Estimular o setor privado para a instalação de casas de repouso para idosos, com atendimento médico especializado e recreação adequada, e distribuição, pelo governo, de bolsas de permanência aos idosos carentes.

XVIII-5.2 Exigir o fiel cumprimento da Lei N° 8.842, de 4/1/1994, e do Estatuto do Idoso, eliminando as distorções que estão sendo introduzidas no seu cumprimento.

Nota – Como exemplo dessas distorções está uma medida adotada pela CEF de Araranguá-SC, em 2005, segundo a qual passou a atender somente um idoso a cada quinze minutos. Isto significa dizer que se houver dez idosos para serem atendidos, aquele que estiver em 10° lugar terá de esperar duas horas e meia.

XVIII-5.3 Todos os benefícios aos idosos que redundarem em vantagens de caráter financeiro, tais como gratuidade de passagem em ônibus de linhas locais e interestaduais, e descontos em entradas de cinema e teatro, quando os agentes da concessão dessa gratuidade e desses descontos forem entidades privadas, estes serão ressarcidos do valor correspondente pelo Governo Federal à medida que forem sendo concedidos. O Poder Público não pode conceder benefícios sociais à custa da economia privada.

Nota – Com a instituição do **Cartão Eletrônico de Identidade**, a concessão desse benefício será registrado *on line* no ato de sua ocorrência, evitando fraudes por parte do empresário.

XVIII-5.4 Tornar obrigatória a instalação de barras de segurança e a colocação de pisos antiderrapantes nos banheiros públicos e nos boxes dos banheiros em todas as unidades residenciais, nos hotéis, pousadas, casas de repouso e similares, e de fita adesiva antiderrapante (colorida) nos degraus ou de ranhuras antiderrapantes nas bordas dos degraus de granito ou similares em todos os locais de acesso público.

XVIII-6   **Deficientes Visuais** – Tornar obrigatória a colocação nas calçadas de uma faixa de piso tátil (em relevo), para identificação por deficientes visuais, e a sonorização dos semáforos (farol/sinaleira) nas passagens de pedestre, a exemplo de alguns semáforos de Brasília.

XVIII-6.1   Assinar convênios com os Municípios para supri-los de recursos objetivando o nivelamento e uniformização das calçadas para facilitar o trânsito de deficientes visuais ou físicos em cadeiras de roda.

XVIII-7   **Deficientes Físicos** – Integrar os deficientes físicos na sociedade, com a criação de cursos específicos de qualificação profissional e instituição de concursos para atividades que possam exercer no serviço público.

XVIII-7.1   Instituir um programa de distribuição gratuita de cadeiras de roda e de equipamentos destinados a exercícios físicos para os deficientes físicos carentes, e de seu financiamento, proporcional à capacidade de pagamento, aos demais que disponham de melhor poder aquisitivo. Incluir-se-ão nesse programa os casos de necessidade de próteses para as pessoas que sofreram amputação de membros ou nasceram com membros deficientes.

XVIII-8   **Crianças** – Desenvolver programas especiais destinados à criança, com destaque para a assistência e tratamento daquelas que forem portadoras de qualquer deficiência e para o estímulo das que apresentarem elevado índice de inteligência (QI), destacada precocidade no aprendizado de qualquer matéria ou forte tendência às artes.

XVIII-8.1   Todas as creches estarão capacitadas para receber crianças de zero a três anos, idade a partir da qual serão obrigatoriamente matriculadas nas escolas e/ou colégios da Educação Básica pública (federalizada), ou privados, no nível Infantil.

XVIII-9   **Creches Comunitárias Gratuitas para Todas as Crianças Carentes** – Promover a criação de creches comunitárias, onde o custo por criança é aproximadamente 25% do custo da criança em creches públicas. As creches deverão ser, sempre que possível, integradas às unidades de Educação Infantil do sistema federal de Educação Básica, com acesso gratuito de todas as crianças mediante a concessão de bolsas de manutenção, sem prejuízo das creches mantidas pelo setor empresarial em suas instalações.

XVIII-9.1   As bolsas de manutenção de crianças em creches privadas, incluídas as comunitárias, serão concedidas pelo Governo Federal na proporção da capacidade de pagamento dos pais ou responsáveis, podendo variar de 10 a 100% do valor da mensalidade.

XVIII-10   **Meninos de Rua** – Adotar medidas eficazes para tirar das ruas os menores desassistidos, proporcionando-lhes matrícula compulsória nas escolas de Ensino Básico federais ou em escolas profissionalizantes com internatos.

XVIII-10.1   Criar nos colégios/escolas da Educação

Básica pública (federalizada), ou privados, classes especiais para receber alunos com defasagem de ensino em relação à sua idade.

XVIII-10.2   Estimular e financiar a construção e instalação de internatos privados que lhes abriguem condignamente mediante bolsas de permanência concedidas pelo Governo Federal, com refeitórios e dotados de assistência médico-odontológica, social e psicológica que lhes possam compensar a falta de lar. Esses estabelecimentos serão orientados por órgão social do Governo Federal e fiscalizados pelo Ministério Público em convênio com os Estados e/ou Municípos.

XVIII-11   **"Meninos do Tráfico"** – A TV Globo exibiu, em seu programa *Fantástico* (19/3/2006), o documentário *Falcão – Meninos do Tráfico* (direção de MV Bill e produção de Celso Athayde, coordenador da *Cafu – Central Única das Favelas*), em que expôs de forma contundente, a realidade da vida de menores que, pelo abandono dos Poderes Públicos à infância e à adolescência desvalidas, transformaram-se em verdadeiros bandidos mirins, sem qualquer perspectiva de vida futura decente e em sociedade, tal como de fato aconteceu na vida real com os personagens. Para reverter essa situação, com a colaboração de entidades públicas e privadas vinculadas à assistência social, buscar esses menores e colocá-los em albergues que lhes proporcionem condições de vida decentes, com assistência psicológica e médico-odontológica, educação diferenciada, incluindo atividades culturais, esportivas e de lazer, e atendimento social (e econômico) aos seus pais (na grande maioria só têm ligação com suas mães). Ao mesmo tempo, extensivo aos pais, prestar assistência em todos os níveis às crianças que, por sua pouca idade, ainda não enveredaram pelo caminho da delinqüência. Não esquecer que essas crianças, a partir dos três anos de idade, já brincam de bandido, portando pedaços de madeira como se fossem armas.

XVIII-12   **Estudantes** – Conceder aos estudantes o transporte gratuito nos meios de transporte públicos e privados nos horários de início e término das aulas e a concessão de 50% da tarifa nos demais horários. Igual abatimento ser-lhes-á concedido para entrada nos cinemas e espetáculos de arte.

XVIII-12.1   Todas essas concessões que tiverem conseqüência financeira para os concedentes, quando os agentes da concessão dessa gratuidade e desses descontos forem entidades privadas, estas serão ressarcidas do valor correspondente pelo Governo Federal à medida que os forem concedendo. O Poder Público não pode conceder benefícios sociais à custa da economia privada.

XVIII-13   **Prostituição Infantil** – Atuar com firmeza, por intermédio do Ministério da Justiça (Justiça Federal), contra todas as formas de prostituição infantil, incluídas as praticadas nas áreas ribeirinhas dos rios da Amazônia e às margens das estradas, e as ocorridas via Internet (IX-6).

XVIII-14   **Homossexualismo** – Entendendo-se que a homossexualidade não é opção de comportamento, mas, sim, resultado da composição genética do feto em formação no útero materno, o Estado não pode permitir qualquer tipo de discriminação à pessoa homossexual. Quanto à assunção de sua homossexualidade, é decisão de foro íntimo. Os direitos inerentes à pessoa humana, sem agressões às religiões de todos os credos, devem ser assegurados aos homossexuais nas mesmas condições em que o são às pessoas heterossexuais (Projeto de Lei Nº 1.151, de 26/10/1995, de autoria da então deputada federal Marta Suplicy).

XVIII-15 **Imigrantes** – Instituir programas de assistência aos imigrantes sem recursos e, quando estrangeiros, promover sua integração à comunidade brasileira, com ênfase para o combate à sua exploração por grupos étnicos, especialmente os de origem asiática e os latino-americanos.

XVIII-16 **Inclusão Social (Bolsa-Família e Bolsa-Escola)** – Eliminar a exclusão social com a instituição, à luz da realidade e com a presteza que se faz necessário, de um objetivo **Programa de Políticas Sociais e de Combate à Pobreza**, visando "a unificação de todos os programas, por meio de um único orçamento social"[1] e buscando, para o seu aprimoramento, a participação de todas as entidades envolvidas nesse objetivo, tais como a CNBB (Conferência Nacional dos Bispos do Brasil), as ONGs focadas em ações sociais e demais, para que os resultados de sua aplicação sejam palpáveis e eficazes imediatamente depois de sua deflagração. O novo programa terá por suporte a estrutura e a experiência de todos os programas assistenciais já havidos em governos anteriores.

[1] A *Agenda Perdida: diagnósticos e propostas para a retomada do crescimento com maior justiça social*, Affonso Celso Pastore, José Alexandre Scheinkman, Marcos de Barros Lisboa e outros (Internet, Rio de Janeiro, setembro de 2002).

Nota – Atualmente (2006), o Governo Federal dispõe de cerca de dez programas sociais que, por dispersão de sua atuação, não atingem seus reais objetivos, dentre os quais destacam-se: *Fome Zero*, *Bolsa-Família*, *PAT* (*Programa de Alimentação do Trabalho*), *PAA* (*Programa de Aquisição de Alimentos*), *PNAE* (*Programa Nacional de Alimentação Escolar*), *Programa de Proteção Social Básica* e *Programa de Proteção Social Especial*, que se efetivam por meio dos *CRAS* (*Centros de Referência de Assistência Social*), *Projeto Agente Jovem de Desenvolvimento Social e Humano*, *Pronaf* (*Programa Nacional de Fortalecimento da Agricultura Familiar*), *Seguro de Agricultura Familiar*, *Fundo Garantia Safra*, os desenvolvidos por ONGs, como o *ASA* (*Articulação para o Semi-Árido*), muitos deles ao amparo da *LOAS* (*Lei Orgânica de Assistência Social*), com suas legislações, regulamentos e normas que os transformaram em um emaranhado burocratizado de siglas (*MDS, CNAS, PNAS, SUAS, NOB/SUAS* etc.).

XVIII-16.1   Considerando que o valor atual (2006) do **Bolsa-Família** é, em média, R$ 75,00 (máximo de R$ 107,00) para cada família carente, por mês, ou seja, cerca de R$ 2,50 (máximo de R$ 3,57) por dia, não contempla o atendimento das necessidades alimentares básicas de uma família, propõe-se seu reajustamento cumulativo em 12,6% a cada semestre, a partir do início do ano, para que atinja, em três anos e meio, o valor de R$ 193,80 mensais (já descontado o **Dízimo Cívico** sobre o valor bruto de cada parcela), o que representará o recebimento líquido de R$ 6,46 por dia, mais do que duplicando o poder de compra de cada família carente no período. O seu custeio virá das atuais dotações dos diversos programas sociais (atualmente, mais de cem), que serão reformulados e unificados, quando possível, da redução dos custos das compras e das obras públicas, que passarão a ter sua licitação sob rigorosa fiscalização do Ministério Público, e do excedente da arrecadação proporcionada pela instituição do novo Sistema Tributário Nacional, sem considerar a redução progressiva do pagamento dos juros e encargos da Dívida Pública Mobiliária Federal Interna, de responsabilidade do Tesouro Nacional, que será praticamente quitada com o resultado das licitações de concessões e de privatização de ativos federais.

XVIII-16.2   O Programa **Bolsa-Escola** (se ainda estiver vigente) será reestruturado tendo em vista a federalização da Educação Básica e a instituição do **Programa de Políticas Sociais e de Combate à Pobreza**, mas, em qualquer hipótese, não haverá redução no valor do recebimento global de auxílios financeiros pelas famílias carentes.

XVIII-16.3   Esse unificador programa de eliminação da exclusão social será imune à burocracia paralizante, à lentidão das ações governamentais, à corrupção e à demagogia ideológica e/ou partidária.

XVIII-17 **Investimento Social e os Sem-Teto** – Assinar convênio com os Estados e Municípios para construção de **7,5 milhões de unidades habitacionais populares** em todo o Brasil, no período de quatro anos (cerca de R$ 20,0 bilhões por ano), de modo a **oferecer um lar aos sem-teto** ou mal abrigados, incluída a área rural. Serão incluídos nesse programa de investimento social o saneamento e a urbanização das favelas, deflagrando-se um movimento social sem precedentes em favor dos menos favorecidos e **proporcionando empregos** à mão-de-obra não-qualificada, que, infelizmente, ainda é abundante no Brasil.

Nota – Notícia sobre o Ministério das Cidades informa (maio de 2005) que "o déficit habitacional brasileiro é de 7,2 milhões de moradias" (O Sul, PortoAlegre, 24/5/2005).

XVIII-18 **Incorporação Social dos Habitantes do Semi-Árido** – Instituir programa de efetiva integração social no processo de **DESENVOLVIMENTO NACIONAL** dos habitantes da região do Semi-Árido, no Nordeste, proporcionando-lhes todas as condições indispensáveis para atingir esse objetivo.

XVIII-19 **Aposentados e Pensionistas** (III-7) – Para assegurar o mesmo poder aquisitivo de suas aposentadorias e pensões após a instituição do **Dízimo Cívico**, serão as mesmas reajustadas em 11,12% (XII-1.1.1), independentemente da deflação dos preços provocada pela instituição do novo modelo econômico e do fato de seus beneficiários passarem a gozar de um atendimento médico-odontológico e hospitalar decente e compatível com as suas carências.

XVIII-19.1 Todos os processos de concessão ou de revisão de benefícios no âmbito do INSS que se encontram pendentes de solução, exaustivamente protelada, receberão despacho conclusivo no prazo máximo de três meses.

XVIII-19.2   Os pacientes carentes, mediante a apresentação de seu **Cartão Eletrônico de Identidade** à farmácia ou drogaria, receberão gratuitamente os medicamentos constantes das receitas, cujo valor será pago pelo Governo Federal, sem qualquer protelação. Os demais pagarão pelos medicamentos proporcionalmente aos seus ganhos. As farmácias populares ou equivalentes, de resultados práticos contestáveis, perderão sua razão de existir. O Projeto de Lei Nº 5.235, de 2005, de iniciativa do Poder Executivo, que dispõe sobre subvenção para aquisição de medicamentos na rede (de farmácias e drogarias) privada, tornar-se-á ocioso.

XVIII-20   **Reintegração das Pessoas na Sociedade Econômica do País** – Determinar o cancelamento e extinção de todo e qualquer registro nas empresas, instituições ou organismos públicos e privados de inadimplência ou de atos havidos que restrinjam o crédito a qualquer pessoa física ou jurídica.

XVIII-20.1   Essa providência ensejará a todas as pessoas o restabelecimento de seu crédito na praça e lhes dará a chance de reintegrarem-se na sociedade de consumo do país, cabendo aos estabelecimentos de crédito e vendedores a responsabilidade de buscar maior garantia para os créditos que forem concedidos aos futuros tomadores de empréstimo e/ou consumidores.

XVIII-20.2   Uma vez cancelados e extintos os registros de que trata o item XVIII-20, serão reiniciados os registros por inadimplência ou atos de improbidade futuros das pessoas apenas por empresas ou instituições registradas no Banco Central, que as fiscalizará.

XVIII-21   **Propaganda Enganosa** – Exercer efetiva e

rigorosa fiscalização sobre a propaganda enganosa, com severa punição de seus responsáveis, de modo a eliminar do cotidiano essa prática que se tornou abusiva. Não se concebe o fato de uma empresa divulgar que concede desconto de 80% sobre o preço de determinado produto, sem qualquer justificativa lógica e convincente (como, honestamente, isso pode ser possível?); ou que determinado aparelho provoca a diminuição do peso de uma pessoa, em tempo exíguo, sem a devida comprovação aceitável. Os meios de comunicação, as agências de publicidade e os comunicadores serão convidados a colaborar com Governo Federal nessa missão de proteger a economia popular desse tipo de comércio.

XVIII-22 **Garagens e Estacionamentos** – Criar uma linha de financiamento pelo BNDES com o objetivo de financiar, com juros especiais e a longo prazo, projetos e construções de interesse comunitário, tais como edifícios-garagem e estacionamentos subterrâneos, de tal forma que, dentro de dois anos, possam ser proibidos o estacionamento e a permanência de veículos em vias públicas nas cidades com população superior a dez mil habitantes.

Capítulo XIX

Corrupção

> *O governante para ser respeitado por seus governados não pode transigir com a corrupção. Não importa a posição política, o nível social ou o poder econômico do corrupto.*
> *Tem de ser processado e ir para a cadeia.*

XIX-1 **Corrupção** – A corrupção está configurada como um dos grandes males do país, pela generalização de sua prática, pela perigosa infiltração em todas as áreas da Administração Pública e, pior, pela condescendência do Poder Público para com seus agentes. A partir dos escândalos de corrupção generalizada divulgados pelas CPMIs "dos Correios", "do Mensalão", "dos Bingos" e dos "Sanguessugas", sem a devida punição dos culpados confessos ou comprovados, a descrença nas instituições constituídas do país parece ter chegado a um ponto crítico. Urge reverter essa situação que degrada o Poder Público, fragiliza as instituições democráticas, constrange o cidadão honesto e prejudica a imagem do país no exterior.

XIX-1.1 O Tribunal de Contas da União, o Ministério Público, a Controladoria Geral da União e o Sistema Operacional de Controle de Obras Públicas (Ministério do Planejamento) serão instados a agirem com rigor e presteza no combate aos atos de improbidade administrativa e de corrupção, e na punição dos culpados, em busca do revigoramento da moralidade pública (III-4).

XIX-2 **Licitações Públicas** – O Ministério Público será chamado a participar de todos os processos de licitação pública na condição de defensor da sociedade.

XIX-3 **Quebra de Sigilo Fiscal e Bancário** – A pessoa que assumir qualquer cargo público, do presidente da República ao funcionário mais modesto, declarará aberto o seu sigilo fiscal e bancário, retroagindo aos cinco anos imediatamente anteriores à posse.

XIX-3.1 Essa exigência será extensiva às pessoas que se candidatarem a presidente e a vice-presidente da República no ato em que registrarem sua candidatura.

XIX-3.2 Complementarmente, dar apoio à aprovação do Projeto de Lei Nº 194/2005, do Senado Federal, de autoria do senador Pedro Simon, que altera a Lei Complementar Nº 105, de 10/1/2001, "para excluir do benefício do sigilo bancário" os "Deputados Federais, Senadores, Ministros de Estado, Presidente e Vice-Presidente da República, Dirigentes Partidários, Presidentes e Diretores da Administração Direta e Indireta".

XIX-4 **Prêmio por Denúncia de Corrupção e Fraude** – Instituir parceria com a sociedade, tendo por objetivo obter de cada cidadão sua participação na fiscalização da moralidade pública, para denunciar qualquer tipo de corrupção ou fraude de que tiver conhecimento, em qualquer nível da administração governamental.

XIX-4.1   O Governo Federal instituirá prêmio em dinheiro por denúncia de prática de corrupção ou fraude, com o pagamento do prêmio imediatamente após a constatação da veracidade da denúncia. A identidade do denunciante será protegida por sigilo legal e sua identificação para recebimento do prêmio obedecerá a procedimentos especiais.

XIX-4.1.1   Estimular, por meio de campanha publicitária institucional, a utilização do "Disque-Corrupção/Fraude" para denunciar essas práticas contra o erário e a cidadania.

XIX-5   **Processos e Condenações pela Prática de Corrupção e Fraude** – Propor ao Congresso Nacional alteração da legislação que trata da matéria para tornar os ilícitos por corrupção e fraude em crimes inafiançáveis, sem direito a prisão especial, e com o cumprimento integral da pena em regime fechado, sem poder usufruir, qualquer que seja o comportamento do infrator, dos benefícios dos regimes semiaberto ou aberto, que, espera-se, venham a ser revogados por ocasião da revisão da legislação específica.

XIX-5.1   Nos casos de flagrante delito, a prisão não será relaxada. Será imune à concessão de *habeas corpus* até o julgamento final do processo, que obedecerá ao rito sumaríssimo. Vídeos e gravações telefônicas, uma vez comprovada a sua autenticidade, serão provas incontestáveis no processo contra o infrator. A Justiça Eleitoral decidirá sobre a elegibilidade das pessoas que estiverem respondendo a processo por corrupção ou fraude.

XIX-5.2   Nos processos por corrupção e fraude, as provas criminais passarão a integrar os processos administrativos, dispensando-lhes da repetição de procedimentos processuais, conforme sugestão do delegado Paulo Lacerda, Diretor-Geral da Polícia Federal (2006).

XIX-6 **Repatriamento e Ressarcimento aos Cofres Públicos do Principal e dos Ganhos Originários de Corrupção e Fraude** (VI-11)– Apoiar com firmeza e determinação a ação do Departamento de Recuperação de Ativos Ilícitos e Cooperação Jurídica Internacional, do Ministério da Justiça, dando-lhe os meios para agir com desenvoltura e eficiência, e instituir medidas administrativas que eliminem os impasses para o repatriamento dos valores **desviados** fraudulentamente e tornem eficaz o retorno desses valores aos cofres públicos.

XIX-7 **Cadastro Único de Registro de Imóveis** – Instituir o Cadastro Único de Registro de Imóveis com a unificação, na **Secretaria da Receita Federal**, em arquivo eletrônico (banco de dados), de todos os registros de imóveis de todos os cartórios de registro de imóveis do país, com suas atualizações em tempo real (*on line*) e disponibilidade, via Internet, para o fornecimento de certidões autenticadas com certificação digital (X-12).

XIX-7.1 O arquivo eletrônico dos imóveis rurais será compartilhado com o INCRA (X-12).

Capítulo XX

Droga

> *A droga será combatida como o mal maior.*
> *E os seus traficantes, que estão em guerra civil*
> *com a sociedade, têm de ser derrotados*
> *nessa luta do bem contra o mal.*

XX-1 **Droga** – A droga é um dos mais sérios problemas da sociedade brasileira a ser resolvido pelo Governo Federal. É um assunto muito importante para ser tratado com superficialidade. A droga é degradante e arrasadora: acelera o envelhecimento das células, destrói vidas, altera a personalidade, corrompe o caráter, desfigura a fisionomia, debilita o organismo, provoca alucinações, desestrutura a família, desfaz o lar, põe fim à relação amorosa, infelicita o presente e compromete o futuro da juventude, independentemente de interferir na sanidade do filho nascituro do usuário de drogas.

XX-1.1 Nessa "guerra" contra a droga, o governo atuará em duas frentes: uma, de repressão ao tráfico, impondo o poder policial e jurídico do Estado, e em outra, de defesa do usuário, proporcionando-lhe a assistência do Estado com o objetivo de sua recuperação, em um amplo programa de parceria com a família do dependente e com as pessoas e entidades privadas, incluídas as ONGs, que se têm dedicado a essa missão.

XX-1.2   Para evitar que os jovens, principalmente os adolescentes, possam vir a se tornar usuários, faz-se necessário ao governo manter, permanentemente e sem intervalos, campanhas publicitárias esclarecedoras das conseqüências nefastas do uso da droga, em especial do crack e da merla (sua borra), que transformam seu usuário em dependente a partir da primeira experiência e que, por seu baixíssimo preço, são acessíveis a todas as pessoas, por mais modestas que sejam.

XX-2   **Bolsas de Tratamento e Recuperação de Dependentes Químicos** – O Governo Federal proporcionará aos dependentes químicos bolsas de tratamento e recuperação em clínicas privadas que mantenham convênio com a União, incluindo internamento, quando necessário.

<small>Nota – O médico Drauzio Varela, em seu artigo *Guerra ao Tráfico?* (O Sul, Magazine, p. 10, Porto Alegre-RS, 29/1/2006), diz ser urgente "multiplicar pelo país o número de centros para tratamento de dependência química...".</small>

XX-2.1   A bolsa será de 10 a 100% do valor total do tratamento, e seu percentual corresponderá à capacidade de pagamento do paciente ou de seu responsável. O pagamento à clínica, pelo Governo Federal, dar-se-á mensal e automaticamente (*on line*), sem burocracia ou intermediação de terceiros.

XX-3   **Penas mais Severas aos Traficantes** – Uma das providências que o governo adotará será a proposição ao Congresso Nacional de penas mais severas aos traficantes de drogas e aos seus agentes e de eliminação de qualquer benefício atualmente concedido pelo Código Penal e pelo Código de Processo Penal aos condenados por esses crimes.

Capítulo XXI

ONGs

A instituição de parcerias com as ONGs efetivamente atuantes na defesa da cidadania é um bom caminho para o governo seguir.

XXI-1   **ONGs** – Apoiar a atuação patriótica das Organizações Não-Governamentais, notadamente aquelas dedicadas à defesa do meio ambiente, da ecologia e das classes menos favorecidas da sociedade.

XXI-1.1   Manter estreita vinculação com os programas das ONGs nos casos de coincidência de objetivos com os programas governamentais, tal como o de retirar das ruas os menores desassistidos ou sem família para integrá-los ao SNEB (Sistema Nacional de Educação Básica) pública, que englobará a educação infantil ou pré-escola, o ensino fundamental e o ensino médio.

XXI-2   **ONG "Amigos do Bem"** – Apoiar o excelente trabalho que a ONG "Amigos do Bem" vem realizando no Nordeste brasileiro, de tal sorte que sua atuação possa expandir-se para todas as regiões do país.

Capítulo XXII

Educação

> *A federalização da Educação Básica pública (Educação Infantil, Ensino Fundamental e Ensino Médio) dará uniformidade pedagógica, metodológica e curricular com ensino de qualidade seqüenciado em todo o país e oportunidade aos alunos de se preparem para a universidade não importando onde residam.*

XXII-1 **Educação: Prioridade nº 1** – Com a instituição do novo Sistema Tributário Nacional e a adoção do **Dízimo Cívico**, haverá recursos suficientes para complementar o atendimento de todas as necessidades do sistema educacional, podendo, assim, o Estado brasileiro eleger a educação como "a prioridade mais importante de nosso país" (Antônio Ermírio de Moraes em *Educação: a prioridade mais importante de nosso país*, FOLHA DE S. PAULO, Internet, 8/1/2006).

XXII-1.1 A **matrícula** e a **freqüência** em escola de Educação Básica **serão obrigatórias** dos **quatro** aos **dezessete anos** de idade, num total de **quatorze anos consecutivos de ensino**, para todas as pessoas incluídas nessa faixa etária, e o seu controle será efetivado eletronicamente com o uso do **Cartão Eletrônico de Identidade** e/ou pela **impressão digital** utilizando o programa DIP (Dispositivo de Identificação Pessoal), já em operação piloto (30 de março de 2006) em escolas públicas do Município de Capão da Canoa, RS, adotado pelo MEC/Projeto Presença/Safe (Sistema Nacional de Acompanhamento da Freqüência Escolar) – (*A lista de chamada é um chip*, Zero Hora, p.32, 30/3/2006).

> *"Revolução pela Educação: a Coréia fez, o Brasil também pode fazer. Veja foi à Coréia do Sul e conta o que podemos adotar aqui do sistema educacional que tirou o país asiático da miséria e o colocou no Primeiro Mundo."*
> (Veja, edição 1.892, p. 60, 16/2/2005)

XXII-2   **Federalização da Educação Básica Pública (Educação Infantil/Pré-Escola, Ensino Fundamental e Ensino Médio)** – Para que se obtenha resultados palpáveis na educação brasileira, será necessário uma reformulação radical do ensino no país, de forma a torná-lo efetivamente **acessível** e de **qualidade** para todos, independentemente do local de residência e das condições econômicas e sociais dos pais das crianças e da juventude em idade escolar. A solução indicada é a instituição de um Sistema Nacional de Educação Básica (SNEB) com a **federalização da Educação Básica pública** (Educação Infantil/Pré-Escola, Ensino Fundamental e Ensino Médio). O SNEB também abrangerá a creche, o ensino aos jovens e adultos que não "tiveram oportunidade de acesso aos ensinos fundamental e médio na idade adequada", aos jovens e adultos analfabetos (programas *EJA-Educação de Jovens e Adultos* e *Brasil Alfabetizado*), a educação seletiva aos portadores de excepcionalidades e a educação na zona rural, atualmente (2006) de responsabilidade dos Estados, do Distrito Federal e dos Municípios. Essa medida ensejará eliminar os propalados desvios de verbas destinadas à educação, pela facilidade da fiscalização concentrada em uma única repartição federal, sob as vistas do Ministério Público e de toda a sociedade.

XXII-2.1 A administração da Educação Básica federalizada ficará sob a responsabilidade de uma única unidade administrativa federal, de modo a permitir a **uniformidade pedagógica, metodológica e curricular** (obediente aos *Parâmetros Curriculares Nacionais - PCN*) **em todo o país**.

XXII-2.2 A **carga horária diária de atividades curriculares** no interior do estabelecimento escolar será de **onze horas** ininterruptas (entre as **7h30min e 18h30min**), e o ensino deverá ser tão eficiente que, ao concluir a última série do Ensino Médio, o educando esteja em condições intelectuais de ser aprovado no exame vestibular para qualquer curso superior em universidade privada, independentemente de "cursinhos". A obrigatoriedade dessa carga horária e do cumprimento do currículo oficial (*PCN*) é extensiva às escolas de Educação Básica da rede de ensino privada.

XXII-2.2.1 Os prédios das escolas ficarão disponíveis, com a estrutura de atendimento em pleno funcionamento, até a meia-noite, diariamente, incluídos os fins de semana, para que os alunos tenham condições de prosseguir em suas pesquisas, estudos e práticas esportivas/recreativas, e os professores possam dedicar-se à preparação de aulas.

XXII-2.2.2 O horário estabelecido (**7h30min às 18h 30min**) e o fato das escolas permanecerem disponíveis até a meia-noite dará condições aos pais para trabalharem despreocupados, podendo os filhos permanecer em segurança no seu interior.

Notas – 1. O Governo do Estado de São Paulo adotou, com início a partir do ano de 2006, o aumento da carga horária (de 7h às 16h) nas escolas públicas estaduais, ao que denominou de *Escolas de Tempo Integral*.

2. Com a federalização da Educação Básica nos termos do que está aqui proposto, perde sentido o *Programa Nacional de Inclusão de Jovens – ProJovem*, coordenado pela Secretaria Geral da Presidência da República.

XXII-2.3   A Lei de Diretrizes e Bases da Educação Nacional (Nº 9.394, de 1996) será revista a fim de compatibilizar-se à presente proposta.

XXII-2.4   O Instituto Benjamin Constant, o Instituto Nacional de Estudos e Pesquisas Educacionais Anísio Teixeira, a Fundação Coordenação de Aperfeiçoamento de Pessoal de Nível Superior – CAPES, o Colégio Pedro II, os Centros Federais de Educação Tecnológica e as Escolas Agrotécnicas Federais permanecerão federalizados.

XXII-2.5   O vestibular será dispensado aos concludentes que obtiverem no período correspondente ao Ensino Médio uma nota geral acumulada (sistema de avaliação idêntico ao adotado pela Universidade de Brasília) igual ou superior à nota de aprovação no vestibular da universidade ou faculdade a que se credencie para matricular-se, não podendo ser inferior a seis.

XXII-2.6   Os recursos financeiros para o atendimento das despesas decorrentes da federalização da Educação Básica pública, da alfabetização de adultos e modalidades correspondentes advirão da verba (vinculação constitucional/orçamentária) destinada ao Fundef (Fundo de Desenvolvimento do Ensino

Fundamental e Valorização do Magistério¹), que é transferida para os Estados e Distrito Federal (R$ 15.072.269.376,18, em 2005) e para os Municípios (R$ 17.709.470.633,53, em 2005, totalizando R$ 32,7 bilhões), que nem sempre é devidamente empregada na educação. Essa verba, bem como todos os demais fundos federais destinados à educação, sem desvios e sem burocracia, será integralmente canalizados para suprir as necessidades da Educação Básica federalizada, podendo ser complementada pelo excedente de arrecadação proporcionado pela adoção do **Dízimo Cívico,** à base mínima de R$ 1,2 mil por aluno/ano.

[1] O Fundef, como conseqüência de recente Emenda Constitucional aprovada (fevereiro de 2006) pela Câmara dos Deputados, será substituído pelo **Fundeb (Fundo de Manutenção e Desenvolvimento da Educação Básica e de Valorização dos Profissionais da Educação)**, que "contemplará desde a creche até o Ensino Médio, além das modalidades correspondentes, como educação de jovens e adultos, educação no meio rural, entre outras" (Ivan Valente, em *Fundeb: avanços e recuos*, FOLHA DE S. PAULO, Internet, 9/2/2006). Todos os fundos educacionais federais, estaduais e municipais atualmente (2006) mantidos por verbas federais serão incorporados ao Fundeb.

Nota – Diz-se que, para uma unificação dessa ordem (Educação Infantil, Ensino Fundamental e Médio, em todas as suas modalidades), seria necessário aumentar a vinculação constitucional da educação de 18% para 22,5%. Mesmo que isso seja verdadeiro, o aumento da arrecadação com a adoção do **Dízimo Cívico** será de tal ordem que os valores correspondentes aos 22,5% sobre a arrecadação atual (exercício de 2006) não ficariam muito aquém dos 18% da nova arrecadação proporcionada pela adoção do **Dízimo Cívico.**

XXII-2.6.1   Atualmente (julho de 2006), as despesas com a construção da maioria das escolas e dos ginásios esportivos no interior do país, com a aquisição e distribuição de livros didáticos e material escolar (incluída a terceirização na distribuição de "kit didático" por algumas prefeituras), e com o fornecimento de merenda são, em sua quase totalidade, cobertas por verbas federais, ou seja, não haverá necessidade de recursos extras para esses itens, a não ser para ampliação de sua abrangência e/ou implantação de novos projetos.

XXII-2.7 A federalização da Educação Básica pública e modalidades correspondentes, com professores capacitados e remunerados condignamente para ministrarem os ensinamentos adequados, encontra amparo no êxito das Instituições Federais de Ensino (Centros Federais de Educação Tecnológica e Escolas Agrotécnicas Federais) disseminadas pelas capitais e recônditos Municípios do interior brasileiro.

XXII-2.8 As atuais escolas estaduais e municipais passarão para a administração do Governo Federal, proporcionando ponderável economia às finanças dos Estados/DF e dos Municípios e propiciando oportunidade de o MEC proceder, em curtíssimo prazo, à sua recuperação física, com adequação às condições climáticas locais (ar condicionado e/ou calefação), incluindo ampliação com adaptação às novas finalidades, móveis compatíveis e modernos equipamentos educacionais, esportivos e recreativos.

XXII-2.8.1 Concomitantemente às providências constantes do item anterior, construir, em ritmo de 24 horas/dia, novas e modernas unidades escolares em todos os Municípios brasileiros, de tal forma que se possa atender à demanda atual e futura da população estudantil brasileira para os próximos dez anos.

XXII-2.8.2 O corpo docente de todas essas escolas, estaduais e municipais, passará a integrar o corpo de professo sos de valorização profissional e adequação pedagógica e beneficiando-se da isonomia salarial.

XXII-2.8.2.1 Os professores/professoras integrantes dos magistérios estadual e municipal que, pela precariedade de seus conhecimentos, não disponham da qualificação profissional indispensável para freqüentarem cursos de atualização ou de aperfeiçoamento, serão aproveitados pelo Ministério da Educação em outras funções para as quais estejam capacitados.

XXII-2.9 Como providência prioritária, aumentar o número de professores para a Educação Básica pública e modalidades correspondentes mediante concurso, independentemente da criação de um quadro de professores itinerantes que substituam aqueles que estiverem freqüentando cursos de atualização e capacitação profissional ou em gozo de licença. Os diretores das escolas poderão "freqüentar" cursos *on line* de capacitação profissional sem sair do prédio escolar.

XXII-2.10 Instituir, com matrícula e freqüência compulsória, cursos de capacitação permanente do professor, de sorte a lhe propiciar a atualização de conhecimentos e dos métodos de ensino, com oferecimento, pelo Governo Federal, de bolsas de estudo no país e no exterior.

XXII-2.11 Todas as escolas estarão permanentemente sob rigorosa observação e efetivo controle de seu desempenho.

XXII-2.12 Nas onze horas diárias de permanência dos alunos no interior das escolas estão incluídos o tempo necessário para o café-da-manhã, os intervalos para o almoço, merendas, esporte e recreação, ensino de informática (*Programa Nacional de Informática na Educação*), o ensino de um instrumento musical e dos idiomas espanhol e inglês, que passarão a constar do currículo desde o período correspondente à Educação Infantil, de tal forma que o aluno possa manter, ao concluir o Ensino Médio, correto domínio do instrumento e desses dois idiomas. Sendo ensinados a partir da Educação Infantil, certamente serão falados com melhor pronúncia.

XXII-2.13 A administração (logística) do funcionamento

da Educação Básica pública e de alfabetização de adultos ficará a cargo de um departamento específico do Ministério da Educação, com representação em cada Estado, que receberá em seus quadros os funcionários das secretarias de Educação estaduais e municipais. Os funcionários burocráticos que se tornarem excedentes na nova estrutura do MEC preencherão as necessidades de funcionários do Governo Federal nas representações estaduais de seus diversos ministérios.

XXII-2.14   Ao ensejo da federalização da Educação Básica pública, o Ministério da Educação procederá a uma completa revisão de sua estrutura, de tal sorte que possa assemelhar-se, no que for recomendável, à estrutura da educação básica pública da Coréia do Sul (Monica Weinberg, em *Sete lições da Coréia para o Brasil*, VEJA, edição nº 1.892, p. 60, 16/2/2005).

XXII-2.14.1   Nessa revisão de estrutura, aproveitar as experiências das escolas públicas brasileiras mencionadas por VEJA (ed. citada) como centros de excelência integrantes do grupo das dez melhores escolas públicas do país: Escola Municipal Governador Carlos Lacerda (Belo Horizonte, MG), Escola Municipal Professora Anna Maria Harger (Joinville, SC), Educandário Menino Jesus (Petrópolis, RJ), Escola Municipal Papa João XXIII (Curitiba, PR), Escola Estadual Nilo Morais Pinheiro (Ipanema, MG), Escola Estadual São Caetano (Caxias do Sul, RS), Escola Municipal Desembargador Aprígio Ribeiro de Oliveira (São Brás do Suaçui, MG), Colégio Estadual Marcelino Champagnat (Londrina, PR), Escola Municipal Dermeval Barbosa Moreira (Nova Friburgo, RJ) e Escola Estadual Coronel Frazão (Itaguara, MG). Outros exemplos de eficiência educacional são oferecidos pela Escola Municipal Helena Bosetti, próximo à zona rural do Município de Matão, em São Paulo, e pelos Estados do Acre e de Sergipe (Cláudio de Moura Castro, *Em se plantando dá*, VEJA, p.20, ed. nº 1949, 29/3/2006).

Nota – Subsidiariamente, o Ministério da Educação poderá recorrer à experiência e à capacitação da professora Ilona Becskeházy, diretora-executiva da *Fundação Lemann* e do *Instituto de Gestão Educacional - IGE*, nessa área, tendo em vista ser ela favorável à federalização da Educação Básica pública (*A solução é básica*, entrevista à ÉPOCA, edição nº 359, p. 22, 4/4/2005).

XXII-3 **Turmas Diferenciadas para Alunos Especiais** – Criar turmas diferenciadas para atendimento de alunos que sejam portadores de desenvolvimento intelectual destacado ou de qualquer tipo de deficiência: intelectual, visual, auditiva ou que estejam defasados em relação ao ensino, ou seja, aqueles que não freqüentavam a escola por qualquer motivo, a exemplo dos meninos-de-rua (XXII-1.1).

XXII-3.1 Criar turmas especiais para os alunos que já terminaram o Ensino Médio mas não se consideram em condições intelectuais de aprovação nos exames vestibulares das faculdades privadas. Serão aulas de reforço e revisão.

XXII-4 **Educação Superior** – Instituir o Sistema Nacional de Educação Superior (SNES) com o aprimoramento do método de avaliação das faculdades e universidades vigente até o ano de 2001 (Provão) e eliminação do sistema de cotas em favor do privilégio ao mérito, porém assegurando **bolsas de estudo** para a Educação Superior, extensivas aos cursos de mestrado e de doutorado a todos os estudantes (integral para os carentes e proporcional às condições financeiras dos demais), independentemente de sua origem étnica ou condição social. Assegurada a bolsa de estudo para a Educação Superior a todos os estudantes que dela necessitarem, será revogado o programa pró-Uni, que é deletério à filosofia da inviolabilidade do patrimônio da livre empresa no sistema educacional, que ficará, após a adoção do **Dízimo Cívico**, sem qualquer privilégio tributário.

XXII-4.1 Assegurar a liberdade de pesquisa e a independência da orientação pedagógica das unidades de ensino superior, incluída a contratação de cientistas e professores estrangeiros que possam aprimorar o nível do ensino e das pesquisas em todas as suas modalidades.

XXII-4.2 Aprimorar e implantar o PDI (Plano de Desenvolvimento Institucional) proposto pelo MEC em 2004, integrante do projeto de reforma do ensino superior, parcialmente repudiado pela sociedade.

XXII-4.3 Estimular, subsidiariamente, a criação da Universidade Livre pelas instituições de educação superior nos moldes do projeto implantado pela Uergs (Universidade Estadual do Rio Grande do Sul), de responsabilidade do reitor Nélson Boeira.

XXII-4.4 Aos concludentes dos cursos superiores que obtiverem o 1º lugar em suas turmas será facultado o ingresso no serviço público, em função correlata à área de sua graduação ou pós-graduação, independentemente de concurso público, desfrutando do gozo de todos os direitos e das regalias como se concursados fossem. Os demais colocados em segundo e terceiro lugares, o Estado incentivará o setor privado a contratá-los. Aos três primeiros colocados o Estado oferecerá todas as condições para o caso de desejarem prosseguir seus estudos acadêmicos em níveis de mestrado e de doutorado no país ou no exterior.

XXII-4.4.1 A Fundação Estudar, por sua comprovada experiência nessa área, intermediará a contratação desses alunos pelo setor privado.

XXII-5 **Bolsas de Estudo para os Estudantes nas Universidades e Faculdades da Rede Privada Obtidas por Meio Eletrônico** – A União proverá educação superior a todos indistintamente, via concessão de **bolsas de estudo por meio eletrônico**, sem intermediários e sem burocracia, em qualquer universidade ou faculdade da rede privada que mantenha convênio com a União. Aos estudantes carentes, a bolsa de estudo será integral (100%). Aos demais, o percentual da bolsa será variável, de 10% a 90%, conforme a capacidade de pagamento do estudante ou de seu responsável.

XXII-5.1 Os pedidos de bolsa de estudo serão atendidos de imediato, via Internet, por telefone (residencial, comercial, público ou celular) ou utilizando o terminal eletrônico de qualquer banco (os bancos serão compelidos a manter convênio com o MEC).

XXII-5.1.1 Em sua solicitação por meio de terminal eletrônico bancário, o interessado utilizará seu **Cartão Eletrônico de Identidade** (XVIII-4), preenchendo os campos próprios com o número da instituição de ensino (na qual já estiver estudando ou para a qual obteve aprovação no exame vestibular), o número identificador do curso em que irá matricular-se e as matérias disponíveis que precisa cursar; se utilizar a Internet ou o telefone, primeiramente informará o número de seu **Cartão Eletrônico de Identidade** e, a seguir, o da instituição de ensino, o do curso e os das matérias. Os bancos de dados dos ministérios da Educação e da Fazenda (Receita Federal) e das instituições de ensino superior que mantiverem convênio com o Ministério da Educação, interligados, se encarregarão de todas as providências, incluída a confirmação, ato contínuo, da concessão da bolsa de estudo (integral ou parcial, neste caso indicando o seu percentual) e da respectiva matrícula.

XXII-5.2 Essas bolsas de estudo terão a cobertura financeira das verbas atualmente (2006) destinadas ao custeio da educação superior federal e, subsidiariamente, dos superávits orçamentários advindos da instituição do novo Sistema Tributário Nacional (**Dízimo Cívico**).

XXII-6 **Transformação das Universidades Federais em Fundações Privadas** – Assegurada a bolsa de estudo a todos os estudantes que dela necessitarem e a sua matrícula, o Governo Federal transformará as universidades federais e suas fundações públicas (incluídas as Faculdades Federais Integradas de Diamantina) em fundações privadas, com autonomia pedagógica e financeira e absorção por estas de todo o patrimônio das respectivas universidades e faculdades federais. Sua administração ficará a cargo de um conselho gestor composto de representantes de seus professores e funcionários, mantida uma representação estudantil.

XXII-6.1 Os professores e funcionários que optarem por permanecer integrando o corpo docente ou de servidores das faculdades/universidades privatizadas passarão a ser remunerados por elas, sendo aposentados compulsoriamente do serviço público com provento/subsídio proporcional ao tempo de serviço (III-7). Os não optantes passarão a integrar o corpo de funcionários burocratas federais em função compatível com o seu nível de conhecimento e com a mesma remuneração fixa que tinham nas faculdades/universidades, compondo um quadro funcional especial.

XXII-6.2 Aos alunos das universidades federais que nelas estiverem matriculados à época de sua privatização será assegurado o ensino gratuito, mediante a concessão pelo Governo Federal de bolsa de estudo integral, sem necessidade de sua requisição, independentemente da condição financeira do estudante, até a graduação, pós-graduação/mestrado e doutorado, desde que os cursos sejam oferecidos pela própria universidade.

XXII-6.3   Essas universidades, como fundações privadas, receberão do Governo Federal, via bolsas de estudo concedidas a todos os alunos que estiverem matriculados à época de sua privatização, carentes ou não, os meios necessários para o cumprimento de seus respectivos orçamentos, independentemente dos recursos que obterão dos novos estudantes que puderem custear seus estudos.

XXII-6.4   Com essa nova personalidade jurídica, as universidades estarão aptas para receber doações do setor privado e firmar convênios com o Poder Público para a criação de institutos destinados a pesquisas avançadas em todos os campos da ciência e da tecnologia.

   Nota – O *Ibmec (Instituto Brasileiro de Mercado de Capitais)*, por exemplo, construiu uma nova unidade educacional com recursos (R$ 15 milhões) provenientes de convênios com empresas privadas.

XXII-6.4.1   Estimular a formação de parcerias das universidades privadas com o setor industrial, em todas as áreas da ciência e da tecnologia.

XXII-6.5   Estimular a instalação no Brasil de unidades de ensino de universidades estrangeiras que queiram participar do esforço do Governo Federal brasileiro na melhoria do nível de ensino superior no país, incluída a especialização profissional em todas as áreas do conhecimento humano.

XXII-6.6 As universidades federais rurais e a Escola Superior de Agricultura de Mossoró permanecerão federalizadas, a critério de seus corpos docente e funcional, em decisão tomada mediante votação fiscalizada pelo MEC, com assistência do Ministério Público.

XXII-7 **Anistia das Dívidas para com o Fies** – Em face dessa nova situação, serão anistiadas as dívidas vencidas e vincendas para com o Fies (Fundo de Financiamento ao Estudante do Ensino Superior) de responsabilidade dos atuais e ex-estudantes, dando-se por extintos os contratos por eles assinados.

XXII-8 **Cursos Profissionalizantes** – Estimular a rede educacional privada para criação de cursos profissionalizantes em todas as áreas, com especial destaque para as de computação (informática), exportação, turismo, hotelaria, gastronomia (cozinha e serviços em restaurantes) e demais, sempre de acordo com as necessidades do mercado.

XXII-9 **Escolas Técnicas Profissionalizantes Federais** – Reativar e expandir as escolas técnicas de ensino profissionalizante nas mais diversas regiões do país.

XXII-9.1 Reformular o *Projeto Escola de Fábrica* instituído pela Lei Nº 11.180, de 2005, de forma a compatibilizá-lo com o Sistema Nacional de Educação Básica (SNEB).

XXII-9.2 Apoiar as *Olimpíadas do Conhecimento*, exitosa iniciativa e promoção do Senai.

XXII-10 **Livro Didático** – Promover a revisão dos livros didáticos fornecidos pelo Ministério da Educação com o objetivo de eliminar erros e informações inverídicas e evitar proselitismo político. Federalizada a Educação Básica, não mais se justificará atrazos na distribuição do material escolar às escolas.

XXII-11 **Analfabetismo** – Reformular os programas de erradicação do analfabetismo em todas as idades tendo por base as experiências consolidadas (*Alfabetização Solidária*) e em andamento (*Brasil Alfabetizado*), bem como as já havidas com sucesso em administrações anteriores (*Mobral* e outras), de modo a se buscar a maior eficácia possível com esse novo programa.

XXII-11.1 Reativar o convênio com o Centro de Integração Empresa Escola que obteve êxito na alfabetização de 20 mil adultos em 600 núcleos em apenas um ano, mas que não recebeu do MEC os repasses das verbas que lhe foram assegurados (Sonia Racy, em *Direto da Fonte*, O Estado de S. Paulo, Internet, 20/11/2004).

XXII-12 **Ensino na Área Rural** – Integrar a área rural ao SNEB com a construção de escolas dotadas de energia elétrica (com geradores, na impossibilidade de se obter energia elétrica rural ou fotovoltaica), água potável e equipamentos eletrônicos (computadores, antenas parabólicas, Internet etc.), além de transporte para alunos, professores e funcionários administrativos.

XXII-13 **Ensino do Idioma do País de Nascimento dos Participantes da Colonização Brasileira** – Incluir no currículo escolar da Educação Básica o aprendizado do idioma do país de nascimento dos participantes da colonização brasileira, em suas comunidades, de tal forma que seus descendentes possam vir a dominar e ter o perfeito conhecimento do idioma dos respectivos ascendentes, objetivando ser-lhes útil em suas futuras vidas profissionais, incluídas as atividades ligadas ao turismo receptivo.

Capítulo XXIII

Cultura

> *A cultura é um dos bens maiores da humanidade. Defender e preservar a cultura brasileira é missão de todos.*

XXIII-1   **Valorização da Intelectualidade** – Ao Estado compete promover a valorização da qualificação intelectual em todas as áreas do conhecimento humano (das ciências, das letras e das artes), sem desmerecimento da valorização das pessoas que se têm dedicado ao esporte (Constituição Federal, art. 215).

XXIII-1.1   Reestruturar, visando maior objetividade e resultados efetivos e imediatos, o *Programa Monumenta* e o *Programa Cultura, Educação e Cidadania – Cultura Viva*, este identificado como *"Ponto de Cultura"*.

XXIII-2   **Bibliotecas e Museus** – Promover a recuperação física e a restauração das bibliotecas e museus em todo o país, com preservação das origens arquitetônicas e do mobiliário, dotando-os dos mais modernos equipamentos e da tecnologia mais avançada, de modo a garantir e aprimorar a difusão da informação e do conhecimento e proporcionar melhoria das condições de preservação das obras catalogadas, bem como de trabalho aos seus funcionários, e do atendimento ao público usuário.

XXIII-2.1   Assegurar recursos orçamentários para aquisição e manutenção de acervos culturais (Lei Nº 10.753, de 30 de outubro de 2003), incluídas obras de arte, e estimular as doações por parte do setor privado sem contrapartida tributária, objetivando incentivar a sociedade, especialmente os estudantes, à maior frequência e à consulta a esses centros culturais.

XXIII-2.2   Construir, em convênio com os Estados e Municípios, novas unidades de bibliotecas públicas e museus, com estímulo ao *Proler* (*Programa Nacional de Incentivo à Leitura*) e ao programa *Uma Biblioteca em Cada Município*, e à prática da experiência francesa de empréstimo de livros a domicílio por equipes especializadas integrantes do programa *Um Livro em Cada Casa*.

XXIII-2.3   Construir em Brasília dois monumentais edifícios destinados a abrigar a Biblioteca Nacional (não confundir com a Biblioteca de Brasília) e o Museu Nacional, de modo a se tornarem referência mundial de excelência nas letras e nas artes, dotados dos mais modernos equipamentos e da tecnologia mais avançada. Para se sentir o nível de civilização de um povo basta visitar as bibliotecas e os museus de seu país.

XXIII-3   **Arquivo Nacional** – Adotar urgentes providências destinadas a melhorar a preservação dos documentos que integram o acervo do Arquivo Nacional e a facilitar sua consulta.

XXIII-4   **Registro de Obras de Arte** – Criar mecanismos de identificação eletrônica das obras de arte, de tal forma que elas possam ser identificadas em qualquer situação, e tornar obrigatório o seu registro (sem complicações burocráticas) em órgão competente do Ministério da Cultura, requisito indispensável para a sua comercialização e/ou exportação.

XXIII-5 **Programas Culturais** – Estabelecer programas culturais que atendam a todas as formas de expressão da cultura e preservem todos os seus valores intelectuais, materiais e imateriais.

XXIII-5.1 Incluir no currículo do ensino fundamental o estudo de biografias (e obras) de brasileiros que se destacaram em suas áreas de atuação, tais como (ordem alfabética) Amador Aguiar, André e Antônio Rebouças, Barão de Mauá, Delmiro Gouveia, Euclides da Cunha, Gonçalves Dias, Juscelino Kubitschek, Machado de Assis, Marechal Rondon, Ruben Berta, Ruy Barbosa, Santos Dumont, dentre outros.

XXIII-6 **Cultura Indígena** – Defender a cultura indígena e atender às justas reivindicações dos povos indígenas, com valorização da Funai.

XXIII-7 **Cultura Negra** – Preservar os valores culturais da raça negra e valorizá-la como fator de reconhecimento à sua importante colaboração na formação étnica brasileira. Estimular os programas da Fundação Cultural Palmares.

XXIII-8 **Acervo Cultural dos Imigrantes** – Estimular a preservação do acervo cultural dos imigrantes que escolheram o Brasil para sua pátria, integraram a comunidade brasileira e contribuíram para o desenvolvimento nacional.

XXIII-9 **Grupos Étnicos** – Promover assistência aos

imigrantes que se mantêm agrupados em defesa de suas tradições étnicas, tais como, dentre outros, os pomeranos, que se concentraram na região serrana do Espírito Santo e se encontram disseminados pelas cidades e vilas de Pancas, Santa Maria de Jetibá, Laranja da Terra, São Domingos e Vila Pavão (*No Brasil, pomeranos buscam uma cultura que se perde*, Eduardo Nunomura, O ESTADO DE S. PAULO, A18 e A19, 13/2/2005).

XXIII-10   **Patrimônio Cultural** – Manter convênio com os Estados, o Distrito Federal e os Municípios para restauração e manutenção de imóveis e monumentos que constituam patrimônio histórico nacional, estadual ou municipal sob a intermediação do IPHAN (Instituto do Patrimônio Histórico Artístico Nacional).

XXIII-11   **Canto e Música** – Estimular a criação de sociedades culturais destinadas ao desenvolvimento do canto e da música, e subvencionar a organização de corais e de orquestras sinfônicas/filarmônicas, em todo o país e, em especial, no Distrito Federal.

Nota – Menção especial à *Estação Musical* (escola de música) de Porto Alegre-RS (www.estacaomusical.art.br), com iniciação musical da criança a partir de dois meses de idade, inspiração e obra da professora e pesquisadora musical Ms. Cynthia Geyer, com base em estudos e pesquisas das dra. Beatriz Ilari (UFPR), dra. Esther Beyer (UFRGS) e dra. Beth Bolton (Temple University, EUA).

XXIII-11.1   Estimular e subsidiar a promoção de espetáculos públicos de música erudita com apresentação de cantores e músicos e de orquestras sinfônicas/filarmônicas nas mais diversas cidades brasileiras, os quais poderão receber, adicionalmente, patrocínios da iniciativa privada.

XXIII-12   **Ensino de Balé, de Dança de Rua, de Vio-**

lão e de Outras Expressões da Arte – Adotar em todo o país o exemplo da Prefeitura de Santos, em São Paulo, no ensino de balé, de dança de rua, de violão e de outras expressões da arte.

Notas – 1. São impressionantes os resultados positivos do ensino de violão no *Instituto Camerata Vila Lobos*, do Município de Santos-SP, a cargo do maestro Antônio Manjone.

2. Outra iniciativa de grandes méritos artísticos que receberá incentivo do Governo Federal para sua consolidação e expansão será o grupo *Dança Comunidade,* sob a direção do professor Ivan Bartazzo.

Capítulo XXIV

Ciência e Tecnologia

> *O Brasil terá de se transformar em centro de excelência nos campos científico e tecnológico. O Governo Federal dará as condições para se correr contra o tempo e atingir-se a esse nível.*

XXIV-1   **Ciência e Tecnologia** – Definir com absoluta prioridade uma política de ciência e tecnologia adequada às necessidades do país, de tal forma que seus "produtos exportáveis de conteúdo tecnológico [sejam] em proporção satisfatória" (Luís Nassif).

XXIV-1.1   Investir maciçamente em programas destinados a tornar o Brasil centro de excelência nas áreas da ciência e da tecnologia, com estímulo ao desenvolvimento da pesquisa científica e à descoberta de novas tecnologias e oferecimento de bolsas de estudo no exterior a cientistas e alunos. Complementarmente, promover os investimentos indispensáveis em favor do CNPq/MCT (Conselho Nacional de Desenvolvimento Científico e Tecnológico/Ministério de Ciência e Tecnologia) com vistas à iniciação científica (júnior e sênior) – (VII-4.5).

XXIV-1.2   Convocar os mais expressivos cientistas que

trabalham no Brasil e os brasileiros que trabalham no exterior para, em conjunto e de comum acordo, fixarem metas de resultados nas mais diversas áreas da ciência e da tecnologia, com efetivo apoio à Fapesp (Fundação de Amparo à Pesquisa), incluindo convênios com o Governo Federal de suporte financeiro e de logística.

XXIV-2 **Embriões Humanos e Medicina Regenerativa** – Estimular, apoiar e financiar o estudo e a prática da medicina regenerativa com utilização de células-tronco e de células embrionárias (com aplicações mais amplas), bem como da clonagem terapêutica (não confundir com a clonagem reprodutiva, por todos condenada), objetivando a melhoria da qualidade de vida das pessoas portadoras de deficiências físicas ou de complicações neurológicas.

XXIV-2.1 Estimular e proporcionar apoio financeiro para a expansão, no país, do número de bancos de cordões umbilicais.

Nota – O Estado da Califórnia, EUA, tomou a iniciativa de destinar ponderável volume de verba para a pesquisa de células-tronco e células embrionárias, e o Brasil, que já dispõe de cientistas qualificados nessa área, não deve se eximir de dar a sua contribuição ao progresso da humanidade.

XXIV-3 **Pesquisa Científica Transgênica** – Ampliar o financiamento e estimular os estudos científicos e as pesquisas na área da biotecnologia em busca de novas tecnologias envolvendo a utilização da transgenia em plantas, objetivando a melhoria de sua qualidade para consumo sem riscos à saúde e o aumento de sua produtividade.

XXIV-4 **Lei de Biossegurança** – Propor a revisão da Lei de Biossegurança (Lei Nº 11.105, de 24/3/2005), de modo a ampliar a área dos estudos e pesquisas para o desenvolvimento da genética agrícola com vistas à maior segurança para a saúde dos seres humanos.

XXIV-5   **Biotecnologia e Nanotecnologia** – Apoiar todas as iniciativas e atividades destinadas ao estudo, desenvolvimento e aplicação da biotecnologia e da nanotecnologia, quer por meio de convênios com as universidades, quer por estímulo e financiamento ao setor industrial.

XXIV-6   **Convênios com Universidades** – Assinar convênios com as universidades privadas, nacionais e estrangeiras, sem distinção, para adoção de centros de estudos e pesquisas avançadas nas mais diversas áreas do conhecimento humano (XXII-6.4 e XXII-6.5).

Capítulo XXV

Esporte e Lazer

> *Está provado que o Brasil tem condições de competir, em nível mundial, nas mais diversas modalidades de esporte.*
>
> *Basta dar as condições materiais aos desportistas, e isto o Governo Federal fará.*

XXV-1 **Esporte Amador e Universitário** – Estimular a prática de todas as modalidades desportivas de caráter amador e universitário e oferecer financiamento, em convênio com os clubes esportivos, ginásios e universidades, para programas de treinamento e de preparação da juventude com o objetivo de disputar, em igualdade de condições com seus competidores estrangeiros, os futuros jogos olímpicos e outras competições internacionais.

XXV-1.1 Estimular a criação de centros desportivos voltados prioritariamente para os deficientes físicos e subsidiar sua preparação para disputarem as paraolimpíadas.

XXV-1.2 Reformular e ampliar o *Programa Bolsa-Atleta* de manutenção e de preparação dos jovens que desejarem dedicar-se ao atletismo, o *Programa Segundo Tempo*, o *Programa Rumo ao Pan* e o *Programa Esporte e Lazer da Cidade,* que ainda não atingiram seus reais objetivos.

XXV-1.3 Disseminar em todo o território nacional, incluída a zona rural, a construção de ginásios desportivos vinculados a escolas da Educação Básico e dotá-los dos mais modernos equipamentos, e reformar, adequar aos reais objetivos e equipar os ginásios desportivos existentes.

XXV-2 **Esporte Profissional** – Reformular a estrutura do esporte profissional, em todas as suas modalidades, com o objetivo de privilegiar a iniciativa privada, a exemplo do que ocorre na Europa.

XXV-2.1 Manter rigorosa fiscalização para evitar a manipulação dos resultados dos jogos por parte de juízes inescrupulosos, com severa punição aos infratores.

XXV-3 **Lazer** – Desenvolver programas de lazer destinados às crianças de todas as idades, à juventude e aos adultos, bem como às pessoas de meia-idade e aos idosos.

Capítulo XXVI

Saúde

> *Um povo sem saúde é um povo derrotado.*
> *No **NOVO BRASIL**, com a privatização do serviço público de saúde e o atendimento gratuito às pessoas carentes em toda a rede privada de saúde (médico-odontológico e hospitalar),*
> *todos serão atendidos igualmente, sem distinção.*

XXVI-1 **Atendimento Médico e Tratamento Hospitalar Gratuitos pelo Serviço de Saúde Privado** – O atendimento médico, a realização de exames de todas as categorias e qualquer tipo de tratamento (emergencial/ambulatorial, hospitalar ou fisioterápico), incluindo todas as cirurgias (mesmo as **plásticas reparadoras** e **estéticas**) efetuados pelo serviço de saúde privado que mantenha convênio com a União (Ministério da Saúde) serão inteiramente gratuitos para todas as pessoas carentes. Para as demais, o pagamento será efetuado proporcionalmente às suas remunerações (ou de seus responsáveis), porém, sem caução de qualquer valor. Se o pagamento não puder ser efetuado no ato, mesmo assim serão atendidas, bastando a apresentação do **Cartão Eletrônico de Identidade** (XVIII-4), que também substituirá o cartão do SUS.

Nota – "(...) Os serviços de saúde, para serem considerados

adequados, devem contemplar ações de promoção da saúde, prevenção, cura e recuperação das doenças, além de serem de boa qualidade, humanizados e acessíveis a todos." (Zilda Arns Neumann, em *Medicamentos para o povo*, FOLHA DE S. PAULO, 7/6/2004) Este é o objetivo deste programa de saúde.

XXVI-1.1   Essa despesa será paga pelo Poder Público com os recursos da vinculação constitucional/orçamentária destinados à saúde, pelas verbas atualmente (julho de 2006) designadas ao custeio da saúde pública (somente a verba destinada ao atendimento hospitalar da "população no sistema de gestão plena e avançada" na rede do SUS para 2006 é de R$ 13,3 bilhões) e por verbas orçamentárias adicionais. Dependendo das condições financeiras favoráveis do paciente ou responsável, o governo pedirá o ressarcimento das despesas efetuadas, integral ou parcialmente, neste caso em percentual compatível aos níveis de seus recebimentos de valor (salário, rendimentos, proventos, pensões etc.), que serão pagas à vista ou em parcelas. Essa cobrança será efetivada tal como é feita a de multas de trânsito, não importando onde o fato ocorra.

XXVI-1.1.1   Se o beneficiário dos serviços for titular de Plano de Saúde, este será o responsável pelo pagamento diretamente à instituição médica ou hospitalar, ou pelo reembolso ao governo das referidas despesas.

XXVI-1.2   O procedimento de atendimento ao paciente será idêntico ao atual (julho de 2006) atendimento pelo SUS, porém com a grande diferença no valor das consultas e do tratamento hospitalar pago pelo Governo Federal, que passará a corresponder ao valor de mercado (com base nos valores pagos pelos planos de saúde privados), conforme tabela que será atualizada pelo Ministério da Saúde, de comum acordo com as entidades representativas da classe médica e da área hospitalar, sendo o seu pagamento efetuado via Internet imediatamente depois da ocorrência, com o crédito na conta-corrente do médico ou da unidade hospitalar, sem faturas ou recibos formais, sem protelações e sem intermediários.

XXVI-1.3   Do credenciamento do médico ou da instituição hospitalar, do consultório de fisioterapia ou dos laboratórios de análises clínicas e demais exames, que será efetuado de forma ampla e via Internet, isento de burocracia protelatória, constará cláusula de obrigatoriedade de atendimento sem discriminação entre os pacientes cobertos pelo SUS (reestruturado e tabela de preço atualizada) e os demais particulares.

XXVI-1.3.1   Nenhuma consulta, procedimento médico ou fisioterápico será marcado com prazo superior a quinze dias de sua solicitação.

Nota – Esses procedimentos farão desaparecer as intermináveis filas para atendimento médico-hospitalar. O INSS perderá sua condição de executor/intermediador do atendimento médico-hospitalar. A fiscalização da execução do novo modelo de saúde pública será exercida pelo Ministério da Saúde, que ficará encarregado do fiel cumprimento dos convênios.

XXVI-1.4   O Governo Federal, por meio do BNDES, disporá recursos especiais (com financiamento de longo prazo) para o setor privado de saúde, de tal forma que este possa investir na aquisição de modernos equipamentos/instrumentos (de última geração) destinados ao campo cirúrgico e a todas as modalidades de análises clínicas e demais exames (radiológico, ressonância magnética, tomografia computadorizada etc.).

XXVI-2   **Transformação do Serviço de Saúde Pública em Fundações Privadas** – Todo o serviço de saúde pública será transformado em fundações privadas, que receberão, por doação, todo o patrimônio da respectiva unidade de saúde, ficando sua administração a cargo de um conselho gestor composto por representantes do corpo médico, do grupo de enfermagem e dos funcionários de cada unidade de saúde.

XXVI-2.1 A privatização do Serviço de Saúde Pública não extingue o *Programa de Saúde da Família - PSF* e o *Programa de Agentes Comunitários da Saúde - PACS*. Pelo contrário, concentra neles as atenções governamentais para que possam ter expandidas as suas atuações.

XXVI-3 **Serviço Odontológico Gratuito por Clínicas Odontológicas do Setor Privado** – O atendimento odontológico de qualquer tipo (incluídos os implantes) em clínicas odontológicas do setor privado ou por dentistas particulares que mantenham convênio com a União será inteiramente gratuito para todas as pessoas carentes. Para as demais, o pagamento será efetuado proporcionalmente às suas remunerações (ou de seus responsáveis), porém, sem caução de qualquer valor. Se o pagamento não puder ser efetuado no ato, mesmo assim serão atendidas, bastando a apresentação do **Cartão Eletrônico de Identidade** (XVIII-4), que também substituirá o cartão do SUS.

XXVI-3.1 Essa despesa será paga pelo Poder Público com os recursos da vinculação constitucional/orçamentária destinados à saúde, pelas verbas atualmente (julho de 2006) designadas ao custeio da saúde pública e por verbas orçamentárias adicionais. Dependendo das condições financeiras do paciente ou responsável, o governo pedirá o ressarcimento das despesas efetuadas, integral ou parcialmente, neste caso em percentual compatível aos níveis de seus recebimentos de valor (salário, rendimentos, proventos/subsídios, pensões etc.), que serão pagas à vista ou em parcelas, tal como ocorrerá com o atendimento na área médico-hospitalar (XXVI-1.1).

XXVI-3.2   Se houver Plano de Saúde específico, este será o responsável pelo pagamento diretamente à clínica odontológica ou pelo reembolso ao governo das referidas despesas.

XXVI-4   **Transformação do Serviço de Saúde Pública Odontológica em Fundações Privadas** – Todo o serviço de saúde pública odontológica, onde houver, será transformado em fundações privadas, que receberão, por doação, todo o patrimônio da respectiva unidade de saúde odontológica, ficando sua administração a cargo de um conselho gestor composto por representantes do corpo de profissionais e dos funcionários de cada unidade.

XXVI-5   **Hospitais Psiquiátricos** – Financiar a iniciativa privada para a construção de unidades hospitalares psiquiátricas e mantê-las mediante convênio com o Ministério da Saúde, pelo menos uma em cada Unidade Federativa, de modo a receber a internação de todos os doentes sem condições de conviver com a família ou em sociedade.

Nota – Existe grande número de pessoas com problemas mentais, conseqüência de traumas cranianos ou degeneração cerebral, que perderam as condições mínimas de convivência com a família ou em sociedade e que, em muitos casos, chegam a ameaçar a integridade física das pessoas que os cercam.

XXVI-6   **Hospitais de Recuperação Locomotora** – Estender a *Rede Sarah de Hospitais* para todo o Brasil, instalando pelo menos uma unidade em cada Estado, sempre com a mesma estrutura da sede, com prioridade para as unidades já programadas, tal como a de Santa Maria, no Rio Grande do Sul. Sua privatização obedecerá aos mesmos critérios das unidades hospitalares (XXVI-2). O atendimento aos pacientes e o pagamento de suas despesas serão idênticos aos já explicitados para o serviço de saúde pública (XXVI-1).

XXVI-6.1   Reordenar o Orçamento da União de 2007 e

o Orçamento Plurianual para inclusão das verbas e subvenções indispensáveis ao cumprimento dessa meta.

XXVI-7   **Unidades Móveis de Saúde** – O atual (2006) Serviço de Atendimento Móvel às Urgências (SAMU/192) também será privatizado. Dos convênios que forem assinados com o Ministério da Saúde, constará a instalação e manutenção de um posto controlador em cada microrregião do país, de tal forma que este não fique a mais de trinta quilômetros de distância da sede de cada Município, quando o atendimento ocorrer por meio de veículo rodoviário, e de sessenta quilômetros, quando o atendimento for por meio de helicóptero.

XXVI-7.1   Essas unidades móveis de saúde serão equipadas para oferecer pronto atendimento médico em qualquer situação de emergência, incluindo parto, procedimentos cirúrgicos emergenciais, casos de queimados, serviço odontológico etc., com minilaboratório para exames de rotina e radiografias, assistindo à população em estreita colaboração com o serviço do Corpo de Bombeiros (XVII-7.1).

XXVI-7.2   Estimular, com financiamento pelo BNDES, a aquisição de helicópteros de pronto socorro, que ficarão disponíveis em pontos estratégicos nas mais diversas regiões do país, mesmo as mais remotas, quando viável.

XXVI-7.3   Doar aos Municípios de pequeno porte ambulâncias-UTI para atendimento de toda a sua área habitada.

XXVI-8   **Santas Casas de Misericórdia** – Recuperar, com verbas federais (subvenções), todas as Santas Casas de Misericórdia, a fim de colocá-las em condições de atender, em toda a sua plenitude, a sociedade em geral, dentro da nova estrutura de assistência médico-hospitalar a ser implantada no país.

Nota – Com a sociedade tão carente de atendimento médico-hospitalar, é inconcebível o alheamento do Poder Público ao fechamento de Santas Casas por falta de condições financeiras, tal como ocorreu nos Municípios de Porengaba e Buri, no Estado de São Paulo, e Foz do Iguaçu, no Paraná.

XXVI-9   **Mortalidade Infantil** – Tornar mais eficaz o programa de diminuição da mortalidade infantil por carência do atendimento médico e hospitalar da parturiente e da criança recém-nascida, tendo por meta chegar-se ao percentual zero.

XXVI-10   **Planejamento Familiar** – Instituir um sério programa de planejamento familiar, com adoção de métodos formalmente prescritos pela medicina, objetivo e não-agressivo à consciência humana.

Nota – O médico Drauzio Varella, em *Planejamento familiar para todos* (FOLHA DE S. PAULO, 5/2/2005), anuncia "um projeto ambicioso a ser lançado nos próximos meses" (...) "concebido pelos técnicos do Ministério da Saúde para levar a contracepção a todas as mulheres férteis".

XXVI-11   **Aborto** – Remeter ao Congresso Nacional proposição legislativa para inclusão entre as permissões legais de interrupção da gravidez a má-formação irreversível do feto, subordinada à decisão da gestante.

XXVI-12   **Transplante, Doação e Recepção de Órgãos Humanos** – Rever a legislação correlata de modo a regulamentar o transplante de órgãos humanos à luz da realidade brasileira, objetivando a desburocratização dos processos de doação e de recepção dos mesmos.

XXVI-13   **Eutanásia** – Decidir, com audiência da sociedade e das igrejas, sobre a descriminalização da prática da eutanásia (autorizada pelo familiar mais próximo do paciente) em casos extremos.

XXVI-14   **Saneamento Básico** – Instituir amplo programa de saneamento básico (com reformulação da Funasa – Fundação Nacional de Saúde), em convênio com os Estados e Municípios, capaz de levar a todos os municípios brasileiros serviços de água tratada e esgoto sanitário com sistemas adequados de seu tratamento, de modo a evitar a exalação de odores desagradáveis. Promover a perfuração de minipoços artesianos, a construção de cisternas e de cacimbas, conforme o caso, e o assentamento de fossas sépticas em todas as casas das áreas periféricas às cidades e rurais. Ampliar sua verba de R$ 906 milhões (prevista para 2006) para um mínimo de R$ 3 bilhões.

Notas – 1. Estatísticas oficiais informam que 90 milhões de brasileiros não têm acesso ao saneamento básico, com sérias repercussões negativas na saúde pública, incluído o alto índice de mortalidade infantil.

2. Existe no BID (Banco Interamericano de Desenvolvimento) uma verba de US$ 450 milhões (quatrocentos e cincoenta milhões de dólares), já liberada, destinada a investimento em saneamento básico aguardando providências administrativas do governo brasileiro para que possa ser usada. (VEJA, edição nº 1.965, Seção Radar, Internet, 19/7/2006)

XXVI-14.1   Executar, em convênio com os Estados e Municípios, a construção de amplas galerias adequadas para o escoamento de águas pluviais capazes de pôr fim, em definitivo, ao drama da sociedade ante os alagamentos constantes de bairros, avenidas, ruas e viadutos nas cidades onde há incidência dessa ocorrência. É inadmissível que o Governo Federal assista, sem tomar providências, a cidades como Belo Horizonte, Porto Alegre, Rio de Janeiro e São Paulo, dentre outras, terem suas populações vítimas repetitivas de tão grande constrangimento e de perdas materiais que o Poder Público não repõe (XIV-14.1). É impossível conviver, eternamente, com essa situação de desprezo pelos mais modestos cidadãos de nossa sociedade. Sim, porque os mais abastados residem em áreas imunes a esses alagamentos.

> *A maior obra física em respeito à Cidadania será a construção de galeriais pluviais capazes de acabar com os vergonhosos alagamentos urbanos quando da ocorrência de chuvas torrenciais.*

XXVI-14.2   Assinar convênio com o Município de São Paulo objetivando a conclusão, em regime de trabalho de 24 horas/dia, das obras de saneamento (despoluição/revitalização) dos rios Tietê e Pinheiros, com aprofundamento da calha e obras de contenção e ajardinamento de suas margens, de modo a permitir o adequado escoamento das águas pluviais.

XXVI-14.3   Dar prioridade à aprovação do Projeto de Lei N° 5.296/2005 (CD), originário de Mensagem do Poder Executivo (Exposição de Motivos N° 76/2005), em tramitação na Câmara dos Deputados, que "institui as diretrizes para os serviços públicos de saneamento básico" e permite a participação da iniciativa privada na sua exploração empresarial.

XXVI-15   **Controle Sanitário** – Dispor de recursos suficientes para manter rigoroso combate á invasão biológica nos aeroportos e portos, imprimindo fiscalização das aeronaves (restos de comida, talheres etc.) e embarcações de todos os tipos (incluindo restos de água de lastro) dentro dos padrões estabelecidos pela Organização Marítima Internacional (ONU).

XXVI-15.1   Compatibilizar o número de técnicos às necessidades de acompanhamento e controle de todo tipo de intrusos danosos à ecologia, tal como o mexilhão dourado que se estendeu por grande parte do território brasileiro, causando danos ao meio ambiente e prejuízos à economia (turbinas das hidrelétricas).

Capítulo XXVII

Política Externa

> *O Brasil manterá sua política tradicional de não-intervenção nos assuntos internos dos demais países e tudo fará para preservar a paz e a democracia no mundo.*

XXVII-1 **ONU e Outros Organismos Internacionais** – Recomendar altaneira e soberana atuação da representação diplomática do Brasil na ONU, com o acatamento de suas decisões e respeito à autodeterminação dos países, aos compromissos internacionais e ao multilateralismo. Defender a justa aspiração do Brasil para integrar, como membro permanente, o Conselho de Segurança da ONU, porém sem obsessão ou concessões gratuitas.

XXVII-1.1 Apoiar, sem resquícios ideológicos, a efetiva participação do Brasil em todos os organismos internacionais, seguindo a tradição de independência de sua política externa e de defesa de seus interesses internos.

XXVII-1.2 Buscar, via Itamaraty e com representação do Ministério da Indústria e Comércio, junto aos organismos internacionais (ONU e OMC/Rodada Doha) ou mesmo diretamente (em acordos bilaterais), a quebra das barreiras alfandegárias aos produtos brasileiros e a eliminação de subsídios agrícolas internos, por parte, principalmente, dos países europeus e dos Estados Unidos, compensando-os, em reciprocidade e proporcionalmente, com a abertura comercial do Brasil nos setores industrial e de serviços.

XXVII-2   **Mercosul** – Em face dos episódios envolvendo as expropriações pela Bolívia das refinarias de petróleo de propriedade da Petrobras e a estatização das operações de extração de gás naquele país pela empresa brasileira e da imposição unilateral de aumento de impostos e de preços, em flagrante quebra de acordos e de contratos internacionais com o Brasil, com graves prejuízos à economia nacional brasileira; dos atritos entre a Argentina e o Uruguai no concernente à liberdade do Uruguai de instalar indústria de celulose em seu território; dos acordos bilaterais (em andamento, ignorando o Mercosul) a serem assinados pela Argentina e pelo Uruguai com os Estados Unidos; e das penalizações impostas pela Argentina ao comércio com o Brasil, é chegada a hora de ser repensado o Mercosul como União Aduaneira, mantendo-o, no entanto, sob a condição de Área de Livre Comércio. Essa alteração em nada prejudicará a integração física dos países dele participantes, que será efetivada por meio de rodovias, ferrovias, sistemas integrados de geração e transmissão de energia elétrica e do livre trânsito de seus cidadãos, independentemente de apresentação de documento de identidade, de modo a propiciar a mais ampla e efetiva integração comercial, social e cultural da região.

XXVII-2.1   Buscar a integração dos bancos de dados das polícias civis dos países do continente americano e, se possível, adotar um único sistema de identificação pessoal, nos moldes do **Cartão Eletrônico de Identidade** (XVIII-4), cuja implantação está sendo aqui proposta.

XXVII-2.2   Perseguir o pleno entendimento para uma política conjunta industrial e comercial capaz de eliminar os desgastantes atritos entre as classes empresariais dos países integrantes do Mercosul. Que seus interesses se complementem, em vez de se conflitarem.

XXVII-2.3   Eliminar o sistema oficial de Salvaguardas com a Argentina e substitui-lo por "mecanismos de adaptação competitiva" sob a responsabilidade direta dos órgãos representativos das indústrias argentina e brasileira, com assistência do Itamaraty e representação do Ministério da Indústria e Comércio.

XXVII-2.4   Tornar viável o projeto de criação de um banco de desenvolvimento regional que terá como sócios os países integrantes do Mercosul.

XXVII-2.5   Propor a instituição de uma moeda escritural única para as operações de troca entre os países do Mercosul, nos moldes da URV (Unidade Real de Valor), que foi de importância vital para a implantação do Plano Real.

XXVII-3   **ALALC** – Ampliar a participação do Brasil na Associação Latino-Americana de Livre Comércio, oficialmente integrada pelos países da América Latina.

XXVII-4   **ALCA** – Apoiar a participação do Mercosul na Aliança de Livre Comércio das Américas, sem xenofobia ou preconceitos, de tal forma que essa parceria se torne viável o mais cedo possível, objetivando o incremento das exportações dos países membros e, como conseqüência, a geração de empregos. Na hipótese do Mercosul, como um todo, resistir a essa participação, os países membros sentir-se-ão liberados a buscar isoladamente sua associação à ALCA.

Nota – Os empresários brasileiros do setor de exportação têm-se manifestado, em sua ampla maioria, favoráveis à participação do Brasil na ALCA.

XXVII-5 **Acordos Bilaterais** – Promover, urgentemente, o estabelecimento de acordos bilaterais entre o Brasil e os países com os quais deseje ampliar o volume de seu comércio exterior.

XXVII-6 **Desenvolvimento Regional das Fronteiras** – Instituir programas de desenvolvimento das regiões habitadas das fronteiras nacionais, mediante convênio com os respectivos Estados, no Brasil, e acordos com os países fronteiriços, de tal forma que o desenvolvimento regional ocorra concomitantemente em ambos os lados da fronteira, objetivando sua total integração econômica, social e cultural, sem distinção de origem.

XXVII-7 **Paraguai** – Independentemente do Mercosul, propor ao governo do Paraguai o estabelecimento de vínculos mais estreitos com aquele país, que resultem em maior e mais estreita integração física, econômica, política, social, cultural e esportiva, com interligações rodoviária e ferroviária e de sistema elétrico (geração e transmissão), e programas de assistência técnica e creditícia para a expansão das empresas brasileiras em território paraguaio e das empresas paraguaias no Brasil, incluída a atividade agropastoril recíproca.

XXVII-7.1 Patrocinar, mediante convênio, integrando o programa cultural, o ensino do idioma português (por professores brasileiros) nas escolas paraguaias e a promover exposições e espetáculos de arte em todas as suas modalidades em cidades do vizinho país.

XXVII-8   **Uruguai** – Promover, sem prejuízo do Mercosul, acordos bilaterais mais estreitos com o Uruguai, objetivando a complementação das economias dos dois países, com estímulo e financiamento à expansão dos negócios empresariais recíprocos de brasileiros e uruguaios em seus territórios, com destaque para a atividade agropastoril. A efetiva integração física de seus territórios ocorrerá por meio de rodovias, ferrovias e sistema elétrico (geração e transmissão).

XXVII-8.1   Patrocinar programas culturais, sociais e esportivos, com o ensino do idioma português (por professores brasileiros) nas escolas uruguaias e a promoção de exposições e espetáculos de arte em todas as suas modalidades em cidades do país vizinho.

XXVII-9   **Haiti** – A partir da leitura do artigo do jornalista e deputado federal Fernando Gabeira (*A descoberta tardia do Haiti*, FOLHA DE S. PAULO, Caderno Folha Ilustrada, 20/11/2004), reformular o objetivo da participação do Brasil na vida política do Haiti, via ONU, para incluir um amplo e ousado programa de ação humanitária com objetivos precisos que produzam efeitos imediatos ao bem-estar de sua população carente.

XXVII-9.1   Os concludentes dos cursos de Medicina e Enfermagem devem ser contratados pelo Governo Federal para formação de equipes médicas destinadas à prestação de assistência humanitária ao povo haitiano, com fornecimento dos medicamentos necessários. O contingente do Exército brasileiro que lá se encontra lhes dará o suporte logístico e de segurança.

XXVII-9.2   A sociedade brasileira não deve ficar indiferente ao estado de total calamidade pública em que se encontra grande parte daquele povo verdadeiramente irmão pela origem de sua colonização, sendo indispensável a sua participação com doações de alimentos não-perecíveis, medicamentos e roupas, independentemente de outros artigos de primeiríssima necessidade. Às populações carentes brasileiras, cabe ao governo brasileiro propiciar efetivas condições de melhoria de vida.

XXVII-10   **Regimes de Exceção** – Manter o respeito à autodeterminação dos povos, mas sem apoio a qualquer forma de regime de exceção à democracia.

XXVII-11   **Grupos Armados Ilegais Colombianos (FARCs, ELN, AUC e Outros)** – Sem que represente qualquer ingerência na política interna da Colômbia, orientar o Itamaraty a estreitar, por intermédio da representação oficial brasileira naquele país, as relações diplomáticas com o governo colombiano, tendo por objetivo oferecer o apoio e a contribuição do governo brasileiro para a solução negociada dos conflitos entre o governo da Colômbia e os principais grupos armados ilegais daquele país – FARCs (Forças Armadas Revolucionárias da Colômbia), ELN (Exército de Libertação Nacional) e AUC (Autodefensas Unidas de Colômbia), dentre outros. O interesse brasileiro na pacificação política interna da Colômbia deve-se ao fato de que qualquer situação de instabilidade política na América do Sul revela-se prejudicial às políticas comerciais, culturais e sociais dos países sul-americanos, independentemente do dever do governo brasileiro de manter incólume a extensa fronteira Brasil-Colômbia, de cerca de 1.600 quilômetros, sempre ameaçada de transposição por contrabandistas de armas e por narcotraficantes, os quais se sentem estimulados em sua atividade ilegal pela existência de grupos armados geradores daqueles conflitos.

XXVII-12   **Representações Diplomáticas** – Preencher os cargos de Embaixador do Brasil com diplomatas de carreira.

> Nota – Os próprios partidos políticos compreenderão que a representação diplomática do governo brasileiro não deverá ser considerada moeda de troca a apoio político. Não importa que em outros países seja um cargo utilizado até para retribuição a apoios financeiros à campanha eleitoral. Nem sempre o que é bom para outros países significa que o seja também para o Brasil.

XXVII-12.1   Reformular e compatibilizar o ensino do Instituto Rio Branco às atuais necessidades e urgências dos interesses nacionais e exigências do mundo moderno, de forma a torná-lo centro de excelência mundial, e dar caráter eliminatório para aprovação em seu vestibular às provas dos idiomas espanhol e inglês, e classificatório às dos demais idiomas, sem exceção.

XXVII-12.1.1 Transformar o curso do Instituto Rio Branco em curso de graduação superior com ampliação de seu currículo escolar e adequação de sua duração para oito semestres, tornando o curso de mestrado pré-requisito para acesso ao cargo de Ministro de Segunda Classe e o de doutorado (dentro do próprio Instituto Rio Branco), para acesso ao cargo de Ministro de Primeira Classe (embaixador).

XXVII-13   **Maior Integração com os Países que Participaram da Colonização Brasileira** – Desenvolver programas de integração política, cultural e econômica com os países cujos povos tiveram expressiva participação na colonização do Brasil, tais como, além de Portugal, (ordem alfabética)

Alemanha, Espanha, Itália, Japão, Líbano, Polônia, Síria e os países africanos, dentre outros, com vistas à legitimação da dupla nacionalidade de seus descendentes, ao reconhecimento recíproco de seus cursos superiores e à liberdade para o exercício de suas profissões, à eliminação de barreiras alfandegárias e ao aumento do comércio bilateral, independentemente da adoção de outras medidas governamentais que aproximem os respectivos povos (XXII-13).

XXVII-14 **Vistos Consulares** – Extinguir a obrigatoriedade de vistos consulares para entrada no país, objetivando o incremento do turismo e das viagens de negócios (IX-1).

XXVII-14.1 Manter entendimento diplomático com os países que exijam vistos de entrada de brasileiros em seus territórios objetivando a que esses vistos sejam solicitados por intermédio do Ministério das Relações Exteriores (Itamaraty), que o fará diretamente à representação consular desses países no Brasil, tal qual já ocorre atualmente (julho de 2006) quando da solicitação de vistos para os portadores de passaporte diplomático. O Itamaraty, ao receber o pedido de visto de entrada nesses países, providenciará o cumprimento de todas as exigências do país em questão, incluída a entrevista, quando se fizer necessário. O governo brasileiro assumirá a responsabilidade por todas as informações prestadas e pelo fiel cumprimento do que for declarado. O Itamaraty, em conjunto com a Polícia Federal, com utilização de processos eletrônicos de cruzamento de informações, monitorará o atendimento dos objetivos da viagem do cidadão brasileiro beneficiado pelo visto que lhe foi concedido.

Nota – Essa providência evitará a repetição de cenas constrangedoras e, não poucas vezes, até humilhantes para o cidadão brasileiro diante da insensibilidade de certos funcionários diplomáticos estrangeiros encarregados da concessão de vistos de entrada em seus países.

XXVII-14.2   O Itamaraty criará, também, um setor específico para atendimento dos brasileiros que desejarem emigrar com o objetivo de trabalhar no exterior. O Itamaraty providenciará para que acordos bilaterais sejam assinados com os mais diversos países para a legalização dessas pretensões. Nesses casos, o próprio Itamaraty montará um sistema de solicitação de autorização ao governo do país para onde o cidadão brasileiro deseja emigrar.

Capítulo XXVIII

Forças Armadas

> As Forças Armadas em tempos de paz receberão novas missões que irão contribuir para sua maior integração na sociedade.

XXVIII-1   **Segurança Nacional** – Reaparelhar as Forças Armadas promovendo a renovação e modernização de seus armamentos e equipamentos militares e de sua frota terrestre, marítima e aérea (VII-4.2.1, VII-4.3 e VII-4.4), de modo a capacitá-las a assegurar a soberania do país e a defesa do território nacional.

> Nota – O futuro presidente da República não poderá ficar insensível ao processo de acelerada sofisticação do rearmamento de guerra ofensiva por parte da Venezuela, nem às nuances de sua política externa.

XXVIII-1.1   Redefinir, com urgência, o equipamento aeronáutico, que deverá ser o mais avançado tecnológica e militarmente, que substituirá a atual frota de caças, bem como decidir sobre a formação de frotas de modernos helicópteros militares e de aviões bombardeiros de grande porte.

XXVIII-1.1.1 Os dois caças *Mirage*, já recebidos, pela tibieza de suas especificações técnicas e parco poder de fogo, não atendem, efetivamente, às necessidades de defesa aérea do vasto território brasileiro. Em regime de emergência, arrendar aviões adequados para substituir os atuais caças da FAB, totalmente ultrapassados.

XXVIII-2 **Marinha, Exército e Aeronáutica** – Reformular seus objetivos e atividades, considerando também a política externa do Brasil de pacifismo e de integração física, comercial e cultural com os países vizinhos.

XXVIII-2.1 Apoiar, dentro das três armas, o aprimoramento de centros de altos estudos avançados nas áreas de ciência e tecnologia (Marinha), comunicações (Exército), e aeroespacial (Aeronáutica), de tal forma que possam se transformar em referência mundial de excelência.

XXVIII-2.2 Promover, com assiduidade, manobras militares conjuntas com as Forças Armadas dos países vizinhos e com elas permutar informações sigilosas de caráter militar em defesa do hemisfério.

XXVIII-2.3 Instituir nova tabela de soldos adequada ao digno exercício da profissão militar, em condições de proporcionar à família do militar o bem-estar social e material compatível à sua condição de cidadão e a indispensável tranqüilidade quanto ao seu futuro (III-6).

XXVIII-3 **Novas Unidades (de Serviço) das Forças Armadas** – Criar nas Forças Armadas novas unidades (de serviço) especializadas em todos os setores das atividades públicas, sociais e comerciais, incluídas as de exportação e importação, objetivando substituir os funcionários regulares em caso de greve geral das respectivas categorias, de forma a evitar a paralização das atividades funcionais (públicas), sociais e econômicas do país.

XXVIII-4   **Forças Armadas em Tempos de Paz** – Dar às Forças Armadas, em tempos de paz, atribuições que redundem em benefício visível da sociedade, independentemente da preparação cívica e militar da juventude.

XXVIII-4.1   Preparar as Forças Armadas e lhes dar condições materiais para atender à sociedade, com presteza e solicitude, em casos de calamidade pública, de acidentes de grandes proporções, de interrupção do tráfego nas estradas ou desabamento de pontes e edifícios.

XXVIII-4.1.1   Nos casos de interrupção do tráfego nas estradas ou desabamento de pontes, agir em "clima de guerra" para construir desvios, recuperar o trecho interditado ou montar pontes metálicas de emergência, de tal sorte que o tráfego não permaneça interrompido por mais de seis horas.

Nota – Às vésperas do Referendo de 23/10/2005, o Exército atendeu ao apelo do Tribunal Superior Eleitoral e instalou uma ponte em 24 horas, recuperando o tráfego da estrada interrompida.

XXVIII-4.1.2   As Forças Armadas, dentro dessa filosofia, deverão estar preparadas para participar ativamente das campanhas de vacinação e de outros eventos que digam respeito ao atendimento pontual da sociedade.

XXVIII-5   **Reservistas** – Incentivar a convocação de jovens para o serviço militar, tendo por objetivo, além de sua preparação para defender a Pátria, ministrar ensinamentos de civismo e brasilidade para reintegrar-se à sociedade.

XXVIII-5.1   Incluir no currículo de formação de reservistas, matérias e exercícios que os possam qualificar para exercerem, em futuro, a função de policial militar ou civil das polícias estaduais (XVII-3.1).

XXVIII-6   **CPORs** – Reativar os Centros e Núcleos de Preparação de Oficiais da Reserva para os concludentes do Ensino Médio, indispensáveis à formação cívica dos jovens de ambos os sexos.

XXVIII-6.1   Destacar, em seu currículo, matérias e exercícios destinados a prepará-los para ocupar postos de Oficial de Polícia Militar nos seus Estados.

XXVIII-7   **Tiros-de-Guerra** – Reativar os Tiros-de-Guerra nas cidades do interior brasileiro, objetivando a preparação cívico-militar da juventude.

XXVIII-8   **CTA** – Manter convênios com o Centro Técnico Aeroespacial e com Faculdades/Universidades nacionais e estrangeiras, objetivando a permanente atualização de seus centros de estudo e a modernização e renovação de seus equipamentos de pesquisa (XXVIII-2.1).

XXVIII-9   **Programa Espacial** – Assinar acordos e convênios para a adoção de parcerias que tenham por objetivo o desenvolvimento de uma política espacial sem preconceitos ideológicos, de forma a integrar o país no círculo dominante da exploração pacífica do espaço sideral.

XXVIII-9.1   Reestruturar o *Programa Aeroespacial,* de forma a reduzir em 50% os prazos para cumprimento das etapas a que se determinou. Não é concebível que providências tão importantes fiquem à mercê de procedimentos burocráticos protelatórios.

XXVIII-9.2 Tendo em vista o sucesso da missão aeroespacial do primeiro astronauta brasileiro (tenente-coronel aviador Marcos Pontes), ofertar bolsas de estudo para outros profissionais da área a fim de que se dediquem ao aprimoramento dessa nova especialização e para estimular a juventude a seguir-lhe o exemplo.

XXVIII-9.2.1 Fazer o Brasil participar do consórcio para fabricação de componentes das futuras estações espaciais internacionais, integrando-se assim na restrita comunidade industrial-tecnológica espacial.

Nota – O Brasil poderia mandar ao espaço, em 2009, sem gastos, um novo astronauta, se "tivesse cumprido o acordo de construir algumas peças para a Estação Espacial Internacional". (Ronaldo Rogério de Freitas Mourão em *O astronauta brasileiro*, ZERO HORA, p. 21, 29/3/2006.)

XXVIII-9.3 Mediante acordos bilaterais, tornar disponível a área física da Base Aeroespacial de Alcântara para os demais países que desejarem ali instalar suas bases de lançamento de foguetes, de tal sorte que aquela região possa se transformar em um grande centro de excelência tecnológica aeroespacial com grandes dividendos para o ensino técnico superior e para o desenvolvimento turístico e do setor de hotelaria do Maranhão.

XXVIII-9.3.1 Acelerar a conclusão da implantação definitiva do Centro Espacial de Alcântara (CEA), como um importante "complexo de lançamento civil destinado à utilização comercial da região". (*Brasil aposta em satélites e reconstrução de base*, **ZERO HORA**, p. 5, 10/4/2006.)

Nota – A Agência Espacial Brasileira, segundo seu presidente Sérgio Gaudenzi (fevereiro de 2005), dispõe de bem definidos e ambiciosos projetos para a base de Alcântara nas áreas tecnológica, científica e educacional, incluindo a participação, sem restrições, de países estrangeiros com projetos próprios e independentes um do outro, capazes de transformar a região em importante pólo de desenvolvimento econômico, tal qual ocorreu em São José dos Campos, em São Paulo, a partir da instalação do Centro Técnico Aeronáutico.

Fonte: Sérgio Gaudenzi, programa *Almanaque,* GLOBO NEWS (Zileide Silva), em 2/5/2005.

XXVIII-10 **Bens (tesouros) no Fundo do Mar** – Liberar a busca e recuperação dos bens (tesouros) que se encontram há mais de dez anos no fundo dos rios e do mar (Oceano Atlântico) de soberania nacional. Esses bens pertencerão aos que os recuperarem, e sobre os valores recebidos por sua comercialização pagarão o respectivo **Dízimo Cívico**. Se vierem a ser exportados, seus proprietários pagarão, também, o Imposto de Exportação (tributo extrafiscal ou regulatório).

Conclusão

Concluída a Parte I deste livro, ficou para o Autor a certeza de que nunca se chega ao fim quando se tem por objetivo o atendimento das demandas da sociedade de uma Nação.

Porém, com as **PROPOSTAS** que aqui foram apresentadas, procurou-se atender às mais prementes necessidades do povo brasileiro no momento presente (2006) e indicar ao país um rumo a seguir para o seu **DESENVOLVIMENTO ECONÔMICO** e **SOCIAL** de forma consistente e contínua.

O Brasil não pode perder mais esta grande oportunidade que as condições econômicas mundiais favoráveis e os capitais disponíveis no mundo globalizado estão a oferecer.

Aos que desejarem contraditar, complementar ou aprimorar estas propostas sugere-se a divulgação de suas idéias. Com a propagação delas estarão contribuindo com outras e talvez melhores opções para direcionar a inadiável construção de **UM NOVO BRASIL**.

*

Capítulo XXVIII

Forças Armadas

> *As Forças Armadas em tempos de paz receberão novas missões que irão contribuir para sua maior integração na sociedade.*

XXVIII-1 **Segurança Nacional** – Reaparelhar as Forças Armadas promovendo a renovação e modernização de seus armamentos e equipamentos militares e de sua frota terrestre, marítima e aérea (VII-4.2.1, VII-4.3 e VII-4.4), de modo a capacitá-las a assegurar a soberania do país e a defesa do território nacional.

Nota – O futuro presidente da República não poderá ficar insensível ao processo de acelerada sofisticação do rearmamento de guerra ofensiva por parte da Venezuela, nem às nuances de sua política externa.

XXVIII-1.1 Redefinir, com urgência, o equipamento aeronáutico, que deverá ser o mais avançado tecnológica e militarmente, que substituirá a atual frota de caças, bem como decidir sobre a formação de frotas de modernos helicópteros militares e de aviões bombardeiros de grande porte.

XXVIII-1.1.1 Os dois caças *Mirage*, já recebidos, pela tibieza de suas especificações técnicas e parco poder de fogo, não atendem, efetivamente, às necessidades de defesa aérea do vasto território brasileiro. Em regime de emergência, arrendar aviões adequados para substituir os atuais caças da FAB, totalmente ultrapassados.

XXVIII-2   **Marinha, Exército e Aeronáutica** – Reformular seus objetivos e atividades, considerando também a política externa do Brasil de pacifismo e de integração física, comercial e cultural com os países vizinhos.

XXVIII-2.1   Apoiar, dentro das três armas, o aprimoramento de centros de altos estudos avançados nas áreas de ciência e tecnologia (Marinha), comunicações (Exército), e aeroespacial (Aeronáutica), de tal forma que possam se transformar em referência mundial de excelência.

XXVIII-2.2   Promover, com assiduidade, manobras militares conjuntas com as Forças Armadas dos países vizinhos e com elas permutar informações sigilosas de caráter militar em defesa do hemisfério.

XXVIII-2.3   Instituir nova tabela de soldos adequada ao digno exercício da profissão militar, em condições de proporcionar à família do militar o bem-estar social e material compatível à sua condição de cidadão e a indispensável tranqüilidade quanto ao seu futuro (III-6).

XXVIII-3   **Novas Unidades (de Serviço) das Forças Armadas** – Criar nas Forças Armadas novas unidades (de serviço) especializadas em todos os setores das atividades públicas, sociais e comerciais, incluídas as de exportação e importação, objetivando substituir os funcionários regulares em caso de greve geral das respectivas categorias, de forma a evitar a paralização das atividades funcionais (públicas), sociais e econômicas do país.

XXVIII-4   **Forças Armadas em Tempos de Paz** – Dar às Forças Armadas, em tempos de paz, atribuições que redundem em benefício visível da sociedade, independentemente da preparação cívica e militar da juventude.

XXVIII-4.1   Preparar as Forças Armadas e lhes dar condições materiais para atender à sociedade, com presteza e solicitude, em casos de calamidade pública, de acidentes de grandes proporções, de interrupção do tráfego nas estradas ou desabamento de pontes e edifícios.

XXVIII-4.1.1   Nos casos de interrupção do tráfego nas estradas ou desabamento de pontes, agir em "clima de guerra" para construir desvios, recuperar o trecho interditado ou montar pontes metálicas de emergência, de tal sorte que o tráfego não permaneça interrompido por mais de seis horas.

Nota – Às vésperas do Referendo de 23/10/2005, o Exército atendeu ao apelo do Tribunal Superior Eleitoral e instalou uma ponte em 24 horas, recuperando o tráfego da estrada interrompida.

XXVIII-4.1.2   As Forças Armadas, dentro dessa filosofia, deverão estar preparadas para participar ativamente das campanhas de vacinação e de outros eventos que digam respeito ao atendimento pontual da sociedade.

XXVIII-5   **Reservistas** – Incentivar a convocação de jovens para o serviço militar, tendo por objetivo, além de sua preparação para defender a Pátria, ministrar ensinamentos de civismo e brasilidade para reintegrar-se à sociedade.

XXVIII-5.1   Incluir no currículo de formação de reservistas, matérias e exercícios que os possam qualificar para exercerem, em futuro, a função de policial militar ou civil das polícias estaduais (XVII-3.1).

XXVIII-6 **CPORs** – Reativar os Centros e Núcleos de Preparação de Oficiais da Reserva para os concludentes do Ensino Médio, indispensáveis à formação cívica dos jovens de ambos os sexos.

XXVIII-6.1 Destacar, em seu currículo, matérias e exercícios destinados a prepará-los para ocupar postos de Oficial de Polícia Militar nos seus Estados.

XXVIII-7 **Tiros-de-Guerra** – Reativar os Tiros-de-Guerra nas cidades do interior brasileiro, objetivando a preparação cívico-militar da juventude.

XXVIII-8 **CTA** – Manter convênios com o Centro Técnico Aeroespacial e com Faculdades/Universidades nacionais e estrangeiras, objetivando a permanente atualização de seus centros de estudo e a modernização e renovação de seus equipamentos de pesquisa (XXVIII-2.1).

XXVIII-9 **Programa Espacial** – Assinar acordos e convênios para a adoção de parcerias que tenham por objetivo o desenvolvimento de uma política espacial sem preconceitos ideológicos, de forma a integrar o país no círculo dominante da exploração pacífica do espaço sideral.

XXVIII-9.1 Reestruturar o *Programa Aeroespacial,* de forma a reduzir em 50% os prazos para cumprimento das etapas a que se determinou. Não é concebível que providências tão importantes fiquem à mercê de procedimentos burocráticos protelatórios.

XXVIII-9.2 Tendo em vista o sucesso da missão aeroespacial do primeiro astronauta brasileiro (tenente-coronel aviador Marcos Pontes), ofertar bolsas de estudo para outros profissionais da área a fim de que se dediquem ao aprimoramento dessa nova especialização e para estimular a juventude a seguir-lhe o exemplo.

XXVIII-9.2.1 Fazer o Brasil participar do consórcio para fabricação de componentes das futuras estações espaciais internacionais, integrando-se assim na restrita comunidade industrial-tecnológica espacial.

Nota – O Brasil poderia mandar ao espaço, em 2009, sem gastos, um novo astronauta, se "tivesse cumprido o acordo de construir algumas peças para a Estação Espacial Internacional". (Ronaldo Rogério de Freitas Mourão em *O astronauta brasileiro*, ZERO HORA, p. 21, 29/3/2006.)

XXVIII-9.3 Mediante acordos bilaterais, tornar disponível a área física da Base Aeroespacial de Alcântara para os demais países que desejarem ali instalar suas bases de lançamento de foguetes, de tal sorte que aquela região possa se transformar em um grande centro de excelência tecnológica aeroespacial com grandes dividendos para o ensino técnico superior e para o desenvolvimento turístico e do setor de hotelaria do Maranhão.

XXVIII-9.3.1 Acelerar a conclusão da implantação definitiva do Centro Espacial de Alcântara (CEA), como um importante "complexo de lançamento civil destinado à utilização comercial da região". (*Brasil aposta em satélites e reconstrução de base*, **ZERO HORA**, p. 5, 10/4/2006.)

Nota – A Agência Espacial Brasileira, segundo seu presidente Sérgio Gaudenzi (fevereiro de 2005), dispõe de bem definidos e ambiciosos projetos para a base de Alcântara nas áreas tecnológica, científica e educacional, incluindo a participação, sem restrições, de países estrangeiros com projetos próprios e independentes um do outro, capazes de transformar a região em importante pólo de desenvolvimento econômico, tal qual ocorreu em São José dos Campos, em São Paulo, a partir da instalação do Centro Técnico Aeronáutico.

Fonte: Sérgio Gaudenzi, programa *Almanaque,* GLOBO NEWS (Zileide Silva), em 2/5/2005.

XXVIII-10 **Bens (tesouros) no Fundo do Mar** – Liberar a busca e recuperação dos bens (tesouros) que se encontram há mais de dez anos no fundo dos rios e do mar (Oceano Atlântico) de soberania nacional. Esses bens pertencerão aos que os recuperarem, e sobre os valores recebidos por sua comercialização pagarão o respectivo **Dízimo Cívico**. Se vierem a ser exportados, seus proprietários pagarão, também, o Imposto de Exportação (tributo extrafiscal ou regulatório).

Conclusão

Concluída a Parte I deste livro, ficou para o Autor a certeza de que nunca se chega ao fim quando se tem por objetivo o atendimento das demandas da sociedade de uma Nação.

Porém, com as **PROPOSTAS** que aqui foram apresentadas, procurou-se atender às mais prementes necessidades do povo brasileiro no momento presente (2006) e indicar ao país um rumo a seguir para o seu **DESENVOLVIMENTO ECONÔMICO** e **SOCIAL** de forma consistente e contínua.

O Brasil não pode perder mais esta grande oportunidade que as condições econômicas mundiais favoráveis e os capitais disponíveis no mundo globalizado estão a oferecer.

Aos que desejarem contraditar, complementar ou aprimorar estas propostas sugere-se a divulgação de suas idéias. Com a propagação delas estarão contribuindo com outras e talvez melhores opções para direcionar a inadiável construção de **UM NOVO BRASIL**.

*

Estimativa de Arrecadação do Dízimo Cívico
Exercício de 2005

Valores em **R$ Bilhões**, tendo por base os registros do
Ministério do Planejamento e da Secretaria do Tesouro Nacional relativamente à
União, às 27 Unidades Federativas e aos 5.562 Municípios.

Receitas Tributárias e de Contribuições e as NFSP
(Necessidades de Financiamento do Setor Público)

Receitas e Percentuais em Relação às NFSP:
Tributária (Impostos + Taxas + Emolum.)   156,51
Contribuições (Sociais + Econômicas)   318,19
Receitas Trib. + Contrib. da União   474,70 − 117,70[1] = 357,00 = 50,39%
Receitas das 27 Unidades Federativas   268,28 − 45,48[2] = 222,80 = 31,45%
Receitas dos 5.562 Municípios   128,66   = 128,66 = 18,16%
NFSP (União, DF/Estados e Municípios):   **708,46*= 100%**

[1] Transferências pela União para as Unidades Federativas e para os Municípios.
[2] Transferências pelos Estados para os Municípios.
* Não obstante o IBPT informar que esse total é de R$ 732,87 bilhões, o Autor privilegia suas próprias fontes.

Capacidade Arrecadatória (efetiva) da CPMF

CPMF de 0,38%   =   28,94
Hipotética CPMF de 10% =   **761,57**

Arrecadação da CPMF (hipotética de 10%)
e Superávit sobre as NFSP

Arrecadação de uma hipotética CPMF de 10%   =   761,57
− NFSP   =   708,46
Superávit da arrecadação da CPMF de 10% s/as NFSP =   **53,11 = 7,49%**

Arrecadação (mínima estimada) do Dízimo Cívico
e Superávit sobre as NFSP

CPMF (hipotética) de 10%   =   761,57
+ 10% (extinção das imunidades e isenções)   =   76,15
+ 10% (transações em espécie, trocas, dações etc.)   =   76,15
Arrecadação Referencial do Dízimo Cívico   =   **913,87**
− 10% (transações gráficas/escriturais isentas etc.)   =   91,38
Arrecadação Mínima do Dízimo Cívico   =   **822,49**
− NFSP   =   708,46
Superávit Mínimo do Dízimo Cívico s/as NFSP   =   **114,03 = 16,09%**

Arrecadação (máxima estimada) do Dízimo Cívico e Superávit sobre as NFSP

Dízimo Cívico (arrecadação mínima estimada)	=	**822,49**
+ 10% em função da dinamização da economia	=	82,24
Arrecadação Máxima do Dízimo Cívico	=	**904,73**
– NFSP	=	708,46
Superávit Máximo do Dízimo Cívico s/as NFSP	=	**196,27** = **27,70%**

Superávits Mínimo e Máximo Estimados por Nível de Governo

	Mínimo	Máximo
União (50,39%)	57,46	98,90
27 UF (31,45%)	35,86	61,73
5.562 Municípios (18,16%)	20,71	35,64
Totais (100%)	**114,03**	**196,27**

Arrecadação do Dízimo Cívico em relação ao PIB de 2005

PIB Nacional 2005 = US$ 796,28 bilhões		**= 1.937,00**
Dízimo Cívico (arrecadação mínima estimada)	=	822,49
Dízimo Cívico/PIB Nacional (2005)	=	42,46%
Dízimo Cívico (arrecadação máxima estimada)	=	904,73
Dízimo Cívico/PIB Nacional (2005)	=	46,70%

Capítulo A.II - Novos Paradigmas e Seus Fundamentos Econômicos 271

Estimativa de Arrecadação do Dízimo Cívico
Exercício de 2006

Valores em **R$ Bilhões**, tendo por base a Lei Orçamentária da União para 2006 e sua revisão, e as projeções de receita das 27 Unidades Federativas e dos 5.562 Municípios, considerando que as receitas tributária e de contribuições da União foram estimadas em 7,84% a maior em relação às receitas efetivadas no exercício de 2005.

Receitas Tributárias e de Contribuições e as NFSP
(Necessidades de Financiamento do Setor Público)

Receitas e Percentuais em Relação às NFSP:

Tributária (Impostos + Taxas + Emolum.)	174,21		
Contribuições (Sociais + Econômicas)	337,73*		
Receitas Trib. + Contrib. da União	511,94 − 126,92[1]	= 385,02	= 50,39%
Receitas das 27 Unidades Federativas	289,31 − 49,04[2]	= 240,27	= 31,45%
Receitas dos 5.562 Municípios	138,74	= 138,74	= 18,16%
NFSP (União, DF/Estados e Municípios):		**764,03**	= **100%**

[1] Transferências pela União para as Unidades Federativas e para os Municípios.
[2] Transferências pelos Estados para os Municípios.
* Foi repetida a arrecadação consignada na Lei Orçamentária, considerando a incompatibilidade do valor constante da revisão que integra a Proposta Orçamentária para 2007.

Capacidade Arrecadatória (estimada) da CPMF

CPMF de 0,38%	=	32,35
Hipotética CPMF de 10%	=	**851,31**

Arrecadação da CPMF (hipotética de 10%) e Superávit sobre as NFSP

Arrecadação de uma hipotética CPMF de 10%	=	**851,31**	
− NFSP	=	764,03	
Superávit da arrecadação da CPMF de 10% s/as NFSP	=	**87,28**	= **11,42%**

Arrecadação (mínima estimada) do Dízimo Cívico e Superávit sobre as NFSP

CPMF (hipotética) **de 10%**	=	**851,31**	
+ 10% (extinção das imunidades e isenções)	=	85,13	
+ 10% (transações em espécie, trocas, dações etc.)	=	85,13	
Arrecadação Referencial do Dízimo Cívico	=	**1.021,57**	
− 10% (transações gráficas/escriturais isentas etc.)	=	102,15	
Arrecadação Mínima do Dízimo Cívico	=	**919,42**	
− NFSP	=	764,03	
Superávit Mínimo do Dízimo Cívico s/as NFSP	=	**155,39**	= **20,33%**

**Arrecadação (máxima estimada) do Dízimo Cívico
e Superávit sobre as NFSP**

Dízimo Cívico (arrecadação mínima estimada)	= 919,42
+ 10% em função da dinamização da economia	= 91,94
Arrecadação Máxima do Dízimo Cívico	**= 1.011,36**
– NFSP	= 764,03
Superávit Máximo do Dízimo Cívico s/as NFSP	**= 247,33 = 32,37%**

Superávits Mínimo e Máximo Estimados por Nível de Governo

	Mínimo	Máximo
União (50,39%)	78,30	124,63
27 UF (31,45%)	48,87	77,79
5.562 Municípios (18,16%)	28,22	44,91
Totais (100%)	**155,39**	**247,33**

Arrecadação do Dízimo Cívico em relação ao PIB de 2006

PIB Nacional 2006 (+ 3,5% sobre o PIB de 2005[1])	**= 2.004,79**
Dízimo Cívico (arrecadação mínima estimada)	= 919,42
Dízimo Cívico/PIB Nacional (2006)	= 45,86%
Dízimo Cívico (arrecadação máxima estimada)	= 1.011,36
Dízimo Cívico/PIB Nacional (2006)	= 50,44%

[1] PIB/2005 (estimado): R$ 1,937 bilhões.

A.II-15   Para não sermos omissos, também projetamos as NFSP para o **ano de 2007**, que tiveram por base a respectiva Proposta Orçamentária da União (Projeto de Lei Nº 15, de 2006). Considerando que a arrecadação da União (**R$ 558,99 bilhões**) estimada para **2007** (Tributária e de Contribuições), comparativamente ao exercício de 2006, sofreu um aumento de **9,19%**, adotamos o mesmo percentual para adequar as receitas dos demais entes federados. De acordo com esse entendimento, teremos, em **2007**, as **NFSP líquidas** (deduzidas as transferências) quantificadas em **R$ 834,25 bilhões** (União, R$ 420,41 bilhões; 27 UF, R$ 262,35 bilhões, e 5.562 Municípios, R$ 151,49 bilhões). A arrecadação da **CPMF** de **0,38%**, estimada em **R$ 35,44 bilhões**, projetará, considerando uma hipotética CPMF de 10%, uma receita de **R$ 932,63 bilhões**. Seguindo o raciocínio dos cálculos anteriores, teremos a arrecadação do **Dízimo Cívico** entre o mínimo de **R$ 1.007,24 bilhões**, com superávit sobre as NFSP de **R$ 172,99 bilhões** e o máximo de **R$ 1.107,96 bilhões**, com superávit sobre as NFSP de **R$ 273,71 bilhões**, conforme planilha à página seguinte.

Estimativa de Arrecadação do Dízimo Cívico
Exercício de 2007

Valores em **R$ Bilhões**, tendo por base a Proposta Orçamentária da União para 2007 e as projeções de receita das 27 Unidades Federativas e dos 5.562 Municípios, considerando que as receitas tributária e de contribuições da União foram estimadas em 9,19% a maior em relação às receitas previstas para o exercício de 2006.

Receitas Tributárias e de Contribuições e as NFSP
(Necessidades de Financiamento do Setor Público)

Receitas e Percentuais em Relação às NFSP:

Tributária (Impostos + Taxas + Emolum.)	191,87		
Contribuições (Sociais + Econômicas)	367,12*		
Receitas Trib. + Contrib. da União	558,99 – 138,58^1	= 420,41	= 50,39%
Receitas das 27 Unidades Federativas	315,89 – 53,54^2	= 262,35	= 31,45%
Receitas dos 5.562 Municípios	151,49	= 151,49	= 18,16%
NFSP (União, DF/Estados e Municípios):		**834,25**	**= 100%**

^{1} Transferências pela União para as Unidades Federativas e para os Municípios.
^{2} Transferências pelos Estados para os Municípios.
* Foi repetida a arrecadação consignada na Lei Orçamentária, considerando a incompatibilidade do valor constante da Revisão que integra a Proposta Orçamentária para 2007.

Capacidade Arrecadatória (estimada) da CPMF

CPMF de 0,38%	= 35,44
Hipotética CPMF de 10 %	**= 932,63**

Arrecadação da CPMF (hipotética de 10%) e Superávit sobre as NFSP

Arrecadação de uma hipotética CPMF de 10%	**= 932,63**
– NFSP	= 834,25
Superávit da arrecadação da CPMF de 10% s/as NFSP =	**98,38 = 11,79%**

Arrecadação (mínima prevista) do Dízimo Cívico e Superávit sobre as NFSP

CPMF (hipotética) **de 10%**	**= 932,63**
+ 10% (extinção das imunidades e isenções)	= 93,26
+ 10% (transações em espécie, trocas, dações etc.)	= 93,26
Arrecadação Referencial do Dízimo Cívico	**= 1.119,15**
– 10% (transações gráficas/escriturais isentas etc.)	= 111,91
Arrecadação Mínima do Dízimo Cívico	**= 1.007,24**
– NFSP	= 834,25
Superávit Mínimo do Dízimo Cívico s/as NFSP	**= 172,99 = 20,73%**

Arrecadação (máxima previsível) do Dízimo Cívico e Superávit sobre as NFSP

Dízimo Cívico (arrecadação mínima previsível)	= **1.007,24**
+ 10% em função da dinamização da economia	= 100,72
Arrecadação Máxima do Dízimo Cívico	= **1.107,96**
– NFSP	= 834,25
Superávit Máximo do Dízimo Cívico s/as NFSP	= **273,71** = **32,80%**

Superávits Mínimo e Máximo Estimados por Nível de Governo

	Mínimo	Máximo
União (50,39%)	87,17	137,92
27 UF (31,45%)	54,41	86,08
5.562 Municípios (18,16%)	31,41	49,71
Totais (100%)	**172,99**	**273,71**

Arrecadação do Dízimo Cívico em relação ao PIB de 2007

PIB Nacional 2007 (+ 4,5% sobre o PIB de 2006[1])	= **2.095,00**
Dízimo Cívico (arrecadação mínima previsível)	= 1.007,24
Dízimo Cívico/PIB Nacional (2006)	= 40,07%
Dízimo Cívico (arrecadação máxima previsível)	= 1.107,96
Dízimo Cívico/PIB Nacional (2006)	= 52,88%

[1] PIB/2006 (previsível): R$ 2.004,79 bilhões.

Capítulo A.III

Flat Tax e sua Expansão no Leste Europeu

A.III-1   O ministro Mário Henrique Simonsen, em sua coluna na revista EXAME, edição de 26/6/1991, já antecipava que "a tendência parece ser a volta ao imposto proporcional" em detrimento da tributação progressiva (A.IV-15.1). A primeira experiência de tributação proporcional de grande envergadura foi executada pela Estônia, em 1994, ao adotar a tributação **proporcional** (linear) e **cumulativa** a que os Estados Unidos passaram a denominar de *flat tax* (imposto nivelado). A Letônia (Latvia), em 1995, seguiu-lhe o exemplo. A Rússia, em 2001, em obediência à *Federal Law* N° 117-FZ, de 5/8/2000, publicada no PARLAMENTSKAYA GAZETA e no ROSSIISKAYA GAZETA, ambos de 10/8/2000, adotou um sistema tributário equivalente, responsável por sua incrível recuperação econômica em apenas dois anos, fato determinante para que o governo americano elevasse o país à categoria de *investment grade*, que significa recomendação aos americanos para ali investirem. A Ucrânia, no início de 2003, adotou o mesmo sistema, que passou a vigorar a partir de 28/10/2004. A Eslováquia também o instituiu. E Hong Kong já o adota, o que está levando o governo da China a se interessar em estendê-lo a todo o continente chinês. Os Estados Unidos o adotou no Iraque a partir do dia 1°/1/2004, objetivando, ao que tem sido comentado, transformá-lo numa espécie de laboratório para instituí-lo no próprio país, onde a discussão sobre o *Flat Tax* tornou-se bastante intensa desde que Steve Forbes proclamou-o como bandeira de sua campanha a candidato presidencial republicano, em oposição a George W. Bush, na eleição de 2000. Acredita o Autor que John Kerry, que era simpático à idéia, se tivesse brandido essa espada em 2004, talvez houvesse tido melhor sorte em sua campanha presidencial.

A.III-2   Em 2004, a revista americana BUSINESS WEEK, em matéria assinada por seu correspondente em Moscou, jornalista Jason Bush, publicou a primeira grande matéria internacional conhecida sobre o *Flat Tax* na Rússia. Nela, seu Autor informa que a vigência do imposto de renda da pessoa física com alíquota única (*flat tax*) de 13% para todas as pessoas fez dobrar sua arrecadação de 2000 para 2004. "O sistema de imposto pode ser primitivo, mas é simples", declarou Mikhail Orlov, o funcionário russo ocupante de cargo equivalente ao de secretário da Receita Federal no Brasil.

A.III-3   A revista americana THE ECONOMIST, em sua última edição de abril de 2005, publica extensa matéria sob o título *The flat-tax revolution* que o jornal VALOR ECONÔMICO (edição única englobando as datas de 29 e 30/4/2005 e 1º/5/2005) reproduziu com o título *Alíquota única avança na Europa* (e o sobretítulo: *Aumenta a adesão à taxas niveladas para renda, lucro ou valor agregado*).

Estimativa de Arrecadação do Dízimo Cívico
Exercício de 2005

Valores em **R$ Bilhões**, tendo por base os registros do
Ministério do Planejamento e da Secretaria do Tesouro Nacional relativamente à
União, às 27 Unidades Federativas e aos 5.562 Municípios.

Receitas Tributárias e de Contribuições e as NFSP
(Necessidades de Financiamento do Setor Público)

Receitas e Percentuais em Relação às NFSP:
Tributária (Impostos + Taxas + Emolum.)   156,51
Contribuições (Sociais + Econômicas)   318,19
Receitas Trib. + Contrib. da União   **474,70** − 117,70[1] = 357,00 = 50,39%
Receitas das 27 Unidades Federativas   268,28 − 45,48[2] = 222,80 = 31,45%
Receitas dos 5.562 Municípios   128,66   = 128,66 = 18,16%
NFSP (União, DF/Estados e Municípios):   **708,46*= 100%**

[1] Transferências pela União para as Unidades Federativas e para os Municípios.
[2] Transferências pelos Estados para os Municípios.
* Não obstante o IBPT informar que esse total é de R$ 732,87 bilhões, o Autor privilegia suas próprias fontes.

Capacidade Arrecadatória (efetiva) da CPMF

CPMF de 0,38%   =   28,94
Hipotética CPMF de 10%   =   **761,57**

Arrecadação da CPMF (hipotética de 10%)
e Superávit sobre as NFSP

Arrecadação de uma hipotética CPMF de 10%   = 761,57
− NFSP   = 708,46
Superávit da arrecadação da CPMF de 10% s/as NFSP =   53,11 = 7,49%

Arrecadação (mínima estimada) do Dízimo Cívico
e Superávit sobre as NFSP

CPMF (hipotética) de 10%   = 761,57
+ 10% (extinção das imunidades e isenções)   =   76,15
+ 10% (transações em espécie, trocas, dações etc.)   =   76,15
Arrecadação Referencial do Dízimo Cívico   = **913,87**
− 10% (transações gráficas/escriturais isentas etc.)   =   91,38
Arrecadação Mínima do Dízimo Cívico   = **822,49**
− NFSP   =   708,46
Superávit Mínimo do Dízimo Cívico s/as NFSP   = **114,03 = 16,09%**

Arrecadação (máxima estimada) do Dízimo Cívico e Superávit sobre as NFSP

Dízimo Cívico (arrecadação mínima estimada)	=	822,49
+ 10% em função da dinamização da economia	=	82,24
Arrecadação Máxima do Dízimo Cívico	=	**904,73**
– NFSP	=	708,46
Superávit Máximo do Dízimo Cívico s/as NFSP	=	**196,27** = 27,70%

Superávits Mínimo e Máximo Estimados por Nível de Governo

	Mínimo	Máximo
União (50,39%)	57,46	98,90
27 UF (31,45%)	35,86	61,73
5.562 Municípios (18,16%)	20,71	35,64
Totais (100%)	**114,03**	**196,27**

Arrecadação do Dízimo Cívico em relação ao PIB de 2005

PIB Nacional 2005 = US$ 796,28 bilhões	=	1.937,00
Dízimo Cívico (arrecadação mínima estimada)	=	822,49
Dízimo Cívico/PIB Nacional (2005)	=	42,46%
Dízimo Cívico (arrecadação máxima estimada)	=	904,73
Dízimo Cívico/PIB Nacional (2005)	=	46,70%

Estimativa de Arrecadação do Dízimo Cívico
Exercício de 2006

Valores em **R$ Bilhões**, tendo por base a Lei Orçamentária da União para 2006 e sua revisão, e as projeções de receita das 27 Unidades Federativas e dos 5.562 Municípios, considerando que as receitas tributária e de contribuições da União foram estimadas em 7,84% a maior em relação às receitas efetivadas no exercício de 2005.

Receitas Tributárias e de Contribuições e as NFSP
(Necessidades de Financiamento do Setor Público)

Receitas e Percentuais em Relação às NFSP:

Tributária (Impostos + Taxas + Emolum.)	174,21		
Contribuições (Sociais + Econômicas)	337,73*		
Receitas Trib. + Contrib. da União	**511,94** − 126,92[1]	= 385,02	= 50,39%
Receitas das 27 Unidades Federativas	289,31 − 49,04[2]	= 240,27	= 31,45%
Receitas dos 5.562 Municípios	138,74	= 138,74	= 18,16%
NFSP (União, DF/Estados e Municípios):		**764,03**	= **100%**

[1] Transferências pela União para as Unidades Federativas e para os Municípios.
[2] Transferências pelos Estados para os Municípios.
* Foi repetida a arrecadação consignada na Lei Orçamentária, considerando a incompatibilidade do valor constante da revisão que integra a Proposta Orçamentária para 2007.

Capacidade Arrecadatória (estimada) da CPMF

CPMF de 0,38%	=	32,35
Hipotética CPMF de 10%	**=**	**851,31**

Arrecadação da CPMF (hipotética de 10%) e Superávit sobre as NFSP

Arrecadação de uma hipotética CPMF de 10%	=	851,31
− NFSP	=	764,03
Superávit da arrecadação da CPMF de 10% s/as NFSP =	87,28	= 11,42%

Arrecadação (mínima estimada) do Dízimo Cívico e Superávit sobre as NFSP

CPMF (hipotética) **de 10%**	=	851,31
+ 10% (extinção das imunidades e isenções)	=	85,13
+ 10% (transações em espécie, trocas, dações etc.)	=	85,13
Arrecadação Referencial do Dízimo Cívico	=	**1.021,57**
− 10% (transações gráficas/escriturais isentas etc.)	=	102,15
Arrecadação Mínima do Dízimo Cívico	=	**919,42**
− NFSP	=	764,03
Superávit Mínimo do Dízimo Cívico s/as NFSP	=	**155,39** = **20,33%**

Arrecadação (máxima estimada) do Dízimo Cívico e Superávit sobre as NFSP

Dízimo Cívico (arrecadação mínima estimada)	=	**919,42**
+ 10% em função da dinamização da economia	=	91,94
Arrecadação Máxima do Dízimo Cívico		**= 1.011,36**
– NFSP	=	764,03
Superávit Máximo do Dízimo Cívico s/as NFSP	=	**247,33 = 32,37%**

Superávits Mínimo e Máximo Estimados por Nível de Governo

	Mínimo	Máximo
União (50,39%)	78,30	124,63
27 UF (31,45%)	48,87	77,79
5.562 Municípios (18,16%)	28,22	44,91
Totais (100%)	**155,39**	**247,33**

Arrecadação do Dízimo Cívico em relação ao PIB de 2006

PIB Nacional 2006 (+ 3,5% sobre o PIB de 2005[1])	=	**2.004,79**
Dízimo Cívico (arrecadação mínima estimada)	=	919,42
Dízimo Cívico/PIB Nacional (2006)	=	45,86%
Dízimo Cívico (arrecadação máxima estimada)	=	1.011,36
Dízimo Cívico/PIB Nacional (2006)	=	50,44%

[1] PIB/2005 (estimado): R$ 1,937 bilhões.

A.II-15 Para não sermos omissos, também projetamos as NFSP para o **ano de 2007**, que tiveram por base a respectiva Proposta Orçamentária da União (Projeto de Lei Nº 15, de 2006). Considerando que a arrecadação da União (**R$ 558,99 bilhões**) estimada para **2007** (Tributária e de Contribuições), comparativamente ao exercício de 2006, sofreu um aumento de **9,19%**, adotamos o mesmo percentual para adequar as receitas dos demais entes federados. De acordo com esse entendimento, teremos, em **2007**, as **NFSP líquidas** (deduzidas as transferências) quantificadas em **R$ 834,25 bilhões** (União, R$ 420,41 bilhões; 27 UF, R$ 262,35 bilhões, e 5.562 Municípios, R$ 151,49 bilhões). A arrecadação da **CPMF** de **0,38%**, estimada em **R$ 35,44 bilhões**, projetará, considerando uma hipotética CPMF de 10%, uma receita de **R$ 932,63 bilhões**. Seguindo o raciocínio dos cálculos anteriores, teremos a arrecadação do **Dízimo Cívico** entre o mínimo de **R$ 1.007,24 bilhões**, com superávit sobre as NFSP de **R$ 172,99 bilhões** e o máximo de **R$ 1.107,96 bilhões**, com superávit sobre as NFSP de **R$ 273,71 bilhões**, conforme planilha à página seguinte.

Estimativa de Arrecadação do Dízimo Cívico
Exercício de 2007

Valores em **R$ Bilhões**, tendo por base a Proposta Orçamentária da União para 2007 e as projeções de receita das 27 Unidades Federativas e dos 5.562 Municípios, considerando que as receitas tributária e de contribuições da União foram estimadas em 9,19% a maior em relação às receitas previstas para o exercício de 2006.

Receitas Tributárias e de Contribuições e as NFSP
(Necessidades de Financiamento do Setor Público)

Receitas e Percentuais em Relação às NFSP:

Tributária (Impostos + Taxas + Emolum.)	191,87			
Contribuições (Sociais + Econômicas)	367,12*			
Receitas Trib. + Contrib. da União	**558,99** − 138,58[1]	= 420,41	= 50,39%
Receitas das 27 Unidades Federativas	315,89 − 53,54[2]	= 262,35	= 31,45%
Receitas dos 5.562 Municípios	151,49	= 151,49	= 18,16%
NFSP (União, DF/Estados e Municípios):		**834,25**	= **100%**

[1] Transferências pela União para as Unidades Federativas e para os Municípios.
[2] Transferências pelos Estados para os Municípios.
* Foi repetida a arrecadação consignada na Lei Orçamentária, considerando a incompatibilidade do valor constante da Revisão que integra a Proposta Orçamentária para 2007.

Capacidade Arrecadatória (estimada) da CPMF

CPMF de 0,38%	=	35,44
Hipotética CPMF de 10 %	=	**932,63**

Arrecadação da CPMF (hipotética de 10%) e Superávit sobre as NFSP

Arrecadação de uma hipotética CPMF de 10%	=	932,63
− NFSP	=	834,25
Superávit da arrecadação da CPMF de 10% s/as NFSP =	98,38	= 11,79%

Arrecadação (mínima prevista) do Dízimo Cívico e Superávit sobre as NFSP

CPMF (hipotética) **de 10%**	=	932,63
+ 10% (extinção das imunidades e isenções)	=	93,26
+ 10% (transações em espécie, trocas, dações etc.)	=	93,26
Arrecadação Referencial do Dízimo Cívico	=	**1.119,15**
− 10% (transações gráficas/escriturais isentas etc.)	=	111,91
Arrecadação Mínima do Dízimo Cívico	=	**1.007,24**
− NFSP	=	834,25
Superávit Mínimo do Dízimo Cívico s/as NFSP	=	**172,99 = 20,73%**

Arrecadação (máxima previsível) do Dízimo Cívico e Superávit sobre as NFSP

Dízimo Cívico (arrecadação mínima previsível)	= **1.007,24**
+ 10% em função da dinamização da economia	= 100,72
Arrecadação Máxima do Dízimo Cívico	= **1.107,96**
– NFSP	= 834,25
Superávit Máximo do Dízimo Cívico s/as NFSP	= **273,71** = **32,80%**

Superávits Mínimo e Máximo Estimados por Nível de Governo

	Mínimo	Máximo
União (50,39%)	87,17	137,92
27 UF (31,45%)	54,41	86,08
5.562 Municípios (18,16%)	31,41	49,71
Totais (100%)	**172,99**	**273,71**

Arrecadação do Dízimo Cívico em relação ao PIB de 2007

PIB Nacional 2007 (+ 4,5% sobre o PIB de 2006[1])	=	**2.095,00**
Dízimo Cívico (arrecadação mínima previsível)	=	1.007,24
Dízimo Cívico/PIB Nacional (2006)	=	40,07%
Dízimo Cívico (arrecadação máxima previsível)	=	1.107,96
Dízimo Cívico/PIB Nacional (2006)	=	52,88%

[1] PIB/2006 (previsível): R$ 2.004,79 bilhões.

Capítulo A.III

Flat Tax e sua Expansão no Leste Europeu

A.III-1 O ministro Mário Henrique Simonsen, em sua coluna na revista Exame, edição de 26/6/1991, já antecipava que "a tendência parece ser a volta ao imposto proporcional" em detrimento da tributação progressiva (A.IV-15.1). A primeira experiência de tributação proporcional de grande envergadura foi executada pela Estônia, em 1994, ao adotar a tributação **proporcional** (linear) e **cumulativa** a que os Estados Unidos passaram a denominar de *flat tax* (imposto nivelado). A Letônia (Latvia), em 1995, seguiu-lhe o exemplo. A Rússia, em 2001, em obediência à *Federal Law* Nº 117-FZ, de 5/8/2000, publicada no Parlamentskaya Gazeta e no Rossiiskaya Gazeta, ambos de 10/8/2000, adotou um sistema tributário equivalente, responsável por sua incrível recuperação econômica em apenas dois anos, fato determinante para que o governo americano elevasse o país à categoria de *investment grade*, que significa recomendação aos americanos para ali investirem. A Ucrânia, no início de 2003, adotou o mesmo sistema, que passou a vigorar a partir de 28/10/2004. A Eslováquia também o instituiu. E Hong Kong já o adota, o que está levando o governo da China a se interessar em estendê-lo a todo o continente chinês. Os Estados Unidos o adotou no Iraque a partir do dia 1º/1/2004, objetivando, ao que tem sido comentado, transformá-lo numa espécie de laboratório para instituí-lo no próprio país, onde a discussão sobre o *Flat Tax* tornou-se bastante intensa desde que Steve Forbes proclamou-o como bandeira de sua campanha a candidato presidencial republicano, em oposição a George W. Bush, na eleição de 2000. Acredita o Autor que John Kerry, que era simpático à idéia, se tivesse brandido essa espada em 2004, talvez houvesse tido melhor sorte em sua campanha presidencial.

A.III-2 Em 2004, a revista americana Business Week, em matéria assinada por seu correspondente em Moscou, jornalista Jason Bush, publicou a primeira grande matéria internacional conhecida sobre o *Flat Tax* na Rússia. Nela, seu Autor informa que a vigência do imposto de renda da pessoa física com alíquota única (*flat tax*) de 13% para todas as pessoas fez dobrar sua arrecadação de 2000 para 2004. "O sistema de imposto pode ser primitivo, mas é simples", declarou Mikhail Orlov, o funcionário russo ocupante de cargo equivalente ao de secretário da Receita Federal no Brasil.

A.III-3   A revista americana THE ECONOMIST, em sua última edição de abril de 2005, publica extensa matéria sob o título *The flat-tax revolution* que o jornal VALOR ECONÔMICO (edição única englobando as datas de 29 e 30/4/2005 e 1º/5/2005) reproduziu com o título *Alíquota única avança na Europa* (e o sobretítulo: *Aumenta a adesão à taxas niveladas para renda, lucro ou valor agregado*).

Capítulo A.IV

Réplica aos Contrários

Seção I
Cumulatividade (em cascata)

A.IV-1 Não se pretende refutar por inteiro, neste capítulo, as principais críticas técnicas à instituição de tributação única. Não é esse o objetivo deste trabalho. Seria preciso escrever uma tese sobre cada uma delas. Deseja-se, no entanto, não fugir do enfrentamento, evitando omissão inconcebível.

A.IV-2 Dizem alguns ilustres economistas/tributaristas que o *imposto único* é inviável por ser cumulativo (em cascata), por isso mesmo distorsivo dos preços relativos e de difícil identificação. Pergunta-se: todos os tributos/contribuições atualmente (julho de 2006) vigentes no Brasil são, por acaso, não-cumulativos, não-distorsivos e de fácil identificação? Em resposta, assegura-se que – para citar apenas os mais comuns, do conhecimento geral – o Imposto de Renda e as contribuições sociais/parafiscais INSS, FGTS, CSLL e até o SIMPLES são, também, tributos cumulativos, porquanto estão presentes integralmente em todas as etapas dos processos produtivo e de comercialização, com influência na composição dos custos de produção e na fixação dos preços de venda. E nem sempre são de fácil identificação. Aos que duvidarem, sugere-se tentarem identificar, com absoluta precisão (valores incontestáveis), no preço de venda ao consumidor final ou no de exportação de um produto qualquer, o percentual (coeficiente de agregação) relativo à incidência da CSLL, incluindo todas as etapas intermediárias do processo produtivo e abrangendo todos os insumos/matérias-primas que intervieram no produto pesquisado, desde a origem.

A.IV-2.1 Para melhor entendimento do que é um tributo cumulativo, tal como o **Dízimo Cívico** aqui proposto, tomemos o seguinte exemplo (misto de processos produtivo e de comercialização): um bezerro nasce em uma fazenda qualquer; faz-se adulto e atinge a idade/peso de desfrute (venda/abate).

1ª etapa do processo produtivo/comercialização – O boi é vendido "em pé" a um frigorífico. O fazendeiro recebe em reais o produto da venda e sobre esse valor paga/recolhe o **Dízimo Cívico**.

2ª etapa – O frigorífico abate o boi:
  a) vende a carne ao açougue, recebe em reais o produto da venda e sobre esse valor paga/recolhe o **Dízimo Cívico**;
  b) vende os ossos a uma fábrica de botões, recebe em reais o produto da venda e sobre esse valor paga/recolhe o **Dízimo Cívico**;
  c) vende o couro a um curtume, recebe em reais o produto da venda e sobre esse valor paga/recolhe o **Dízimo Cívico**.

3ª etapa – O processo prossegue:
  a) o açougue vende a carne a uma churrascaria, recebe em reais o produto da venda e sobre esse valor paga/recolhe o **Dízimo Cívico**;
  b) a fábrica de botões vende os botões (provindos dos ossos do boi) ao atacadista, recebe em reais o produto da venda e sobre esse valor paga/recolhe o **Dízimo Cívico**;
  c) o curtume beneficia o couro e vende a sola a uma fábrica de calçados, recebe em reais o produto da venda e sobre esse valor paga/recolhe o **Dízimo Cívico**.

4ª etapa – Em continuidade:
  a) a churrascaria assa a carne e serve a seu cliente (consumidor final), recebe em reais o produto da venda e sobre esse valor paga/recolhe o **Dízimo Cívico**;
  b) o atacadista vende os botões a um armarinho, recebe em reais o produto da venda e sobre esse valor paga/recolhe o **Dízimo Cívico**;
  c) a fábrica de calçados vende os sapatos para uma *trading company* exportadora, recebe em reais o produto da venda e sobre esse valor paga/recolhe o **Dízimo Cívico**;

5ª etapa – Em continuidade:
  a) processo encerrado na 4ª etapa;
  b) o armarinho vende os botões a uma costureira, recebe em

reais o produto da venda e sobre esse valor paga/recolhe o **Dízimo Cívico**;

c) a *trading company* exportadora vende os sapatos para um país qualquer, recebe em reais o produto da venda (os dólares ou moeda estrangeira em que for fechado o contrato de exportação ficam em poder do Banco Central) e sobre esse valor paga/recolhe o **Dízimo Cívico**.

6ª etapa – Em continuidade:
   a) processo encerrado na 4ª etapa;
   b) a costureira aplica os botões em um vestido e o vende a uma loja, recebe em reais o produto da venda (o valor dos botões nela embutido) e sobre esse valor paga/recolhe o **Dízimo Cívico**;
   c) processo encerrado na 5ª etapa.

7ª etapa – Por fim:
   a) processo encerrado na 4ª etapa;
   b) a loja vende o vestido a uma cliente, recebe em reais o produto da venda (o valor dos botões nela embutido) e sobre esse valor paga/recolhe o **Dízimo Cívico**;
   c) processo encerrado na 5ª etapa.

A.IV-2.2   Em cada uma das etapas dos processos produtivo e de comercialização, aqui exemplificadas, houve o recolhimento do **Dízimo Cívico**. Aparentemente, o **Dízimo Cívico** recolhido foi uma enormidade. Tributo sobre tributo, cumulativamente (em cascata). Acontece que, no atual sistema tributário (2006), o Imposto de Renda e as contribuições sociais/parafiscais também são cumulativos e afetam os custos dos produtos e os preços das mercadorias em todas as etapas dos processos produtivo e de comercialização. Somados aos demais tributos (sentido genérico) cumulativos e não-cumulativos, diretos e indiretos, representarão, em cada uma das etapas intermediárias, em relação ao faturamento, um montante superior ao **Dízimo Cívico**, mesmo sendo este cumulativo (em cascata). Com uma grande diferença: no sistema tributário vigente, de natureza declaratória, é muito provável que o montante tributário que deveria ser recolhido não o seja, em face da tradicional prática da evasão fiscal/sonegação tributária, o que certamente será muito mais difícil de ocorrer com o sistema de recolhimento do **Dízimo Cívico**, de natureza arrecadatória (não-declaratória), conforme aqui proposto. Ora, se em todas as etapas intermediárias dos processos produtivo e de comercialização a atual (julho de 2006) carga tributária (sentido genérico) é sempre maior do que 10% da receita operacional bruta (faturamento) da pessoa jurídica, por que se alegar que um único tributo de 10% – em substituição a todos os atuais tributos, contribuições e encargos/tarifas tributários – é contraproducente só por ser cumulativo (em cascata)? Não parece justa essa alegação. Na verdade, o **Dízimo Cívico** irá baratear o custo e, em conseqüência, provocar a diminuição do preço de venda/exportação do produto brasileiro.

A.IV-3 Outro exemplo, mais ilustrativo ainda:

1ª etapa do processo de comercialização – A indústria X fabrica determinado produto. Vende-o a um grande atacadista, recebe em reais o preço da venda e sobre esse valor paga/recolhe o **Dízimo Cívico**.

2ª etapa – O grande atacadista vende a referida mercadoria ao médio atacadista. Recebe em reais o preço da venda e sobre esse valor paga/recolhe o **Dízimo Cívico**.

3ª etapa – O médio atacadista vende a referida mercadoria ao pequeno atacadista. Recebe em reais o preço da venda e sobre esse valor paga/recolhe o **Dízimo Cívico**.

4ª etapa – O pequeno atacadista vende a referida mercadoria ao microatacadista. Recebe em reais o preço da venda e sobre esse valor paga/recolhe o **Dízimo Cívico**.

5ª etapa – O microatacadista vende a referida mercadoria ao quitandeiro (marreteiro/sacoleiro/feirante/camelô etc.). Recebe em reais o preço da venda e sobre esse valor paga/recolhe o **Dízimo Cívico**.

6ª etapa – O quitandeiro (marreteiro/sacoleiro/feirante/camelô etc.) vende referida mercadoria a um cliente (consumidor final). Recebe em reais o preço da venda e sobre esse valor paga/recolhe o **Dízimo Cívico**.

A.IV-3.1 Em cada uma dessas etapas, pelo sistema tributário vigente, o fabricante e os comerciantes – excluídos os pequenos e microempresários (4ª e 5ª etapas) que têm, facultativamente, regime próprio de tributação (SIMPLES) – recolhem, ou deveriam recolher, relativamente a todos os tributos, contribuições e encargos/tarifas tributários, um montante superior ao representado por 10% de sua receita operacional bruta. Com uma grande diferença: quando tributo direto, no atual sistema tributário (2006), o produtor e os comerciantes são, apenas, os **responsáveis** pelo recolhimento do IPI/ICMS/ISS cobrado do comprador (contribuinte), embutido no preço do produto/mercadoria; no sistema ora proposto, eles (produtor e comerciantes) serão, ao mesmo tempo, os contribuintes que pagam e os **responsáveis** que recolhem o **Dízimo Cívico**. Só que, com o **Dízimo Cívico**, o seu pagamento/recolhimento ocorre automaticamente, quando do crédito bancário do valor da venda, desde que não seja em espécie. Se a quitação do preço da compra ocorrer em espécie, o **Dízimo Cívico** recebido do comprador (adicional de 23,45% sobre o valor da compra) será recolhido pelo receptor desse valor, dentro de 72 horas, independentemente do **Dízimo Cívico** que será pago pelo vendedor relativamente ao valor da venda. Se pessoa física, o **Dízimo Cívico** será pago quando do uso do dinheiro recebido (IV-5, b). Desse modo, caso não sejam sonegadores no vigente sistema tributário, claro que vão preferir pagar/recolher, única e exclusivamente, o **Dízimo Cívico** aqui proposto.

A.IV-3.2 E a 6ª etapa, que, pelo sistema tributário atual (2006), deixa o agente à margem da tributação (economia informal), com o **Dízimo Cívico** esse agente será incorporado à economia formal, ou seja, passará a ser efetivamente um contribuinte.

A.IV-3.3 Lógico que haverá casos em que o número de etapas intermediárias pode aumentar ou diminuir. Nos casos de hiper/supermercado, por exemplo, há somente duas etapas de comercialização: fabricante para hiper/supermercado (às vezes existe um intermediário na figura do representante ou distribuidor) e deste para o consumidor final. É por isso que, quando se compra na quitanda da esquina, é sempre muito mais caro do que no supermercado; exatamente pelo número de intermediários – quase sempre meros atravessadores – que atuam nas diversas etapas de comercialização de uma mercadoria (exemplo de produtos agrários e hortifrutigrangeiros). Com o **Dízimo Cívico** o custo da tributação fica tão evidente e cristalino que até pode estimular o micronegociante a diminuir algumas etapas intermediárias dessa cadeia (processo) de comercialização.

A.IV-4 Os exemplos oferecidos podem ser considerados também para os casos de processo exclusivamente produtivo (industrial). Há processos produtivos, principalmente de produtos de elaboração mais sofisticada/refinada, com mais de dez etapas, e há processos de comercialização com mais de oito etapas intermediárias, mas, em cada uma delas, a incidência tributária total (legal) atual – direta e indireta – é sempre superior a 10% do preço de venda, salvo nos negócios (quitandas/"vendas de esquina"/microarmazéns/camelôs) "tocados" pelo proprietário e membros de sua família, às vezes, sem qualquer tipo de escrituração, licença ou alvará de funcionamento (economia informal). Nestes casos, o benefício torna-se *direto* para o Poder Público, que passa a receber tributo nessa última etapa de comercialização, e *indireto* para esse grupo de micronegociantes pelo fato de passar a comprar os produtos/mercadorias por menor preço, conseqüência da diminuição da carga tributária nas etapas anteriores (na verdade, uma compensação: paga o **Dízimo Cívico**, porém compra mais barato). Mas, também, com certeza, terá de cobrar preços mais baixos após a instituição do **Dízimo Cívico**. Conforme provado, a cumulatividade tributária com o **Dízimo Cívico**, comparativamente ao atual sistema tributário (2006), não é maléfica.

Seção II
Desintermediação Bancária

A.IV-5   A crítica de que a tributação única acarretaria a desintermediação do sistema financeiro (prática de pagamento/recebimento sem intermediação bancária) encontra-se também respondida, complementarmente, nas Seções III e V, em que se contestam as alegações de que a tributação única (**Dízimo Cívico**) ensejaria a dolarização e a monetização da economia. Dizer que o **Dízimo Cívico** provocaria a prática generalizada do escambo (troca/permuta de bens, mercadorias e serviços por outros bens, mercadorias e serviços) é desconhecer a complexidade das transações financeiras/comerciais no mundo, principalmente no Brasil, onde o sistema bancário é preponderante na intermediação dos meios de pagamento. Como é que o vendedor vai exigir pagamento em permuta? Permutar o quê, com quê? Normalmente, quem sugere a permuta é o comprador, que não tem dinheiro para efetivar o negócio. Recebendo em permuta (escambo), como vai a empresa/sociedade honrar seus compromissos financeiros? Quem irá aceitar em pagamento, pelo preço que o proprietário pensa que vale, o bem oferecido em permuta? Todos sabem que uma cobrança quando conclui por "dação em pagamento" é normalmente mal recebida. Por outro lado, com a concorrência cada vez mais acirrada, qual o vendedor que vai impor meios de pagamento, desde que não seja ele monopolista do produto? E o monopólio privado tende a desaparecer completamente do mercado, em face da liberalização das importações dos produtos monopolizados. Se o comprador tem disponibilidade financeira, quem é louco de exigir pagamento em bens (permuta/escambo), quando o difícil é exatamente transformar ativos imobilizados em ativos financeiros/moeda legal? Ao que se sabe, há setores onde a permuta tem se tornado comum: as empresas de transporte, meios de comunicação e hotelaria adotam, reciprocamente, não como norma geral, a permuta em seus negócios, mas, assim mesmo, com a obrigatoriedade de emissão de Notas Fiscais; as empresas de material de construção e as de construção civil têm adotado o sistema, mas também emitem Notas Fiscais, firmam contratos de promessa de compra e venda e lavram escrituras; nos negócios imobiliários (permuta de terreno por área construída e compra e venda de imóveis comerciais/residenciais) e nas vendas de veículos, a permuta tornou-se indispensável às suas atividades comerciais; nos negócios do setor agropecuário em que áreas rurais são trocadas por produção agrícola, gado em pé "de mamando a caducando" ou por fazenda de "porteira fechada", e tratores e/ou colheitadeiras por TDAs (Título da Dívida Agrária); nas incorporações, fusões ou simples compra/venda de empresas, em que se transfere o controle acionário/administrativo de verdadeiras potências comerciais, industriais e financeiras com a troca de ações de uma por ações de outra, independentemente de muitos milhões de dólares por fora; e nas trocas de títulos estaduais por títulos federais, dentre outras. Mas tudo isso ocorre sob o atual sistema tributário, e certamente não deixará de existir. Só que, com a instituição do **Dízimo Cívico**, tal como aqui proposto, o novo proprietário (pessoa jurídica ou física) terá que efetivar o pagamento/recolhimento do **Dízimo Cívico** dentro de cinco dias úteis da efetivação do negócio, sem o que não poderá exercer o direito de posse sobre os bens/títulos/ações etc. recebidos em permuta ou proceder a qualquer ato concernente aos mesmos.

A.IV-5.1   O que se imagina que venha a ocorrer após a instituição do **Dízimo Cívico** é exatamente o contrário da desintermediação bancária: o mercado preferir o pagamento através de cheque ou outra operação bancária, pela facilidade operacional do pagamento/recolhimento do **Dízimo Cívico**.

A.IV-6   Quanto à possibilidade de se criarem Câmaras de Compensação paralelas (não-oficiais), onde seriam negociados os produtos resultantes de uma suposta generalização da prática do escambo ou os cheques que não transitariam pelo sistema financeiro, torna-se ocioso comentar, porquanto se trata de uma ilegalidade plenamente configurada, além dos riscos de tal prática, a começar pelo desamparo legal das partes para demandarem em juízo.

A.IV-7   Restariam os nichos regionais do Nordeste brasileiro, onde as feiras de troca de produtos agrícolas ainda é uma constante (a de Quixadá-CE é uma delas), e os outros muitos lugares inóspitos e atrasados, no interior do interior do país, onde a prática do escambo é generalizada em conseqüência das próprias condições socioeconômicas e até culturais de sua população. Neles, ainda se troca uma cuité (cuia) com dois ovos por "uma mão" (punhado) de "sale" (sal), um cofo de macaxeira (aipim) por duas "mão" de milho verde (100 espigas) e se "bota no caderno" da quitanda o valor das compras da semana (quase sempre aos domingos), que são esporadicamente pagas com parcas cédulas envelhecidas – ensebadas, riscadas, às vezes rasgadas e coladas com grude ou clara de ovo – e a expressão "é só o que tem"; e o "vale" do quitandeiro – escrito a lápis em pedaço de papel pardo da pior qualidade, rasgado a esmo da folha e "emitido" na hora como troco – é um respeitado meio de pagamento. O **Dízimo Cívico**, certamente, também não acabará com essa prática, nem a multiplicará. Mas, com certeza, a grande maioria dos brasileiros concordará "que mesmo o cambista ou o banqueiro do jogo do bicho não podem prescindir do sistema bancário" (Celso Ming).

Seção III
Dolarização

A.IV-8   Poder-se-á, ainda, argumentar que os recebimentos passariam a ser exigidos em moeda estrangeira para fugir-se ao pagamento do **Dízimo Cívico**, estimulando a dolarização da economia (todo mundo recebendo e pagando em dólar norte-americano, como ocorreu na Argentina, em passado não distante, quando foi conflagrada por um sério processo de hiperinflação). Ora, para comprar dólares precisar-se-á de reais; onde, então, obtê-los sem o pagamento do **Dízimo Cívico**? (IV-5, b) E onde haverá moeda estrangeira em espécie suficiente às necessidades monetárias da economia brasileira? O mercado paralelo de dólares é muito limitado e seu volume é ínfimo comparativamente ao valor total das transações comerciais e financeiras nacionais. E não há como fazer a moeda estrangeira circular livremente no sistema financeiro interno. Além do mais, a obrigação do pagamento/recolhimento do **Dízimo Cívico** não é de quem compra (paga o preço do bem/produto/mercadoria/serviço), mas de quem vende (recebe o valor da venda). Será que o bem/produto/mercadoria ou serviço em questão é tão exclusivo que leve o comprador a aceitar a diminuição de seu poder aquisitivo em 10% (ao retirar os reais em espécie de sua conta bancária, para comprar dólares em espécie no mercado paralelo) para "beneficiar" o doleiro? A não ser que se trate de "lavagem" de dinheiro de origem escusa, mas, assim mesmo, haverá o risco de sanções legais ao banco (retiradas de dinheiro em espécie acima dos limites estipulados pela SRF) – (IV-5.2).

A.IV-9   Em desestímulo à dolarização existe, ainda, o risco de manter-se em mãos, ou mesmo em cofres bancários ou de seguradoras, elevadas quantias em dólares, independentemente de possíveis perdas em função da flutuação de sua cotação.

Seção IV
Insuficiência Arrecadatória

A.IV-10   Diz-se, também, que a tributação única não produzirá os recursos necessários à demanda tributária (sentido genérico) do país (União, DF/Estados e Municípios) em regime de inflação baixa ou de não-inflação, e que seus cálculos (relativamente ao *imposto único*) foram feitos quando o Brasil enfrentava uma inflação mensal de mais de 30%. Isto não é verdade, pelo menos no caso presente. Os cálculos de receita do **Dízimo Cívico** teveram por base a arrecadação efetivada da CPMF em 2005, a sua estimativa para 2006 e a previsão para 2007, ocorrendo sempre a superioridade de arrecadação do **Dízimo Cívico** em relação à arrecadação sob a vigente legislação tributária (A.II-12; A.II-13; A.II-15.1).

Seção V
Monetização

A.IV-11   Aos que considerarem que um tributo de 10%, mesmo sendo único, geraria a monetização (monetarização, segundo alguns economistas) da economia (todo mundo exigindo recebimento em espécie), criando, assim, outra forma de sonegação – provocada pela desintermediação bancária –, lembra-se que tal não ocorrerá em regime de economia estável, porquanto o controle do meio circulante (em linguagem econômica chamado M1, ou seja, o dinheiro em poder do público, em espécie e em depósitos bancários à vista) tende a ser rígido e a expansão da base monetária (papel-moeda em circulação mais reservas bancárias), eficazmente controlada. Por outro lado, é impossível que todo esse meio circulante fique permanentemente sem transitar pelo sistema financeiro. O dinheiro em espécie em poder do público (que é uma parte do M1) é apenas uma pequena porção do volume de moeda nacional (todos os ativos financeiros ou M4, isto é, o M1 mais caderneta de poupança, aplicações financeiras e fundos em geral, aplicações em bolsa, títulos da dívida pública e demais, bens em geral, derivativos, operações em ouro etc.) estará sempre em circulação. É verdade que haverá um residual rotativo de cerca de 30% desse M1 que ficará retido em mãos da população. Mas pelo menos 70% de seu volume estará transitando diariamente, uma ou mais vezes, pelo sistema financeiro, deixando em cada transferência (transação) o **Dízimo Cívico**. Caso, porém, interesse ao governo reduzir, ainda mais, a margem de sonegação remanescente do M1, conseqüente de pagamentos tradicionalmente efetuados em espécie (bancas de revista, táxis, engraxatarias, frutarias/fruteiras, estacionamentos não-empresariais, briques/brechós, feiras livres e outros) é só instituir pequenas Notas Fiscais resumidas (Série D-1), tipo NF de postos de combustível ou Cupom Fiscal de caixas/máquinas registradoras, de emissão obrigatória, para controle de sua receita bruta e do pagamento/recolhimento do **Dízimo Cívico**, deixando sua fiscalização a cargo da Receita Municipal que, após a instituição do **Dízimo Cívico**, ficará liberada da fiscalização dos tributos até então cobrados pelo Município.

A.IV-12   O jornalista Milton Gamez proclama: *Dinheiro tem morte lenta com automação – Compra eletrônica e cartão inteligente crescem no Brasil e permitem que os consumidores carreguem cada vez menos moeda em carteira* (FOLHA DE S. PAULO, 19/11/1995).

A.IV-12.1   Bill Gates, em *A estrada do futuro*, falando do presente, sentencia que um computador de bolso (menor que um maço de cigarros) poderá ser conectado ao computador da loja, permitindo o pagamento do valor da compra sem manuseio de dinheiro (papel-moeda), o que já ocorre com o uso de alguns cartões, tal como o *Visa Electron* do Banco do Brasil e o da RedeShop. Odécio Gregio, ex-diretor de tecnologia do Bradesco, assegura que tecnicamente pode-se acabar com o uso de dinheiro e cheques na relação entre banco e correntistas: "A realidade econômica e cultural é que me impede de fazer isso".

A.IV-13   O professor Mário Henrique Simonsen admitia que o custo do transporte do dinheiro em espécie, incluindo o prêmio do seguro que cobriria os riscos dessa operação, de pouca monta relativa, seria "o limite de incidência" do *imposto único* (EXAME, 16/8/1995) – por sinal, o mesmo pensamento do ex-deputado federal Luís Roberto Ponte, Autor de alternativa proposta de reforma tributária, e do economista Augusto Jefferson Lemos – o que inviabilizaria uma alíquota de 10%, aqui sugerida. Resposta a essa argumentação será encontrada no corpo deste trabalho. Sobre o assunto, Marcos Cintra afirma que aquele custo e risco (do transporte físico de numerário) "podem ser aumentados mediante medidas legais" (*Em boca calada não entra mosquito,* FOLHA DE S. PAULO, edição ignorada). Algumas dessas "medidas legais" podem ser as que estão aqui sugeridas.

Seção VI
Neutralidade

A.IV-14   Muitos ilustres economistas dizem ser contra o *imposto único* (**Dízimo Cívico**) por não atender ao princípio da neutralidade. E o que é neutralidade, no conceito tributário? Diz-se do tributo que não interfere na atividade econômica. Pergunta-se: qual o tributo que não interfere na atividade econômica? Pelo fato de não existir esse tributo, alguns economistas elegem como ideais aqueles que acreditam interferir menos, como, por exemplo, o ICMS, a que designam de imposto sobre o valor agregado (IVA), ou valor adicionado. Ora, o IVA, como fator de relativa neutralidade, só funciona no processo produtivo (fabricação de um produto), graças a uma parafernália de livros de escrituração de débitos e créditos tributários, com levantamento e apuração permanentes dos créditos/ressarcimentos de pagamentos de tributos sobre insumos/matérias-primas integrantes de produtos exportáveis (*draw-back*) etc., de resultados duvidosos; mas não funciona no processo de comercialização. Nessa cadeia (da comercialização) atua como um legítimo e perfeito imposto não-cumulativo, mas com forte interferência na atividade econômica, aumentando, em cada etapa, o preço dos serviços e/ou mercadorias transacionados, agregando-lhes custos: fabricante para grande atacadista, grande atacadista para médio atacadista, médio atacadista para pequeno atacadista, pequeno atacadista para lojista, lojista para consumidor final. Mesmo nos casos de poucos intermediários o procedimento é idêntico[1]. Até parece que a comercialização de mercadorias e serviços não é considerada atividade econômica. Por que, então, repudiam o *imposto único* (**Dízimo Cívico**) por ser um tributo que, segundo eles, não atende à neutralidade pretendida, apesar de estar destituído de toda e qualquer complicação escritural e de ser facilmente identificável e quantificável até para o caso de se desonerar o produto exportável de sua incidência? Caso, no entanto, busquemos o conceito de neutralidade do economista André Lara Resende, o **Dízimo Cívico** atende, também, a esse princípio/critério.

[1] Há exceções – como nos casos da tributação do óleo diesel e do cigarro, dentre outros com dois ou três repiques (etapas intermediárias de comercialização) – quando, independentemente do recolhimento do IPI, o ICMS é adicionado de 20% (alíquota variável, dependendo do produto) na fonte produtora, isentando de seu recolhimento nas demais etapas de comercialização da mercadoria. É a chamada Substituição Tributária, em que o ICMS é cobrado somente na origem (fabricante), restrita a determinados produtos. Quando esses produtos são exportados para outras Unidades Federativas, o Fisco do Estado destinatário da mercadoria somente concorda com a Substituição Tributária quando são identificáveis as demais fases de sua comercialização.

Seção VII
Progressividade

A.IV-15   Por que a exigência generalizada de progressividade tributária explícita de um tributo? Que tabu é este que o mundo de alguns ilustres economistas criou? A progressividade deve ser no volume do tributo a recolher em razão da circulação mais rápida da riqueza nacional, não na cotação de sua alíquota. O que importa não é a progressividade da alíquota, mas a justiça social do tributo. Com o **Dízimo Cívico**, os ricos pagarão/ recolherão mais, em volume. Os pobres pagarão/recolherão menos, em volume. Mas todos pagarão seu tributo sob a mesma alíquota. É uma questão até de cidadania. Todos são cidadãos por igual. Não há por que, a título de distributivismo da renda nacional, instituir-se como dogma o confisco da riqueza dos que mais produzem, dos que enriquecem a nação, dos que pagam salários, pessoas físicas ou jurídicas. Quanto mais tiverem, mais distribuem, quer por meio de pagamento de melhores salários, quer por intermédio de maiores investimentos, quer em função de maior consumo, ou mesmo por gerarem mais poupança, que é salutar à economia do país. A progressividade tributária, tal como entendem os economistas/fiscalistas, é um inibidor do desenvolvimento e, muitas vezes, um desestímulo ao aumento da produção. É mais fácil haver distributivismo por meio do mercado (setor privado) do que por intermédio do setor público, supostamente eivado de privilégios e, às vezes, de corrupção. Ao setor público cabe proceder à distribuição de renda via despesas orçamentárias seletivas, melhor aplicando o dinheiro público, sem corrupção, sem paternalismos e sem apadrinhamento político. A progressividade da alíquota é, a nosso ver, um dos equívocos do imposto SIMPLES para as pequenas empresas.

A.IV-15.1   Sobre o fim da progressividade e a volta ao tributo proporcional, o professor Mário Henrique Simonsen, em seu artigo da revista Exame de 26/6/1991 (A.III-1), pontificou: "Hoje, os méritos da progressividade são fortemente contestados. Boa parte dos países desenvolvidos reduziu consideravelmente o número de alíquotas progressivas, assim como a alíquota máxima. E a tendência parece ser a volta ao **imposto proporcional**. A queda do mito da progressividade se deve a vários fatores. (...) **Que adianta ter um imposto de renda fortemente progressivo se com ele convivem outros impostos fortemente regressivos? O melhor seria fundi-los num ÚNICO IMPOSTO proporcional** (...). Por outro lado, para que serve o sistema tributário progressivo se a despesa pública beneficia os ricos muito mais que os pobres? Melhor seria, no caso, que o orçamento encolhesse e que o mercado cuidasse dos conflitos de interesse dos ricos. Na realidade, a grande tarefa distributiva do governo deve ser operacionalizada pela despesa pública, oferecendo educação, saúde e assistência aos mais carentes. Diante disso, desfaz-se, pelo menos em grande parte, o encanto da progressividade". (Os destaques não constam do original.)

Nota: A visão de futuro de Mário Henrique Simonsen veio a ser comprovada no respeitante à tendência da volta à adoção do tributo proporcional, com a instituição no Leste europeu do imposto identificado internacionalmente por *Flat Tax* (A.III).

Seção VIII
Seletividade

A.IV-16   Por que muitos economistas, principalmente os integrantes dos órgãos fazendários governamentais, apoiam a seletividade tributária e não desejam abrir mão dela? Por que não quererem baixar o preço, dentre outros produtos/mercadorias, das bebidas, dos cigarros, dos perfumes/cosméticos e dos carros? Não há exemplo conhecido de alguém que deixou de tomar sua cachaça ou de pitar seu cigarro porque o preço seja elevado. Como, também, não se acredita que alguém vá tomar mais cachaça ou fumar mais cigarro só porque seus preços baixaram. Porém, com o carro mais barato e os planos atuais (julho de 2006) de pagamento a prazo, a indústria automobilística vai explodir e todas as montadoras, com o maior prazer deste mundo, em troca do **Dízimo Cívico**, aplaudirão a extinção das imunidades/isenções e facilidades fiscais que receberam a título de incentivo. O **emprego nessa área reflorescerá**, embora com moderação, em face da automação progressiva do setor; mas não se precisará criar, novamente, qualquer reserva de mercado para os fabricantes de autopeças ou manter elevadas as alíquotas de importação desse nicho industrial. Quanto aos perfumes/cosméticos, as mulheres (a parte maior da sociedade brasileira) bem que merecem a redução substancial de seus preços; afinal de contas elas apreciam sentir-se melhor apresentáveis, qualquer que seja sua condição socioeconômica.

Nota – No Brasil, o setor de perfumes/cosméticos é tributado com alíquotas elevadíssimas (muito superiores a 50%); no Paraguai, a tributação é muito menor. Essa disparidade é estimuladora ao incremento do contrabando.

A.IV-16.1   O ex-deputado federal Luís Roberto Ponte, por exemplo, alicerça sua proposta de Reforma Tributária na Seletividade. Em seu projeto, ele concentra a tributação sobre uns poucos produtos, a serem fortemente taxados na fonte produtora, a saber: "Cada litro de petróleo refinado, cada quilowatt-hora de energia gerado, cada impulso eletrônico de comunicação ocorrido ou cada litro de bebida produzido"[1], medidos eletronicamente com retração direta da *base de cálculo* e expansão indireta da *base tributária* (*O novo caminho com os impostos não-sonegáveis*, ZERO HORA, p.17, 1/3/1998). Com o **Dízimo Cívico**, aqui sugerido, tem-se a retração da *base de cálculo*, mas a expansão da *base tributária* é direta, com efetiva participação de toda a sociedade na formação da receita tributária nacional, de forma a lhe dar plena consciência do exercício de sua cidadania.

[1] Mais tarde (1999), Luís Roberto Ponte alterou sua proposta original. Incluiu em sua lista de impostos seletivos os produtos originários do tabaco e a produção automobilística; acrescentou dois outros impostos – um, sobre as transações financeiras, a que denominou de ITF, à semelhança da proposta de Marcos Cintra e com inspiração na CPMF, e outro, sobre o valor agregado, o IVA, incidente sobre produtos e mercadorias – e manteve o imposto sobre rendimentos (IR), que funcionaria como um imposto de compensação à eventual incapacidade arrecadatória dos impostos retroaludidos, com alíquota oscilante (para mais ou para menos), conforme a necessidade governamental. E, por fim, manteve um imposto municipal, que poderia ser sobre serviços (ISS) ou sobre o patrimônio (IPTU), ou sobre o consumo (IVV).

Seção IX
Subsídios e Isenções

A.IV-17   Prega-se, com a maior tranqüilidade, que a revogação de todos os subsídios e isenções fiscais atualmente (2006) existentes resolveria, em grande parte, o problema da arrecadação pública e que a criação de um corpo especial de fiscais submetidos ao Ministério Público, para exigir o cumprimento da lei, resolveria o restante dos problemas de escassez de arrecadação tributária sobre a renda. E, assim, não se precisaria do *imposto único* (**Dízimo Cívico**). Ora, como extinguir, pura e simplesmente, subsídios e isenções – muitos dos quais inscritos na Constituição Federal – sem dar, em contrapartida, algum benefício que lhes seja superior, em valores ou em resultados operacionais ou sociais, e com abrangência particular e pública, atingindo a universalidade da Nação? Com o **Dízimo Cívico** sobre recebimentos de valor, a contrapartida à extinção dos subsídios/isenções vigentes será proporcionada pelos imensuráveis benefícios que sua instituição trará à entidade atingida, em particular; à coletividade, em geral, e à Nação, como um todo, tal como provado neste trabalho. Quanto à criação de mais um quadro de fiscalização tributária da renda e, adicionalmente, subordinado a outro órgão público que não a SRF, acredita-se desnecessário contestar, por sua ausência de lógica.

Seção X
Unicidade da Base de Cálculo

A.IV-18   Insurgem-se alguns eminentes economistas contra a tributação única (popularizada de *imposto único*) por entenderem ser "loucura colocar toda a arrecadação em uma única base de cálculo". Parece-nos falacioso esse argumento, pelo menos em relação à presente proposta. Vejamos.

A.IV-18.1   O **Dízimo Cívico**, efetivamente, tem por suporte uma única *base de cálculo* (o que se tributa ou sobre o que se calcula o tributo), só que é a mais sólida *base de cálculo* de que se tem notícia (**recebimentos de valor**, qualquer que seja ele). É uma *base de cálculo* restritiva, mas não frágil como o foram as que historicamente surgiram: François Quesnay sugeriu, no século XVIII, que a tributação incidisse unicamente sobre a produção agrícola, e o jornalista Henry George propôs, no século XIX, que incidisse somente sobre o valor da terra. Seria o mesmo que alguém propusesse que o **Dízimo Cívico** recaísse, apenas, sobre os recebimentos de valor provenientes da produção automobilística ou sobre os resultados da venda do fumo, ou, quem sabe, sobre a venda de bebidas alcoólicas. Ou, até mesmo, se incidisse – apesar de sua amplitude – somente sobre as *transações financeiras*. Aí, sim, teríamos uma única *base de cálculo* bastante perigosa. Mas, tal como se encontra estruturada esta proposição de **Dízimo Cívico**, o que ocorre é exatamente o oposto: a mais confiável *base de cálculo* possível – o recebimento de qualquer valor ou bem (quando o bem for o próprio valor ou o meio de pagamento) pela transferência (venda/cedência/cessão/transmissão/troca) da propriedade, do domínio e/ou da posse, a qualquer título, de tudo o que existe ou venha a existir no Universo, quantificável em reais, isto é, que tenha valoração econômica, cujo tributo será pago/recolhido pelo receptor/cessionário do valor ou do bem. Abrangendo todos os recebimentos de qualquer natureza efetuados em território nacional, nada fica livre do alcance fiscal. Tudo está incluído: dinheiro, créditos, direitos, títulos, coisas e bens patrimoniais ou não etc.

A.IV-18.2   E a *base tributária* (formada por quem deve pagar o tributo) é a mais universal e diversificada que se pode conceber: todas as pessoas físicas (independentemente de idade ou atividade econômica), as jurídicas e os entes despersonalizados, de direito privado ou público.

A.IV-18.3   O que se prescreve com esta proposta é a unicidade tributária, ou seja, um único tributo. Em vez de dez, vinte, noventa tributos, propõe-se substituí-los todos por um único, somente. Ou unificá-los, tal qual o SIMPLES, que "unificou" alguns tributos federais e poderá incorporar outros, por meio de convênios, estadual e municipal. Com certeza a sociedade brasileira economicamente ativa não concorda com o economista Everardo Maciel (ex-secretário da Receita Federal), para quem "quanto maior o número de tributos, melhor" (*Jô Soares Onze e Meia, SBT*, 27/4/1998), numa flagrante contradição ao SIMPLES, sua criação. Ora, não existindo qualquer diferença filosófica entre recolher dez tributos e recolher um, por que, então, não se pagar/recolher somente um? E principalmente quando esse único tributo (**Dízimo Cívico**) arrecada muito mais do que os mais de 110 tributos (A.V-1)existentes atualmente (2006).

A.IV-18.4   Quanto aos "riscos" de essa "unificação" geral mostrar-se dependente de uma única *fonte arrecadadora* (quem arrecada o tributo – no caso, o sistema bancário), assegura-se que, atualmente, todo o sistema tributário também depende de uma única *fonte arrecadadora* (o mesmo sistema bancário) e dificilmente poderá eximir-se dela. Em caso de greve geral do sistema bancário, nem salário ao funcionalismo será pago. Primeiro, porque não haveria disponibilidade física da arrecadação retida nos bancos; segundo, porque não haveria condições materiais de pagá-lo, mesmo que o Banco Central colocasse à disposição dos Municípios, das Unidades Federativas e da União todo o seu estoque de dinheiro em espécie. Nem as Delegacias Regionais da SRF dispõem mais de qualquer centavo em espécie proveniente de recolhimento direto de tributo. A orientação é: "Por favor, preencha o *DARF* e faça o pagamento no banco".

Nota – A propósito, o sistema bancário, tal qual o de geração e transmissão de energia elétrica ou o de telecomunicação, em caso de greve geral, pára qualquer país. E uma hipotética greve global de qualquer desses sistemas pára o planeta. Quem detém, atualmente, o controle do funcionamento do globo terrestre não é mais o poder político/militar ou o poder econômico, mas, sim, os sistemas de serviços.

Seção XI
Unicidade de Linguagem Tributária Internacional

A.IV-19   Dizem, também, que a tributação única (**Dízimo Cívico**) vai na contramão da "linguagem tributária internacional" e que seria uma espécie de "dialeto" no sistema tributário globalizado, ou seja, não teria a "dicção" exigida ao "esperanto tributário" de que fala o economista Pedro Parente. A realidade é bem ao contrário. Se o SIMPLES surgiu como "imposto único" para as pequenas e microempresas, por que não se adotar regime tributário semelhante para todas as pessoas físicas e jurídicas? Por que não taxar por igual os valores (brutos) recebidos por todas as pessoas físicas em apenas 10% (**Dízimo Cívico**), sem qualquer isenção, escalonamento, desconto, dedução e, também, sem qualquer contribuição? Se o SIMPLES pode ser alcunhado de "imposto único", por que não adotar a unicidade tributária para todos, pessoas físicas e jurídicas? Ou, ainda, se o SIMPLES não está na contramão da "linguagem tributária internacional", por que o **Dízimo Cívico** estaria? Ou, em outras palavras, se não se pode adotar o **Dízimo Cívico** por ser "dialeto", por que, então, adotou-se o SIMPLES? Mais. Por acaso o Sistema Tributário Nacional é igual ao dos Estados Unidos? Não. Estamos convencidos de que a recusa peremptória de alguns à tributação única (**Dízimo Cívico**) deve-se ao ainda desconhecimento da presente proposta em todos os seus pormenores. E pode ocorrer que, uma vez instituído o sistema de tributação única no Brasil, por sua "simplicidade e generalidade", e, ainda, pela extrema facilidade de sua harmonização com qualquer outro sistema tributário internacional, outros países também o adotem, tal qual ocorreu quando da adoção do IVA pelo Brasil. E o *Flat Tax* (Capítulo A.III), por ser proporcional e cumulativo, estará, também, na contramão da "linguagem tributária internacional"?

Seção XII
Verticalização

A.IV-20   Contestam-se, também, declarações de alguns ilustres economistas de que a tributação única poderá provocar a verticalização da atividade produtiva, e é dado como exemplo dessa suposta verticalização a possibilidade de uma montadora de automóveis agrupar às suas atividades industriais a instalação de uma indústria de pneumáticos, acarretando grande prejuízo ao Fisco. Parece um argumento ocioso em face da tendência mundial rumo à terceirização total e à globalização da economia, que tem na pioneira sistemática de montagem adotada pela indústria de caminhões da Volkswagen em Resende-RJ, agora já seguida por outras montadoras, o maior exemplo do acerto da terceirização, ou seja, da antiverticalização. Se assim não fosse, as montadoras seriam suas próprias revendedoras. Fabrica-se onde for mais barato produzir. Mas, mesmo que tal verticalização viesse a ocorrer após instituído o **Dízimo Cívico**, é pouco provável que tivesse os resultados negativos proclamados pelos que lhe são contrários. O fato de fabricar integralmente um produto dentro da própria empresa não elimina a cadeia produtiva de seus componentes e dos insumos/matérias-primas que entram em sua composição. É impossível que se auto-abasteça de todos os componentes e dos insumos/matérias-primas de que necessita. Porém, mesmo que a indústria se torne auto-suficiente, quem será o beneficiário maior? Lógico que será o consumidor, a sociedade, que receberá produtos mais baratos, conseqüência da diminuição das etapas intermediárias da cadeia produtiva, sobre cuja receita bruta incidiria o **Dízimo Cívico**. E se o produto chegar mais barato ao consumidor, maior será o seu consumo e maior a sua produção, aumentando a escala de todos os valores envolvidos, incluindo o **Dízimo Cívico** a pagar/recolher, e, em conseqüência, propiciando a recuperação, para o Poder Público, da eventual perda tributária momentânea provocada pela suposta verticalização. Portanto, não vemos fantasmas nessa área.

Capítulo A.V

Extinção dos Atuais Impostos, Taxas, Emolumentos e Contribuições (IV-3)

A.V-1   Eis o que aqui se propõe: extinguir todos os atuais impostos, contribuições de melhoria, contribuições sociais, contribuições parafiscais (FGTS, contribuições econômicas, taxas e emolumentos) e outras, se houver, cotas, encargos e tarifas tributários (de características fiscais), custas judiciais e extrajudiciais/extrajudiciárias, demais emolumentos, adicionais e outros tantos tributos que mais designações tiverem, sejam federais, estaduais (incluindo o Distrito Federal) e municipais; enfim, literalmente todos os tributos/contribuições de qualquer denominação ou natureza existentes na data da extinção[1], entendendo-se como tributo todo e qualquer valor, a qualquer título, que seja pago/recolhido ao Poder Público (federal, estadual, incluído o Distrito Federal, e municipal), coercitiva e/ou compulsoriamente, para formação de suas receitas tributária e de contribuições sem aquisição/compra/transferência de bens e/ou serviços.

[1] 1. Com base na Constituição Federal de 1988 (art. 145 e seguintes), no Orçamento da União para 2006, na discriminação da Arrecadação da Receita Administrada pela Secretaria da Receita Federal (www.receita.fazenda.gov.br), no Orçamento do Estado do Rio Grande do Sul, no Resumo da Execução Orçamentária do Município de Porto Alegre-RS e, complementarmente, em listagem organizada pelo tributarista Ives Gandra da Silva Martins (para quem, além dos treze impostos constitucionais, há outros 103 tributos), especificam-se a seguir os tributos (sentido genérico) que pesam sobre as pessoas físicas e/ou jurídicas.

Federais – Impostos:
1.   Imposto sobre a Importação,
2.   Imposto sobre a Exportação,
3.   Imposto sobre a Propriedade Territorial Rural (ITR),
4.   Imposto sobre a Renda e Proventos de Qualquer Natureza (IRPF, IRPJ-Líquida de Incentivos, IRRF-Capital, IRRF-Remessa ao Exterior e IRRF-Outros Rendimentos),

5. Imposto sobre Grandes Fortunas (ainda não regulamentado pelo Congresso Nacional),
6. Imposto sobre Produtos Industrializados (IPI) – (IPI-Fumo, IPI-Bebidas, IPI-Automóveis, IPI-Vinculado à Importação e IPI-Outros Produtos) e
7. Imposto sobre Operações de Crédito, Câmbio e Seguro ou Relativos a Títulos ou Valores Mobiliários (IOF) – na comercialização do ouro e nas demais operações.

Taxas e Emolumentos:
8. Emolumentos e Taxas de Mineração,
9. Taxas de Fiscalização das Telecomunicações,
10. Taxa de Controle e Fiscalização de Produtos Químicos,
11. Taxas do Departamento de Polícia Federal,
12. Taxas de Migração,
13. Taxa de Licenciamento, Controle e Fiscalização de Materiais Nucleares e Radioativos e suas Instalações – TLC,
14. Taxa de Fiscalização dos Produtos Controlados pelo Ministério do Exército,
15. Taxa de Fiscalização dos Mercados de Títulos e Valores Mobiliários,
16. Taxa de Fiscalização dos Mercados de Seguro, de Capitalização e da Previdência Privada Aberta,
17. Taxa de Fiscalização de Serviços de Energia Elétrica,
18. Taxa de Fiscalização de Vigilância Sanitária,
19. Taxa por Plano de Assistência à Saúde (relativa à Saúde Suplementar),
20. Taxa por Registro de Produto (relativa à Saúde Suplementar),
21. Taxa de Registro por Operadora (relativa à Saúde Suplementar),
22. Taxa por Pedido de Reajuste de Contraprestação Pecuniária (relativa à Saúde Suplementar),
23. Taxa de Controle e Fiscalização Ambiental,
24. Taxa de Serviços Administrativos,
25. Taxa de Fiscalização sobre a Distribuição Gratuita de Prêmios e Sorteios,
26. Emolumentos Consulares,
27. Taxa de Utilização do Sistema Eletrônico de Controle de Arrecadação do Adicional ao Frete para a Renovação da Marinha Mercante,
28. Taxas de Avaliação do Ensino Superior,
29. Custas da Justiça do Distrito Federal,
30. Custas Judiciais,
31. Montepio Civil,
32. Taxa de Utilização do Sistema Integrado de Comércio Exterior – SISCOMEX,
33. Emolumentos e Taxas Processuais,
34. Taxa Militar,
35. Taxa de Classificação de Produtos Vegetais,
36. Taxas de Serviços Cadastrais – Incra e
37. Taxa de Serviços Aqüícolas.

Capítulo A.V - Extinção dos Atuais Impostos, Taxas e Contribuições 297

Contribuições Sociais:
38. Contribuição para o Financiamento da Seguridade Social – COFINS,
39. Contribuição do Salário-Educação,
40. Cota-parte da Contribuição Sindical,
41. Contribuição para o Ensino Aeroviário,
42. Contribuição para o Desenvolvimento do Ensino Profissional Marítimo,
43. Contribuição Sobre a Arrecadação dos Fundos de Investimentos Regionais,
44. Contribuição Provisória sobre Movimentação ou Transmissão de Valores e de Créditos e de Direito de Natureza Financeira (CPMF),
45. Contribuição para o Custeio de Pensões Militares,
46. Contribuição sobre a Receita de Concursos de Prognósticos (Loteria Federal, Loterias Esportivas, Concursos Especiais de Loterias Esportivas, Loterias de Números, Loteria Instantânea e Prêmios Prescritos de Loterias Federais),
47. Contribuição para o Plano de Seguridade Social do Servidor Público (Contribuição Patronal, Contribuição do Servidor Público Ativo e Servidor Público Inativo),
48. Contribuições Previdenciárias para o Regime Geral de Previdência Social (Segurado Obrigatório – Contribuinte Individual, Segurado Assalariado, Empresa sobre Segurado Assalariado, Empresa Optante pelo SIMPLES, Espetáculo Desportivo, Produção Rural, Seguro de Acidente do Trabalho, Reclamatória Trabalhista, Segurado Facultativo, Segurado Especial, Empregado Doméstico, Órgãos do Poder Público, Entidades Filantrópicas, Retenção sobre Nota Fiscal – Subrogação, Arrecadação FIES, Arrecadação FNS, Depósito Judicial/ Recursal/Custas Judiciais e Outras Contribuições Previdenciárias),
49. Contribuição Industrial Rural,
50. Contribuições para os Programas de Integração Social e de Formação do Patrimônio do Servidor Público – PIS/Pasep,
51. Contribuição Social sobre o Lucro das Pessoas Jurídicas,
52. Contribuição Relativa à Despedida de Empregado sem Justa Causa,
53. Contribuição sobre a Remuneração Devida ao Trabalhador e
54. Contribuição para o Fundo de Garantia do Tempo de Serviço (FGTS) – (Administrada pela Caixa Econômica Federal em nome e em favor dos trabalhadores beneficiários).

Contribuições Econômicas:
55. Contribuição para o Programa de Integração Nacional – Pin,
56. Contribuição para o Programa de Redistribuição de Terras e de Estímulo a Agroindústria do Norte e do Nordeste – Proterra,
57. Contribuição para o Desenvolvimento e Aperfeiçoamento das Atividades de Fiscalização (Selo Especial de Controle, Lojas Francas, Entrepostos Aduaneiros e Depósitos Alfandegados),
58. Contribuição sobre Apostas em Competições Hípicas,
59. Contribuição para o Desenvolvimento da Indústria Cinematográfica Nacional,

60. Adicional sobre as Tarifas Aéreas Domésticas,
61. Cota-parte do Adicional ao Frete para Renovação da Marinha Mercante,
62. Compensações Financeiras (Utilização de Recursos Hídricos, Exploração de Recursos Minerais, *Royalties* pela Produção de Petróleo ou Gás Natural-em Terra, *Royalties* pela Produção de Petróleo ou Gás Natural-em Plataforma, *Royalties* excedentes pela Produção de Petróleo ou Gás Natural-em Terra, *Royalties* excedentes pela Produção de Petróleo ou Gás Natural-em Plataforma e Participação Especial pela Produção de Petróleo ou Gás Natural),
63. Contribuição sobre a Receita das Concessionárias e Permissionárias de Energia Elétrica,
64. Contribuição pela Licença de Uso, Aquisição ou Transferência de Tecnologia,
65. Contribuição sobre a Receita das Empresas Prestadoras de Serviços de Telecomunicações (Receita Operacional Bruta decorrente de Prestação de Serviços de Telecomunicações e Receita Bruta das Empresas Prestadoras de Serviços de Telecomunicações),
66. Contribuição sobre o Faturamento das Empresas de Informática (Empresas Instaladas na Amazônia e Empresas Instaladas nas Demais Regiões),
67. Contribuição Relativa às Atividades de Importação de Petróleo e seus Derivados, Gás Natural e Álcool Carburante,
68. Contribuição Relativa às Atividades de Comercialização de Petróleo e seus Derivados, Gás Natural e Álcool Carburante (com inclusão da Cide-Contribuição de Intervenção no Domínio Econômico) e
69. Outras Contribuições Econômicas (não especificadas).

Estaduais – Impostos:
70. Imposto sobre Operações Relativas à Circulação de Mercadorias e sobre Prestação de Serviços de Transporte Interestadual e Intermunicipal e de Comunicação (ICMS) – com distribuição de 25% aos Municípios do Estado respectivo,
71. Imposto sobre a Propriedade de Veículos Automotores (IPVA) – com participação do Município arrecadador em 50% e
72. Imposto sobre Transmissão *Causa Mortis* e Doação de Quaisquer Bens ou Direitos (ITCD).

Taxas e Emolumentos:
73. Taxa de Inscrição em Exames Supletivos,
74. Taxa de Manutenção e Serviços de Rodovias,
75. Taxa de Serviços – Fundo da Polícia Civil,
76. Taxa de Serviços de Florestamento e Reflorestamento (FUNDEFLOR),
77. Taxa de Serviços de Saúde Pública,
78. Taxa de Serviços de Trânsito – Alteração de Registro de Veículo Automotor,
79. Taxa de Serviços em Geral,
80. Taxa Judiciária,
81. Taxa de Contribuição ao Fundo de Assistência Judiciária (extrajudicial),

82. Taxa de Apreensão de Animais em Rodovias Estaduais,
83. Taxa de Assistência aos Médicos,
84. Taxa de Cooperação – Bovinos,
85. Taxa de Fiscalização de Agências Rodoviárias,
86. Custas Judiciais,
87. Custas e Emolumentos Extrajudiciais e
88. Emolumentos da Junta Comercial, Registro do Comércio e Afins.

Contribuições:
89. Contribuição à Associação dos Magistrados (extrajudicial) e
90. Contribuição Previdenciária Suplementar.

Municipais – Impostos:
91. Imposto Sobre Serviços ou Imposto Sobre Serviços de Qualquer Natureza (ISS),
92. Imposto sobre Transmissão de Bens Imóveis (ITBI) e
93. Imposto Predial e Territorial Urbano (IPTU).

Taxas:
94. Taxa de Coleta de Lixo,
95. Taxa de Conservação de Vias e Logradouros Públicos,
96. Taxa de Esgoto (em alguns Municípios encontra-se embutida na conta de água, representando, para efeito de apropriação de receita, até 80% do valor da respectiva conta de água),
97. Taxa de Licença para Construções, Arruamentos e Loteamentos,
98. Taxa de Licença para Elevadores, Monta-cargas e Escadas Rolantes,
99. Taxa de Licença para Escavações e Retiradas de Materiais do Subsolo,
100. Taxa de Licença para Estacionamento de Veículos,
101. Taxa de Licença para Localização, Instalação e Funcionamento de Atividades Comerciais, Profissionais e Prestação de Serviços e Similares (Alvará de Licença e Localização),
102. Taxa de Licença para Tráfego de Veículos,
103. Taxa de Limpeza Pública (ainda cobrada por muitos Municípios e pelo Distrito Federal),
104. Taxa de Pavimentação e de Serviços Preparatórios de Pavimentação,
105. Taxa de Serviços Cadastrais,
106. Taxa de Serviços de Trânsito,
107. Taxa de Sinistro,
108. Taxa de Vistoria de Veículos de Transportes Coletivos Intermunicipais e
109. Taxa de Vistoria em Painéis e Anúncios.

Contribuição:
110. Contribuição para Custeio do Serviço de Iluminação Pública (Emenda Constitucional nº 39, de 19/12/2002).

2. A Taxa Aeroportuária não foi incluída para extinção, por considerar-se aquisição de serviço específico.

3. As Custas Judiciais também devem ser extintas. A manutenção do Poder Judiciário, tal qual a do Poder Legislativo, deve ser obrigação do Estado, não devendo o cidadão pagar para ser beneficiário de seu funcionamento. O acesso à Justiça deve ser gratuito, independentemente da condição social ou econômica de seu pleiteante.

4. A Taxa de Esgoto – isolada ou embutida na conta de água – deve ser extinta. Esgoto é saneamento básico. E, tal qual Segurança, Educação e Saúde, é obrigação do Estado prover com recursos orçamentários.

A.V-2 Devem revogar-se todos os atuais incentivos, benefícios, subsídios, descontos, prazos de carência fiscais/tributários e todas as atuais imunidades, isenções, deduções, bonificações, vantagens, reduções de alíquota, renúncias e isonomias fiscais, facilidades, proteções alfandegárias e reservas de mercado etc. concedidos pelo Poder Público nos âmbitos federal, estadual (incluído o Distrito Federal) e municipal, em que sejam beneficiários pessoas físicas, pessoas jurídicas e os entes despersonalizados, de direito privado ou público, em todos os setores e áreas da economia e em todas as regiões do país.

Capítulo A.VI

Instituição do Dízimo Cívico sobre Recebimentos de Valor de Qualquer Natureza (IV-1)

A.VI-1   Instituir o **Dízimo Cívico** incidente sobre todo e qualquer recebimento de valor ou de bem (quando o bem for o próprio valor ou o meio de pagamento), a ser pago/recolhido pelo receptor do valor ou do bem objeto da tributação. Nos casos dos tributos extrafiscais ou regulatórios (exportação, importação e operações financeiras e cambiais) a alíquota variará de acordo com a política específica adotada pelo governo. O **Dízimo Cívico** não será aplicável nos recebimentos não-tributáveis.

Notas – 1. Nos recebimentos ou pagamentos em espécie, como exemplo, ocorrerá a seguinte situação: uma pessoa retira de sua conta bancária, em espécie, R$ 1.000,00, mas receberá somente R$ 900,00, porque o **Dízimo Cívico** (R$ 100,00) será cobrado na fonte. O portador desses R$ 900,00 certamente fará um ou mais pagamentos (transferência de numerário) a pessoas diversas que não serão identificadas, mas que já pagaram o seu **Dízimo Cívico** na fonte. Acontece que esse dinheiro haverá de transitar por diversas pessoas (que não irão ao Tesouro fazer o pagamento do **Dízimo Cívico** correspondente) até voltar ao sistema financeiro. Quando isto ocorrer, nos casos de depósito ou pagamento bancário ou de pagamento a qualquer pessoa jurídica ou mesmo pessoa física que tenha de dar recibo ou emitir Nota ou Cupom Fiscal, o depositante ou pagador terá de desembolsar mais 23,45679% do valor a ser depositado ou pago. Esse percentual refere-se a 10% correspondente ao **Dízimo Cívico** não pago pelo anterior recebedor desse valor (100-10%=90) e 10% do líquido (90-10%=81) correspondente ao **Dízimo Cívico** do portador. Isto significa que do dinheiro em espécie em poder de seu portador, na verdade somente 81% lhe pertencem efetivamente. Os outros 19% (sobre o bruto) ou 23,45679% (sobre o líquido) pertencem ao Fisco. E sua retenção por tempo superior a setenta e duas horas representará apropriação indébita. Essa composição constará do recibo de depósito bancário ou da Nota ou Cupom Fiscal das pessoas jurídica e física ou do recibo das pessoas obrigadas ou instadas a emitir comprovante de valores recebidos. E assim ocorrerá todas as vezes que houver retirada de dinheiro em espécie do caixa do banco até o dinheiro voltar ao sistema financeiro. Neste caso deixa de haver múltipla tributação ou até mesmo bitributação, porque ao Fisco não interessa saber quantas vezes esse dinheiro em espécie transitou de u'a mão para outra, mas, sim, que nesse dinheiro estará sempre embutido o **Dízimo Cívico** que não foi recolhido pelo receptor anterior e o **Dízimo Cívico** que o portador desse dinheiro também precisa pagar/recolher. E não faz sentido dizer que o seu portador retirou do banco (onde já teria pago o tributo antecipadamente) para pagar à loja ou fazer depósito em outro banco em dinheiro. Assim, se a conta a pagar for de R$ 80,00, o seu pagador em espécie terá de desembolsar 98,76 (R$ 80,00+R$ 9,88+R$ 8,88)*. Os valores em espécie correspondentes aos tributos recolhidos serão encaminhados dentro de setenta e duas horas para qualquer instituição financeira oficial com a indicação do CNPJ/CPF do contribuinte e intermediário, ocasião em que serão imediatamente transferidos *on line* para as três esferas de governo do Poder Público (União, Unidades Federativas e Municípios). O troco em espécie dar-se-á sempre com 10% a maior correspondente ao **Dízimo Cívico** do entregador que será recolhido por seu recebedor. Esse procedimento inibirá a movimentação de dinheiro em espécie, imune à tributação pelo sistema tributário em vigor (2006), em privilégio do uso de cartão de crédito/débito ou cartão pré-pago (com crédito de valores neles registrados, tal qual ocorre com os cartões telefônicos). O Banco Central fará diariamente a contabilização do numerário em espécie que permanecer em poder das instituições financeiras.

* Memória de cálculo: Para facilitar o cálculo, basta multiplicar o valor a depositar ou a pagar por 100 e dividi-lo por 81 para se obter o total que deve ser entregue ao banco ou à pessoa física ou jurídica a quem for efetuado o pagamento, ou, de outra forma, dividir o valor a depositar ou a pagar por 81 e clicar, na calculadora, a tecla de percentagem (%); ou, ainda, multiplicar o valor a depositar ou a pagar por 123,45679%.

2. Toda pessoa jurídica ou pessoa física registrada como autônomo ou profissional liberal será obrigada a emitir Nota ou Cupom Fiscal com identificação do produto comercializado ou serviço prestado (código do produto ou serviço) e de seu pagador (bastando mencionar o CNPJ/CPF) - (VI-25.1).

3. O Poder Público receberá o pagamento do **Dízimo Cívico** em moeda corrente do país. Quando o contribuinte receber um bem ou ativo financeiro, qualquer que seja o motivo de seu recebimento ou a sua natureza, o bem ou ativo financeiro será avaliado por entidade de reconhecida idoneidade e sobre o valor da avaliação o contribuinte pagará/recolherá, em reais, o respectivo **Dízimo Cívico**, como pré-condição para tornar legal sua posse ou, quando for o caso, para formalizar sua escrituração em cartório ou seu registro em repartição competente. Em caso de pagamento de dívida (dação em pagamento), se o valor da dívida for inferior ao da avaliação, prevalece o valor da avaliação.

4. Nos casos de escambo (troca/permuta) de bens ou ativos financeiros, após sua avaliação por entidade idônea, os valores serão somados e divididos por dois, e sobre esse resultado será calculado e pago/recolhido o respectivo **Dízimo Cívico**, também como precondição para tornar legal a posse dos bens ou ativos financeiros

permutados ou, quando for o caso, habilitado à escrituração em cartório ou ao registro em repartição competente (IV-6, c). Essa divisão por dois faz-se necessária para evitar a bitributação, tendo em vista que na permuta existe somente uma operação negocial. As partes decidirão entre si quem pagará/recolherá o **Dízimo Cívico** e qual o percentual de cada uma delas nesse recolhimento.

5. O Poder Público quando receber algum bem ou ativo financeiro em pagamento de dívida (dação em pagamento), esse bem ou ativo financeiro será vendido em licitação pública via Internet e sobre o valor recebido será recolhido o **Dízimo Cívico**. Na hipótese de o Poder Público decidir manter o bem ou ativo financeiro em sua posse, mesmo assim recolherá o **Dízimo Cívico**, que será calculado sobre o seu valor de recebimento, à custa de sua receita. Se, em algum tempo, no futuro, o Poder Público resolver alienar esse mesmo bem ou ativo financeiro, ou parte dele, o **Dízimo Cívico**, depois de realizados os cálculos, será recolhido sobre a diferença a maior, se houver.

A.VI-1.1 O pagamento/recolhimento do **Dízimo Cívico** será universal. Sem renúncia, imunidade, isenção, desconto, dedução, subsídio, incentivo, bonificação, redução, benefício, carência, vantagem, compensação, facilidade, proteção alfandegária etc. de qualquer espécie. Mesmo a União, o Distrito Federal, os Estados e Municípios, pelos seus órgãos, autarquias, fundações, empresas públicas/estatais e de economia mista, deverão pagar/recolher o **Dízimo Cívico**. Do que a União receber pela venda de bens de seu patrimônio, a própria União, o Distrito Federal, os Estados e Municípios terão participação no **Dízimo Cívico** respectivo. E a recíproca se dará quando os bens vendidos provierem da venda do patrimônio do Distrito Federal, dos Estados ou dos Municípios (rever a letra "a", VI, do art. 150 da Constituição de 1988). Assim, todos terão de pagar/recolher o **Dízimo Cívico**. As únicas imunidades/isenções para o Poder Público serão os recebimentos provenientes da própria Receita Tributária (**Dízimo Cívico**) e os conseqüentes de emissão/colocação de títulos públicos no mercado primário. Para a União, isoladamente, também os provenientes das operações financeiras efetuadas pelo Banco Central na condição de agente do Tesouro Nacional.

A.VI-2 Ficam proibidas a reativação dos tributos extintos e a instituição de novo tributo, de qualquer natureza, mesmo temporário ou provisório, a qualquer título ou pretexto, salvo em casos de guerra e/ou calamidade pública nacional.

CapítuloA.VII

Recebimentos Tributáveis

A.VII-1   Como *base de cálculo* propomos a tributação sobre todo e qualquer recebimento de valor, por qualquer meio, incluído o recebimento pela transferência (venda/cedência/cessão/transmissão/troca) da propriedade, do domínio e/ou da posse, a qualquer título. Abrangendo todo e qualquer valor bruto (quantia em dinheiro) recebido, auferido, creditado ou depositado em conta bancária, de toda e qualquer natureza, origem/procedência ou espécie, qualquer que seja sua finalidade, em que o beneficiário/receptor/cessionário seja pessoa física (independentemente de idade e atividade econômica, incluídos os espólios), pessoa jurídica (incluídas as massas falidas) ou ente despersonalizado, de direito privado ou público, alcança tudo que existe ou possa existir no Universo, quantificável em reais. Também é tributável o recebimento de valor, ou de bem, quando houver pagamento/dação, troca/permuta (escambo), doação, por herança, legado, por disposição testamentária/inventário, usufruto, por empréstimo ou oferta de presente, ou, ainda, via procuração em causa própria pela transferência (transmissão/cessão/cedência) da propriedade, do domínio e/ou da posse. É tributável, também, qualquer recebimento de valor representado por moedas nacional e estrangeiras (papel-moeda ou créditos), ouro e outros metais, jóias, pedras preciosas e semipreciosas, objetos, coisas, serviços, produtos, direitos, ativos, títulos, ações e participações, créditos, bens móveis e imóveis, materiais e imateriais, fungíveis e infungíveis, consumíveis e inconsumíveis, divisíveis e indivisíveis, singulares e coletivos etc., públicos e particulares, e tudo o mais que possa ser quantificado em reais, a qualquer título. Mais ainda: são tributáveis os recebimentos de quantias em dinheiro ou equivalentes provenientes de qualquer tipo de transação/transferência/evento, incluindo compra e venda, leilão, dação em pagamento, execução de arresto/penhora, hipoteca/penhor e caução, produção, venda e/ou prestação e fornecimento de serviços em geral (incluídos os bancários, financeiros, de créditos e securitários, os domésticos e os não-habituais, os informais e os prestados de forma aleatória, os prestados por profissionais liberais, autônomos, *free lancers*, independentes, biscateiros e demais sem atividade definida), comissões (incluídas as de venda e as de corretagem), tarifas e taxas em geral (incluídas as de administração); os provenientes de ordenados, salários, vencimentos, subsídios, proventos de qualquer natureza, remuneração, honorários, féria(s) de taxistas, engraxates e outros, produtividade, consultas em geral, *pro labore*, cachês artísticos e/ou de qualquer outra modalidade, aposentadorias de qualquer origem, reforma por moléstia grave ou por invalidez permanente, férias e o 1/3 constitucional, adicionais de periculosidade, insalubridade e atividade penosa, aviso prévio, saldos originais e/ou remanescentes do FGTS, 13º e outros salários suplementares e/ou complementares, horas extras, adicionais de qualquer espécie, *fringe benefits* que serão devidamente quantificados, tíquetes-refeição (pessoas jurídicas exploradoras, pela intermediação dessa atividade) – diferença entre os montantes que recebem das pessoas jurídicas e os que repassam aos fornecedores das refeições –, tíquetes-alimentação, vales-transporte e horas *in itinere*; os provenientes de reembolso e/ou resgate de qualquer natureza, indenizações em face de rescisão de contrato de trabalho, acidentes de trabalho e demais de origem trabalhista (incluídas as verbas rescisórias e reflexos, *plus* etc.), benefícios recebidos de entidades seguradoras e/ou de previdência privada em decorrência de morte do segurado, de acidentes ou de invalidez permanente, reserva, reforma, pensões civis e militares (incluídas as alimentícias ou qualquer outra em cumprimento de acordo ou decisão judicial), pecúlio, indenizações de qualquer natureza (incluídas as de seguradoras), dividendos, bônus e bonificações em geral, gratificações e remuneração de estagiários (*trainee*) e residentes; os provenientes de atividades rurais (pecuárias, agrícolas, aqüícolas, hortifrutigranjeiras e todas as demais do gênero, tais como criação de aves em geral, animais de pequeno, médio e grande porte, animais silvestres e domésticos, piscicultura, reflorestamento, cultivo de bicho-da-seda, produção de adubo orgânico, cultura de flores/folhagens, plantas ornamentais, grama/capim, rãs, minhocas e demais produtos etc.); os provenientes de promoção de sorteios (promotores) de qualquer tipo, incluídos os lotéricos em geral, prêmios e receitas de concursos de prognósticos em geral, rifa, bingo, programas de rádio/TV ou similares e respectivos prêmios (contemplados); os provenientes de "bicho" de futebol/esportes em geral, prêmios e receitas de apostas de competições hípicas, prêmios e receitas de jogos, incluídos os chamados de azar, em geral e de apostas em geral; os provenientes de correção monetária e rendimento de títulos de capitalização e/ou de seguros; os provenientes de produtividade, incentivo, *plus* etc.; os provenientes de retiradas, antecipações, adiantamentos, ajudas de custo e diárias sem prestação de contas, "auxíliopaletó", auxílio-moradia, auxílio-telefone, verbas de representação e demais; os provenientes de contribuição de qualquer natureza e/ou origem, óbolo, dízimo e coleta recebidos por instituições religiosas (rever o art. 150 da Constituição de 1988); os provenientes de adjutório, gorjeta e "serviço" (por bares/restaurantes ou similares e/ou garçons/*maîtres* e demais); os provenientes de entrada/arras/sinal e luvas; os provenientes de rendimentos (lucro/remuneração) de aplicações financeiras (FIF e fundos em geral, CDBs, RDBs, renda fixa, pré e pós-fixados, ouro em bolsa, mercado aberto/à vista/opções, *commodities*/Mercadorias & Futuros, derivativos, operações de câmbio, cadernetas de poupança, mercado de ações, debêntures, *commercial papers* e outras aplicações existentes e por existir); os provenientes de rendimentos (lucro/remuneração) de títulos de qualquer natureza (incluídos os títulos públicos em geral) e valores mobiliários; os provenientes de lucros em geral (pessoa física), lucros/rendimentos (pessoa jurídica) obtidos de fontes estranhas ao objeto social, participação nos lucros de pessoa jurídica (pessoas física e jurídica), *royalties* (pessoas físicas, jurídicas e o Poder Público) e direitos autorais em geral (incluídas as marcas e patentes), franquias, concessão e/ou transmissão de direitos, ganhos/rendimentos do trabalho e do capital eventualmente não incluídos no principal ou quando em separado deste e todas as receitas operacionais e não-operacionais de pessoa jurídica; os provenientes da venda de tíquetes (bilhetes/entradas/convites) de cinema, circo, teatro, competições esportivas, exibições artísticas e esportivas, eventos sociais, culturais/literários e profissionais/empresariais (feiras em geral) e espetáculos em geral; os provenientes de juros compensatórios, remuneratórios e/ou moratórios, de comissões remuneratórias de intermediação ou por prestação de serviços em geral, de multas em geral e os provenientes de empréstimos/financiamentos não-bancários; os provenientes de aluguéis de bens móveis e imóveis, arrendamentos, rendimentos de uso, fruição e exploração de direitos; os provenientes de aumento de participação societária por incorporação de lucros (quando as ações/cotas/participações conseqüentes desse aumento forem vendidas/cedidas/transferidas); os provenientes de operações comerciais de bens, coisas, direitos, mercadorias, serviços, papéis/títulos ou quaisquer outros valores mobiliários ou de cessão/transferência de cotas de capital/ações e direitos de crédito; os provenientes de retiradas (saques) bancárias em espécie de suas próprias contas por pessoas físicas, jurídicas e entes despersonalizados; os provenientes de concessão e/ou permissão de serviço público ou privado, concessão de exploração de serviço público (incluídos os setores de transportes, comunicações/telecomunicações etc.) e de reservas minerais a céu aberto e/ou do sub-solo e subaquática, pedágio etc.; os provenientes das atividades de transporte de cargas, encomendas, valores e reembolso postal; os provenientes da atividade de correios (transporte de cartas, encomendas e outras atividades afins); os provenientes da exploração de negócios relativos a minas de carvão, pedra (em geral, incluindo mármore e demais), areia etc.; os provenientes de construções em geral; os provenientes de confecções, trabalhos artesanais e de arte em geral; os provenientes de remessas do exterior (caso não sejam isentadas de tributação); os provenientes de operações que envolvam crédito e/ou transferência de numerário, créditos em conta bancária e/ou transmissão de direitos de natureza financeira e depósitos bancários em espécie; os provenientes de qualquer decisão judicial e todos os demais, incluídos os recebimentos pelas fundações, cooperativas (sociedade de pessoas) em geral, "cooperativas" de trabalho, condomínios (reunião de pessoas) e todos os demais recebimentos não especificados e aqui não qualificados, no território nacional, por qualquer meio, cujo **Dízimo Cívico** será pago/recolhido pelo beneficiário/receptor/cessionário e/ou herdeiro/legatário/donatário, pessoa física ou jurídica, ou ente despersonalizado, de direito privado ou público, com residência e/ou domicílio civil/fiscal/tributário no país ou no exterior, no ato do recebimento/crédito/transferência/cessão do valor ou do bem (quando o bem for o próprio valor ou o meio de pagamento) correspondente à operação e/ou ao evento ocorrido em território nacional, salvo as exceções (Recebimentos não-Tributáveis). O valor da dívida contraída com ente privadoanteriormente à instituição do Dízimo Cívico e posteriormente perdoada, também será tributado. O codicilo somente será tributado quando este ocorrer em dinheiro, qualquer que seja a moeda.

A.VII-1.1   Nos casos de execução de arresto/penhora/hipoteca/penhor/caução, o executante-credor recolherá, prioritariamente, o **Dízimo Cívico**, deduzindo-o do valor bruto obtido do leilão ou da avaliação (caso de arresto, caução etc.). Do saldo serão satisfeitas as demais obrigações.

A.VII-1.2   Quando o prêmio recebido de qualquer tipo de sorteio for em bens/coisas, estes serão quantificados pelo seu preço de mercado ou, na falta, mediante avaliação, e sobre o valor será recolhido, pela pessoa premiada/contemplada, o respectivo **Dízimo Cívico**. A Receita Federal, no caso presente, adotará o sistema da Caixa Econômica Federal em que o imposto devido já está deduzido do valor do prêmio, sendo, portanto, o recolhimento do **Dízimo Cívico** de responsabilidade da pessoa (física ou jurídica) promotora do sorteio, que o fará indicando a qualificação do efetivo contribuinte (pessoa sorteada/contemplada), o qual receberá, juntamente com o prêmio, o comprovante do recolhimento do **Dízimo Cívico**.

AVII-1.3 Em se tratando de transação envolvendo direitos de crédito, o **Dízimo Cívico** será pago/recolhido sobre o seu montante pelo vendedor desses direitos. Se essa transação for contratada por valor inferior ao montante do crédito negociado, a referida operação deverá ser fiscalizada pela SRF. Se for efetivada por valor superior ao seu montante, o vendedor pagará/recolherá o **Dízimo Cívico** sobre o valor real da operação. Quando o débito relativo ao crédito negociado for quitado pelo devedor, o recebedor do seu valor pagará/recolherá o correspondente **Dízimo Cívico**.

A.VII-2 Integrando a *base tributária*, estão sujeitos ao pagamento/recolhimento do **Dízimo Cívico** as pessoas físicas (independentemente de idade e atividade econômica), as pessoas jurídicas e os entes despersonalizados, de direito privado ou público. Formam, assim, a *base tributária* as autarquias, as fundações e empresas públicas, sociedades de economia mista e demais órgãos públicos federais, estaduais e municipais, e as sociedades civis e mercantis. Também as pessoas que operam trabalho autônomo, informal, eventual ou de forma aleatória, os profissionais liberais e todas as pessoas que desenvolvam atividades agrícolas, pecuárias, industriais e comerciais de produção, montagem, criação, construção, transformação, importação, exportação, fornecimento, intermediação, representação comercial, distribuição, de entrega e comercialização de produtos/mercadorias em geral (incluídos os bens, móveis e imóveis, materiais e imateriais, fungíveis e infungíveis, consumíveis e inconsumíveis, divisíveis e indivisíveis, singulares e coletivos etc., públicos e particulares) ou de prestação e fornecimento de serviços (incluídos os de natureza bancária, financeira, de crédito e securitária), atividades nos campos das idéias (científicas, culturais e/ou literárias, religiosas, pias, morais, de orientação e/ou aconselhamento) e de produção e/ou de apresentação radiotelevisivas ou assemelhadas etc., e todas as pessoas físicas cujas atividades profissionais encontram-se catalogadas pela SRF, de nacionalidade brasileira, naturalizadas e estrangeiras residentes no país. Também estão sujeitas ao pagamento/recolhimento do **Dízimo Cívico** as sociedades/entidades/instituições filantrópicas ou caritativas, sócio-recreativas, desportivas e todas as demais, incluídas as religiosas (igrejas/templos e seitas de qualquer credo/culto), assistenciais, classistas (OAB, FIESP, CUT, MST, sindicatos etc.). Também as fundações privadas, as sociedades/associações sem fins lucrativos e, até, as declaradas de utilidade pública (rever a letra "b", VI, do art. 150 e outros dispositivos da Constituição de 1988 que tratam das imunidades/isenções tributárias) e todas as pessoas jurídicas aqui não mencionadas. Deste rol estarão a salvo o Banco Central e a União, os DF/Estados e os Municípios nas operações descritas como Recebimentos não-Tributáveis (Capítulo A.VIII).

A.VII-2.1 As pessoas jurídicas de direito público (União/Unidades Federativas/Municípios) pagarão/recolherão o **Dízimo Cívico** sobre os ágios auferidos e sobre os deságios concedidos na colocação primária de títulos públicos e sobre os rendimentos (lucro/remuneração) das operações de compra e venda desses mesmos títulos no mercado secundário.

A.VII-2.2 O Banco Central pagará/recolherá o **Dízimo Cívico** sobre os rendimentos (lucro/remuneração) das eventuais aplicações financeiras de seu estoque de depósito compulsório (recolhido da rede bancária).

A.VII-2.3 Não haverá renúncias, imunidades, isenções, descontos, deduções ou diferenciações. Todos pagarão/recolherão o **Dízimo Cívico**. Os mais pobres e os mais ricos. Tudo em obediência a mandamento constitucional que impõe: "Todos são iguais perante a lei, sem distinção de qualquer natureza" (artigo 5º da Constituição Federal de 1988). Essa igualdade deve ser óbvia e inquestionavelmente também perante o Fisco. O percentual de 10% é justo e democrático. Paga/recolhe mais, em volume, quem ganha, recebe, lucra (mercado de capitais), vende ou fatura mais; paga/recolhe menos, em volume, quem ganha, recebe, lucra (mercado de capitais), vende ou fatura menos, atendendo ao princípio de justiça tributária, segundo o qual a pessoa deve ser tributada de acordo com sua capacidade contributiva e dentro do "critério de eqüidade" de que fala André Lara Resende. Insiste-se: é o **Dízimo Cívico**, o qual deve ser pago por todos. Só assim, todos pagarão menos. "É a verdadeira justiça social", no dizer do comerciário Evaldo Scheffer Ramos. É, também, o princípio aplicado da isonomia tributária.

A.VII-3 O Banco Central recolherá o **Dízimo Cívico** nas transações que efetuar, tais como nas vendas de bens móveis e/ou imóveis, valores mobiliários, obras de arte etc. integrantes de seu patrimônio ou ativos recebidos de terceiros em pagamento de dívida.

A.VII-4 Os bancos e demais instituições do setor financeiro (incluídas as Bolsas de Valores e Mercadorias & Futuros) pagarão o **Dízimo Cívico** sobre os valores recebidos pela prestação de seus serviços e sobre os valores correspondentes à diferença entre o valor bruto emprestado/financiado e o efetivamente recebido pelo tomador (pré ou pós-fixado) e sobre os juros, taxas (incluídas as de administração etc.), contribuições, emolumentos, prêmios etc. e todas as demais tarifas bancárias e de serviço cobradas do cliente, bem como sobre os rendimentos (lucro/remuneração) de seu *floating* (giro dos depósitos à vista não recolhidos ao Banco Central) e do *spread* (diferença entre as taxas de juros dos empréstimos concedidos e as dos juros pagos pelo dinheiro captado de terceiros, também chamado de *funding*) e sobre todas as receitas operacionais e de intermediação financeira (incluídas as de abertura de crédito, emissão de talões de cheque, manutenção de contas, emissão de extratos, emissão e uso de cartões eletrônicos, saques de bancos eletrônicos, cheque especial, transferência de numerário, compensação de cheques, uso de *home/ personal banking*, emissão de *traveler's checks* etc.) e não-operacionais; e sobre todas as atividades remuneradas, incluídas as de intermediação financeira e de negócio, as de venda de apólices de seguro e de capitalização, de ações de terceiros e demais "papéis" etc.

A.VII-5   São tributáveis os recebimentos relativos às transferências interbancárias de pagamento de serviços prestados por um banco a outro, consideradas ou não como receita operacional.

A.VII-6   As seguradoras em geral e as pessoas jurídicas de capitalização e distribuição de prêmios e os fundos de pensão em geral pagarão o **Dízimo Cívico** sobre todo e qualquer valor recebido de seus clientes, associados, pensionistas, filiados etc., quando não enquadrados no dispositivo do parágrafo A.VIII-5.1.

A.VII-7   São tributáveis os recebimentos de valor correspondentes à correção monetária dos bens, direitos, produtos, mercadorias, serviços, títulos mobiliários etc. integrantes, ou não, de seu preço/valor.

A.VII-8   Nos casos em que o receptor for apenas o intermediário ou repassador (responsável pelo recolhimento) dos valores recebidos (advogado por seu cliente, curador pelo curatelado, endossatário pelo endossante, postos de combustível, vendedores/as em consignação, corretores/as, administradoras de consórcio e de cartões de crédito, procuradores em geral etc.), o recolhimento do **Dízimo Cívico** será efetuado pelo intermediário, repassador, corretor, procurador, curador e outros, com a qualificação (CPF/CNPJ) do intermediário (responsável) e do efetivo contribuinte (CPF/CNPJ) no ato do depósito bancário.

A.VII-9   São tributáveis os recebimentos de valor relativos à venda/ cessão/transferência de ações ordinárias (com direito a voto). Ação ordinária (com direito a voto) é investimento patrimonial em bem produtivo, não é aplicação financeira.

A.VII-9.1   As ações ordinárias (com direito a voto) serão negociadas facultativamente em balcão (diretamente ou através de corretoras) ou em bolsa, mas o **Dízimo Cívico** incidirá sobre o seu valor de avaliação, patrimonial atualizado ou de venda/cessão/transferência, prevalecendo o maior dos três, salvo quando de seu lançamento no mercado primário, ocasião em que o **Dízimo Cívico** incidirá somente sobre eventuais ágios. Incidirá, ainda, sobre seu respectivo rendimento (lucro/remuneração).

A.VII-9.2 Nas transferências (recebimentos) de ações ordinárias (com direito a voto) nos casos de doação, herança, legado, usufruto, transmissão em testamento/inventário ou de presente, ou quando recebidas de execução de hipoteca etc., o **Dízimo Cívico** será recolhido pelo receptor sobre os respectivos valores de mercado, de avaliação ou patrimonial atualizado, prevalecendo o maior dos três.

A.VII-10 Os tíquetes-refeição e vales-transporte, que se transformaram em moeda corrente de curso forçado paralela, serão, para efeito tributário, equiparados ao dinheiro em espécie e, como tal, seu portador será tributado com o pagamento do **Dízimo Cívico** correspondente quando utilizado fora de sua finalidade específica.

Capítulo A.VIII

Recebimentos Não-Tributáveis

A.VIII-1 Não são tributáveis os valores recebidos pelos agentes, de seus clientes, para investimento em bolsas ou aplicações financeiras em instituições registradas no Banco Central.

A.VIII-1.1 A tributação somente sobre os rendimentos (lucro/remuneração) das aplicações em bolsas e do capital investido em aplicações financeiras em geral é imperativo para não inviabilizar a existência desse mercado.

A.VIII-2 Os recebimentos/créditos e/ou transferências que estiverem isentos do **Dízimo Cívico** serão efetuados exclusivamente através de ordens de transferência de numerário próprias (tipo DOC), com especificação pormenorizada de sua origem e finalidade, exceto os dos empréstimos relativos às operações de penhor junto à CEF até determinado valor a ser fixado pela Receita Federal.

A.VIII-2.1 Nos casos de aplicações financeiras e investimentos em bolsas, os valores dessas transferências (débitos) serão iguais aos valores das transferências (créditos) quando o aplicador/investidor (neste caso chamado de inversor) receber de volta o valor aplicado/investido, excetuados os casos em que o investidor (inversor) contrair prejuízo.

A.VIII-2.2 O pagamento dos rendimentos (lucro/remuneração), cujos recebimentos estão sujeitos à tributação (**Dízimo Cívico**), será efetuado por meio de cheque ou de crédito, em separado do principal, com especificação da origem/finalidade.

A.VIII-2.3 Em caso de prejuízo do aplicador (investidor) em bolsas, o crédito ao mesmo (inversor) do saldo da aplicação será pormenorizado, tendo em vista ser de valor inferior ao da aplicação originária.

A.VIII-3   Não são tributáveis quaisquer valores recebidos/creditados para formação do capital inicial de pessoa jurídica e os recebidos/creditados para seus aumentos posteriores.

A.VIII-3.1   Para não desestimular o investimento de capital em áreas produtivas (pessoas jurídicas), torna-se indispensável não tributar os recebimentos de valor para a formação de capital social pela subscrição de cotas ou venda de ações, no mercado primário, e suas respectivas correções monetárias, enquanto os sócios (cotistas/acionistas) não venderem/cederem/transferirem sua participação, parcial ou total, na sociedade.

A.VIII-4   Não são tributáveis os recebimentos de valor correspondentes à venda/cessão/transferência de ações preferenciais (sem direito a voto) no mercado secundário. Ação preferencial (sem direito a voto) não é investimento patrimonial em bem produtivo, é aplicação financeira e, como tal, o **Dízimo Cívico** incidirá apenas sobre os respectivos rendimentos (lucro/remuneração).

A.VIII-4.1   As ações preferenciais (sem direito a voto) somente serão negociadas/cedidas/transferidas em bolsas de valores, salvo quando forem objeto de doação, de herança, legado, usufruto, de transmissão em testamento/inventário ou de presente, situações em que o **Dízimo Cívico** será recolhido pelo receptor sobre os respectivos valores de mercado, de avaliação ou patrimonial atualizado, prevalecendo o maior dos três.

A.VIII-5   Não são tributáveis os recebimentos de valor conseqüentes de emissão ou de resgate de debêntures, *commercial papers* e papéis similares destinados à capitalização de pessoa jurídica.

A.VIII-5.1   Igualmente não são tributáveis os recebimentos, pelos fundos de pensão ou de aposentadoria programada, para formação de poupança e/ou de capitalização, pecúlio, previdência e aposentadoria, bem como os provenientes de reembolso, ao titular, do principal dessas aplicações e de prêmios (prestações) de seguro em vida/acidentes, salvo quando seus depósitos bancários e/ou saques de suas contas forem efetuados em espécie. Esta imunidade/isenção não alcança os recebimentos relativos à possível correção monetária do principal/prêmio, nem os relativos a indenizações, sorteios ou outros benefícios/vantagens, nem os recebimentos dos valores que contemplarem a terceiros beneficiários, mesmo que integrem o principal/prêmio.

A.VIII-6   Não são tributáveis os recebimentos de valor em que o receptor seja apenas depositário ou intermediário (caso dos bancos nos valores recebidos para depósitos, aplicações financeiras e outros fins e dos fiéis depositários judiciais, dentre outros).

A.VIII-7   Não são tributáveis os valores recebidos e/ou creditados de operações de empréstimos ou financiamentos bancários por pessoa jurídica e os recebidos por pessoa física quando resultar de financiamento imobiliário, de crédito direto ao consumidor, crédito/empréstimo em cheque especial, salvo quando o recebimento for em espécie, e os recebidos de operação de penhor junto à CEF, até determinado valor a ser fixado pela Receita Federal. São as chamadas **transações gráficas** ou meramente **escriturais**, nas quais o tomador (do empréstimo ou comprador do imóvel) terá de devolver os valores que lhe foram emprestados/financiados, ou seja, os valores recebidos não lhe pertencem; ele vai direto da instituição financeira para o incorporador ou proprietário original do imóvel, nos casos de financiamento imobiliário.

A.VIII-7.1   Nos casos de não haver resgate dos "penhores" na CEF, os tomadores desses empréstimos ao receberem o valor do saldo a seu favor resultante dos leilões pagarão o **Dízimo Cívico** sobre o valor originalmente recebido e sobre o saldo a receber. Se o tomador desse tipo de empréstimo não comparecer à CEF para receber o saldo (se houver) resultante do leilão, receberá em sua residência o boleto (*DARF*) correspondente ao **Dízimo Cívico** não pago.

A.VIII-7.2   Não são tributáveis os valores conseqüentes de perdão de dívida ou anistia fiscal e tributária promovidos pelo Poder Público.

A.VIII-7.3   Igualmente não são tributáveis os valores recebidos pelas instituições financeiras registradas no Banco Central, de seus clientes, para quitação (pagamento) do principal dos empréstimos/financiamentos concedidos.

A.VIII-8   Nos descontos de duplicatas, letras de câmbio, promissórias de terceiros etc. contratados com instituições financeiras registradas no Banco Central, o **Dízimo Cívico** será recolhido pelo receptor/creditado quando da liquidação do título pelo devedor original (comprador/consumidor/emitente/aceitante).

A.VIII-8.1   A não incidência do **Dízimo Cívico** sobre operações financeiras de crédito/empréstimo, incluídos os descontos de duplicatas/letras de câmbio, promissórias de terceiros etc. em instituições registradas no

Banco Central, efetuadas por pessoa jurídica, torna-se imprescindível à ativação da economia. Sua tributação inviabilizaria as atividades produtivas em regime de economia estável.

A.VIII-9   Não são tributáveis os sócios/cotistas/acionistas nos aumentos de sua participação no capital de pessoa jurídica, provenientes de correção monetária do capital social ou de incorporação dos lucros, enquanto a participação, as cotas e as ações conseqüentes desses aumentos permanecerem na propriedade/posse dos sócios/cotistas/acionistas beneficiários.

A.VIII-10   Não são tributáveis as pessoas físicas/jurídicas nos valores correspondentes à correção monetária do patrimônio antes de sua venda/cessão/transferência.

A.VIII-10.1 Não são tributáveis os valores correspondentes à correção monetária dos bens, direitos, produtos, mercadorias, serviços, títulos mobiliários etc. enquanto permanecerem integrantes do estoque/patrimônio da pessoa jurídica respectiva.

A.VIII-11   Não são tributáveis os valores provenientes de cheques depositados ou de créditos em conta bancária originários de outras contas, quando o beneficiário/receptor for o próprio emitente/creditante.

A.VIII-12   Não são tributáveis os valores recebidos de operação de distrato (reembolso), desde que o contrato tenha ocorrido dentro dos trinta dias anteriores.

A.VIII-12.1 O distrato, mesmo ocorrendo dentro dos trinta dias após o contrato, não dá causa à devolução, pelo Poder Público, do **Dízimo Cívico** recolhido pelo receptor do valor ou do bem quando da formalização do contrato. Neste caso, o pagante do **Dízimo Cívico** na operação/transação original poderá pleitear da outra parte o ressarcimento de 50% do valor do **Dízimo Cívico** recolhido, mediante acordo ou cláusula contratual.

A.VIII-13   Não são tributáveis os valores recebidos de qualquer origem, incluídos os da concessão de vistos consulares, pelas representações diplomáticas e consulares estrangeiras e pelos organismos internacionais acreditados junto ao governo brasileiro ou aqui representados com *status* diplomático.

A.VIII-14   Não são tributáveis os recebimentos de valor pelos diplomatas e funcionários estrangeiros à conta de salário/vencimento/remuneração e/ou outras vantagens ou prestação de serviços pagos por representações diplomáticas, consulares ou por organismos internacionais acreditados junto ao governo brasileiro ou aqui representados com *status* diplomático, no Brasil. Essa imunidade tributária não alcança os funcionários, trabalhadores ou prestadores de serviço de nacionalidade brasileira, os de múltipla nacionalidade das quais uma seja brasileira, e os estrangeiros que não mantenham efetiva vinculação empregatícia/contratual com a respectiva instituição estrangeira.

A.VIII-14.1 Como no sistema tributário ora sugerido o **Dízimo Cívico** é devido (pago/recolhido) por quem é recebedor (receptor) do valor, e não por quem é o pagante (consumidor/comprador), não há mais o que isentar aos diplomatas estrangeiros e/ou estrangeiros não residentes no país, ou portadores de visto temporário (turistas e outros), ou às representações diplomáticas e consulares acreditadas junto ao governo brasileiro, ou aos organismos internacionais acreditados junto ao governo brasileiro ou aqui representados com *status* diplomático.

A.VIII-15 Caso o cidadão estrangeiro, nas situações anteriormente descritas, venha a exercer/desenvolver qualquer atividade remunerada no Brasil fora do âmbito da embaixada ou do consulado de seu respectivo país, ou dos organismos internacionais acreditados junto ao governo brasileiro ou aqui representados com *status* diplomático, a Receita Federal o isentará, ou não, do pagamento/recolhimento do **Dízimo Cívico**, tendo em vista a reciprocidade que seu país der a cidadão brasileiro quando em atividade remunerada no país de origem desse estrangeiro, respeitadas as disposições da Convenção de Viena sobre relações diplomáticas e consulares. Para isentá-los, a Receita Federal, por solicitação do Ministério das Relações Exteriores, expedirá documento pessoal, intransferível e específico, com essa finalidade.

A.VIII-16 Não há distinção, para os efeitos fiscais/tributários, entre brasileiros natos, naturalizados e estrangeiros portadores de visto permanente.

A.VIII-17 Não são tributáveis os valores recebidos de operações/aplicações financeiras das reservas nacionais e seus respectivos rendimentos (lucro/remuneração), nem os obtidos de captação de recursos externos pelo Banco Central, nem os provindos de emissão e colocação de títulos públicos efetivadas pela União. Essa imunidade/isenção será extensiva aos DF/Estados e Municípios quando a estes houver permissão legal para emissão/colocação de títulos públicos.

A.VIII-18   Não são tributáveis as movimentações financeiras conseqüentes dos empréstimos interbancários, das operações de redesconto do Banco Central (empréstimos concedidos pelo BC aos demais bancos, com suporte de títulos), dos resgates de títulos pelo Banco Central, do recolhimento e liberação dos compulsórios bancários (dinheiro recolhido pelo BC do sistema bancário para diminuir a disponibilidade financeira dos bancos), das operações financeiras praticadas pelo Departamento de Operações das Reservas Internacionais do Banco Central, das trocas de títulos estaduais por títulos federais e/ou vice-versa, dos empréstimos do Tesouro aos DF/Estados e Municípios e das transferências interbancárias, em geral, que não sejam relativas a serviços prestados por um banco a outro caracterizadas como receita operacional.

A.VIII-19   Não são tributáveis os recursos obtidos pelo Tesouro Nacional em conseqüência da venda de títulos brasileiros nos mercados interno e externo, e as transferências efetuadas pelo Tesouro Nacional em pagamento da dívida externa e do respectivo serviço.

A.VIII-20   Não são tributáveis os lucros auferidos no exterior por pessoas físicas e jurídicas, neste caso por intermédio de suas filiais, sucursais, controladas ou coligadas, quando de seu ingresso no país.

Capítulo A.IX

Regulamentação pelo Banco Central

A.IX-1   Quando o pagamento/transação/recebimento gerar emissão de cheque, o seu depósito ou desconto em banco, pelo receptor/favorecido, dar-se-á em até cinco dias úteis da data de sua emissão e o pagamento/recolhimento do **Dízimo Cívico** será imediatamente após o crédito/desconto, isto é, automaticamente, em ato contínuo (*on line*), sem interstício.

A.IX-1.1   Em caso de não haver fundos para cobertura do cheque, a instituição bancária promoverá o estorno dos lançamentos efetuados a ele correspondentes, respondendo o emitente, civil e criminalmente, por todas as suas conseqüências.

A.IX-1.2   O Poder Executivo proporá ao Congresso Nacional severa punição ao emitente/emissor de cheque sem fundos, de conseqüências administrativas imediatas e de rito judicial sumaríssimo.

A.IX-1.2.1   As instituições financeiras recusar-se-ão a descontar cheques pré-datados antes da data aprazada ou com rasuras no seu verso.

A.IX-2   O governo, através do Banco Central ou do Conselho Monetário Nacional, estudará formas de estimular o pagamento/recebimento por meio de cheques – em que pese o seu elevado preço cobrado pelos bancos –, cartões de crédito/débito ou outros meios eletrônicos, objetivando facilitar o pagamento/recolhimento do **Dízimo Cívico**, principalmente quando é sabido que, em economia estável, o uso do cheque tende a ser menos usual, dando espaço para a circulação do papel-moeda, especialmente em países continentais como o Brasil.

A.IX-2.1   Independentemente de outras iniciativas, experiência bem sucedida foi a implantação (julho de 1996) pelo Banco do Brasil de seu cartão "*VISA Electron*, o dinheiro do futuro". O Bradesco, por sua vez, desde setembro de 1996, utiliza a cidade paulista de Itu como laboratório de seu *smart card*. Ali, cerca de 30 mil correntistas e não-correntistas usam a *Moeda Eletrônica Bradesco* para os mais diversos pagamentos (do pão à entrada do cinema), experiência somente vivida pelos habitantes de Camberra (Austrália), Guelph (Canadá) e Swindon (Inglaterra) – (*Byte Brasil*, junho/1997). Outra experiência similar (Projeto *Visa Cash*), mais abrangente, foi realizada (1997/1998) em Campinas-SP (Lino Rodrigues, em *Aceita Cartão Inteligente?*, Istoé Dinheiro, edição ignorada).

A.IX-2.2   Existe até *pedágio eletrônico* (sem uso de cartão) na Rodovia Marechal Rondon (SP-300, Botucatu/Castilho), no Estado de São Paulo. Esse sistema poderá ser conectado a uma agência bancária, de tal modo que sejam efetuados, em operação simultânea, o débito/crédito cliente/operadora e o débito/crédito (do **Dízimo Cívico**) Contribuinte/Poder Público.

A.IX-2.3   Todos os táxis de Estocolmo, capital da Suécia, dispõem de terminal eletrônico portátil para recebimento do valor de suas corridas por meio de cartão de crédito/débito, o que poderá ocorrer também no Brasil. De igual forma, o restaurante Arabia (*Arabia Delivery*), de S. Paulo-SP, quando atende a domicílio, encaminha ao cliente seu terminal eletrônico portátil para que o pagamento seja efetuado por cartão de crédito/débito.

A.IX-3   O Banco Central determinará que os cheques sejam obrigatoriamente nominativos, preenchidos integralmente no momento da emissão (valor, beneficiário/favorecido, data e assinatura), eletronicamente ou pelo emitente (neste caso, com a mesma caneta) e que sua validade será de cinco dias úteis da data de sua emissão (ou prazo maior, se assim as autoridades fazendárias julgarem conveniente, tendo em vista as distâncias e dificuldades de transporte da região), e que só será permitido um único endosso, pelo beneficiário/favorecido, somente para efeito de recebimento do respectivo valor diretamente no caixa bancário, quando se identificará, ou depósito em sua conta bancária, sob pena de nulidade do cheque. Por acordo entre as partes, em ambos os casos (prescrição do prazo de recebimento do valor do cheque ou de seu depósito em conta ou descumprimento de qualquer das obrigações prescritas para seu preenchimento e/ou endosso), o emitente poderá emitir novo cheque em substituição ao anulado.

A.IX-3.1   O malogro peruano do "imposto único" (transações financeiras), pelo excesso de endossos nos cheques que nunca eram depositados – transformando-os em papel-moeda de circulação paralela à do dinheiro legal de curso forçado, sem pagamento do imposto por não transitarem no sistema bancário –, deixa de prevalecer como argumento contrário à instituição do **Dízimo Cívico**.

A.IX-4   O cheque pré-datado será preenchido integralmente, datado do dia da emissão, e depositado em até cinco dias úteis após a data que constar para depósito, em anotação no verso (como garantia de pagamento futuro), datada e assinada pelo emitente.

A.IX-4.1   Ao optar pelo cheque pré-datado, o beneficiário/favorecido renunciará à sua liquidez como ordem de pagamento à vista e se beneficiará da natureza jurídica da nota promissória de que esse cheque passará a se revestir, não mais podendo ser descontado/depositado antecipadamente pelo beneficiário/favorecido, nem sustado o seu pagamento pelo emitente (rever a legislação específica nacional sem prejuízo da Lei Uniforme, de Genebra). Porém, uma vez depositado na data aprazada e estando a carecer de fundos, o beneficiário/favorecido voltará a gozar da proteção legal ao cheque, como ordem de pagamento à vista, sem prejuízo da proteção legal à nota promissória.

A.IX-4.2   Existe, ainda, a possibilidade de, em vez de cheque à vista ou pré-datado, emitirem-se eletronicamente notas promissórias ou letras de câmbio, com vencimentos em prazos certos e suporte na NF de compra/venda, devidamente assinadas/aceitas no momento da compra, de modo a facilitar o crédito a pessoas que não tenham conta bancária ou com dificuldade de escrever, ou, ainda, que apenas saibam assinar o nome. Em caso de não saberem assinar o nome, usar-se-á a impressão digital (em caso de NF eletrônica, será introduzida a assinatura digital, que deverá ser popularizada).

A.IX-5   Ficando provado pela fiscalização fazendária que o preenchimento do cheque não obedeceu ao disposto no item A.XIII-3, ou seja, que seu preeenchimento e assinatura hajam ocorrido em momentos diferentes ou que tenham sido usadas canetas diferentes, será imposta multa de 2% sobre o valor do cheque em favor do Poder Público, a ser paga pelo emitente, independentemente de nulidade do cheque. Serão apenadas a pessoa emitente e a beneficiária.

A.IX-6   O Banco Central poderá determinar, ainda, que os cheques, as notas promissórias ou as letras de câmbio contenham em seu verso, de forma sucinta, a finalidade de sua emissão. No caso, por exemplo, de compras diversas, bastará a anotação do número da Nota Fiscal ou a identificação da NF eletrônica; e, no verso da NF (ou em campo apropriado, quando de NF eletrônica), far-se-á a anotação (ou a introdução) da forma de seu pagamento (quitação) ou da identificação do cheque, quando paga (quitada) por este meio.

A.IX-7 Quando o recebimento do valor do cheque, ou da ordem de pagamento, ou da carta de crédito ocorrer "à boca do caixa" do banco ou o seu valor for creditado em conta, o pagamento/recolhimento do **Dízimo Cívico** também será automático, por meio da instituição financeira que efetuar o pagamento (desconto) do cheque ou da ordem de pagamento, ou o crédito, em conta, do respectivo valor.

A.IX-7.1 Os pagamentos/recebimentos em espécie, que continuarão a ser efetuados pelo público, sem trânsito pelo sistema financeiro (bancário) e à revelia da fiscalização, serão, de modo geral, de pequena monta – cerca de 30% do meio circulante ou M1, irrisório em relação ao volume dos demais valores, ou M4 (ativos financeiros) em permanente circulação –, irrelevantes para comprometer o volume previsto de arrecadação do **Dízimo Cívico**. O imposto devido sobre esse percentual flutuante e sempre renovado (porém, estável em sua proporcionalidade), se comparado com a evasão fiscal/sonegação tributária atualmente (2006), representa um montante insignificante. Até porque no atual (2006) sistema tributário também existe o mesmo percentual de dinheiro em espécie que não transita pelo sistema financeiro (bancário), deixando de ser taxado com a CPMF, sobre cuja receita foi projetada a arrecadação presumível do **Dízimo Cívico**.

A.IX-7.2 Ainda com relação aos pagamentos/recebimentos em espécie, entende-se que essa modalidade de sonegação tributária somente ocorrerá enquanto esses pagamentos/recebimentos forem praticados entre pessoas que não precisem de sua comprovação, nem estejam obrigadas ao seu registro ou à emissão de Nota ou Cupom Fiscal. Mesmo assim, o receptor desses valores (em espécie) pode não pagar/recolher o **Dízimo Cívico** no seu recebimento, mas o pagará/recolherá, logo em seguida, ao utilizar-se deles, efetuando qualquer pagamento de compromisso financeiro (aluguel, condomínio, conta de luz/telefone, carnês e prestações diversas, mensalidade escolar, compras em loja ou supermercado etc.) em instituição financeira, em estabelecimento empresarial (que terá de registrar contabilmente sua receita) ou a pessoas (também físicas) obrigadas à emissão de Nota ou Cupom Fiscal, ou quando o pagante necessitar de recibo, pela presunção de não haver sido tributado no ato, ou na fonte, do recebimento do referido valor (IV-5, b).

A.IX-8   A comprovação do pagamento/recolhimento do **Dízimo Cívico** far-se-á pela autenticação da via do documento devolvida ao pagante, pelo banco, ou do próprio recibo de depósito ou aviso de crédito, ou de qualquer outro documento expedido relativamente à operação.

A.IX-9   As empresas transportadoras de valores somente poderão transportar numerário (dinheiro em espécie), em trajeto, qualquer que seja ele, previamente autorizado pelo Banco Central. Os procedimentos de solicitação e de autorização pelo Banco Central serão feitos sempre via Internet com certificação digital, para assegurar sua autenticação e facilitar o seu registro e impressão da autorização, sem qualquer formalidade burocrática protelatória.

A.IX-10   As companhias seguradoras nacionais e as estrangeiras sediadas ou representadas no país não poderão segurar o transporte de numerário (dinheiro em espécie), e o IRB (Instituto de Resseguros do Brasil) e resseguradoras nacionais ou estrangeiras aqui sediadas ou representadas não ressegurarão e a Susep (Superintendência de Seguros Privados) não aprovará a operação do seguro, quando esse transporte não ocorrer nos termos do que dispõe o parágrafo anterior.

A.IX-10.1   As companhias seguradoras que descumprirem ao estipulado no parágrafo A.IX-9 terão seu registro cancelado no CNPJ e seus sócios ficarão impedidos de constituírem nova empresa com os mesmos ou idênticos fins sociais.

A.IX-11   As companhias seguradoras nacionais e as estrangeiras sediadas ou representadas no país não poderão efetuar seguro de qualquer bem/patrimônio sem a comprovação de sua avaliação e do pagamento/recolhimento do respectivo **Dízimo Cívico**, por quem devido, e o IRB e as resseguradoras nacionais ou estrangeiras aqui sediadas ou representadas não ressegurarão e a Susep não aprovará a operação do resseguro, se efetivado fora das normas deste parágrafo.

Capítulo A.X

Providências Administrativas pela Receita Federal

A.X-1   Quando o recebimento do valor da transação se der por outro meio que não seja o do cheque ou do depósito ou crédito em conta bancária (pecúnia, bens, títulos, créditos, encontro de contas etc.), o **Dízimo Cívico** será pago/recolhido nos termos do explicitado no parágrafo IV-5, "b" e "c" pelo receptor até o quinto dia útil após a sua geração, com descrição sucinta do fato gerador, em formulário fornecido via Internet ou diretamente pela instituição financeira (incluídas as agências dos Correios e de casas lotéricas) que o acolher.

A. X-1.1   Esse prazo poderá ser compatibilizado com o valor a pagar/recolher e dilatado conforme a região do país, considerando as distâncias e/ou dificuldades de transporte e/ou inexistência de instituição financeira (incluídas as agências dos Correios e de casas lotéricas).

A.X-1.1.1   Esses valores serão instantaneamente (*on line*) transferidos (distribuídos/partilhados/repartidos/repassados) à União (Tesouro Nacional), aos Estados e Distrito Federal, e aos Municípios.

A.X-2   Para aplacar a demanda por dinheiro em espécie e inibir, ainda mais, a evasão fiscal/sonegação tributária (restrita à movimentação da parte residual do total de moeda em circulação), desestimulando os recebimentos/pagamentos em espécie, serão taxados com o **Dízimo Cívico** as retiradas bancárias e os pagamentos em espécie (IV-5, b).

A.X-2.1   A Secretaria da Receita Federal fornecerá às pessoas físicas que pagarem o **Dízimo Cívico** na fonte, quando do recebimento, em espécie, de seu salário/vencimento, aposentadoria, pensão, seguro-desemprego ou da remuneração por serviço prestado etc. – restrito apenas aos que não disponham de conta bancária e que, pelo pequeno valor de seu recebimento, o fazem à "boca do caixa" e que normalmente percebem de um a três salários mínimos –, um cartão identificador de *Contribuinte na Fonte*, com a indicação de seu **Cartão Eletrônico de Identidade** (XVIII-4), renovável anualmente, com indicação do valor líquido mensal de seus proventos/recebimentos (exceto nos casos de prestação de serviço), de modo a evitar que sejam bitributados quando de qualquer pagamento em espécie. Essa isenção somente alcançará os pagamentos que sejam comprovadamente de responsabilidade do contribuinte (não atingindo os pagamentos de responsabilidade de terceiros) e seu somatório não poderá ultrapassar o total de seus ganhos mensais, salvo quando comprovado o recebimento, em espécie, de valores provenientes de aplicações financeiras, quando já terá pago/recolhido o **Dízimo Cívico** sobre os respectivos rendimentos e mais o **Dízimo Cívico** por haver sido recebido em espécie.

A.X-3 "Ademais, poder-se-ia estabelecer que transações acima de determinado valor só seriam consideradas legalmente liquidadas se realizadas por meio do sistema bancário." (Marcos Cintra, *Em boca calada não entra mosquito, Folha de S. Paulo*, ed. ignorada.)

A.X-3.1 Poder-se-á estabelecer, ainda, abrangentemente, que somente serão consideradas legalmente liquidadas as transações que façam comprovação da avaliação (quando for o caso) e do recolhimento do tributo devido.

A.X-4 Enquanto não for pago/recolhido o **Dízimo Cívico** correspondente a qualquer transação/recebimento, o novo proprietário não poderá exercer o direito de posse (tomar posse) sobre os bens/títulos/ações/direitos etc. adquiridos/cedidos/transferidos etc. ou recebidos em permuta/dação/doação etc. ou proceder a qualquer ato concernente aos mesmos.

A.X-5 Todo e qualquer recebimento de valor por pessoa jurídica ou por autônomo, profissional liberal, empreendedor autônomo ("empresa do eu sozinho"), proprietário de móveis/imóveis alugados/arrendados e produtor rural (proveniente desta sua condição) ensejará, obrigatoriamente, a emissão de Nota Fiscal (ou Nota Fiscal eletrônica) correspondente (integralmente preenchida) – se o pagamento for à vista – com o valor efetivo da transação e a indicação da forma de pagamento. Não sendo em espécie, constará o número e características do documento de crédito/débito que a quitou (cheque à vista ou pré-datado, *traveler's checks*, carta/cartão de crédito, *smart cards*, nota promissória, letra de câmbio, títulos da dívida pública, créditos etc.).

A.X-5.1 Da Nota ou Cupom Fiscal também constará o número de identificação do produto, qualquer que seja, produzido no país ou importado.

A.X-5.2   Em caso de transação a prazo também será obrigatória a emissão de Nota ou Cupom Fiscal ou Nota Fiscal-Fatura, ou, se for o caso, Fatura-Duplicata para o devido "aceite" e/ou cobrança.

A.X-5.3   No verso do documento que venha quitar o valor da compra ou da prestação, quando de seu vencimento (cheque, carnê, formulário do cartão de crédito, papeleta do banco etc.), será anotado o número da Nota Fiscal-Fatura ou da Fatura-Duplicata e suas características (razão social, endereço e CNPJ).

A.X-5.4   Idêntico procedimento ocorrerá quando o pagamento for efetuado contra recibo, que indicará a forma de pagamento/recolhimento do **Dízimo Cívico**.

A.X-6   Mensalmente, todas as pessoas jurídicas e físicas obrigadas à emissão de Nota ou Cupom Fiscal informarão à Receita Federal, diretamente, via Internet, ou por intermédio da Receita Estadual ou Municipal, até o dia 10 do mês subseqüente, em relação sucinta, o número e valor das Notas ou Cupons Fiscais emitidos no mês da competência, incluindo as operações com prazo superior a trinta dias e igual ou inferior a noventa dias, que poderão ser encaminhadas também via fax ou outro meio de transmissão de dados.

A.X-6.1   Adicionalmente, poderá constar dessa listagem o número de identificação do produto (produzido no país ou importado), o que permitirá à Receita Federal acompanhar (rastrear) todos os seus movimentos e o recolhimento do **Dízimo Cívico** em todas as etapas dos processos produtivo e de comercialização até o consumidor final. Com o cruzamento eletrônico dos dados tornar-se-á mais fácil à fiscalização federal/estadual/municipal localizar/comprovar o desvio de receita em espécie ou em moeda estrangeira para um eventual "caixa 2", prática de evasão fiscal/sonegação tributária que se tornará mais difícil de ocorrer com a instituição do **Dízimo Cívico**.

A.X-6.2   É lógico que esse procedimento demandará tempo, pela necessidade de aquisição de computadores adequados, preparação de programas específicos e treinamento de pessoal. Acredita-se, no entanto, que o nível de informatização da Secretaria da Receita Federal já seja compatível com as necessidades da fiscalização nessa área da economia (produção/comercialização e importação/exportação de produtos em geral).

A.X-7   A não-emissão de Nota ou Cupom Fiscal por quem seja obrigado a fazê-lo, ou sua emissão parcial não autorizada, ensejará multa de 2% sobre o valor da venda/transação, a ser paga pelo vendedor, concomitantemente à multa de 2% sobre o valor da compra, a ser paga pelo comprador, em favor do Poder Público.

A.X-8   O não-recolhimento, no prazo, do **Dízimo Cívico** ensejará multa de 2% do seu valor mais juros mensais de mercado, capitalizados, independentemente de outras medidas legais que possam ser aplicadas ao infrator.

A.X-9   A Secretaria da Receita Federal autorizará as pessoas – físicas ou jurídicas – que, por circunstâncias especiais, poderão efetuar pagamento em espécie e proceder à retenção do **Dízimo Cívico** na fonte, cujo recolhimento dar-se-á por antecipação.

A.X-9.1   As pessoas físicas ou jurídicas que se julgarem sem condições de efetuar pagamentos através do sistema bancário, ou se encontrarem na situação daquelas que terão de reter, na fonte, o **Dízimo Cívico**, deverão solicitar à Receita Federal a indispensável autorização.

A.X-10   A retenção na fonte, do **Dízimo Cívico**, só será permitida nos pagamentos em espécie, efetuados por pessoa física ou jurídica autorizada pela Receita Federal, de salário e/ou prestação de serviço, em locais e circunstâncias em que seja impossível o pagamento por cheque ou ordens de pagamento/crédito/DOC (bancários), ou cartões eletrônicos (*smart cards*). No caso, obriga-se o retentor a entregar ao receptor-contribuinte, no ato ou em prazo a ser fixado pela Receita Federal, compatível com as dificuldades e/ou distâncias, o comprovante de recolhimento, no prazo de 72 horas, do **Dízimo Cívico** retido.

A.X-11   Sempre que qualquer pagamento por pessoa física ou jurídica não autorizada pela SRF for efetuado em espécie e o receptor for pessoa jurídica, autônomo, profissional liberal, empreendedor autônomo, proprietário de bens móveis/imóveis alugados/arrendados, produtor rural e outros que também sejam obrigados à emissão de Nota ou Cupom Fiscal relativamente à sua atividade empresarial/profissional e/ou condição de senhorio, será acrescido ao valor desta (NF) o adicional correspondente ao **Dízimo Cívico** nos termos do parágrafo IV-5, b.

A.X-11.1   Se o pagamento em espécie for para quitação de duplicata, promissória, letra de câmbio etc., o adicional de 23,46% (IV-5, b) constará do recibo correspondente.

A.X-11.2 O recolhimento do **Dízimo Cívico** e do adicional de 23, 46% à instituição financeira (incluídas as agências dos Correios e de casas lotéricas) pelo receptor-retentor dar-se-á no prazo de 72 horas, após o qual será considerado apropriação indébita, acarretando as conseqüências legais. (Esse recolhimento refere-se ao **Dízimo Cívico** nas duas etapas anteriores ao evento final, que deixou de ser pago – IV-5, b).

A.X-11.3 Tendo em vista a extensão territorial brasileira e a existência de lugares inóspitos, onde até o dinheiro em espécie é escasso (ainda permanece a prática do escambo e do "vale"), torna-se problemática a generalização do dispositivo deste parágrafo, cabendo à Receita Federal reformulá-lo ou encontrar meios de torná-lo exeqüível.

A.X-12 Quando o pagante em espécie for estrangeiro não residente no país ou portador de visto temporário, o mesmo será isentado do pagamento do adicional em favor do Poder Público (23,46%, **Dízimo Cívico** quando da utilização do dinheiro recebido em espécie) mediante apresentação de seu passaporte ou carteira de identidade (países integrantes do Mercosul), cujos número e origem serão anotados no respectivo documento (carnê, NF, nota promissória, DOC, recibo etc.).

A.X-13 Nos casos de estrangeiro não residente no país ou portador de visto temporário (turistas e outros), as instituições financeiras que efetuarem o câmbio do seu dinheiro para moeda nacional o farão em espécie (reais) ou em *smart cards*, respeitado um limite a ser fixado pela SRF.

A.X-14 As transações mediante faturamento com prazo superior a noventa dias ou contrato gerador de receita ou recebimento futuro (*leasing*, consórcios, arrendamentos, compras a prestação, aluguéis de bens móveis e imóveis, promessas de compra e venda, mercado futuro etc.) somente terão validade legal se registradas na repartição fazendária federal (estadual ou municipal, sob a supervisão da Receita Federal), até o décimo dia útil da efetivação do negócio.

A.X-14.1 Esse registro poderá efetivar-se com a simples entrega de uma via ou cópia, mediante recibo em uma outra via ou cópia, ou remessa, via fax, à repartição fazendária (federal, estadual ou municipal) do documento em questão (contrato, Nota Fiscal-Fatura etc.). A cópia, com o carimbo, ou o nome da repartição destinatária e demais indicadores impressos no recibo do fax, será o comprovante provisório do cumprimento dessa obrigação fiscal. O comprovante definitivo será expedido, posteriormente, pela Secretaria da Receita Federal, no menor prazo possível que esta fixar.

A.X-14.2   Excetuam-se dessa exigência as operações de venda a prazo com emissão de Nota Fiscal-Fatura e respectiva(s) duplicata(s) com vencimento(s) dentro de noventa dias (A.X-6).

A.X-14.3   As operações com prazo igual ou inferior a noventa dias serão informadas à Receita (Federal, Estadual ou Municipal) nas relações mensais de que trata o parágrafo A.X-6.

A.X-14.4   A Receita Federal (Estadual ou Municipal, mediante convênio), ao receber a cópia do documento, cadastrá-lo-á para acompanhamento do recolhimento do **Dízimo Cívico**, isentando esse procedimento de burocracia desnecessária. A informatização tornará esse controle e conseqüente fiscalização tarefa bastante simples, ágil e eficaz.

A.X-15   Nas vendas/transferências de cotas e/ou ações ordinárias (com direito a voto), no mercado secundário, desde que realizadas por intermédio das bolsas de valores, o **Dízimo Cívico** será pago/recolhido sobre o valor total dessas transações, independentemente de seu valor patrimonial ou de face. Prevalece o valor pelo qual foi conseguido vender a coisa posta à venda, ou seja, o valor de mercado.

A.X-16   Nas vendas/transferências de ações preferenciais (sem direito a voto) no mercado secundário, que somente serão negociadas em bolsa (exceto nos casos de doação, herança, legado, usufruto, transmissão em testamento/inventário, dação em pagamento, execução de hipoteca, presente etc.), o **Dízimo Cívico** será pago/recolhido apenas sobre o rendimento (lucro/remuneração) do capital investido.

A.X-16.1   As cotas e/ou ações preferenciais (sem direito a voto), nos casos de dação em pagamento de dívida, serão cotadas em bolsa para efeito de cálculo do eventual lucro sobre o qual o **Dízimo Cívico** será recolhido pelo devedor, e para que o **Dízimo Cívico** seja calculado sobre o valor do crédito que elas representarem na quitação da dívida, que será recolhido pelo receptor-credor. Em caso do credor recebê-las por valor inferior ao de sua cotação, o **Dízimo Cívico** será recolhido sobre o valor cotado.

A.X-17   Nos casos de doação, herança, legado, usufruto, transmissão em testamento/inventário ou presente de cotas e/ou ações ordinárias/preferenciais, o **Dízimo Cívico** será pago/recolhido sobre os valores de avaliação a preços de mercado ou patrimonial atualizado, prevalecendo o maior dos dois.

A.X-18   As transações que não ensejarem recebimento de valores em moeda (permuta/transferência de bens/cotas/ações/títulos/direitos e/ou patrimônio de qualquer natureza entre pessoas físicas e/ou jurídicas, permutas de bens equivalentes: ações por ações, casa por apartamento etc.; ou troca de bens díspares: soja por gado, terreno por área construída, terra por produto agrícola, imóvel residencial/comercial por veículo etc. ou qualquer transferência *inter vivos*: adiantamento da legítima em bens/cotas/ações/títulos/direitos, doações de qualquer natureza, presentes ou herança sem transferência de valores em moeda etc.) serão geradoras do **Dízimo Cívico** calculado sobre o valor negociado ou sobre os valores de avaliação a preços de mercado, ou patrimonial atualizado, prevalecendo o maior dos três.

A.X-19   Nos casos de permuta/troca, o **Dízimo Cívico** incidirá sobre 50% da soma dos valores dos bens/cotas/ações/títulos/direitos e/ou patrimônio de qualquer natureza permutados/trocados e o seu recolhimento será efetuado pelos agentes da transação, em participação proporcional ou mediante acordo.

A.X-20   Os cartórios de notas e os de registro de imóveis somente lavrarão escrituras, reconhecerão firmas, autenticarão cópias de documentos que impliquem recebimento, transação e/ou transferência de valores, bens/cotas/ações/títulos/direitos e/ou patrimônio de qualquer natureza e, quando imóveis, somente procederão ao respectivo registro/averbação; e as juntas comerciais somente registrarão/arquivarão contratos sociais e suas alterações e atas de sociedades anônimas; e o Detran somente registrará e licenciará ou efetivará a transferência de propriedade de veículo automotivo; e a Comissão de Valores Mobiliários (CVM) somente registrará e as bolsas de valores/BM&F somente negociarão as ações/títulos/papéis, mediante comprovação da avaliação do bem/cota/ação/título/direito e/ou patrimônio de qualquer natureza negociado, recebido, transacionado, permutado/trocado, cedido e/ou transferido e do pagamento/recolhimento do **Dízimo Cívico** sobre o valor da transação (cessão, transferência, permuta/troca etc.) ou sobre os valores de avaliação a preços de mercado, ou patrimonial atualizado, prevalecendo o maior dos três.

A.X-20.1   A avaliação dos imóveis poderá ser atribuída, mediante convênio, aos CRECI's (Conselhos Regionais de Corretores de Imóveis) locais, com remuneração de módica taxa sobre o valor de avaliação, sob fiscalização da Receita Municipal, experiência bem sucedida em Capão da Canoa-RS.

A.X-21   Nos casos de transação com pagamento de parte em dinheiro e de parte em bens, far-se-á a avaliação dos bens/cotas/ações/títulos/direitos etc. que integrarem a operação de pagamento.

A.X-22   As ações judiciais, incluídas as trabalhistas e de pequenas causas, originárias ou recursais, que envolvam valores recebidos/pagos ou bens/direitos, patrimônio/produtos e/ou mercadorias/serviços transacionados/permutados ou transferidos após a instituição do **Dízimo Cívico**, somente serão admitidas se comprovados a avaliação e o pagamento/recolhimento do **Dízimo Cívico** referente à operação, causa ou conseqüência da demanda, conforme o caso.

A.X-22.1   Nesses casos, todas as partes terão o maior empenho no recolhimento do **Dízimo Cívico** pelo devedor do tributo, pois não sabem quem poderá vir a ser o Autor de uma possível futura demanda judicial. Para forçar o receptor a proceder ao pagamento/recolhimento do **Dízimo Cívico**, bastará que o pagante efetue o pagamento da coisa transacionada através de cheque ou de qualquer outra operação que redunde em transação bancária.

A.X-22.2   O não-recolhimento do **Dízimo Cívico** em qualquer tipo de recebimento/transação/transferência/cessão/permuta etc. torna as partes envolvidas carecedoras de ação, relativamente à respectiva operação, incluindo a União, os Estados e os Municípios.

A.X-23   Após a data da instituição do **Dízimo Cívico**, nenhum bem será recebido/aceito em garantia de qualquer tipo de operação, incluídas as financeiras, sem a comprovação de sua avaliação (se for o caso) e do pagamento/recolhimento do tributo respectivo (**Dízimo Cívico**) quando de sua transferência de titular, não prevalecendo como comprovação de anterioridade ao **Dízimo Cívico** documento sem fé pública.

A.X-23.1   Se a transferência da titularidade do bem não depender de escrituração cartorial, a comprovação da data da transação será feita por meio de Notas Fiscais "quentes" ou extratos bancários das partes envolvidas na operação, em que se provará o desconto do cheque ou a transferência, do comprador (cessionário/receptor do bem) para o vendedor (cedente/transmitente do bem e receptor do preço da transação), do valor da operação, ou , ainda, por outro meio, qualquer que seja, portador de fé pública.

Notas – 1. O **Dízimo Cívico** aqui sugerido – que não acarreta a extinção da escrituração contábil – não suprime a escrituração fiscal nem a Nota Fiscal, ao contrário do que prescreve o economista Marcos Cintra em sua proposta de *Imposto Único*.

Capítulo A.X - Providências Administrativas pela Receita Federal

1.1   Relativamente ao preenchimento integral da NF, a Receita Federal exigirá que dela conste o nome e/ou CNPJ/CPF do comprador/consumidor.

1.2   A fim de facilitar a emissão e o preenchimento da Nota Fiscal, a Receita Federal criará outros modelos – ampliando o universo das NF de emissão eletrônica – e, ainda, após algumas adaptações/modificações/complementações, passará a considerar determinados atuais documentos financeiros/contábeis como notas especiais, tais como bilhetes ou comprovantes eletrônicos de passagem de avião, de ônibus e de navio, conhecimentos de carga etc., a exemplo do que já ocorre com os cupons fiscais de emissão eletrônica.

1.3   A Nota Fiscal – quer nas etapas do processo produtivo, quer nas do processo de comercialização – é indispensável para o registro dos atos negociais da empresa e para o levantamento do lucro da sociedade. É um instrumento de controle dos estoques e uma ferramenta de políticas empresariais administrativa e econômico-financeira. Serve para comprovar a compra/transação, sendo o documento que habilita o comprador a exigir a qualidade da coisa comprada e a registrar reclamações diretamente ao vendedor, ao fabricante ou ao Procon, e dá condições ao vendedor de provar a entrega da coisa negociada. É o documento que especifica tipo, modelo, ano de fabricação/produção (às vezes), as características, os acessórios etc. dos bens duráveis comercializados (casos de eletrodomésticos, eletroeletrônicos, equipamentos de conforto residenciais, veículos etc.) e até o ano da safra em casos de vinhos finos. Serve, ainda, como certificado de garantia. A Nota Fiscal serve, também, quando necessário, para fazer prova em juízo da existência de uma relação jurídica de contrato implícito de compra e venda entre comprador e vendedor. Para a Receita Federal, a NF será instrumento da maior importância para rastrear, regressiva ou progressivamente, o bem (mercadoria/serviço) transacionado, expondo as diversas etapas do processo produtivo ou do processo de comercialização, desde a origem até o consumidor final. A Nota Fiscal torna-se necessária nos deslocamentos de bens (mercadoria ou coisa negociada) entre Municípios e entre Estados, e até entre países, comprovando o tipo e quantidade/volume/peso da mercadoria transportada, sua procedência e propriedade, e a legalidade/legitimidade de sua posse, independentemente de qualquer outra guia de circulação de mercadoria.

Capítulo A.XI

Impostos Extrafiscais (Regulatórios) de Importação e de Exportação

A.XI-1   O Imposto de Importação (extrafiscal ou regulatório) incidirá sobre o valor pelo qual foi comprado/adquirido, no país de origem, o bem, produto, mercadoria ou serviço importado, tributo que será pago/recolhido pelo importador. Cabe à SRF tutelar as importações para evitar o subfaturamento e o contrabando.

A.XI-1.1   O pagamento do Imposto de Importação não liberará o importador do pagamento/recolhimento do **Dízimo Cívico** quando do recebimento do valor da venda, no país, do bem, produto, mercadoria ou serviço importado.

A.XI-2   Nos casos em que as importações ocorrerem como bagagens acompanhadas ou desacompanhadas e/ou pelo correio ou outras transportadoras, e seus valores ultrapassarem os limites de isenção fixados pela Receita Federal, haverá o pagamento do Imposto de Importação sobre o excedente, e, quando pessoa física e a "importação" for para seu uso, também do **Dízimo Cívico** sobre o valor total do bem, produto, mercadoria ou serviço internados, no ato da liberação pela repartição alfandegária. O Imposto de Importação sobre o valor excedente é por sua condição de "importador", e o **Dízimo Cívico** sobre o valor total, por sua condição de "vendedor" a si próprio. Se essas importações vierem a ser comercializadas pelo "importador", o "comerciante" pagará o **Dízimo Cívico** na condição de receptor dos valores relativos à sua venda a terceiros. Esta é uma solução adequada às "importações" em regiões como Foz do Iguaçu, Manaus e demais zonas francas e/ou de fronteira, portos e aeroportos brasileiros para evitar concorrência privilegiada com os produtores nacionais que se encontram fora das zonas francas. A regulamentação da matéria norteará o comportamento das autoridades fiscais/alfândegárias ante o volume desse tipo de "importação" que entra no território nacional nesses pontos ou atravessa as zonas francas e as fronteiras.

A.XI-3 Na importação/exportação de bens, produtos, mercadorias, serviços e valores de qualquer natureza, ou ingresso/transferência de moeda estrangeira, o governo decidirá da conveniência de reduzir os impostos de Importação e de Exportação até a alíquota zero ou de aumentá-los até o limite permissível, conforme o caso, na defesa do interesse nacional ou em cumprimento dos acordos internacionais. Nos casos do parágrafo anterior, é preciso ficar bem clara a distinção entre o Imposto de Importação (extrafiscal ou regulatório) e o **Dízimo Cívico** sobre recebimentos de valor de qualquer natureza.

A.XI-4 Na exportação, independentemente do Imposto de Exportação, se houver, o **Dízimo Cívico** será pago/recolhido pelo exportador no ato do recebimento/crédito em reais do pagamento/adiantamento do valor da respectiva exportação, caso não seja isentado pelo governo.

A.XI-5 Caso o Governo Federal considere do interesse nacional desonerar a exportação do recolhimento também do **Dízimo Cívico**, o exportador será eximido de seu recolhimento, repassando, no entanto, ao importador estrangeiro a vantagem dessa isenção, do que resultará a diminuição do preço do produto/mercadoria e/ou serviço exportado, propiciando maior competitividade internacional de nossa pauta de exportação (A.IV-2.1, 5ª etapa, "c"). Os benefícios atualmente (2006) obtidos pelos exportadores com a desoneração da pauta de exportação (produtos primários, semi-elaborados e componentes que entram na fabricação de manufaturados, além dos produtos industrializados) da cobrança do ICMS – que será extinto com a adoção do **Dízimo Cívico** – tornar-se-ão ampliados com a instituição do novo modelo econômico aqui preconizado. E, ainda, serão beneficiados pela queda do Índice Geral de Preços (IGP).

Notas – 1. O economista Mailson da Nóbrega (ministro da Fazenda no governo do presidente José Sarney) considera que, com o *imposto único*, é inviável desonerar a exportação, pela impossibilidade de quantificar a tributação total, porquanto o mesmo bem poderia ter carga fiscal distinta, diferente entre empresas e entre produtos, tendo em vista o número de transações que viessem a ocorrer em seu processo produtivo (*Imposto Perigoso*).

1.1 Em contestação, o Autor informa que, se ao governo interessar desonerar, regressivamente, do recolhimento do **Dízimo Cívico**, o produto a exportar, nada será mais simples para a Receita Federal do que rastrear, com o auxílio da informatização e da escrituração contábil/fiscal, toda a cadeia produtiva regressiva do produto e levantar as etapas intermediárias de seus insumos/matérias-primas, calculando os respectivos recolhimentos tributários e o montante (valor total) do composto de agregação. Não é preciso devolver o valor das alíquotas aos produtores intermediários; basta escoimar o produto a exportar do total da carga tributária agregada durante o processo produtivo, da origem até o acondicionamento/embalagem final e, conforme o caso, ressarcir o exportador desse valor – ou o próprio fabricante quando este for o exportador –, devendo o exportador, obrigatoriamente, repassar o total desse benefício ao importador, na forma de menores preços dos produtos exportáveis nacionais. Certamente que o montante em dólares dos produtos exportados irá decrescer momentaneamente, até vir a compensação pelo aumento do volume das exportações em face de sua maior competitividade no mercado internacional.

1.2   Para facilitar o rastreamento da mercadoria em suas diversas etapas intermediárias de comercialização, será tornada obrigatória a indicação, na Nota Fiscal (NF), do número da NF que lhe deu origem, ou seja, a NF com a qual a mercadoria ingressou no estoque da empresa. Adicionalmente, poder-se-á indicar, também, o número de identificação do produto. No processo produtivo, quando o produto for resultado de elevado número de insumos/matérias-primas, de seu número de identificação deverá constar, em arquivo eletrônico, a origem de todos eles. Já será um bom indicador para o rastreamento.

1.3   Quando a lei, no processo de exportação, libera do pagamento do ICMS os produtos primários e semi-elaborados, bem como os insumos/matérias-primas dos respectivos produtos, por acaso libera do mesmo ICMS todos os insumos/matérias-primas em toda sua cadeia produtiva intermediária? Por acaso essa isenção alcança as pás e enxadas, o calçado e a roupa, o chapéu e que tais, e os insumos/matérias-primas destes, usados pelo trabalhador rural durante o preparo da terra, a plantação, a colheita, o acondicionamento etc. da produção rural exportada? Isenta, por acaso, do mesmo ICMS, literalmente, todos os insumos/matérias-primas que integram, na cadeia produtiva, o trator ou a colheitadeira do produtor rural? Há, enfim, desoneração tributária plena – mas plena mesmo – de todos esses tributos na exportação? Lógico que não há, até pela impossibilidade atual de quantificá-los em valor ou em percentual, sabendo-se que alguns dos insumos/matérias-primas que integram o produto final de um trator/colheitadeira podem ter mais de dez etapas intermediárias em seu processo produtivo. Com esta proposta de **Dízimo Cívico** torna-se identificável a carga tributária para dela isentarem-se as exportações. Com certeza será bem mais fácil isolar um único tributo do que mensurar cerca de uma centena de tributos entrelaçados uns nos outros, sendo a quantificação de alguns deles verdadeiro jogo de xadrez para quem não sabe jogá-lo.

2.   O economista Antônio Delfim Netto (ministro da Fazenda nos governos dos presidentes Costa e Silva e Emílio Médici e deputado federal), em *Câmbio e o Fico* (FOLHA DE S. PAULO, edição ignorada), enumera, com propriedade, as *únicas* maneiras de tornar competitivos no mercado externo os bens/produtos nacionais potencialmente exportáveis: "1) reduzindo o preço em reais do produto potencialmente exportável; 2) aumentando a taxa de câmbio; 3) aumentando os preços externos em dólares".

2.1   Como "a terceira hipótese está completamente fora de nosso controle", e a segunda (desvalorização do real), de difícil controle com o regime de câmbio flutuante, restaria a primeira hipótese. Como operacionalizá-la, então? "Por uma redução das margens de lucro, por uma redução do salário ou por um aumento da produtividade do trabalho" – responde, e acrescenta: "A redução da margem de lucro pode comprometer a capacidade de investimento e dificultar a utilização de tecnologias que propiciam o aumento da produtividade. Como o preço em dólares do produto é (pelo menos numa primeira aproximação) proporcional ao salário medido em dólares, resta a redução do salário nominal".

2.2   Parece claro ao Autor deste ensaio ainda existir uma outra maneira de se obter a redução "do preço em Reais do produto potencialmente exportável" – facilmente exeqüível –, qual seja, a redução da carga tributária (além da diminuição do chamado "custo Brasil" que atinge a burocracia administrativo-fazendária). O **Dízimo Cívico** aqui sugerido, depois de instituído, provocará uma razoável diminuição do "preço em reais do produto potencialmente exportável" pela extinção da carga tributária (sentido genérico) atualmente incidente sobre a folha de pagamento e pela extinção dos demais tributos, diretos e indiretos, que ainda oneram o preço final dos produtos potencialmente exportáveis.

3.   Ainda relativamente às importações/exportações, deve ser considerado o fato de o **Dízimo Cívico** descomplicar os futuros códigos tributários municipais, estaduais e federal, incluída a legislação complementar, notoriamente herméticos – com seus meandros e descaminhos –, condição às vezes justificada pela existência de intrincados acordos bilaterais/multilaterais externos e interesses internacionais do país.

Capítulo A.XII

Extinção da Declaração de Ajuste Anual do Imposto de Renda (Receita Federal) e Instituição da Declaração Estatística Nacional (IBGE)

A.XII-1 Instituído o **Dízimo Cívico**, será extinta a Declaração de Rendimentos (Imposto de Renda), agora titulada *Declaração de Ajuste Anual*.

A.XII-2 Em substituição, será instituída a Declaração Estatística Nacional a ser apresentada ao IBGE (Instituto Brasileiro de Geografia e Estatística), anualmente, por todas as pessoas físicas (independentemente de idade e de atividade econômica, incluídos os espólios) e jurídicas (incluídas as massas falidas) e pelos entes despersonalizados. Portadora de inquebrantável e perpétuo sigilo absoluto, essa declaração será obrigatória, mas não será geradora de tributo nem denunciadora de ilícitos/crimes fiscais (contra a ordem tributária). Será, apenas, um indicador estatístico da economia nacional com informações sobre renda/receita/despesa, patrimônio, dívidas, créditos, lucro/prejuízo, poupança, investimento e outros itens que ao governo interesse estatisticamente saber para orientar a fixação de suas políticas micro-econômicas. Não mais gerando obrigações tributárias, espera-se que essa declaração seja mais autêntica do que a apresentada à SRF.

A.XII-2.1 Esse procedimento contribuirá para se saber, com maior exatidão, o real PIB brasileiro, independentemente do aprimoramento da metodologia de sua apuração ocorrido em 1997. Será um grande suporte à atualização permanente do Senso Demográfico, mas não o substitui.

A.XII-3 Nenhuma pessoa será molestada, convidada, convocada, notificada, citada, inquirida, indiciada, processada, punida ou condenada com base ou em função de sua Declaração Estatística ou de Declaração Estatística de pessoa jurídica da qual seja proprietária, controladora, sócia, cotista, acionista, dirigente, administradora, executiva ou funcionária. No máximo, poderá receber do IBGE solicitação de esclarecimentos adicionais para fins estatísticos.

A.XII-3.1 Aos funcionários do IBGE que manipularem os dados/informações relativos às Declarações Estatísticas, ou deles tomarem conhecimento, será imposto o regime de sigilo profissional.

A.XII-3.2 A extinção da Declaração de Ajuste Anual do IR não anula nem deve inibir a ação da Secretaria da Receita Federal na apuração das fraudes fiscais e punição dos infratores da legislação fiscal/tributária.

Capítulo A.XIII

Desregulamentação e Simplificação da Atividade Empresarial

A.XIII-1   A desregulamentação e simplificação da atividade empresarial e de sua escrituração contábil/fiscal, com a instituição do **Dízimo Cívico**, será considerada pelo Poder Público. A desnecessidade de escrituração de muitos dos livros atualmente (2006) obrigatórios – em alguns casos, mais de trinta – e do preenchimento de grande parte dos atuais formulários/declarações fiscais e trabalhistas – em alguns casos, mais de vinte – reforçam a urgência de uma profunda revisão nessa área. A Receita Federal e os demais órgãos públicos envolvidos buscarão subsidiar-se da experiência daqueles que profundamente conhecem e praticam a matéria. Certamente que as entidades que congregam os profissionais e os empresários, com o maior espírito público, terão grande empenho em colaborar. E o resultado será o melhor possível.

Nota – A propósito, algum empresário já tentou compreender o RIPI (Regulamento do Imposto sobre Produtos Industrializados) ou as instruções e procedimentos para a apuração do IPI e seus formulários? Ou a Lei Complementar Nº 87, de 13/9/1996, e seu Anexo, sobre operações relativas ao ICMS? É chegado o momento de simplificar o Sistema Tributário Nacional.

Capítulo A.XIV

Deflação Momentânea – Queda do Índice Geral de Preços – Aumento Real *Per Capita* do Poder Aquisitivo do Trabalhador e Expansão do Nível de Emprego

A.XIV-1   Como conseqüência e benefício da instituição do **Dízimo Cívico**, haverá diminuição, efetiva e imediata, do preço dos bens, produtos, mercadorias e serviços na proporção direta da redução da incidência da carga tributária nos seus custos, provocando ponderável deflação momentânea e a queda do Índice Geral de Preços (IGP) de todos os setores da economia, com forte retração do Índice de Preços ao Consumidor (IPC) e aumento real *per capita* do poder aquisitivo do trabalhador.

A.XIV-1.1   Sem que represente o fim da inflação ainda remanescente do Plano Real, a deflação que ocorrerá no primeiro momento – num processo de "reacomodação dos preços" e não em conseqüência de recessão ou de aumento do índice de desemprego – provocará natural crescimento da demanda, com ressonância no setor produtivo, despertando na opinião pública e meios empresariais esperanças de êxito na política econômico/tributária e criando favorável repercussão psicológica em todos os setores.

A.XIV-1.2   Essa deflação provocará, também, valorização de nossa moeda no mercado cambial, independentemente do nível dos juros básicos (taxa Selic). Como a instituição do **Dízimo Cívico** também provocará deflação momentânea nos custos de todos os itens da pauta de exportação, essa apreciação do real não prejudicará o setor exportador nacional[1]

[1] O professor Samuel de Abreu Pessoa, em bem elaborado estudo apresentado em seminário promovido pelo Instituto de Pesquisas Econômicas da USP (1997), admite que a diminuição do "custo Brasil", quando apenas conseqüente de reforma tributária, nem sempre concorre para reduzir a sobrevalorização cambial do real. Entendemos que este seu pressuposto, mesmo que seja verdadeiro, não invalida o que afirmamos, porquanto a deflação momentânea resultante da reforma fiscal/tributária que estamos

propondo neste trabalho será de tal ordem que o câmbio não ficará imune a seus diretos efeitos.

A.XIV-1.3   Após esse primeiro momento, a efetiva estabilização da inflação, em nível de Primeiro Mundo, será dependente das medidas/reformas que forem sendo implantadas conforme explicitado na Parte I deste trabalho.

A.XIV-1.4   Seria oportuno que fossem reformulados os métodos de cálculo dos índices inflacionários, integrando-os ao sistema predominante de metodologia e cálculo internacionais, de modo a melhor expressar a realidade do desempenho da economia brasileira, com vistas aos organismos e grandes investidores internacionais.

A.XIV-2   A instituição do **Dízimo Cívico** provocará, também, o incremento das vendas do comércio e, em conseqüência, da atividade industrial (quando o comércio vende mais, a indústria é compelida a produzir mais), pelo aumento da capacidade de compra do salário de grande parte da massa trabalhadora, principalmente da classe média, liberada, depois de instituído o **Dízimo Cívico**, dos descontos da Contribuição Previdenciária e do IRRF, e do acréscimo de 8% ao salário, proporcionado pela incorporação do FGTS.

A.XIV-2.1   Nos casos em que o assalariado desconta, atualmente, 11% para o INSS (considerado o limite da contribuição previdenciária) e a média de 20% de IRRF, o aumento de seu poder aquisitivo é superior a 10%, já descontado o **Dízimo Cívico**. Nos casos em que só desconta 8% ou 9% para o INSS e está isento do pagamento do IRRF, terá todas as outras vantagens aqui explicitadas, independentemente do reajuste de 11,12% que terá em seu salário (XII-1.1.1); e os que nada descontam para o INSS (tarefeiros, diaristas, dentre outros), mas terão de pagar/recolher o **Dízimo Cívico**, receberão, com a instituição do **Dízimo Cívico**, inestimáveis benefícios diretos (diminuição dos preços, em geral) e indiretos (crescimento do poder aquisitivo e melhoria do nível de vida da população que os emprega ou contrata seus serviços).

A.XIV-2.2   O Poder Executivo, em março/1995, propôs ao Congresso Nacional a unificação, em 9%, da Contribuição à Previdência Social. O congresso Nacional, no entanto, alterou a proposta e aprovou, em abril de 1995, um escalonamento de 8%, 9% e 11%, conforme o salário a receber, mantido o limite da contribuição. Esse tributo – contribuição previdenciária – será extinto com a instituição do **Dízimo Cívico**.

A.XIV-3   Haverá aumento da poupança interna e do poder aquisitivo do povo (sem reajustamento de salário) também pela queda dos preços dos bens, produtos, mercadorias e serviços em conseqüência da diminuição da carga tributária. Isto é, os salários não aumentam nem diminuem em seus valores absolutos, porém, reduzindo a carga tributária, todos os bens de consumo e permanentes tornar-se-ão mais acessíveis aos seus adquirentes, significando um ponderável aumento real dos mesmos salários.

A.XIV-3.1   Além das vantagens propiciadas pelo Plano Real, a instituição do **Dízimo Cívico** acrescentará natural melhoria das condições de vida do povo, em geral, fator determinante de inibição da criminalidade.

A.XIV-4   Ao ser instituído o **Dízimo Cívico**, todos os bens, produtos, mercadorias e serviços que integrarem os estoques de pessoa jurídica terão deduzidos do seu preço de tabela e/ou de venda os percentuais relativos aos tributos diretos/indiretos e demais contribuições, incluídas as parafiscais (sociais e econômicas) e encargos/tarifas tributários extintos, e a este valor remanescente depurado será acrescido o percentual que corresponda aos 10% do **Dízimo Cívico** (11,11...%).

A.XIV-4.1   Esse procedimento, longe de significar a ressurreição da "Tablita" do Plano Cruzado, poderá, obedecendo ao que ditar o próprio mercado, ser aplicado aos pagamentos de compromissos financeiros vincendos, incluindo o Mercado Futuro/Opções, no percentual correspondente aos tributos diretos/indiretos e demais contribuições, incluídas as parafiscais (sociais e econômicas) e encargos/tarifas tributários extintos, caso os respectivos tributos não tenham sido, ainda, recolhidos aos cofres públicos.

A.XIV-4.2   Menos tributo, maiores investimentos; maiores investimentos, **expansão do nível de emprego**; mais empregos, aumento da massa salarial, que ativa o comércio, que estimula a produção. Este círculo econômico realimenta, em processo contínuo, a atividade produtiva e o comércio. Quanto mais rápida for a circulação da riqueza, maior a geração do **Dízimo Cívico** que chega aos cofres públicos em tempo real, imediatamente após à sua efetivação.

Capítulo A.XV

Fim do Déficit Público – Equilíbrio Fiscal (Déficit Nominal Zero) e Reativação da Economia

A.XV-1   A instituição do **Dízimo Cívico** propiciará a eliminação do déficit público em decorrência do aumento imediato da receita gerada por seu recolhimento, o que, em conseqüência, provocará o tão almejado equilíbrio fiscal (**déficit nominal zero**) – (IV-11, a).

A.XV-1.1   Com o aumento do poder aquisitivo do povo redundando em crescimento das vendas do comércio e da indústria, a economia tenderá a se reativar, numa reação em cadeia capaz de, em médio prazo, provocar seu crescimento consistente e a revitalização do Plano Real.

A.XV-1.2   Ao Poder Executivo compete incentivar a poupança, para evitar o superaquecimento da economia, e suprir o mercado (com estímulos à indústria nacional). E somente recorrer à liberalização das importações se houver indício de desabastecimento, o que seria desastroso à política antiinflacionária. E não pode descurar da exportação, que funciona como suporte das importações e da geração de empregos. Somente serão economicamente fortes e internacionalmente respeitados os países que se tornarem grandes exportadores. Para isso é preciso que estejam tecnologicamente atualizados, ou seja, sempre importando ou criando/produzindo técnicas mais modernas e maquinaria de última geração que possam melhorar a qualidade dos produtos e aumentar a produtividade, que propiciará menores custos.

A.XV-1.3   O volume de arrecadação do **Dízimo Cívico** será tanto maior quanto mais rapidamente a riqueza circular. Com a economia aquecida, esse volume aumentará consideravelmente.

A.XV-2   Todo e qualquer programa que o governo se impuser no campo social terá o respaldo financeiro que lhe proporcionará o **Dízimo Cívico**.

A.XV-3 O Brasil, com a economia em processo de estabilização, inflação controlada e um único tributo – transparente, cobrado sem burocracia e praticamente imune à evasão fiscal/sonegação tributária –, se transformará em alvo para muitos investidores e profissionais do mundo inteiro, com ampla repercussão favorável em sua economia (entrada de capitais não-especculativos, **geração de empregos** e arrecadação do **Dízimo Cívico**) e em seu desenvolvimento (afluxo de novas tecnologias de produção e metodologias de administração e *marketing*).

A.XV-4 Com a vinda de capitais estrangeiros para investimento haverá conseqüente **geração acelerada de empregos** e melhoria dos níveis salariais – com reflexo em todos os setores da economia, incluída a construção civil – e aumento das reservas cambiais não-voláteis, sem o recurso às altas taxas de juros reais, as mais elevadas do mundo (abril de 2006).

A.XV-5 A melhoria dos níveis de salário do setor privado repercutirá em desestímulo à permanente aspiração de muitos de se tornarem funcionários públicos. Parcela ponderável destes até poderá emigrar para a iniciativa privada, deixando o Poder Público mais aliviado da atual carga que sua folha de pagamento representa.

A.XV-5.1 Diminuindo a atual carga salarial, o Poder Público poderá melhor remunerar seu quadro de funcionários, incluindo os fiscais da Receita/ Previdência, enfim liberados para exercer uma fiscalização mais ágil e eficiente, de resultados eficazes.

A.XV-6 O **Dízimo Cívico** é um meio efetivo, sem milagres e sem sofismas, sem choques e sem "pulo no escuro", para gerar receita a partir de sua entrada em vigor, pois não haverá praticamente interstício entre sua geração e a arrecadação pelo Poder Público.

A.XV-7 Os benefícios decorrentes da liberação do Poder Público de arrecadar e controlar, contabilizar e administrar e, ainda, fiscalizar o recolhimento de cerca de mais de 110 tributos (sentido genérico), todos substituídos por um único, é algo difícil de mentalizar. E a sociedade – incluídas as pessoas físicas integrantes de pessoas jurídicas –, com a tranqüilidade de ter um único tributo, objetivo e com pagamento imediato, poderá melhor gerir suas finanças pessoais e empresariais, dando lhes ordenamento mais adequado, com resultados inimagináveis.

A.XV-8 O acréscimo de dinheiro que passará a circular decorrente da implantação do **Dízimo Cívico**, provocando, em conseqüência, o aquecimento da economia, não gerará inflação, porquanto não haverá aumento do meio circulante/base monetária (emissão de papel-moeda) ou da disponibilidade de créditos sem a correspondente geração de riqueza.

A.XV-9   A implantação do Dízimo Cívico provocará o retraimento da evasão fiscal/sonegação tributária de responsabilidade da economia informal.

A.XV-9.1   Espera-se, também, que o **Dízimo Cívico** provoque redução drástica na prática do "caixa 2" pelas pessoas jurídicas. Se persistir, não mais prejudicará o Fisco, mas, simplesmente, os sócios sem comando na empresa e/ou os sócios minoritários.

A.XV-9.2   O dinheiro em circulação detido pela economia informal, atualmente (2006) responsável por transações imunes à tributação, migrará para a economia formal, para os meios produtivos, para os assalariados – contribuindo para uma melhor distribuição de renda – e para os cofres da União, DF/Estados e Municípios, resultando substancial aumento da arrecadação.

A.XV-9.3   Os únicos efetivamente perdedores serão os sonegadores de todos os matizes, mesmo assim, serão beneficiados com a redução do custo de vida e com outras benesses de caráter geral proporcionadas pela instituição do **Dízimo Cívico**.

A.XV-10   O aumento da arrecadação, conseqüência da implantação do **Dízimo Cívico**, dar-se-á pelo fato de praticamente todos pagarem o tributo devido, diminuindo substancialmente a sonegação. Ocorrendo seu recolhimento no ato da geração da obrigação tributária, o Poder Público (União, DF/Estados e Municípios) tê-lo-á disponível imediatamente após esse evento.

Capítulo A.XVI

Transferência/Distribuição do Dízimo Cívico à União, aos Estados, ao Distrito Federal e aos Municípios

A.XVI.1   A transferência/distribuição/partilha/partição/repartição/repasse das cotas (percentual) do **Dízimo Cívico** cabíveis à União, aos Estados, ao Distrito Federal e aos Municípios e seu crédito nas contas bancárias respectivas serão efetivados automaticamente (*on line*) pela instituição financeira recebedora, imediatamente após o recolhimento do **Dízimo Cívico** pelo contribuinte, isto é, sem qualquer retenção, dedução ou interstício, independentemente de autorização ou ingerência do Governo Federal. A Receita Federal, no entanto, será o órgão controlador da arrecadação do **Dízimo Cívico** e principal fiscalizador da execução do recolhimento e de sua distribuição aos entes federados.

A.XVI-1.1   Com a automação eletrônica dos bancos e dos sistemas de pagamento ao comércio (utilização de *smart cards*) será possível, mesmo à noite, enquanto os *shopping centers* e outros estabelecimentos comerciais (bares, restaurantes etc.) estiverem funcionando, a Receita Tributária ir crescendo à proporção da geração e do recolhimento do respectivo **Dízimo Cívico**.

A.XVI-2   Dependendo do nível de informatização do sistema de pagamento/recebimento do comércio e da transferência de créditos dos bancos, os Municípios, os DF/Estados e a União terão, a cada momento de cada dia, mesmo domingos e feriados, conhecimento do saldo de sua receita tributária e dela poderão dispor imediatamente após a geração/recolhimento do tributo.

A.XVI-3   Relativamente aos percentuais de transferência (distribuição/partilha/partição/repartição/repasse) do bolo tributário nacional obtido da arrecadação do **Dízimo Cívico** aos Municípios, aos Estados, ao Distrito Federal e à União, a lei que o instituir disporá de tal forma que a cota-parte de cada Município, de cada Estado e do Distrito Federal não será inferior à sua receita global no exercício da implantação do **Dízimo Cívico**, incluindo a tributária (sentido genérico), a conseqüente das demais contribuições (sociais e econômicas) e a decorrente das transferências federais para os Estados/DF e Municípios e das transferências estaduais para os Municípios, não incluídas as receitas financeiras, as provenientes de privatizações e concessões e as resultantes de alienação de bens patrimoniais, ficando a supervisão dessa distribuição e as futuras alterações de seus percentuais a cargo do CONFAZ (Conselho Nacional de Política Fazendária). Também não serão incluídos: no total da União, o somatório das transferências federais para as Unidades Federativas e para os Municípios, e no total dos Estados, o somatório das transferências estaduais aos Municípios, considerando que esses valores já estarão computados no total das receitas das Unidades Federativas e dos Municípios, quando transferências federais, e no total das receitas dos Municípios, quando transferências estaduais.

A.XVI-3.1   Independentemente desse critério de lógica insofismável, poder-se-á utilizar qualquer outro que venha a ser sugerido e aceito pelo plenário do CONFAZ , possivelmente mais sofisticado e de composição melhor elaborada ou, por exemplo, um que tenha por base o atual sistema de transferência das receitas partilhadas que constituem os Fundos de Participação dos Estados/DF e dos Municípios (rever o artigo 159 da Constituição Federal de 1988, a Lei Complementar Nº 62, de 28/12/1989 e a Lei Nº 7.827, de 27/9/1989), e do Fundo para o Norte, Nordeste e Centro-Oeste, subsidiada pelo atual critério de distribuição dos 25% do ICMS pelos Estados aos seus Municípios, porém, levando em consideração a área, população, atual arrecadação, participação no PIB, com pesos específicos, encargos e/ou outros indicadores[1] que tornem justa essa distribuição (transferência/partilha/partição/repartição/repasse).

[1] A partir do segundo ano da instituição do **Dízimo Cívico**, para vigência no exercício seguinte (terceiro ano, inclusive), poder-se-á agregar a esse elenco de indicadores o volume de tributo (**Dízimo Cívico**) recolhido em cada uma das Unidades Federativas e em cada um dos Municípios no ano anterior.

A.XVI-3.2   O economista Marcos Cintra sugere que se mantenha a mesma proporcionalidade entre a arrecadação global nacional e a receita bruta da União, DF/Estados e Municípios, levantada pela média dos últimos anos (*Tributação no Brasil e o Imposto Único*).

A.XVI-3.3   A fixação dos percentuais (cotas) cabíveis à União, DF/Estados e Municípios na distribuição do bolo tributário, conforme aqui preceituado, levará, como conseqüência, à reformulação do atual sistema/

critério dos repasses orçamentários obrigatórios (vinculações constitucionais/legais). Essas exigências tornar-se-ão inconseqüentes na distribuição da Receita Tributária Nacional sob a vigência do **Dízimo Cívico** (rever o artigo 157 e seguintes, dentre outros, da Constituição Federal).

A.XVI-4   Com as mutações das necessidades e encargos dos Municípios e Estados/DF e da União, poderá haver correspondentes ajustes nessa proporção distributiva.

A.XVI-4.1 Anualmente, antes da preparação de seus orçamentos, os Municípios poderão, facultativamente, encaminhar suas reivindicações à repartição competente de seu Estado, com vistas a eventuais mutações de seus encargos e futuras necessidades tributárias. Concluídos os estudos no âmbito dos respectivos Estados, estes encaminharão as proposições dos Municípios e, também facultativamente, as suas próprias reivindicações ao Ministério do Planejamento, que, após analisá-las devidamente, promoverá reunião com os respectivos secretários da Fazenda/Planejamento estaduais, sob o patrocínio do CONFAZ, para fixação das mudanças. Aprovadas, serão, juntamente com a proposta orçamentária da União, encaminhadas ao Congresso Nacional para discussão e aprovação dentro do primeiro semestre de cada ano, para vigorar no exercício seguinte.

Notas – 1. Acredita-se que, por se tratar de meras reivindicações e, assim mesmo, de caráter facultativo, ter-se-ão contornado os eventuais arranhões que esse dispositivo poderia causar ao princípio federativo da autonomia dos Estados e Municípios, como apontara o jurista Aguinaldo Junqueira em seus comentários sobre esta proposta de **Dízimo Cívico**. Permanecendo, sob o conceito jurídico, o entendimento de "excessiva centralização na elaboração fiscal dos orçamentos daquelas unidades da Federação", espera o Autor deste trabalho que a sabedoria dos técnicos/tributaristas da Receita Federal e dos juristas consiga formular outros procedimentos que sejam juridicamente adequados.

2. No entanto, o Autor deste ensaio observa que essa "excessiva centralização na elaboração fiscal dos orçamentos daquelas unidades da Federação", de que fala Aguinaldo Junqueira, já existe nos dias atuais, pela dependência da quase totalidade dos Municípios brasileiros à cota-parte do Fundo de Participação dos Municípios (federal), à cota-parte do ICMS (estadual) e às transferências de capital, da União e dos Estados, e às outras transferências correntes e de capital, de grande expressão em suas receitas orçamentárias. Devem ser consideradas, ainda, as cotas-partes relativas ao ITR (federal) e ao IPVA (estadual), de menores expressões. Mas, para que fique bem caracterizada a dependência de Municípios à arrecadação efetuada pelos Governos Central e Estaduais e aos seus orçamentos, basta citar que, em 1995, havia quarenta Municípios que não dispunham de qualquer arrecadação tributária própria. Era,

simplesmente, zero.[1] Ora, se existe essa dependência com um sistema tributário de mais de 110 tributos (sentido genérico), qual a inconveniência se viesse a existir essa mesma dependência em um sistema de tributo único? Por outro lado, todas as propostas de reforma tributária de iniciativa do Poder Executivo reduzem, ainda mais, a autonomia dos Municípios e das Unidades Federativas de proverem, por seus próprios meios, os recursos tributários de que necessitam, fator indispensável à incolumidade do princípio federativo da autonomia fiscal.

[1] Fonte: *FINANÇAS DO BRASIL – Receita e Despesa dos Municípios*, Ano 1995, Vol. XLI, Secretaria do Tesouro Nacional (Ministério da Fazenda) – Brasília, DF.

A.XVI-4.2 As Câmaras de Vereadores e as Assembléias Legislativas, com base no orçamento da União aprovado, ao final de cada primeiro semestre, pelo Congresso Nacional, discutirão e aprovarão, no segundo semestre de cada ano, os respectivos orçamentos municipais e estaduais, para vigorarem no exercício seguinte.

A.XVI-4.3 Esse procedimento antecipará em mais um ano, relativamente ao exercício de vigência, os estudos e a elaboração da proposta orçamentária da União. Em regime de economia estável esta antecipação é perfeitamente aceitável, benéfica para criar-se uma consciência de planejamento/programação. Lembre-se, apenas como referência, que as montadoras de veículos iniciam com cinco anos de antecedência, em relação ao ano de lançamento, os estudos e projetos de um novo carro de passeio.

A.XVI-5 Os saldos remanescentes das transferências (distribuição/partilha/partição/repartição/repasse) que certamente ocorrerão, considerando as dízimas periódicas dos percentuais cabíveis à União, aos DF/Estados e Municípios, serão somados a outros saldos e, a cada sexta-feira, redistribuídos pelos bancos à União, DF/Estados e Municípios, relativamente à semana anterior (critério similar ao adotado para os lançamentos bancários da CPMF), na mesma proporção das transferências.

A.XVI-6 A rede bancária será remunerada pela União, pelos DF/Estados e pelos Municípios relativamente aos serviços prestados de recolhimento e transferência instantânea (*on line*) do **Dízimo Cívico** levando-se em conta o *floating* dessa imensa massa de depósitos. Isto porque, mesmo que os valores arrecadados a título de **Dízimo Cívico** sejam instantaneamente creditados à União, aos DF/Estados e aos Municípios e fiquem à disposição dos credores, esse volume de dinheiro continuará depositado no banco que acolheu esses créditos até sua efetiva utilização pelo órgão público respectivo.

A.XVI-7   O Banco Central adequará à nova realidade (instituição do **Dízimo Cívico**) o percentual de depósito compulsório pelo sistema bancário (enquanto persistir essa prática), tendo em vista o volume de depósitos públicos conseqüentes do recolhimento do **Dízimo Cívico**.

A.XVI-8   Para melhor explicitação do procedimento aqui sugerido relativamente ao recolhimento e transferência do **Dízimo Cívico** à União, aos Estados/DF e aos Municípios, suponha-se que tanto a União quanto os Estados/DF e os Municípios resolvessem contratar uma determinada empresa para arrecadar seus tributos, terceirizando essa atividade arrecadatória privativa das repartições fazendárias, e que essa arrecadação e o correspondente depósito bancário seriam efetuados diariamente à proporção em que fossem sendo recolhidos os respectivos tributos. De cada tributo arrecadado, essa empresa deveria creditar, no ato da arrecadação, por exemplo, 50,39% à União, 31,45% às Unidades Federativas e 18,16% aos Municípios para distribuição entre todos de acordo com o percentual de sua participação no total das NFSP (Capítulo A.II e A.XVI-3). Pois bem, essa empresa é o sistema financeiro, que será remunerado pela prestação de seus serviços. O "gerente", sem qualquer poder de interferir nessa distribuição, é a Receita Federal, que, no entanto, exercerá essa função sem percepção de qualquer remuneração. As secretarias da Fazenda das Unidades Federativas serão os "subgerentes" que, juntamente com as secretarias da Fazenda municipais, exercerão a devida fiscalização em todo esse procedimento, sem prejuízo da fiscalização que deverá ser exercida, em sua plenitude, pela Receita Federal.

A.XVI-9   A União, as Unidades Federativas e os Municípios elaborarão seus respectivos orçamentos considerando a previsão de suas receitas (cotas-partes do bolo tributário nacional), a perspectiva de superávits e a forma de financiamento de eventuais déficits.

A.XVI-9.1   Em caso da arrecadação e da conseqüente transferência se efetivarem superiores ao previsto nos respectivos orçamentos da União, das Unidades Federativas e dos Municípios – o que será bem provável em conseqüência do previsível aumento da atividade econômica em todo o país após a instituição do **Dízimo Cívico** –, gerando superávit, a União, as Unidades Federativas e os Municípios, obviamente, dele disporão como melhor lhes aprouver.

Capítulo A.XVII

Considerações Finais

Seção I
Integração (sem unificação) dos Fiscos Federal, Estaduais, Municipais e do Distrito Federal

A.XVII-1   A fiscalização do **Dízimo Cívico** não deverá ficar afeta, exclusivamente, à Secretaria da Receita Federal, mas também às secretarias de Finanças ou da Fazenda estaduais, municipais e do Distrito Federal, em trabalho integrado (sem unificação), mediante convênio, nos moldes dos que atualmente (2006) já existem, proporcionando a *maximização* da mão-de-obra, com redução de custos e maior eficácia da ação fiscalizadora. Esse procedimento permitirá tornar também interiorana a fiscalização, propiciando a esta se fazer presente nos mais recônditos lugarejos do país através dos agentes fiscais dos 5.562 Municípios.

A.XVII-1.1   A instituição do **Dízimo Cívico** em vez de tornar a fiscalização fazendária ociosa vai, contrariamente a essa idéia, provocar sua dinamização com a mudança do velho sistema de "fiscalização porta-a-porta", de resultados demorados e ensejadores de recursos protelatórios, para um sistema de fiscalização eletrônica dinâmica e objetiva, contando com o auxílio dos mais modernos programas de informática, muito mais fácil de ser exercida e propiciadora de resultados imediatos.

Seção II
Adicional de Compensação às Perdas Salariais dos Agentes Fiscais

A.XVII-2   Os atuais agentes fiscais federais (estaduais e municipais), incluídos os auditores fiscais e técnicos do Tesouro Nacional, com a implantação do **Dízimo Cívico**, terão sensivelmente reduzidos os seus ganhos, em decorrência da diminuição drástica das multas que constituem os fundos especiais, dentre eles o Fundaf (Fundo de Desenvolvimento e

Administração da Arrecadação e Fiscalização), no âmbito federal, que lhes financia uma retribuição adicional variável, independentemente de outras vantagens pecuniárias baseadas no atual (julho de 2006) sistema tributário que, somadas, representam a maior parcela de seus vencimentos. Em compensação e substituição, receberão um adicional permanente, sensível às variações futuras de seus ordenados, calculado pela média dos últimos doze meses dos itens de sua remuneração que serão afetados, respeitados o teto legal e os direitos adquiridos. O Governo do Rio Grande do Sul propôs (maio de 1996), e a Assembléia Legislativa aprovou, a alteração, nesses moldes, da remuneração dos fiscais de Renda do Estado.

Seção III
Extinção das Benesses Fiscais/Tributárias

A.XVII-3   Com a implantação do **Dízimo Cívico** no Brasil, ocorrerá a extinção de todas as benesses fiscais/tributárias (imunidades, isenções, bonificações, deduções, redução de alíquotas, renúncias fiscais, benefícios, subsídios, facilidades, ressarcimentos, compensações, créditos presumidos, prazos de carência fiscal/tributária, proteção alfandegária, reserva de mercado, empréstimos e outros incentivos) propiciadas, a mancheias, pelos poderes públicos federais, estaduais e municipais.

A.XVII-3.1   O Brasil tem sido o país dos incentivos fiscais/tributários. Não existe, de promotor de evento de qualquer coisa a empresa multinacional de grande porte que pretenda se instalar no Brasil, quem não pleiteie do Poder Público os mais ambiciosos e criativos incentivos fiscais/tributários. Há, até, incentivo fiscal para empresas que tenham mais de 30% de seus empregados com idade superior a quarenta anos (Lei Estadual de São Paulo N° 9.085, de 17/2/1995).

Seção IV
Compensação pela Perda dos Incentivos Fiscais/Tributários

A.XVII-4   Quando da instituição do **Dízimo Cívico**, os seus formuladores encontrarão meios que compensem, mas não pela via tributária, os incentivos/subsídios que visam apoiar a cultura, as artes e o desenvolvimento das regiões amazônica (incluindo as zonas francas), nordestina e demais. Possivelmente, até, oferecendo financiamentos, pelo BNDES, com juros especiais de longo prazo (não-vinculados à TJLP) ou outras compensações à conta de verbas orçamentárias. Mas nenhum dos atuais (2006) incentivos/subsídios fiscais/tributários será comparável aos resultados advindos da implantação do próprio **Dízimo Cívico**.

A.XVII-4.1   Nesse ponto – extinção dos incentivos/subsídios fiscais/tributários – é que deverá ser exercida, em sua plenitude, a vontade política do governante federal, tal como teve para enfrentar vitoriosamente um *quorum* de três quintos do Congresso Nacional e obter a extinção dos monopólios estatais do petróleo e das telecomunicações, feitos que, em passado recente, pareceriam improváveis, na verdade, impossíveis.

A.XVII-4.2   Afinal de contas, uma reforma fiscal/tributária que atenda às necessidades de Receita Tributária do país e aos anseios da sociedade, com aumento da arrecadação para o Poder Público (federal, estadual e municipal) e diminuição da carga tributária para os contribuintes, parece ser tarefa muito mais amena.

Seção V
Contribuição para Terceiros (INSS) e Seguro de Acidentes do Trabalho

A.XVII-5   As contribuições para terceiros (Salário-Educação, INCRA, Senai/Senac, Sesi/Sesc, Sebrae, DPC, Fundo Aeronáutico e Senar), recolhidas pelas empresas por intermédio do INSS, de pagamento compulsório, também serão extintas com a adoção do **Dízimo Cívico**. Seus atuais contribuintes, no entanto, sensíveis aos serviços que vêm sendo prestados à comunidade industrial e comercial pelo Senai, Senac, Sesi, Sesc e Sebrae, poderão, facultativamente, contribuir para que as suas entidades de classe continuem mantendo essas instituições. Relativamente ao Seguro de Acidentes do Trabalho[1], cujo pagamento compulsório também será extinto, as empresas serão legalmente compelidas a manter apólices de seguro para cobertura de acidentes do trabalho junto a seguradoras de sua livre escolha.

[1] O Poder Executivo está estudando desde março de 1998 a possibilidade de privatizar essa modalidade de seguro.

Seção VI
Fundo de Garantia do Tempo de Serviço (FGTS) - (IV-11, b; XII-4.1)

A.XVII-6   Mesmo sem constituir Receita Tributária e, por isso mesmo, não integrar o orçamento fiscal da União nem, tão pouco, o fluxo de caixa do INSS, o Fundo de Garantia do Tempo de Serviço (FGTS), que será extinto com a instituição do **Dízimo Cívico**, será transformado em um grande fundo de investimento e previdência privada, administrado por um Conselho Gestor integrado pelos próprios beneficiários (empregados titulares das contas, da ativa e aposentados) e por dois representantes do Governo

Federal. Esse fundo terá como ativos todos os atuais créditos e reservas do FGTS, ao qual poderá aderir qualquer pessoa física visando a uma aposentaria condigna, equivalente ao seu habitual padrão de vida, incluídos os rurícolas. Os atuais titulares das contas serão cientificados de seus créditos e, em função destes, de sua situação em relação aos planos que vierem a ser oferecidos. O Fundo de Amparo do Trabalhador (FAT, atualmente formado com os recursos do PIS/Pasep sobre o faturamento das empresas e responsável pelo pagamento do Seguro-Desemprego) integrará esse grande fundo de investimento que ficará também responsável pela cobertura do Seguro-Desemprego e do Programa de Renda Mínima (Bolsa-Família), para atender aos chefes de família (homens ou mulheres) que ganham menos de um salário mínimo. A União, de sua Receita Tributária, participará desse fundo, na medida e na proporção em que for responsável pela cobertura do custo (parcial ou total) do Seguro-Desemprego e do Programa de Renda Mínima.

A.XVII-6.1 Essa proposta poderá ser revista ou aprimorada com base na experiência chilena de previdência privada, no projeto de reforma da Previdência do deputado federal Eduardo Jorge, no programa *Fundos de Aposentadoria Programada Individual (FAPI)* e nos estudos sobre o assunto do Instituto Atlântico (presidido pelo profº Paulo Rabello de Castro) e da equipe do economista, ex-assessor presidencial e ex-presidente do BNDES André Lara Resende.

Seção VII
IPVA e o Seguro Obrigatório

A.XVII-7 O IPVA será extinto com a instituição do **Dízimo Cívico**. Os proprietários de veículos automotores, no entanto, serão compelidos a manter apólice do Seguro Obrigatório de Danos Pessoais Causados por Veículos Automotores de Vias Terrestres (DPVAT), e, não o fazendo, incorrerão em penas de multa ou outras cominações legais.

A.XVII-7.1 A extinção do IPVA não significa isenção ao proprietário de qualquer tipo de veículo da obrigatoriedade de promover seu registro e licenciamento (ou de a este renovar anualmente) e de submetê-lo à inspeção do Detran, que efetuará esses serviços isentos de pagamento de qualquer taxa ou emolumento.

A.XVII-7.2 O proprietário do veículo também continuará submisso ao pagamento das multas que vierem a ser aplicadas por infração às leis do trânsito.

A.XVII-7.3   Aos Municípios será vedada a cobrança de qualquer taxa ou emolumento para registro e licenciamento de veículos a tração animal.

Nota – Em alguns Estados, diversas atividades do Detran estão sendo transferidas à iniciativa privada, em crescente processo de terceirização de serviços públicos: exame de candidatos a motorista, exame de vista, emissão e renovação de Carteira Nacional de Habilitação, registro e licenciamento de veículos automotores etc. Nesses casos, o beneficiário terá de remunerar a prestadora do serviço, mas ficará imune a qualquer pagamento à Unidade Federativa e/ou ao Município relativamente à propriedade e/ou posse do veículo.

Seção VIII
Dízimo Cívico e os Tributos Municipais

A.XVII-8   Com a instituição do **Dízimo Cívico,** todos os tributos municipais (impostos, taxas, contribuições de melhoria e parafiscais, encargos/tarifas tributários, emolumentos etc.) serão extintos. Isto não significa que se instalará a anarquia no que disser respeito às posturas municipais. A Prefeitura Municipal continuará a emitir alvarás e licenciamentos para o exercício das atividades comerciais, industriais, profissionais, prestadoras de serviços, de obras em geral e da construção civil, "habite-se" etc., porém, sem pagamento de qualquer tributo (taxas/contribuições/emolumentos) pelo requerente. O registro/licenciamento dessas atividades e a expedição desses documentos deixariam de ter finalidade tributária para circunscrever-se à condição normativa e de controle, de fiscalização e estatística, à custa das verbas orçamentárias para manutenção da burocracia municipal.

A.XVII-8.1   De igual modo entende-se que os serviços de limpeza pública (limpeza urbana), de escoamento de águas pluviais, de iluminação pública, de paisagismo e jardinagem, mesmo terceirizados ou privatizados, são obrigações comunitárias da Municipalidade, que deverá arcar com o pagamento à custa de suas verbas orçamentárias, sem indenizações pelos munícipes.

A.XVII-8.2   Esgoto cloacal e de águas servidas é saneamento básico, sendo obrigação do Poder Público oferecê-lo ao cidadão, independentemente de qualquer pagamento ou indenização.

A.XVII-8.3   O serviço de coleta de lixo é também obrigação do Poder Público, mesmo que prestado diretamente ao cidadão. Tendo em vista o valor que o lixo vem obtendo no mercado e o interesse de empresas especializadas em seu beneficiamento/reciclagem, a concessão da coleta do lixo deverá transformar-se em fonte de receita não-tributária para o Município.

A.XVII-8.4　Entendemos que a contribuição de melhoria deve ser extinta, porquanto os serviços públicos de arruamento, calçamento, pavimentação, urbanização etc. são obrigações do Poder Público, que não tem o direito de compelir seus munícipes ao pagamento dessas verbas, muitas vezes superiores à sua capacidade financeira. Quando, no entanto, as áreas beneficiadas integrarem loteamentos, quer privados ou públicos, o preço do lote deve incluir o custo de sua urbanização.

A.XVII-8.5　Igualmente não é concebível que Municípios cobrem taxa para estacionamento de veículo em vias/logradouros públicos, sem qualquer contraprestação de serviço, como ocorre em Porto Alegre-RS (Área Azul), em favor da Companhia Carris Porto-Alegrense (Lei Municipal Nº 6.002/87), em Florianópolis-SC (Zona Azul), em benefício do IPUF (Instituto de Planejamento e Urbanismo de Florianópolis), e em tantos outros municípios brasileiros em benefício das mais diversas entidades, mesmo filantrópicas. Ninguém pode ser compelido a fazer doações.

Seção IX
Dízimo Cívico e Reforma Agrária (X-11)

A.XVII-9　Instituído o **Dízimo Cívico**, extinguir-se-á o Imposto sobre a Propriedade Territorial Rural (ITR), eleito pelo Governo Federal (novembro/1996) a pedra basilar da reforma agrária. Como a riqueza estática (no caso, a terra) não gera obrigações tributárias com a instituição do **Dízimo Cívico**, mas, tão-somente, quando transferida sua propriedade pela venda/troca/permuta ou sua posse pelo arrendamento, ou seja, quando existe a figura do receptor do valor (relativo à venda ou arrendamento) ou do bem (quando o bem for o próprio valor ou o meio de pagamento), ter-se-á de buscar outros meios não tributários de compelir o uso produtivo da terra e restringir a sua manutenção (propriedade/posse) como reserva de valor ou patrimonial.

A.XVII-9.1　Pensou-se, então, na organização de um Cadastro Territorial Rural (CTR), utilizando os recursos mais modernos da informatização, a cargo do INCRA, com informação, pelo proprietário/posseiro, da área, do valor que acredita que vale a terra cadastrada e do respectivo registro ou averbação no cartório de imóveis. Desse cadastro, poderão constar, ainda, informações adicionais, tais como: cadeia dominial desde a origem na terra devoluta, valor de compra e forma de pagamento, até mesmo a(s) fonte(s) geradora(s) dos recursos de sua aquisição etc.

A.XVII-9.2　Em caso de terra legalmente considerada improdutiva, o Governo Federal fixará um prazo de três a cinco anos para o proprietário/ posseiro torná-la produtiva. Decorrido esse prazo, e permanecendo improdutiva a terra, o proprietário/posseiro, dentro dos seis meses seguintes, será multado em 10% do valor da terra declarado no Cadastro Territorial Rural (CTR), cuja multa será paga em dinheiro ou em títulos da dívida pública (federal, estadual ou municipal), dentro dos trinta dias do recebimento da notificação administrativa. Permanecendo improdutiva a terra, essa multa (10%), sempre sobre o valor originalmente declarado, se repetirá todos os anos até a eventualidade de sua desapropriação.

A.XVII-9.3 Não sendo paga a multa no prazo, o governo fará, independentemente de qualquer notificação, a desapropriação de 10% da área total da terra originalmente cadastrada, sem qualquer tipo de indenização, procedimento que se repetirá nos anos subseqüentes. Dessas desapropriações deverá remanescer uma área de trinta hectares, que permanecerá na propriedade/posse do titular da terra.

A.XVII-9.4 Em nenhuma hipótese, nos casos de multa tornada desapropriação não-indenizada, essa desapropriação poderá recair em área produtiva ou onde houver outras benfeitorias.

A.XVII-9.5 Nenhum tributo poderá recair sobre a terra. Se improdutiva, ocorrerá o disposto nos parágrafos A.XVII-9.2 e A.XVII-9.3. Se produtiva, ficará isenta de qualquer taxação, não importando a sua área. O **Dízimo Cívico** já estará sendo pago/recolhido pelo proprietário/posseiro (também receptor) sobre os valores recebidos do arrendamento e/ou da comercialização dos produtos gerados da respectiva terra ou de sua exploração econômica. Se arrendada a terra, o proprietário/posseiro pagará o **Dízimo Cívico** quando do recebimento do valor do arrendamento – seja em espécie, seja em produtos rurais, ou quando da comercialização destes –, e o arrendatário pagará o **Dízimo Cívico** quando da comercialização de sua produção ou do que resultar de seu uso comercial/industrial. Taxar, anualmente, *ad valorem* a terra produtiva é como se se taxasse anualmente, *ad valorem*, o ativo fixo (ativo imobilizado) da indústria ou o investimento comercial, incluindo o fundo de comércio.

A.XVII-9.6 O Governo Federal deve considerar a necessidade da existência de uma área improdutiva para a possibilidade de futura expansão das atividades rurais do proprietário/posseiro da terra produtiva (Samir Jubran).

Nota – Merecem registro as considerações de César Baiocchi sobre o tema desta seção. Ei-las:

"O pagamento do Tributo Único [**Dízimo Cívico**] está necessariamente ligado ao recipiendário; portanto inexiste imposto sem a pessoa que tem a receber alguma coisa.

"Se todos os proprietários obedecerem ao prazo estabelecido (A.XVII-9.2 e A.XVII-9.3), dentro de poucos anos o Brasil estará afogado em excedentes agrícolas, ou, em caso contrário, teremos uma legião de confiscados (apenados pelo patrimônio).

"Deve-se ainda analisar melhor o conceito de improdutivo e o significado da produção. A terra é improdutiva porque o proprietário não plantou ou porque a sua composição não recomenda o plantio, ou porque é 'reserva legal' ou ainda porque é 'reserva permanente' (INCRA, Leis Florestais, Ambientais, Recursos Hídricos etc.). Deve-se analisar, também, as conseqüências da produção: desmatamento, erosão, queimadas, desnudamento do solo, simplificação da cobertura vegetal, defensivos agrícolas (agrotóxicos?). E mais ainda a defesa e conservação dos ecossistemas: Mata Atlântica, Cerrado, Floresta Amazônica, Várzeas, Varjões etc.

"É bem provável que o Brasil possa dobrar sua produção sem abertura de novos espaços; bastando para isso aprimorar os métodos produtivos.

"Quem sabe, exatamente a propriedade improdutiva venha a representar 'patrimônio' ambiental florístico e faunístico; refúgio de animais em risco de extinção e de essências vegetais nativas, e o proprietário seu zelador (?!).

"Se a intenção dos termos da Seção IX é aumentar a produção e facilitar a reforma agrária, poder-se-ia exercitar a busca de soluções e respostas no mercado (interno ou externo) comprador dos produtos agrícolas com preços compensadores (capacidade de absorção) e negociação governo/proprietário das áreas indicadas para assentamentos. (Nota: os preços da terra, após o Plano Real, reduziram-se, substancialmente, de 50% a 10% dos valores anteriores.)

"Creio que medidas políticas e administrativas sejam mais eficazes do que medidas jurídico-fiscais.

"A estatização e posterior distribuição das terras podem ser origem e ensejo de gigantismo latifundiário do Estado, ideologização dos procedimentos, radicalizações partidárias e a montagem de palanques demagógicos corporativistas.

"As leis de mercado, que poderão incentivar ou inibir a produção/produtividade e a negociação direta, caso a caso, governo/proprietário, parecem-me bem mais simples.

"Pelo que pude aferir da leitura de seu trabalho, o governo terá os recursos oriundos do Tributo Único [**Dízimo Cívico**] suficientes para a compra ou desapropriação (utilidade pública, interesse social etc.) das áreas destinadas aos assentamentos (Reforma Agrária).

"Em tempo – Não seria oportuno melhorar a fatia do bolo tributário aos Municípios e atribuir às Prefeituras os cadastros e acertos fundiários (?), quiçá a reforma agrária?"

A.XVII-9.7 Existe, ainda, a opção que oferece o *Programa Cédula da Terra*: o governo, mediante contrato, dá ao agricultor, por empréstimo, determinada quantia para a compra, pelo valor de mercado, da terra de que necessita ou a que esteja apto para explorar economicamente. O prazo para reembolso ao governo é de sete anos, com carência de três. Em nosso entendimento, a quantia anunciada (até R$ 10 mil) e o prazo do empréstimo ainda são insuficientes, tendo em vista a importância do investimento. Dever-se-á permitir novo empréstimo pelo Banco da Terra, mesmo antes de quitado o anterior, desde que o uso da terra originalmente adquirida esteja ocorrendo de acordo com as especificações contratuais.

Seção X
Tributação (Imposto de Renda) nos Estados Unidos

A.XVII-10 Os americanos querem mudar o seu sistema tributário. "O regulamento do Imposto de Renda americano é tido como uma coisa incompreensível – tem mais de doze mil páginas – e as empresas lá gastam cerca de US$ 200 bilhões por ano só para acertar suas contas com o Leão. Um especialista americano disse que nenhuma empresa consegue resolver o seu problema fiscal sem contratar um escritório especializado. Os americanos não agüentam mais tanta burocracia. Como nós brasileiros." (Ribamar Oliveira, em *Para onde os americanos estão indo,* O ESTADO DE S. PAULO, 16/9/1995).

Seção XI
Malogro do "Imposto Único" em Outros Países

A.XVII-11 É uma falácia dizer-se que o *imposto único* malogrou na Alemanha, na Argentina, em Israel e no Peru, até porque nunca houve, efetivamente, vigência de *imposto único* nesses países. O que houve, na verdade, foram tentativas frustradas de taxação sobre operações financeiras.

A.XVII-11.1 Na Alemanha, por exemplo, segundo o professor Marcos Cintra em seu artigo *Mário Henrique Simonsen e o Imposto Único* (FOLHA DE

S. Paulo, edição ignorada), o que havia era a taxação das transações bancárias, procedimento que vigorou até meados da década de sessenta, quando o sistema bancário alemão ainda não se encontrava suficientemente informatizado, diminuindo grandemente a eficácia do procedimento na arrecadação desse tributo. Essa mesma taxação (IOF) se processa no Brasil com grande êxito de arrecadação.

A.XVII-11.2 Na Argentina, por sua vez, o Imposto sobre Débitos Bancários (Imposto do Cheque) não era *imposto único*. Instituído como imposto provisório de 0,2% sobre o valor dos cheques, obtinha inexpressiva arrecadação. Sempre convivendo com outros tributos, teve sua alíquota aumentada para 1,2%, pelo então ministro Domingo Cavallo, com o que produziu considerável receita tributária, contribuindo para a estabilização da economia argentina. Com a opção pela implantação do sistema de imposto sobre o valor agregado (IVA), tão em moda em países europeus – depois de adotado genericamente no Brasil em 1966, em prática pioneira no mundo –, foi o chamado Imposto do Cheque extinto juntamente com outros tributos. Mesmo assim, teria sido difícil a implantação de *imposto único*, via sistema bancário, naquele país, não somente pela precariedade de sua informatização, à época, mas, ainda, pela cultura do povo argentino, pouco afeito ao uso de cheques em suas transações regulares.

A.XVII-11.3 No decorrer do ano de 1997, a implantação do *imposto único* na Argentina foi tema de debates. Prioritariamente, seriam unificados os impostos para as pequenas e médias empresas – tal qual o SIMPLES brasileiro para as pequenas e microempresas –, assunto que empolgou as entidades empresariais do setor e a Câmara dos Deputados portenha. Os empresários, através da Coordenadoria de Atividades Mercantis Empresariais (CAME), da Confederação Geral Econômica (CGE), do Conselho Argentino da Indústria (CAI) e da Federação Econômica de Buenos Aires (FEBA), defendem a instituição de um único tributo que englobaria também as contribuições previdenciárias, o Imposto de Renda, o Imposto sobre Valor Agregado e o Imposto sobre Faturamento. Essas entidades argumentavam que a unificação tributária atingiria um universo de um milhão e meio de empresas e aproximadamente dois milhões de autônomos (*Tendências Internacionais*, Folha de S. Paulo, 2-15, 13/3/1997).

A.XVII-11.4 A experiência havida em Israel do imposto sobre transações bancárias (e não *imposto único*, como noticiado) também teria encontrado obstáculos à sua sustentação em face da insuficiência de informatização de seu sistema financeiro, à época, indispensável ao êxito de um modelo de arrecadação tributária que tem seus alicerces na automação eletrônica dos serviços dos bancos.

A.XVII-11.5 Quanto ao malogro do imposto sobre operações bancárias no Peru (o chamado "imposto único"), longe de ser o que ora aqui está sendo proposto para o Brasil, a sua regulamentação era incompatível ao sistema, permitindo que os cheques transitassem fora do sistema bancário, com endossos sucessivos, como se fossem papel-moeda de curso forçado, o que transformava cada portador de um talão de cheques em verdadeira "casa da moeda".

A.XVII-11.6 Por outro lado, não há como comparar a economia brasileira com a israelense ou a peruana. O que deve ser feito é verificar as falhas ocorridas em outros países, mesmo que relativamente a impostos sobre transações financeiras ou operações bancárias, e corrigir eventuais distorções.

Seção XII
Diálogo Esclarecedor

A.XVII-12 Um amigo (Elton Pfeifer) perguntou:
– E se eu emprestar R$ 6 mil a um irmão?
A resposta foi óbvia:
– Seu irmão, ao ter creditado o valor do cheque em sua conta, pagará/recolherá 10% correspondentes ao seu **Dízimo Cívico**.
– E quando ele me devolver os R$ 6 mil?
– Você pagará/recolherá 10% desse valor a título de **Dízimo Cívico**. Mas se não quiser ter prejuízo, que seu irmão lhe dê um cheque de R$ 6.666,66, para que você, recolhendo 10% desse valor (R$ 666,66), referente ao **Dízimo Cívico**, fique com o valor original do empréstimo: R$ 6 mil líquidos.
– E se eu lhe der o dinheiro em espécie?
– Ao retirar essa importância, em espécie, de sua conta bancária, serão descontados 10% correspondentes ao **Dízimo Cívico**, porque esse dinheiro, ao sair de sua conta, não mais lhe pertence; você passará a ser, simplesmente, o depositário desse valor; na verdade, o ato de retirar esse dinheiro de sua conta tem por objetivo repassá-lo, no todo ou em partes, a qualquer título, a outra pessoa, física ou jurídica; porém, a pessoa recebedora desse dinheiro terá de pagar o seu **Dízimo Cívico**; como ela é desconhecida para o Fisco e o **Dízimo Cívico** é arrecadatório (o Fisco não vai atrás de ninguém para cumprir sua obrigação tributária), o **Dízimo Cívico** é cobrado por antecipação, na fonte.
– Mas é um absurdo!, retrucou.
Foi-lhe dito:
– Sua função social não é emprestar dinheiro. Isso é função de ban-

co e, nesse caso, não haverá tributação (empréstimos/financiamentos tomados de instituições financeiras incluem-se na categoria de recebimentos não-tributáveis). Você pode fazer o que bem entender do seu dinheiro, desde que o receptor dele pague/recolha o tributo devido (**Dízimo Cívico**). Se seu irmão não quiser pagar/recolher esse tributo, que não peça dinheiro emprestado a terceiros, mesmo que sejam familiares. Que administre melhor suas finanças pessoais e procure fazer uma poupança para atender às emergências, como fazem, dentre outros, os europeus e norte-americanos, em sua maioria. Que use seu cheque especial, se o tiver.

Pfeifer aceitou a tese do **Dízimo Cívico** e lhe manifestou seu apoio, também por suas vantagens financeira e operacional. (O diálogo aqui reproduzido foi autorizado pelo interlocutor do Autor.)

Nota – O jurista Aguinaldo Junqueira tece considerações sobre o rigor de nossa proposição quanto a empréstimos e presentes. Diz ser injusta a obrigatoriedade de pagamento/recolhimento do **Dízimo Cívico** nos recebimentos provenientes de empréstimos financeiros obtidos de parentes ou de amigos, em situações de emergência. Também menciona "como situações embaraçosas ou injustas: a incidência do Tributo Único (**Dízimo Cívico**) em casos de presentes de casamento e aniversário; de presente razoável que marido faça à mulher; e casos semelhantes". Considera o Autor deste ensaio que, em tais casos, em se adotando isenção de tributação, a Receita Federal deva estipular valores máximos para essas isenções, a fim de evitar excessiva liberalidade, porquanto há empréstimos recebidos de parentes e/ou amigos que são vultosos e presentes de casamento e de aniversário que são verdadeiras fortunas (de jóias raras a luxuosos apartamentos, e de iates a fazendas). Mas o ideal tributário, com a implantação do **Dízimo Cívico**, é evitar excepcionalidades (A.VII-9.2 e A.X-17).

A.XVII-12.1 Esta situação serve, também, para ilustrar o quanto o **Dízimo Cívico** contribuirá para inibir a agiotagem, pois que, nessa operação de empréstimo fraternal, sem juros remuneratórios, o beneficiário dele perderia 21,11...% do poder de compra do empréstimo (R$ 6 mil) que viesse a receber. Imagine-se com os juros da agiotagem acrescidos.

Seção XIII
Certificação de Recolhimento do Dízimo Cívico

A.XVII-13   A Receita Federal certificará, anualmente, independentemente de solicitação, o total de **Dízimo Cívico** pago/recolhido pelo contribuinte, remetendo-o ao seu endereço. Essa obrigação tornar-se-á possível graças à informatização do sistema bancário nacional e da Receita Federal. Essa medida permitirá ao contribuinte o acompanhamento do desempenho das entidades arrecadadoras (sistema bancário) relativamente ao recolhimento de seu tributo. Será a maneira de o contribuinte sentir-se cidadão. E, com essa força, exigir mais do Poder Público e fiscalizar-lhe o desempenho na aplicação de seu contributo.

Seção XIV
Casos Omissos

A.XVII-14   Os casos aqui omissos, os que provoquem reações/interpretações divergentes e os que possam ser considerados insolúveis, a Secretaria da Receita Federal, em face da elevada qualificação de seus técnicos, está em condições de resolver.

A.XVII-14.1 Não digam os técnicos/tributaristas: "Isto não pode ser" ou "isto quebra toda a estrutura do direito tributário". Mas, sim: "Vamos discutir". Se o fizerem com determinação e boa vontade encontrarão, com certeza, a solução ideal.

Seção XV
Dízimo Cívico, Ainda sem Similar

A.XVII-15   O fato de se dizer que se o *imposto único* (**Dízimo Cívico**) fosse bom os países desenvolvidos já o teriam adotado não prevalece. Assim como a genialidade criativa da equipe econômica do então ministro Fernando Henrique Cardoso, em 1994, encerrou, com a URV (Unidade Real de Valor) – experiência totalmente pioneira no mundo –, o ciclo da imbatível inflação inercial, por que não admitir que o **Dízimo Cívico** poderá praticamente acabar com a evasão fiscal/sonegação tributária e, em conseqüência, com o déficit público? Somente após Octávio Bulhões e Roberto Campos instituírem, em 1966, com o novo (e atual) Código Tributário Nacional, o sistema de cobrança de imposto (ICM) apenas sobre o valor adicionado ou agregado – o IVA –, outros países o adotaram genericamente[1] (A.II-1.1). Por que, então, insistir em impostos declaratórios de venda/consumo/circulação e de renda (com alíquotas progressivas), quando é sabido haverem-se exaurido na sua capacidade arrecadatória?

[1] A França e a Finlândia foram o berço do IVA, porém sem que ele tivesse qualquer abrangência ou significação arrecadatória. No Brasil, no entanto, ele foi efetivamente integrado, de forma genérica e pioneira, à legislação tributária. Alguns autores nacionais negam essa primazia ao Brasil ou simplesmente a ignoram.

A.XVII-15.1 O sistema tributário que mais se aproxima da filosofia do **Dízimo Cívico** é o internacionalmente conhecido como *Flat Tax* (Capítulo A.III) por ser um tributo também **proporcional e cumulativo**.

Seção XVI
Fim do Desvio de Receita para Burlar o Fisco

A.XVII-16 Instituído o **Dízimo Cívico**, deixa de interessar ao Fisco que as empresas paguem despesas pessoais dos sócios/cotistas/acionistas e dos administradores/executivos, e de seus familiares, e, até, de seus amigos, com o objetivo de reduzir o lucro da empresa, afetando o volume de sua taxação (IR e CSLL) na pessoa jurídica e diminuindo o *quantum* tributável (IR) da participação dos sócios/cotistas/acionistas nesse mesmo lucro (o que, no atual sistema tributário, acarreta evasão de Receita Tributária).

A.XVII-16.1 Com a incidência do **Dízimo Cívico** sobre o faturamento (receita operacional bruta), o pagamento de despesas estranhas à atividade empresarial, em benefício dos sócios/cotistas/acionistas, administradores/executivos e familiares, deixa de prejudicar o Fisco relativamente ao recolhimento do **Dízimo Cívico** pela empresa e seus integrantes. Tanto faz realizar lucro bruto, ou líquido, maior ou menor. Também não interessa ao Fisco, no caso do lucro líquido, não ser incorporado ao capital social, deixando de aumentar a participação societária dos sócios/cotistas/acionistas. Sua distribuição a menor (em função do aumento forçado das despesas) entre os sócios/cotistas/acionistas – sobre cujo recebimento incidiria o pagamento/recolhimento do **Dízimo Cívico** na condição de pessoa física receptora –, pouco importa. Os sócios/cotistas/acionistas não pagarão/recolherão o **Dízimo Cívico** sobre o lucro transformado em despesas "irregulares", mas o farão, em seus lugares, os receptores dos valores que pagarem as "despesas fabricadas". Este é um assunto que passa a interessar somente aos sócios/cotistas/acionistas. É política interna de distribuição de lucro.

A.XVII-16.2 Mesmo assim, acredita-se que pelo fato de não estarem os sócios/cotistas/acionistas sujeitos ao pagamento/recolhimento do **Dízimo Cívico** no aumento de sua participação societária, por incorporação do lucro ao capital social, enquanto detiverem a propriedade/posse das participações/cotas/ações decorrentes dessa incorporação, já seja um razoável desestímulo à prática da diminuição forçada do lucro de suas empresas, assunto (apenas sobre o lucro) que passa a interessar ao governo somente para fins estatísticos.

A.XVII-16.3 Apenas para moralização da atividade empresarial, principalmente em defesa dos sócios/cotistas/acionistas minoritários, acredita-se que algumas exigências por parte da Receita Federal possam provocar a retração dessa prática. Por exemplo: exigir que as Notas Fiscais de despesas somente possam ser contabilizadas se emitidas em nome de pessoas que integrem a sociedade ou o seu corpo funcional, ou que estejam vinculadas à empresa mediante contrato e que sua função e/ou os termos do contrato justifiquem a realização das respectivas despesas à conta da empresa. Isto atingiria as despesas de passagens, hotéis, restaurantes, aluguéis de veículos, cartões de crédito, *smart cards*, abastecimento de carros, secretários domésticos, aluguéis de casa de lazer etc. Mas não será o suficiente para coibir a prática, extirpando-a do cotidiano e da cultura empresarial brasileira.

* *

Parte III

Apêndices

Part III

Appendices

Programa Rodoferroviário, Obras e Providências Especiais Prioritárias

Estradas que serão pavimentadas, duplicadas ou recuperadas pela iniciativa privada, mediante concessão, em Parceria Público-Privada (PPP) ou pelo Governo Federal (em alguns casos em convênio com o governo dos respectivos Estados e Municípios), caso não haja interesse por sua concessão, independentemente do recapeamento asfáltico, da melhoria do traçado (correção de geometria), do alargamento das pistas com nivelamento dos acostamentos, da recuperação da sinalização (horizontal e vertical) e da conservação da faixa de domínio de toda a malha rodoviária federal.

As obras serão executadas segundo os parâmetros do HDM-4 (*Highway Design and Maintenance Standards Modal*) desenvolvidos pelo Banco Mundial, porém visando a realidade brasileira, que exige uma vida útil de, pelo menos, 25 anos para as obras, independentemente de sua permanente manutenção.

Nota – As obras de infra-estrutura de transportes citadas no texto principal deste trabalho (Parte I) não serão aqui repetidas. A indicação das cidades, distritos, vilas e outras localidades, bem como dos traçados das rodoviais e ferrovias é meramente referencial, sem precisão geográfica.

Rodovias (XIV-2)

Acre (AC)
* BR-317 – Duplicar os trechos **Rio Branco** (AC)-Senador Guiomard (AC)-Capixaba (AC), contornando a divisa Brasil/Bolívia até Assis Brasil (AC).
* BR-364 – Duplicar os trechos **Rio Branco** (AC)-Sena Madureira (AC)-Feijó (AC)-Tarauacá (AC)-Cruzeiro do Sul (AC) até o ponto mais ocidental do Brasil, na Serra da Contamana (AC), na divisa Brasil/Peru.
* BR-364 – Duplicar os trechos **Rio Branco** (AC), com acesso a Acrelândia (AC), próximo à divisa Brasil/Bolívia.
* AC-040 – Duplicar os trechos Entroncamento da BR-317, próximo a Senador Guiomard (AC)-Plácido de Castro (AC), contornando a divisa Brasil/Bolívia até Acrelância (AC).

Alagoas (AL)
* BR-101 – Duplicar os trechos Divisa Sergipe/Alagoas, em Porto Real do Colégio (AL), com acesso a São Sebastião (AL)-Teotônio Vilela (AL)-Cruzamento com a AL-220 em São Miguel dos Campos (AL), com acessos a Pilar (AL), Atalaia (AL) e Rio Largo (AL)-Messias (AL)-Novo Lino (AL)-Divisa Alagoas/Pernambuco, próximo a Xexéu (PE).
* BR-104 – Duplicar o trecho União dos Palmares (AL)-São José da Laje (AL)-Divisa Alagoas/Pernambuco.
* BR-423 – Duplicar os trechos Divisa Bahia/Alagoas, em frente a Paulo Afonso (BA), na BR-110, com acesso a Delmiro Gouveia (AL)-Cruzamento com a BR-316, em Carié (AL)-Divisa Alagoas-Pernambuco, após Ouro Branco.
* AL-101 – Duplicar o trecho **Maceió** (AL)-Barra de São Miguel (AL), em convênio com o Estado de Alagoas.
* AL-220 – Duplicar os trechos Barra de São Miguel (AL)-São Miguel dos Campos (AL)-Cruzamento com a BR-101-Arapiraca (AL)-Delmiro Gouveia (AL)-Entroncamento da BR-423, em convênio com o Estado de Alagoas.
* Duplicar os trechos Rio Largo, próximo a **Maceió** (AL)-Messias (AL), no cruzamento com a BR-101-União dos Palmares (AL)-Divisa Alagoas/Pernambuco, próximo a Santana do Mundaú (AL).

Amapá (AP)
* Construir em pista dupla (incluídas as pontes ncessárias) os trechos **Macapá** (AP)-Santana (AP)-Mazagão Novo (AP), com acesso a Mazagão Velho (AP)-Laranjal do Jari (AP), na divisa Amapá/Pará.
* BR-156 – Duplicar os trechos **Macapá** (AP)-Porto Grande (AP)-Oiapoque (AP), prosseguindo até Cabo Orange (AP).
* BR-210 (Perimetral Norte) – Pavimentar em pista dupla o trecho Porto Grande (AP), no entroncamenteo da BR-156-Pedra Branca do Amapari (AP), contornando o Parque Nacional das Montanhas do Tumucumaque-Divisa Amapá/Pará.

Amazonas (AM)
* BR-174 – Duplicar o trecho **Manaus** (AM)-Divisa Amazonas/Roraima.
* BR-210 – Pavimentar em pista dupla os trechos Divisa Roraima/Amazonas, próximo a Missão Carimani (RR)-Contorno do Parque Nacional do Pico da Neblina e da margem esquerda do Rio Negro-São Gabriel da Cachoeira (AM).
* BR-230 (Transamazônica) – Pavimentar em pista dupla os trechos Humaitá (AM)-Apuí (AM)-Divisa Amazonas/Pará, próximo a Jacareacanga (PA).
* BR-317 – Pavimentar em pista dupla o trecho Boca do Acre (AM)-Divisa Acre/Amazonas, em Porto Acre (AC).
* BR-307 – Pavimentar em pista dupla o trecho São Gabriel da Cachoeira (AM)-Cacuí (AM), na divisa Brasil/Venezuela.
* BR-319 – Pavimentar em pista dupla o trecho Divisa Rondônia/Amazonas em **Porto Velho** (RO)-Humaitá (AM)-Careiro (AM)-Careiro da Várzea (AM) à margem direita do Rio Amazonas, em frente a **Manaus** (AM).
* BR-364 – Duplicar o trecho Divisa Rondônia/Amazonas-Divisa Amazonas/Acre.

Bahia (BA)

* BR-020 – Duplicar o trecho Divisa Goiás/Bahia, próximo a Posse (GO)-Luís Eduardo Magalhães (BA), no entroncamento da BR-242.
* BR-101 – Duplicar os trechos Divisa Espírito Santo/Bahia, próximo a Pedro Canário (ES)-Itabatã (BA)-Acesso a Teixeira de Freitas (BA)-Itamaraju (BA)-Eunápolis (BA)-Cruzamento com a BR-415 em Itabuna (BA)-Ubaitaba (BA)-Guandu (BA)-Acesso a Wenceslau Guimarães (BA)-Presidente Tancredo Neves (BA)- Santo Antônio de Jesús (BA)-Cruz das Almas (BA)-São Gonçalo dos Campos (BA)- Cruzamento com a BR-324, próximo a Feira de Santana (BA)-Cruzamento com a BR-110, em Alagoinhas (BA)-Entre Rios (BA)-Divisa Bahia/Sergipe, próximo a Cristianópolis (SE).
* BR-101-BR-116 – Duplicar a ligação da BR-101, em Guandu (BA) à BR-116, em Jequié (BA).
* BR-101-BR-116 – Duplicar a ligação da BR-101, em Ribeira do Pombal (BA)-Euclides da Cunha (BA), no cruzamento com a BR-116-Monte Santo (BA), à BR-407 em Senhor do Bonfim (BA).
* BR-110 – Duplicar os trechos Simões Filho (BA), próximo a **Salvador** (BA)-Acesso a Camaçari (BA)-Dias d'Ávila (BA)-Cruzamento com a BR-101 em Alagoinhas (BA)-Inhambupe (BA)-Olindina (BA)-Ribeira do Pombal (BA)-Jeremoabo (BA)-Paulo Afonso (BA).
* BR-116 (Rodovia Rio-Bahia) – Duplicar os trechos Divisa Minas Gerais/Bahia, em Divisa Alegre (MG)-Cândido Sales (BA)-Vitória da Conquista (BA)-Poções (BA)-Jequié (BA)-Entroncamento da BR-242 em Argoim (BA)-Feira de Santana (BA), no entroncamento da BR-324-Serrinha (BA)-Tucano (BA) Euclides da Cunha (BA)-Divisa Pernambuco/Bahia, próximo a Ibó (PE). Obs. Há notícia de que o Governo Federal está projetando assinar, ainda neste ano, contrato em PPP para recuperação e duplicação desses trechos da BR-116.
* BR-135 – Duplicar os trechos Barreiras (BA), na BR-242-Riachão das Neves (BA)-Formosa do Rio Preto (BA)-Divisa Bahia/Piauí, próximo a Cristalândia do Piauí (PI).
* BR-242 – Duplicar os trechos Argoim (BA), no cruzamento da BR-116 (Rodovia Rio-Bahia)-Itaberaba (BA)-Seabra (BA)-Ibotirama (BA)-Barreiras (BA), no entroncamento da BR-135-Luís Eduardo Magalhães (BA)-Entroncamento da BA-460.
* BR-324 – Alargar as pistas para criar uma terceira faixa de rolamento, com nivelamento dos acostamentos (quarta faixa de rolamento auxiliar) em ambos os sentidos, no trecho **Salvador** (BA)-Feira de Santana (BA), e instalar modernos sistemas de iluminação elétrica e de câmeras de segurança.
* BR-324 – Duplicar os trechos Entroncamento da BR-116, próximo a Feira de Santana (BA)-Riachão do Jacuípe (BA)-Capim Grosso (BA).
Obs. Há notícia de que o Governo Federal está projetando assinar, ainda neste ano (2006), contrato em PPP para a recuperação e duplicação do trecho da BR-324 até o Porto de Aratu (BA).
* BR-367 – Duplicar o trecho Eunápolis (BA), na BR-101-Porto Seguro (BA).
* BR-407 – Duplicar os trechos Capim Grosso (BA)-Senhor do Bonfim (BA)-Juazeiro (BA).
* BR-415 – Duplicar os trechos Vitória da Conquista (BA)-Itapetininga (BA)-

Itabuna (BA), no cruzamento com a BR-101-Ilhéus (BA).
* BA-099 (Linha Verde) – Duplicar os trechos Guarajuba (BA)-Conde (BA)-Divisa Bahia/Sergipe, próximo a Indiaroba (SE), em convênio com o Estado da Bahia.
* BA-210 – Duplicar o trecho Juazeiro (BA)-Sobradinho (BA), em convênio com o Estado da Bahia.
* BA-460 – Duplicar os trechos Entroncamento da BR-242, próximo a Luís Eduardo Magalhães (BA)-Placas (BA)-Divisa Bahia/Tocantins.
* Anel Viário de Feira de Santana – Alargar as pistas do Anel Viário de Feira de Santana (BA) para construção de mais duas faixas de rolamento em cada sentido, independentemente dos acostamentos.
* Rodovia Presidente Juscelino Kubitschek – Duplicar o trecho Entroncamento da BR-110, próximo a Paulo Afonso (BA)-Divisa Bahia/Sergipe, em Xingozinho (SE).

Ceará (CE)
* BR-020 – Duplicar os trechos Acesso a **Fortaleza** (CE)-Acessos a Canindé (CE)-Boa Viagem (CE)-Tauá (CE)-Divisa Ceará/Piauí.
* BR-116 – Duplicar os trechos Acesso a **Fortaleza** (CE)-Pacajus (CE)-Entroncamento da BR-304, próximo a Boqueirão do Cesário (CE)-Acessos a Russas (CE), com acesso a Limoeiro do Norte (CE)-Icó (CE)-Milagres (CE)-Felizardo (CE)-Penaforte (CE), na divisa Ceará/Pernambuco.
* BR-222 – Duplicar os trechos Entroncamento da BR-020, próximo ao acesso a **Fortaleza** (CE)-Sobral (CE)-Tianguá (CE)-Divisa Ceará/Piauí, próximo a São João da Fronteira (PI).
* BR-226 – Com retificação de seu traçado, duplicar os trechos Icó (CE)-Iguatu (CE)-Senador Pompeu (CE)-Pedra Branca (CE)-Cruzamento com a BR-020-Independência (CE)-Crateús (CE)-Ibiapaba (CE)-Divisa Ceará/Piauí.
* BR-304 – Duplicar os trechos Entroncamento da BR-116, próximo a Boqueirão do Cesário (CE)-Aracati (CE)-Divisa Ceará/Rio Grande do Norte.
* BR-402 – Duplicar os trechos Entroncamento da BR-222 em Umirim (CE)-. Itapipoca (CE)-Amontada (CE).
* Duplicar a estrada Amontada (CE)-Acarau (CE)-Granja (CE)-Camocim (CE)-Divisa Ceará/Piauí, em Chaval (CE), em convênio com o Estado do Ceará.

Distrito Federal (DF)
* BR-020 – Duplicar o trecho Planaltina (DF)-Divisa Distrito Federal/Goiás, próximo a Formosa (GO).
* BR-060 – Concluir a duplicação do trecho Taguatinga (DF)-Divisa Distrito Federal/Goiás.

Espírito Santo (ES)
* BR-101 – Duplicar os trechos Entroncamento do acesso a **Vitória** (ES), próximo a Viana (ES)-Entroncamento do acesso a Guarapari (ES)-Acesso a Cachoeiro de Itapemirim (ES)-Divisa Espírito Santo/Rio de Janeiro.
* BR-101 – Duplicar os trechos Entroncamento do acesso a **Vitória** (ES), entre Viana (ES) e Vila Velha (ES)-Cariacica (ES)-Carapina (ES).
* BR-101 (Rodovia Governador Mário Covas) – Serra (ES)-Acesso a Aracruz

(ES)-Linhares (ES)-São Mateus (ES)-Pedro Canário (ES)-Divisa Espírito Santo/Bahia.
* BR-262 – Duplicar os trechos Entroncamento da BR-101 no acesso a **Vitória** (ES), próximo a Viana (ES)-Acesso a Domingos Martins (ES)-Itatiba (ES)- Acesso a Iúna (ES)-Divisa Espírito Santos/Minas Gerais, em Pequiá (ES).

Goiás (GO)
* BR-020 – Duplicar os trechos Divisa Distrito Federal/Goiás, próximo a Formosa (GO)-Vila Boa (GO)-Alvorada do Norte (GO)/Simolândia (GO)- Acesso a Posse (GO)-Divisa Goiás/Bahia.
* BR-040 – Duplicar o trecho Cristalina (GO)-Divisa Goiás/Minas Gerais.
* BR-050 – Duplicar os trechos Divisa Minas Gerais/Goiás-Catalão (GO)- Cristalina (GO)-Luziânia (GO), próximo a **Brasília** (DF).
* BR-060 – Concluir a duplicação nos trechos Anápolis (GO)-Abadiânia (GO)- Alexânia (GO)-Divisa Distrito Federal/Goiás.
* BR-060 – Duplicar os trechos **Goiânia** (GO)-Rio Verde (GO)-Jataí (GO), no entroncamento da BR-060 com a BR-364 e BR-158.
* BR-070 – Duplicar os trechos Divisa **Distrito Federal**/Goiás-Águas Lindas de Goiás (GO)-Cruzamento com a BR-414, próximo a Cocalzinho de Goiás (GO)-Pirenópolis (GO)-Cruzamento com a BR-153 em São Francisco de Goiás (GO)-Itaberaí (GO)-Goiás (GO)-Itapirapuã (GO)-Aparecida do Rio Claro (GO)-Entroncamento da BR-158, em Aragarças (GO), na divisa Goiás/Mato Grosso, em frente a Barra do Garças (MT), às margens do Rio Araguaia.
* BR-080 – Duplicar os trechos Divisa **Distrito Federal**/Goiás-Águas Lindas de Goiás (GO)-Padre Bernardo (GO)-Dois Irmãos (GO) na BR-414-Barro Alto (GO)-Entroncamento da BR-153 (Belém-Brasília), próximo a Uruaçu (GO).
* BR-153 (Belém-Brasília) – Duplicar os trechos Anápolis (GO)-Cruzamento com a BR-070 em São Francisco de Goiás (GO)-Jaraguá (GO)-Entroncamento da GR-Uruaçu (GO)-Porangatu (GO)-Divisa Goiás/Tocantins, em Talismã (TO).
* BR-153 (Transbrasiliana) – Duplicar os trechos Hidrolândia (GO), próximo a Aparecida de Goiânia (GO)-Entroncamento da GO-213, próximo a Morrinhos (GO)-Acesso a Goiatuba (GO)-Itumbiara (GO), na divisa Goiás/Minas Gerais.
* BR-158 – Duplicar os trechos Jataí (GO), no entroncamento da BR-364 com a BR-452-Calapônia (GO)-Piranhas (GO)-Aragarças (GO), na divisa Goiás/ Mato Grosso, em frente a Barra do Garças (MT), às margens do Rio Araguaia.
* BR-364 – Duplicar os trechos Divisa Minas Gerais/Goiás, próximo a São Simão (GO)-Aparecida do Rio Doce (GO)-Entroncamento da BR-060 em Jataí (GO)-Mineiros (GO)-Santa Rita do Araguaia (GO), na divisa Goiás/ Mato Grosso.
* BR-414 – Duplicar os trechos Anápolis (GO)-Corumbá de Goiás (GO)- Cruzamento e superposição com a BR-070 em Cocalzinho de Goiás (GO)- Entroncamento da BR-080 em Dois Irmãos (GO)-Niquelândia (GO), no entroncamento com a GO-118.
* GO-010 – Duplicar os trechos Luziânia (GO)-Vianópolis (GO), em convênio com o Estado de Goiás.
* GO-080 – Duplicar o trecho ligando a BR-414, em Dois Irmãos (GO), à BR-

153 (Rodovia Belém-Brasília), próximo a Uruaçu (GO).

* GO-118/GO-239 – Duplicar os trechos Niquelândia (GO), no entroncamento da BR-414-Alto Paraíso de Goiás (GO)-Campos Belos (GO), na divisa Goiás/Tocantins, em convênio com o Estado de Goiás.
* GO 213 – Duplicar os trechos Morrinhos (GO)-Caldas Novas (GO)-Ipameri (GO)-Entroncamento da BR-050, próximo a Campo Alegre de Goiás (GO), em convênio com o Estado de Goiás.
* GO-330 – Duplicar os trechos Vianópolis (GO)-Pires do Rio (GO)-Caldas Novas (GO), em convênio com o Estado de Goiás.

Maranhão (MA)
* BR-010 (Belém-Brasília) – Duplicar os trechos Divisa Tocantins/Maranhão em Carolina (MA), à margem do Rio Tocantins e em frente a Filadélfia (TO)-Estreito (MA), em frente a Aguiarnópolis (TO)-Porto Franco (MA), em frente a Tocantinópolis (TO)-Imperatriz (MA)-Açailândia (MA)-Itinga do Maranhão (MA)-Divisa Maranhão/Pará.
* BR-135 – Duplicar os trechos **São Luís** (MA)-Bacabeira (MA), no entroncamento da MA-402 e acesso a Itapecuru Mirim (MA), na BR-222-Miranda do Norte (MA), no entroncamento da BR-222-Alto Alegre do Maranhão (MA), no cruzamento e superposição com a BR-316 até Peritoró (MA) e acesso a Coroatá (MA), na MA-020-Independência (MA) e acesso a Pedreiras (MA)-Capinzal do Norte (MA)-Presidente Dutra (MA)-São Domingos do Maranhão (MA)-Colinas (MA)-Orozimbo (MA), no entroncamento da BR-230.
* BR-222 – Duplicar os trechos Miranda do Norte (MA), no entroncamento da BR-135-Arari (MA)-Vitória do Mearim (MA)-Igarapé do Meio (MA)-Entroncamento e superposição com a BR-316 até Santa Inês (MA)-Santa Luzia (MA)-Buriticupu (MA)-Açailância (MA), no entroncamento da BR-010 (Rodovia Belém-Brasília).
* BR-226 – Duplicar os trechos Divisa Piauí, em **Terezina** (PI)/Divisa Maranhão, em Timon (MA), às margens do Rio Parnaíba, e acesso a Caxias (MA)-Presidente Dutra (MA), no cruzamento com a BR-135-Barra do Corda (MA)-Grajaú (MA), no cruzamento com a MA-006-Porto Franco (MA), na BR-010 (Belém-Brasília), em frente a Tocantinópolis (TO),.às margens do Rio Tocantins.
* BR-230 – Duplicar os trechos Divisa Piauí, em Floriano (PI)/Maranhão, em Barão de Grajaú (MA), às margens do Rio Parnaíba-São João dos Patos (MA)-Orozimbo (MA), no entroncamento da BR-135-Pastos Bons (MA)-São Domingos do Azeitão (MA)-São Raimundo das Mangabeiras (MA)-Entroncamento da MA-006-Balsas (MA)-Riachão (MA)-Carolina (MA), à margem do Rio Tocantins, no entroncamento da BR-010, em frente a Filadélfia (TO).
* BR-316 – Duplicar os trechos Divisa Piauí, em **Terezina** (PI)/Maranhão, em Timon (MA), às margens do Rio Parnaíba-Caxias (MA)-Peritoró (MA), em superposição com a BR-135 até Alto Alegre do Maranhão (MA)-Bacabal (MA)-Bela Vista do Maranhão (MA)-Cruzamento com a BR-222-Santa Inês (MA) e acesso a Pindaré Mirim (MA)-Bom Jardim (MA)-Governador Newton Belo (MA)-Zé Doca (MA)-Governador Nunes Freire (MA)-Divisa Maranhão/Pará, às margens do Rio Gurupi.

* MA-006 (Transmaranhão) – Duplicar o trecho que liga a BR-222, no lugar Entroncamento, entre Santa Luzia (MA) e Buriticupu (MA), à BR-226, próximo a Grajaú (MA) e à BR-230, prosseguindo em superposição até Balsas (MA)-Tasso Fragoso (MA)-Alto Parnaíba (MA), na divisa Maranhão/Piauí, em frente a Santa Filomentana (PI), às margens do Rio Parnaíba, em convênio com o Estado do Maranhão.
* MA-026 – Duplicar o trecho Entroncamento da BR-135-Codó (MA).
* MA-402 – Duplicar os trechos Bacabeira, na BR-135-Entroncamento da BR-135-Rosário (MA)-Barreirinhas (MA)-Paulino Neves (MA)-Tutóia (MA)-Araioses (MA)-Divisa Maranhão/Piauí, em frente a Parnaíba (PI), em convênio com o Estado do Maranhão.
* Duplicar os trechos Vitória do Mearim (MA), na BR-222-Viana (MA)-São Bento (MA) e acesso a Pinheiro (MA)-Alcântara (MA), em convênio com o Estado do Maranhão.
* Duplicar o trecho São Domingos do Azeitão (MA), na BR-230-Divisa Maranhão/Piauí, em Benedito Leite (MA), em frente a Uruçuí (PI), às margens do Rio Parnaíba, no entroncamento da BR-324, em convênio com o Estado do Maranhão.

Mato Grosso (MT)
* BR-070 – Reconstruir em pista dupla em toda sua extensão.
* BR-158 – Concluir em pista dupla o trecho Barra do Garça (MT)-Divisa Mato Grosso/Pará.
* BR-163 – Duplicar os trechos **Cuiabá** (MT)-Entroncamento da BR-070 em São Vicente (MT)-Jaciara (MT).
* BR-163 – Duplicar os trechos Rondonópolis (MT)-Ouro Branco do Sul (MT)-Divisa Mato Grosso/Mato Grosso do Sul, próximo de Sonora (MS).
* BR-163 (Rodovia Cuiabá-Santarém) – Duplicar os trechos **Cuiabá** (MT)-Jangada (MT)-Nobres (MT)-Sinop (MT)-Guarantã do Norte (MT)-Divisa Mato Grosso/Pará, próximo a Cachimbo (PA).
* BR-174 – Duplicar os trechos Cáceres (MT)-Porto Esperidião (MT)-Pontes e Lacerda (MT)-Comodoro (MT)-Divisa Mato Grosso/Rondônia, em Vilhena (RO), objetivando a integração nacional.
* BR-364 – Duplicar o trecho Jaciara (MT)-Rondonópolis (MT)-Alto Garças (MT)-Alto Araguaia (MT), á margem do Rio Araguaia, na divisa Mato Grosso/Goiás.
* Duplicar o Anel Viário de **Cuiabá** (MT).
* Duplicar o trecho Cuiabá (MT)-Chapada dos Guimarães (MT), em convênio com o Estado de Mato Grosso, objetivando o desenvolvimento do turismo internacional na região.
* Duplicar o trecho Cáceres (MT)-Divisa Brasil/Bolívia, em San Matias, na Bolívia, tendo por objetivo a estratégia de segurança nacional das fronteiras brasileiras.

Mato Grosso do Sul (MS)
* BR-163 – Concluir a duplicação dos trechos Anel Viário de **Campo Grande** (MS)-Cexim(MS)-Divisa Mato Grosso do Sul/Mato Grosso próximo a Sonora (MS).

* BR-163 – Duplicar os trechos Anel Viário de **Campo Grande** (MS)-Entroncamento da BR-267, em Nova Alvorada do Sul (MS)-Acesso a Dourados (MS)- Naviraí (MS)-Divisa Mato Grosso do Sul/Paraná, em Guaíra (PR).
* BR-262 – Duplicar os trechos Anel Viário de **Campo Grande** (MS)-Água Clara (MS)-Três Lagoas (MS)-Divisa Mato Grosso do Sul/São Paulo.
* BR-262 – Duplicar os trechos Anel Viário de **Campo Grande** (MS)-Acesso a Aquidauana (MS)-Corumbá (MS)-Divisa Brasil/Bolívia, em frente a Puerto Quijarro, próximo a Puerto Suarez, na Bolívia.
* BR-267 – Duplicar os trechos Nova Alvorada do Sul (MS), no entroncamento da BR-163-Bataguassu (MS)-Divisa Mato Grosso do Sul/SãoPaulo, próximo a Presidente Epitácio (SP).
* BR-463 – Duplicar o trecho Dourados (MS)-Ponta Porã (MS), na divisa Brasil/Paraguai, em frente a Pedro Juan Caballero, no Paraguai.

Minas Gerais (MG)
* BR-040 (Rodovia JK) – Concluir a duplicação com alargamento das pistas para criar uma terceira faixa de rolamento e nivelamento do acostamento (quarta faixa de rolamento auxiliar), em ambos os sentidos, em todo o trecho **Belo Horizonte** (MG)-Juiz de Fora (MG) e Acessos a Barbacena(MG) e a Juiz de Fora (MG)-Divisa Minas Gerais/Rio de Janeiro, em Comendador Levy Gasparian (MG)/Três Rios (RJ).
* BR-040 – Duplicar os trechos Sete Lagoas (MG)-Três Marias (MG)-Cruzamento da BR-365 em Luislândia do Oeste (MG)-Entroncamento da MG-181, em João Pinheiro (MG)-Entroncamento da MG-188, próximo a Paracatu (MG)-Divisa Minas Gerais/Goiás.
* BR-050 – Concluir a duplicação dos trechos Divisa São Paulo/Minas Gerais, em Delta (MG)-Entroncamento da BR-262 no Anel Viário de Uberaba (MG)-Entroncamento da BR-365 no Anel Viário de Uberlândia (MG)-Araguari (MG)-Divisa Minas Gerais/Goiás.
* BR-116 (Rodovia Rio-Bahia) – Duplicar os trechos Divisa Rio de Janeiro/Minas Gerais, em Além Paraíba (MG)-Leopoldina (MG)-Muriaé (MG)-Cruzamento com a BR-262 em Realeza (MG)-Caratinga (MG)-Entroncamento da BR-381 em Governador Valadares (MG)-Teófilo Otoni (MG)-Medina (MG)-Entroncamento da BR-251-Divisa Minas Gerais/Bahia, próximo a Divisa Alegre (MG).
* BR-153 (Transbrasiliana) – Duplicar o trecho Divisa São Paulo/Minas Gerais, próximo a Fonteira (MG)-Entroncamento da BR-364, próximo a Frutal (MG)-Entroncamento da BR-497, em Prata (MG)-Cruzamento com a BR-365-Divisa Minas Gerais/Goiás, em Araporã (MG), em frente a Itumbiara (GO), às margens do Rio Paranaíba.
* BR-251 – Duplicar os trechos Acessos de Montes Claros (MG)-Acesso a Salinas (MG)-Entroncamento com a BR-116 (Rodovia Rio-Bahia), entre Medina (MG) e Divisa Alegre (MG).
* BR-262 – Duplicar os trechos Betim (MG)-Entroncamento da MG-050, em Juatuba (MG), e Acessos a Pará de Minas (MG), a Bom Despacho (MG) e a Araxá (MG)-Anel Viário de Uberaba (MG)-Campo Florido (MG)-Entroncamento da BR-153 (Transbrasiliana).
* BR-262 – Duplicar os trechos a partir do Anel Viário de **Belo Horizonte**

(MG)-Entroncamento da BR-381, e Acesso a João Monlevade (MG)-Cruzamento da BR-116 (Rodovia Rio-Bahia), em Realeza (MG)-Manhuaçu (MG)-Divisa Minas Gerais/Espírito Santo, em Pequiá (ES).

* BR-356 – Duplicar o trecho Muriaé (MG), na BR-116 (Rodovia Rio-Bahia)-Divisa Minas Gerais/Rio de Janeiro.
* BR-365 – Duplicar os trechos Divisa Goiás/Minas Gerais, próximo a São Simão (GO)-Ituiutaba (MG)-Cruzamento da BR-153 (MG)-Uberlândia (MG) e Acesso a Patos de Minas (MG)-Cruzamento com a BR-040, em Luislândia do Oeste (MG), e Acesso a Buritizeiro (MG)-Pirapora (MG)-Entroncamento da BR-251 em Montes Claros (MG).
* BR-381 – Duplicar os trechos Entroncamento da BR-262, e Acesso a João Monlevade (MG)-Ipatinga (MG)-Governador Valadares (MG), na BR-116 (Rodovia Rio-Bahia).
* BR-381 (Rodovia Fernão Dias) – Alargar as pistas para criar uma terceira faixa de rolamento, com nivelamento dos acostamentos (quarta faixa de rolamento auxiliar), em ambos os sentidos, no trecho **Belo Horizonte** (MG)-Betim (MG), e Acessos a Oliveira (MG), a Nepomuceno (MG), a Três Corações (MG), a Varginha (MG) e a Pouso Alegre (MG)-Cambuí (MG)-Divisa Minas Gerais/São Paulo, em Extrema (MG).
* BR-491 – Duplicar o trecho Entroncamento da BR-050, próximo a São Sebastião do Paraíso (MG)-Divisa Minas Gerais/São Paulo, próximo a Mococa (SP).
* BR-497 – Duplicar o trecho Uberlândia (MG), na BR-050-Prata (MG), na BR-153.
* MG-050 – Duplicar os trechos Entroncamento da BR-262, em Juatuba (MG), próximo a Betim (MG)-Divinópolis (MG)-Formiga (MG) e Acesso a Furnas (MG)-Passos (MG)-São Sebastião do Paraíso (MG)-Divisa Minas Gerais/São Paulo, em convênio com o Estado de Minas Gerais.
* Anel Viário de **Belo Horizonte** (MG) – Alargar as pistas para criar mais duas faixas de rolamento, mantendo os acostamentos em ambos os sentidos.

Pará (PA)
* BR-010 (Rodovia Belém-Brasília) – Duplicar os trechos Rntroncamento da BR-316, próximo a Santa Maria do Pará (PA)-São Miguel do Guamá (PA)-Acesso a Irituia (PA) na PR-253-Acesso a Paragominas (PA)-Dom Eliseu (PA)-Divisa Pará/Maranhão, em Itinga do Pará (PA).
* BR-153 – Duplicar o trecho Marabá (PA)-Divisa Pará/Tocantins em São Geraldo do Araguaia (PA), à margem do Rio Araguaia, em frente a Xambioá (TO).
* BR-163 (Rodovia Cuiabá-Santarém) – Pavimentar em pista dupla os trechos Santarém (PA)-Belterra (PA)-Rurópolis (PA)-Acesso a Itaituba (PA)-Trairão (PA)-Novo Progresso (PA)-Divisa Pará/Mato Grosso, próximo a Cachimbo (PA).
* BR-163 – Pavimentar em pista dupla os trechos Alenquer (PA)-Acessos a Óbidos (PA) e Oriximiná (PA)-Porteira (PA)-Entroncamento da BR-210 (Rodovia Perimetral Norte).
* BR-210 (Perimetral Norte) – Pavimentar em pista dupla o trecho Divisa Amapá/Pará (contornando o Parque Indígena do Tumucumaque)-Divisa Pará/Roraima.

* BR-222 – Duplicar o trecho Marabá (PA)-Rondon do Pará (PA)-Entroncamento da BR-010 (Rodovia Belém-Brasília), em Dom Eliseu (PA).
* BR-230 (Transamazônica) – Pavimentar em pista dupla os trechos Divisa Amazonas/Pará-Jacareacanga (PA)-Itaituba (PA), no entroncamento da BR-163 (Rodovia Cuiabá-Santarém).
* BR-230 (Transamazônica) – Pavimentar em pista dupla os trechos Rurópolis (PA), no entroncamento da BR-163 (Rodovia Cuabá-Santarém)-Uruará (PA)-Altamira (PA)-Novo Repartimento (PA)-Acesso a Tucuruí (PA)-Itupiranga (PA)-Marabá (PA).
* BR-258 (Rodovia Governador Augusto Montenegro) – Concluir em pista dupla os trechos Redenção (PA), no entroncamento da PA-150-Santana do Araguaia (PA)-Divisa Pará/Mato Grosso.
* BR-316 – Duplicar os trechos Castanhal (PA)-Entroncamento da BR-010 (Rodovia Belém-Brasília)-Capanema (PA)-Acesso a Capitão Poço (PA)-Divisa Pará/Maranhão em Boa Vista do Gurupi (MA).
* PA-150 (Rodovia General Magalhães Barata) – Duplicar os trechos Ananindeua (PA), próximo a **Belém** (PA)-Acessos a Barcarena (PA) e Igarapé-Miri (PA)-Moju (PA)-Tailândia (PA)-Goianésia do Pará (PA)-Jacundá (PA)-Marabá (PA), em convênio com o Estado do Pará.
* PA-150 (Rodovia Governador Augusto Montenegro) – Concluir em pista dupla os trechos Marabá (PA)-Eldorado dos Carajás (PA)-Redenção (PA), no entroncamento da BR-258, em convênio com o Estado do Pará.
* PA-254 – Pavimentar em pista dupla o trecho Prainha (PA)-Acesso a Monte Alegre (PA)-Alenquer (PA).
* PA-473 – Pavimentar em pista dupla os trechos Monte Alegre (PA)-Prainha (PA)-Almeirim (PA)-Laranjal do Jarí (AP), na divisa Pará/Amapá.
* Duplicar a estrada Entroncamento da BR-153, próximo a São Domingos do Araguaia (PA), até a Divisa Pará/Tocantins, próximo a São Raimundo do Araguaia (PA)/Araguatins (TO).

Paraíba (PB)
* BR-101 – Duplicar o trecho Anel Viário de **João Pessoa** (PB)-Divisa Paraíba/Pernambuco, próximo a Goiana (PE).
* BR-101 – Duplicar os trechos Acesso a **João Pessoa** (PB), entre Bayeux (PB) e Santa Rita (PB)-Mamanguape (PB)-Divisa Paraíba/Rio Grande do Norte.
* BR-104 – Duplicar os trechos Campina Grande (PB)-Queimadas (PB)-Alcantil (PB)-Divisa Paraíba/Pernambuco.
* BR-116 – Duplicar o trecho Balanços (PB), na divisa Ceará/Paraíba-Divisa Paraíba/Ceará, próximo a Felizardo (CE).
* BR-230 – Duplicar os trechos a partir do Entroncamento de acesso a Santa Rita (PB), próximo a **João Pessoa** (PB)-Entroncamento da duplicação próximo a Riachão do Bacamarte (PB).
* BR-230 – Campina Grande (PB)-Acesso a Patos (PB)-Pombal (PB), no entroncamento da BR-427-Sousa (PB)-Cajazeiras (PB)-Divisa Paraíba/Ceará em Felizardo (CE), na BR-116.
* BR-427 – Duplicar o trecho Pombal (PB), no entroncamento da BR-230-Divisa Paraíba/Rio Grande do Norte, próximo a Serra Nagra do Norte (RN).

Paraná (PR)

* BR-116 (Rodovia Régis Bittencourt) – Concluir a duplicação e alargar as pistas para criar uma terceira faixa de rolamento e nivelamento dos acostamentos (quarta faixa de rolamento auxiliar), em ambos os sentidos, no trecho Anel Viário de Acesso a **Curitiba** (PR)-Divisa Paraná/São Paulo.
* BR-116 (Rodovia Régis Bittencourt) – Duplicar, com três faixas de rolamento em cada pista, mantidos os acostamentos em ambos os sentidos, os trechos Anel Viário de **Curitiba** (PR)-Fazenda Rio Grande (PR)-Rio Negro (PR), na divisa Paraná/ Santa Catarina em Mafra (SC).
* BR-163 – Duplicar os trechos Cascavel (PR)-Toledo (PR)-Marechal Cândido Rondon (PR)-Divisa Paraná/Mato Grosso do Sul em Guaíra.
* BR-272 – Duplicar o trecho Guaíra (PR), no entroncamento da BR-163 e na divisa Brasil/Paraguai-Umuarama (PR).
* BR-277 – Duplicar os trechos São Luís de Purunã (PR), próximo a Campo Largo (PR)-Palmeira (PR)-Irati (PR)-Entroncamento da BR-373, em Relógio (PR) e Acesso a Guarapuava (PR)-Laranjeiras do Sul (PR)-Cascavel (PR), no entroncamento da BR-369 com a BR-163-Medianeira (PR).
* BR-369 – Duplicar os trechos Cascavel (PR) e Anel Viário de Campo Mourão (PR)-Floresta (PR), próximo a Maringá (PR).
* BR-369 – Duplicar os trechos Jataizinho (PR), próximo a Ibiporã (PR) e Londrina (PR)-Cornélio Procópio (PR)-Anel Viário de Bandeirantes (PR)-Divisa Paraná/São Paulo, em Ourinhos (SP).
* BR-373 – Duplicar o trecho Piriquitos (PR), próximo a Ponta Grossa (PR), e Acesso a Imbituva (PR)-Prudentópolis (PR)-Entroncamento da BR-277, em Relógio (PR).
* BR-376 – Alargar as pistas para criar uma terceira faixa de rolamento, e nivelamento dos acostamentos (quarta faixa de rolamento auxiliar), em ambos os sentidos, do trecho já duplicado São José dos Pinhais (PR), próximo a **Curitiba** (PR)-Divisa Paraná/Santa Catarina, em Garuva (SC).
* BR-376 – Duplicar os trechos Piriquitos (PR), próximo a Ponta Grossa (PR)-Imbaú (PR)-Entroncamento com a PR-445-Apucarana (PR)-Jandaia do Sul (PR)-Mandaguari (PR).
* BR-376 – Duplicar o trecho Iguatemi, próximo a Maringá (PR)-Paranavaí (PR).
* BR-476/BR-153 (Transbrasiliana/Rodovia do Xisto) – Duplicar o trecho Araucária (PR)-Lapa (PR)-São Mateus do Sul (PR)-União da Vitória (PR)-Divisa Paraná/Santa Catarina.
* PR-092 (Rodovia Parigot de Sousa) – Duplicar os trechos Jaguariaíva (PR), no entroncamento da PR-15-Arapoti (PR)-Wenceslau Braz (PR)-Siqueira Campos (PR)-Santo Antônio da Platina (PR)-Jacarezinho (PR)-Divisa Paraná/São Paulo, em Ourinhos (SP), em convênio com o Estado do Paraná.
* PR-151 – Duplicar os trechos Boa Vista da Vassoura (PR), próximo a Piraí do Sul (PR)-Jaguariaíva (PR), no entroncamento da PR-092-Sengés (PR)-Divisa Paraná/São Paulo, em convênio com o Estado do Paraná.
* PR-182 – Duplicar os trechos Entroncamento da BR-277, próximo a Cascavel (PR)-Capanema (PR)-Barracão (PR), na divisa Paraná/Santa Catarina em Dionísio Cerqueira (SC), em frente a Bernardo de Irigoyen, na Argentina, em convênio com o Estado do Paraná.

* PR-323 (Rodovia Osvaldo Pacheco de Lacerda) – Duplicar os trechos Umuarama (PR), no entroncamento da BR-272, e Acesso a Cianorte (PR)-Maringá (PR).
* PR-376 – Duplicar o trecho Piriquitos (PR), próximo a Ponta Grossa (PR)-Mauá da Serra (PR)-Apucarana (PR), em convênio com o Estado do Paraná.
* PR-445 – Duplicar o trecho Entroncamento da BR-376, próximo a Mauá da Serra (PR)-Londrina (PR), em convênio com o Estado do Paraná.
* Anel Viário de Curitiba – Alargar as pistas para criar uma terceira faixa de rolamento e nivelar os acostamentos (quarta faixa de rolamento auxiliar), em ambos os sentidos.
* Duplicar o trecho São Miguel do Iguaçu (PR), na BR-277-Mercedes (PR), no entroncamento da PR-163, contornando a divisa Brasil/Paraguai.
* Duplicar o trecho Paranavaí (PR), no entroncamento da BR-376-Divisa Paraná/São Paulo, em Jardim Olinda (PR), em convênio com o Estado do Paraná.
* Pavimentar em pista dupla o trecho Entroncamento da PR-182, em Capanema (PR)-Foz do Iguaçu (PR), contornando o extremo norte da fronteira Brasil-Argentina.

Pernambuco (PE)
* BR-101 – Duplicar o trecho Igarassu (PE)-Divisa Pernambuco/Paraíba, próximo a Goiana (PE).
* BR-101 – Duplicar os trechos Cabo de Santo Agostinho (PE)-Escada (PE)-Palmares (PE)-Xexéu (PE)-Divisa Pernambuco/Alagoas, próximo a Novo Lino (AL).
* BR-104 – Duplicar os trechos Divisa Alagoas/Pernambuco entre São José da Laje (AL) e Quipapá (PE)-Caruaru (PE), no cruzamento com a BR-232-Toritama (PE)-Acesso a Santa Cruz do Capibaribe (PE)-Divisa Pernambuco/Paraíba, próximo a Alcantil (PB).
* BR-116 – Duplicar os trechos Divisa Bahia/Pernambuco em Ibó (PE)-Cruzamento com as BR-316 e BR-428, próximo a Cabrobó (PE)-Cruzamento com a BR-232 em Salgueiro (PE)-Divisa Pernambuco/Ceará em Penaforte (CE).
* BR-122 – Duplicar o trecho Lagoa Grande (PE), no entroncamento da BR-428-Petrolina (PE)/Juazeiro (BA), na divisa Pernambuco/Bahia.
* BR-232 – Duplicar os trechos Caruaru (PE)-São Caetano (PE)-Belo Jardim (PE), no cruzamento com a PE-180-Pesqueira (PE)-Arcoverde (PE), no entroncamento da BR-424-Custódia (PE)-Serra Talhada (PE)-Salgueiro (PE), no cruzamento com a BR-116-Acesso a Parnamirim (PE), no entroncamento da BR-316.
* BR-316 – Duplicar os trechos Parnamirim (PE), no entroncamento da BR-316-Ouricuri (PE)-Araripina (PE)-Divisa Pernambuco/Piauí, próximo a Marcolândia (PI).
* BR-407 – Duplicar o trecho Petrolina (PE), na divisa Bahia/Pernambuco-Afrânio (PE)-Divisa Pernambuco/Piauí.
* BR-423 – Duplicar os trechos Garanhuns (PE)-Acesso a Águas Belas (PE)-Divisa Pernambuco/Alagoas, próximo a Ouro Branco (AL).
* BR-424 – Duplicar os trechos Entroncamento da BR-232 em Arcoverde (PE)-Garanhuns (PE)-Divisa Pernambuco/Alagoas, próximo a Correntes (PE).
* BR-428 – Duplicar os trechos Entroncamento da BR-116-Cabrobó (PE)-Santa

Maria da Boa Vista (PE)-Lagoa Grande (PE), no entroncamento da BR-122.
* Duplicar o trecho Divisa Alagoas/Pernambuco, entre Santana do Mundaú (AL) e Correntes (PE)-Garanhuns (PE).

Piauí (PI)
* BR-020 – Duplicar o trecho Entroncamento da BR-316, próximo à cidade de Picos (PI)-Divisa Ceará/Piauí.
* BR-135 (Transpiauí) – Duplicar os trechos Eliseu Martins (PI)-Bom Jesus (PI)-Redenção do Gurguéia (PI)-Monte Alegre do Piauí (PI)-Gilbués (PI)-Corrente (PI)-Divisa Piauí/Bahia, próximo a Cristalândia do Piauí (PI).
* BR-222 – Duplicar o trecho Piripiri (PI)-Divisa com o Ceará, próximo a São João da Fronteira (PI).
* BR-230 – Duplicar o trecho Floriano (PI), no entroncamento da BR-343 com a PI-140-Oeiras (PI)-Gaturiano (PI), no entroncamento da BR-316.
* BR-316 – Duplicar os trechos **Terezina** (PI)-Monsenhor Gil (PI)-Entroncamento da BR-343, no acesso de Agricolândia (PI)-Barro Duro (PI)-Valença do Piauí (PI)-Gaturiano (PI)-Picos (PI)-Entroncamento da BR-407-Entroncamento da BR-020-Marcolândia (PI), na divisa Piauí/Pernambuco.
* BR-324 (Transpiauí) – Duplicar os trechos Canto do Buriti (PI), no entroncamento da PI-140-Eliseu Martins (PI)-Uruçui (PI), à margem do Rio Parnaíba, em frente a Benedito Leite (MA).
* BR-343 – Duplicar os trechos **Terezina** (PI)-Campo Maior (PI)-Piripiri (PI), no entroncamento da BR-222.
* BR-343 (Transpiauí) – Duplicar os trechos Acesso a Agricolândia (PI), na BR-316-Amarante (PI)-Floriano (PI).
* BR-343 (Transpiauí) – Duplicar o trecho Piripiri (PI)-Parnaíba (PI)-Luís Correia (PI).
* BR-407 – Duplicar os trechos Picos (PI)-Jaicós (PI)-Patos do Piauí (PI)-Jacobina do Piauí (PI)-Divisa Piauí/Pernambuco, próximo a Afrânio (PE).
* PI-140 (Transpiauí) – Duplicar os trechos Floriano (PI)-Itaueira (PI)-Canto do Buriti (PI), no entroncamento da BR-324, em convênio com o Estado do Piauí.
* PI-210 – Duplicar os trechos Parnaíba (PI)-Camurupim (PI)-Divisa Piauí/Ceará, em Chaval (CE), em convênio com o Estado do Piauí.
* Pavimentar em pista dupla o trecho Monte Alegre do Piauí (PI), na BR-135-Santa Filomena (PI), à margem do Rio Parnaíba, em frente a Alto Parnaíba (MA).
* Pavimentar em pista dupla os trechos Entroncamento da BR-343 com BR-222, em Piripiri (PI)-Pedro II (PI)-Milton Brandão (PI)-Divisa Piauí/Ceará, em Macambira (?).

Rio de Janeiro (RJ)
* BR-101 (Rodovia Governador Mário Covas) – Duplicar os trechos Rio Bonito (RJ), no entroncamento da RJ-124-Casimiro de Abreu (RJ)-Campos dos Goiatacazes (RJ)-Divisa Rio de Janeiro/Espírito Santo.
* BR-101 (Rodovia Rio-Santos) – Duplicar os trechos Acesso a Santa Cruz (RJ)-Acessos de Itaguaí (RJ)-Angra dos Reis (RJ)-Parati (RJ)-Divisa Rio de Janeiro/São Paulo.

* BR-356 – Duplicar os trechos Campos dos Goiatacazes (RJ)-Itaperuna (RJ)-Divisa Rio de Janeiro/Minas Gerais.
* BR-393 – Duplicar os trechos Barra Mansa (RJ), no entroncamento da BR-116-Volta Redonda (RJ)-Acesso a Barra do Piraí (RJ)-Acesso a Vassouras (RJ)-Acesso a Paraíba do Sul (RJ)-Cruzamento com a BR-040, próximo a Três Rios (RJ)-Divisa Rio de Janeiro/Minas Gerais, após Além Paraíba (MG).
* Arco Rodoviário do **Rio de Janeiro** – Construir em pista dupla com quatro faixas de rolamento cada uma, independentemente dos acostamentos, em convênio com o Estado do Rio de Janeiro.

Rio Grande do Norte (RN)
* BR-101 – Duplicar os trechos Parnamirim (RN), próximo a **Natal** (RN)-São José do Mipibu (RN)-Canguaretama (RN)-Divisa Rio Grande do Norte/Paraíba.
* BR-226 – Duplicar os trechos Macaíba (RN)-Entroncamento da BR-304-Santa Cruz (RN)-Currais Novos (RN).
* BR-304 – Duplicar os trechos Entroncamento da BR-226, próximo a Macaíba (RN)-Acesso a Assu (RN)-Acesso a Mossoró (RN)-Divisa Rio Grande do Norte/Ceará.
* BR-406 – Duplicar os trechos Macaíba (RN)-São Gonçalo do Amarante (RN)-Ceará-Mirim (RN)-João Câmara (RN)-Macau (RN).
* BR-427 – Duplicar os trechos Currais Novos (RN)-Caicó (RN)-Serra Negra do Norte (RN)-Divisa Rio Grande do Norte/Paraíba.

Rio Grande do Sul (RS)
* BR-101 – Concluir a duplicação com alargamento das pistas para criar uma terceira faixa de rolamento em cada uma, independentemente dos acostamentos em ambos os sentidos, dos trechos Osório (RS)-Terra de Areia (RS)-Vila São João (RS), em Torres (RS), na divisa Rio Grande do Sul/Santa Catarina (Rio Mampituba).
* BR-101 – Duplicar os trechos Osório (RS)-Capivari do Sul (RS)-Mostardas (RS)-Estreito (RS)-São José do Norte em frente a Rio Grande (RS).
* BR-116 – Duplicar os trechos Entroncamento da BR-290, próximo a Eldorado do Sul (RS)-Guaíba (RS)-Camaquã (RS)-Acesso a São Lourenço do Sul (RS)-Acesso a Pelotas (RS)-Jaguarão (RS), na divisa Brasil/Uruguai.
* BR-116 – Duplicar os trechos Estância Velha (RS), próximo a Novo Hamburgo (RS)-Nova Petrópolis (RS)-Caxias do Sul (RS)-Cruzamento com a BR-285, em Vacaria (RS)-Divisa Rio Grande do Sul/Santa Catarina.
* BR-153 – Duplicar o trecho Entroncamento da BR-392, próximo a Caçapava do Sul (RS)-Cruzamento com BR-293-Acesso a Bagé (RS)-Aceguá (RS), na divisa Brasil-Uruguai, em frente a Aceguá, no Uruguai.
* BR-158 – Duplicar os trechos Entroncamento da BR-293, próximo a Santana do Livramento (RS)-Rosário do Sul (RS)-Superposição em pequeno trecho com a BR-290-Prosseguindo no sentido norte a Santa Maria (RS), onde cruza com a BR-287-Cruz Alta (RS)-Cruzamento com a BR-285-Acesso a Panambi (RS)-Acesso a Palmeira das Missões (RS)-Entroncamento da BR-386 em Boa Vista das Missões (RS)-Frederico Westphalen (RS)-Divisa Rio Grande do Sul/Santa Catarina, próximo a Iraí (RS).

* BR-285 – Duplicar o trecho Vacaria (RS), no entroncamento da BR-116-Lagoa Vermelha (RS)-Entroncamento da RS-135 (Transbrasiliana)-Acesso a Passo Fundo (RS)-Cruzamento com a BR-386-Carazinho (RS)-Cruzamento com a BR-158-Acesso a Panambi (RS)-Ijuí (RS)-Acesso a Santo Ângelo (RS)-São Luís Gonzaga (RS)-Cruzamento com a BR-287-Acesso a São Borja (RS), na divisa Brasil/Argentina e Entroncamento da BR-472.
* BR-287 – Duplicar os trechos Entroncamento com a BR-386 em Montenegro (RS)-Acesso a Venâncio Aires (RS)-Santa Cruz do Sul (RS)-Cruzamento com a BR-392 em Santa Maria (RS)-Santiago (RS)-São Borja (RS), no entroncamento da BR-285 com BR-472.
* BR-290 (Rodovia Osvaldo Aranha) – Duplicar os trechos Eldorado do Sul (RS), próximo a **Porto Alegre** (RS)-Acesso a Charqueadas (RS)-Cruzamento com a BR-392-São Gabriel (RS)-Rosário do Sul (RS)-Acesso a Alegrete (RS)-Entroncamento da BR-472 em Uruguaiana (RS), na divisa Brasil/Argentina, próximo a Paso de Los Libres.
* BR-293 – Duplicar os trechos Pelotas (RS)-Cruzamento com a BR-153-Bagé (RS)-Dom Pedrito (RS)-Entroncamento da BR-158-Santana do Livramento (RS), em frente a Rivera, no Uruguai-Quaraí (RS), em frente a Artigas, no Uruguai.
* BR-386 – Duplicar os trechos Acesso a Taquari (RS) no entroncamento da RS-287 em Tabaí (RS)-Lajeado (RS)-Soledade (RS)-Cruzamento com a BR-285 em Carazinho (RS)-Sarandi (RS)-Entroncamento da BR-158, em Boa Vista das Missões (RS).
* BR-392 – Duplicar os trechos Rio Grande (RS)-Entroncamento da BR-471 em Quinta (RS)-Pelotas (RS)-Acesso a Canguçu (RS)-Caçapava do Sul (RS)-Cruzamento com a BR-290 (Rodovia Osvaldo Aranha)-Santa Maria (RS).
* BR-471 – Duplicar os trechos Distrito de Quinta (RS), próximo a Rio Grande (RS)-Santa Vitória do Palmar (RS)-Chuí (RS), prosseguindo até Barra do Chuí (RS), ponto mais meridional do Brasil, na divisa Brasil/Uruguai.
* BR-472 – Duplicar os trechos Divisa Brasil/Uruguai/Argentina, em Barra do Quaraí (RS)-Cruzamento com a BR-290 em Uruguaiana (RS)-Acesso a Itaqui (RS)-Acesso a São Borja (RS), na divisa Brasil/Argentina e no entroncamento da BR-285.
* RS-135 (Transbrasiliana) – Duplicar os trechos Passo Fundo (RS), na BR-285-Erechim (RS)-Divisa Rio Grande do Sul/Santa Catarina, em convênio com o Estado do Rio Grande do Sul.
* RS-287 (Rodovia da Integração) – Duplicar os trechos Entroncamento da BR-386-Acesso a Taquari (RS)-Santa Cruz do Sul (RS)-Santa Maria (RS)-Santiago (RS)-São Borja (RS), na divisa Brasil/Argentina, em convênio com o Estado do Rio Grande do Sul.
* RS-453 (Rota do Sol) – Duplicar os trechos Caxias do Sul (RS)-Lajeado Grande (RS)-Tainhas (RS)-Aratinga (RS)-Cruzamento da BR-101 em Terra de Areia(RS)-Estrada do Mar no trevo para Curumim (RS), em convênio com o Estado do Rio Grande do Sul.
* Pavimentar em pista dupla os trechos Nova Petrópolis (RS), no entroncamento da BR-116-Gramado (RS)-Canela (RS)-São Francisco de Paula (RS)-Cruzamento com a RS-453, em Tainhas (RS)-Cambará do Sul (RS)-Acesso ao cânion de Itaimbezinho-Divisa Rio Grande do Sul/Santa Catarina, em convênio

com o Estado do Rio Grande do Sul.
* Pavimentar em pista dupla os trechos Entroncamento da BR-116 com a BR-285 em Vacaria (RS)-Bom Jesus (RS)-São José dos Ausentes (RS)-Divisa Rio Grande do Sul/Santa Catarina, em convênio com o Estado do Rio Grande do Sul.
* Pavimentar em pista dupla o trecho Entroncamento BR-290 [entre Alegrete (RS) e Uruguaiana (RS)]-Entroncamento da BR-293 em Quaraí (RS), na divisa Brasil/Uruguai, em frente a Artigas, no Uruguai.

Rondônia (RO)
* BR-364 –Duplicar os trechos **Porto Velho** (RO)-Abunã (RO)-Extrema (RO)-Nova Califórnia (RO)-Divisa Rondônia/Amazonas.
* BR-364 – Duplicar os trechos Candeias do Jamari (RO), próximo a **Porto Velho** (RO)-Ariquemes (RO)-Jaru (RO)-Ouro Preto do Oeste (RO)-Ji-Paraná (RO)-Presidente Médici (RO), no entroncamento da BR-429-Cacoal (RO)-Vilhena (RO)-Divisa Rondônia/Mato Grosso.
* BR-429 – Pavimentar em pista dupla os trechos Presidente Médici (RO), no entroncamento da BR-364-São Miguel do Guaporé (RO)-Costa Marques (RO)-Forte Príncipe da Beira (RO), na divisa Brasil/Bolívia.
* BR-425 – Duplicar o trecho Entroncamento da BR-364, próximo a Taquaras (RO)-Araras (RO), com acesso a Iata (RO)-Guajará-Mirim (RO), na divisa Brasil/Bolívia, em frente a Guayaramerin, Bolívia.

Roraima (RR)
* BR-174 – Duplicar o trecho **Boa Vista** (RR)-Pacaraíma (RR), em frente a Santa Helena, na Venezuela.
* BR-174 – Duplicar os trechos **Boa Vista** (RR)-Caracaraí (RR)-Novo Paraíso (RR), no entroncamento da BR-210 (Perimetral Norte)-divisa Roraima/Amazonas.
* BR-210 (Perimetral Norte) – Duplicar os trechos Novo Paraíso (RR), no entroncamento da BR-174-Caroebe (RR)-Divisa Roraima/Pará.
* BR-210 (Perimetral Norte) – Pavimentar em pista dupla os trechos Entroncamento da BR-174, próximo de Caracaraí (RR)-Missão Catrimani (RR)-Divisa Roraima/Amazonas.
* RR-202 – Pavimentar em pista dupla os trechos Entroncamento da BR-174, próximo a Pacaraíma (RR)-Contão (RR)-Uiramutã (RR)-Vira Onça (RR), prosseguindo até o Monte Caburaí (RR), o ponto mais setentrional do Brasil, na divisa Brasil/Guiana, em convênio com o Estado de Roraima.

Santa Catarina (SC)
* BR-101 –Alargar as pistas para criar uma terceira faixa de rolamento, independentemente dos acostamentos em ambos os sentidos, nos trechos já duplicados Trevo de Palhoça (SC)-Acesso a **Florianópolis** (SC)-Biguaçu (SC)-Balneário Camboriú (SC)-Acesso a Itajaí (SC) e Entroncamento da BR-470-Acessos a Joinville (SC)-Divisa Santa Catarina/Paraná, no entroncamento da BR-376, próximo a Garuva (SC).
* BR-101 – Concluir a duplicação com alargamento das pistas para criar uma terceira faixa de rolamento, independentemente dos acostamentos em ambos os sentidos, nos trechos Trevo de Palhoça (Grande **Florianópolis**-SC)-Acesso

a Imbituba (SC)-Acesso a Laguna (SC)-Tubarão (SC)-Içara (SC), próximo a Criciúma (SC)-Araranguá (SC)-Sombrio (SC), com acesso já construído a Balneário Gaivota/Turimar(SC)-Santa Rosa do Sul (SC)-Acesso a São João do Sul (SC)-Divisa Santa Catarina/Rio Grande do Sul (Rio Mampituba), na Vila São João em Torres (RS).

* BR-116 – Duplicar, com nivelamento dos acostamentos em ambos os sentidos (terceira faixa de rolamento auxiliar), os trechos Divisa Rio Grande do Sul/ Santa Catarina-Acesso a Lages (SC)-Cruzamento com a BR-470, próximo a São Cristóvão do Sul (SC)-Mafra (SC), na divisa Santa Catarina/Paraná.
* BR-153 (Transbrasiliana) – Duplicar os trechos Divisa Rio Grande do Sul/ Santa Catarina-Acesso a Concórdia (SC)-Cruzamento da BR-282, próximo a Vargem Bonita (SC)-Divisa Santa Catarina/Paraná.
* BR-158 e BR-163 – Duplicar os trechos Divisa Rio Grande do Sul, próximo a Iraí (RS)/Santa Catarina-Entroncamento da BR-282-São Miguel d'Oeste (SC)-Divisa Santa Catarina/Paraná, próximo a Dionísio Cerqueira (SC) e Barracão (PR), em frente a Bernardo de Irigoyen, na Argentina.
* BR-282 e BR-470– Duplicar os trechos Entroncamento da BR-101 em Itajaí (SC)-Gaspar (SC)-Acesso a Blumenau (SC)-Rio do Sul (SC)-Cruzamento com a BR-116 próximo a São Cristóvão do Sul (SC)-Acesso a Curitibanos (SC)- Acesso a Campos Novos (SC)-Acesso a Joaçaba (SC)-Catanduvas (SC)- Cruzamento com a BR-153 (Transbrasiliana), próximo a Vargem Bonita (SC)- Xanxerê (SC)-Acesso a Chapecó (SC)-Entroncamento da BR-158/BR-163, próximo a Cunha Porã (SC).
* SC-438 – Duplicar os trechos Içara (SC), na BR-101-Criciúma (SC)-Urussanga (SC)-Orleans (SC)-Lauro Müller (SC)-Bom Jardim da Serra (SC)-São Joaquim (SC)-Entroncamento da BR-116 em Lages (SC), em convênio com o Estado de Santa Catarina.
* Pavimentar em pista dupla a Rodovia da Serra do Faxinal, ligando a BR-101 em São João do Sul (SC)-Praia Grande (SC)-Divisa Santa Catarina/Rio Grande do Sul na região do cânion do Itaimbezinho (RS), em convênio com o Estado de Santa Catarina.
* Pavimentar em pista dupla os trechos Divisa Rio Grande do Sul/Santa Catarina entre São José dos Ausentes (RS) e Timbé do Sul (SC)-Turvo (SC)- Entroncamento da BR-101 em Araranguá (SC), em convênio com o Estado de Santa Catarina.
* Construir um novo acesso em pista dupla, tipo avenida, com iluminação elétrica, ligando a BR-101 a Criciúma (SC), em convênio com o Estado de Santa Catarina.

São Paulo (SP)
* BR-116 (Rodovia Régis Bittencourt) – Concluir a duplicação com alargamento das pistas para a construção de uma terceira faixa de rolamento e nivelamento dos acostamentos (quarta faixa de rolamento auxiliar) em ambos os sentidos nos trechos **São Paulo** (SP)-Registro (SP)-Divisa São Paulo/ Paraná.
* BR-153 (Transbrasiliana) – Duplicar os trechos Ourinhos (SP), na divisa Paraná/São Paulo (entroncamento da Rodovia Raposo Tavares com Rodovia Castello Branco)-Marília (SP)-Cruzamento da SP-300 (Rodovia Marechal

Rondon) em Lins (SP)-Cruzamento da SP-310, em São José do Rio Preto (SP)-Divisa São Paulo/Minas Gerais, próximo a Icém (SP).

* BR-381 (Rodovia Fernão Dias) – Alargar as pistas para criar uma terceira faixa de rolamento, com nivelamento dos acostamentos (quarta faixa de rolamento auxiliar), nos trechos Guarulhos (SP)-Mairiporã (SP)-Cruzamento da SP-065 (Rodovia Dom Pedro I) em Atibaia (SP)-Acesso a Bragança Paulista (SP)-Divisa São Paulo/Minas Gerais, próximo a Extrema (MG).
* SP-055 (Rio-Santos) – Duplicar os trechos Entroncamento da Rodovia Cubatão (SP)-Guarujá (SP)-Bertioga (SP)-São Sebastião (SP)-Caraguatatuba (SP)-Ubatuba (SP)-Divisa São Paulo/Rio de Janeiro, em convênio com o Estado de São Paulo.
* SP-268 (Rodovia Francisco Alves Negrão) – Duplicar os trechos Capão Bonito (SP)-Itapeva (SP)-Divisa São Paulo/Paraná, próximo a Itararé (SP)/Sangés (PR), em convênio com o Estado de São Paulo.
* SP-270 (Rodovia Raposo Tavares) – Concluir a duplicação dos trechos Cotia (SP)-São Roque (SP)-Acesso a Sorocaba (SP)-Itapetininga (SP)-Ourinhos (SP), em convênio com o Estado de São Paulo.
* SP-270 (Rodovia Raposo Tavares) – Duplicar o trecho Assis (SP)-Presidente Prudente (SP), em convênio com o Estado de São Paulo.
* SP-351 – Duplicar os trechos Batatais (SP), próximo a Ribeirão Preto (SP)-Altinópolis (SP)-Acesso a Santo Antônio da Alegria (SP)-Divisa São Paulo/Minas Gerais, em convênio com o Estado de São Paulo.
* Duplicar o trecho Pirapozinho (SP), próximo a Presidente Prudente (SP)-Divisa Paraná/São Paulo, próximo a Jardim Olinda (PR), em convênio com o Estado de São Paulo.

Sergipe (SE)
* BR-101 – Duplicar os trechos Anel Viário de **Aracaju** (SE), com acesso a Itaporanga d'Ajuda (SE)-Estância (SE)-Cristianópolis (SE)-Divisa Sergipe/Bahia.
* BR-101 – Duplicar os trechos Anel Viário de **Aracaju** (SE)-Nossa Senhora do Socorro (SE), com acesso a Laranjeiras (SE)-Entroncamento da SE-230 (Rodovia Presidente Juscelino Kubitschek), próximo a Divina Carmópolis (SE)-Divisa Alagoas/Sergipe, com acesso a Propriá (SE).
* SE-230 (Rodovia Presidente Juscelino Kubitschek) – Duplicar os trechos Entroncamento da BR-101, próximo a Divina Carmópolis (SE)-Nossa Senhora da Glória (SE)-Poço Redondo (SE)-Xingozinho (SE), na divisa Sergipe/Alagoas/Bahia, em convênio com o Estado de Sergipe.
* SE-368 – Duplicar o trecho Cruzamento da BR-101, em Estância (SE)-Divisa Sergipe/Bahia, em Indiaroba (SE), em convênio com o Estado de Sergipe.

Tocantins (TO)
* BR-153 (Belém-Brasília) – Duplicar os trechos Divisa Goiás/Tocantins em Talismã (TO)-Gurupi (TO)-Paraíso do Tocantins (TO)-Araguaína (TO)-Wanderlândia (TO), no entroncamento da BR-226-Xambioá (TO), à margem direita do Rio Araguaia, em em frente a São Geraldo do Araguaia (PA).
* BR-226 (Belém-Brasília) – Duplicar o trecho Wanderlândia (TO)-Aguiarnópolis (TO), à margem esquerda do Rio Tocantins, em frente a Estreito (MA).

Programa Rodoferroviário e Obras e Providências Especiais Prioritárias 393

* TO-010 – Duplicar os trechos Palmas (TO)-Lajeado (TO)-Miracema do Tocantins (TO)-Miranorte (TO), à margem da BR-153 (Rodovia Belém-Brasília).
* TO-050 (Rodovia Coluna Prestes) – Duplicar os trechos Taquaralto (TO), próximo a **Palmas** (TO)-Porto Nacional (TO)-Natividade (TO), no entroncamento da TO-280-Conceição do Tocantins (TO)-Arraias (TO)-Divisa Tocantins/Goiás em Campos Belos (GO), em convênio com o Estado de Tocantins.
* TO-080 – Duplicar o trecho **Palmas** (TO)-Entroncamento da BR-153 (Belém-Brasília) em Paraíso do Tocantins (TO), em convênio com o Estado de Tocantins.
* TO-222 – Duplicar o trecho Araguaína (TO) no entroncamento da BR-153 (Belém-Brasília)-Filadélfia (TO), à margem esquerda do Rio Tocantins, em frente a Carolina (MA).
* TO-280 – Duplicar os trechos Natividade (TO)-Novo Jardim (TO)-Divisa Tocantins/Bahia, em convênio com o Estado de Tocantins.
* Construir em pista dupla o trecho Araguatins (TO), à margem direita do Rio Araguaia. na divisa Pará/Tocantins, até Tocantinópolis (TO), à margem esquerda do Rio Tocantins, em frente a Porto Franco (MA), em convênio com o Estado de Tocantins.

Ferrovias (XIV-4)

Alagoas (AL)
* Ferrovia Transnordestina – Por concessão, em PPP ou diretamente, alargar a bitola, construir (ou recuperar) e operar os trechos Propriá (SE), na divisa Sergipe/Alagoas em Porto Real do Colégio (AL)-Arapiraca (AL)-Palmeira dos Índios (AL)-Atalaia (AL)-Rio Largo (AL) com ramal para **Maceió** (AL)-União dos Palmares (AL)-São José da Lage (AL)-Divisa Alagoas/Pernambuco.

Bahia (BA)
* Contornos Ferroviários de São Félix (BA) e de Cachoeira (BA) – Por concessão, em PPP ou diretamente, alargar a bitola, construir (ou recuperar) e operar.

Ceará (CE)
* Ferrovia Transnordestina – Por concessão, em PPP ou diretamente, alar-gar a bitola, construir (ou recuperar) e operar os trechos Cajazeiras (PB)-Divisa Paraíba/Ceará, em Felizardo (CE)-**Iguatú** (CE)-Piquet Carneiro (CE)-**Senador Pompeu** (CE) com uma variante direto à divisa Ceará-Piauí, rumo a **Castelo do Piauí** (PI).
* Ferrovia Transnordestina – Por concessão, em PPP ou diretamente, alargar a bitola, construir (ou recuperar) e operar a variante (V) Santa Helena (PB)-Divisa Paraíba-Ceará rumo a **Iguatú** (CE).
* Ferrovia Transnordestina – Por concessão, em PPP ou diretamente, alargar a bitola, construir (ou recuperar) e operar os trechos **Senador Pompeu** (CE)-Quixeramobim (CE)-Quixadá (CE)-Pacatuba (CE)-**Fortaleza** (CE)-Itapipoca

(CE)-Sobral (CE)-Ipu (CE)-Ipoeiras (CE)-Nova Russas (CE)-Crateús (CE)-Ibiapaba (CE)-Oiticica (Zona indefinida entre Ceará e Piauí), rumo a **Castelo do Piauí** (PI).

* Ferrovia Transnordestina – Por concessão, em PPP ou diretamente, alargar a bitola, construir (ou recuperar) e operar os trechos Divisa Rio Grande do Norte/Ceará, proveniente de Mossoró (RN)-Aracati (CE)-Boqueirão do Cesário (CE)-Pacajús (CE)-Pacatuba (CE)-**Fortaleza** (CE).

Maranhão (MA)
* Ferrovia Transnordestina – Por concessão, em PPP ou diretamente, alargar a bitola, construir (ou recuperar) e operar os trechos Divisa Piauí/Maranhão em **Terezina** (PI)-Timon (MA)-Caxias (MA)-Codó (MA)-Coroatá (MA)-**Itapecurú Mirim** (MA)-Rosário (MA)-Porto do Itaqui/**São Luís** (MA).
* Ferrovia Transnordestina – Por concessão, em PPP ou diretamente, alargar a bitola, construir (ou recuperar) e operar os trechos **Itapecuru Mirim** (MA)-Santa Inês (MA)-Bom Jardim (MA)-Governador Newton Belo (MA)-Zé Doca (MA)-Divisa Maranhão/Pará, rumo a Boa Vista do Gurupi (PA).
* Ferrovia Norte-Sul – Por concessão, em PPP ou diretamente, alargar a bitola, construir (ou recuperar) e operar os trechos Divisa Pará/Maranhão, proveniente de Marabá (PA)-Imperatriz (MA).
* Ferrovia Norte-Sul – Por concessão, em PPP ou diretamente, alargar a bitola, construir (ou recuperar) e operar o trecho Estreito (MA)-Divisa Maranhão/Tocantins, rumo a **Palmas** (TO).

Pará (PA)
* Ferrovia Transnordestina – Por concessão, em PPP ou diretamente, alargar a bitola, construir (ou recuperar) e operar os trechos Divisa Maranhão/Pará, proveniente de Zé Doca (MA)-Boa Vista do Gurupi (PA)-Capanema (PA)-Santa Maria do Pará (PA)-Castanhal (PA)-**Belém** (PA).
* Ferrovia Norte-Sul – Por concessão, em PPP ou diretamente, construir (em bitola larga) e operar a a partir de **Belém** (PA)-Marabá (PA)-Divisa Pará/Maranhão, rumo a Imperatriz (MA).

Paraíba (PB)
* Ferrovia Transnordestina – Por concessão, em PPP ou diretamente, alargar a bitola, construir (ou recuperar) e operar os trechos Divisa Pernambuco/Paraíba-Juribiranga (PB) – com bifurcação para **João Pessoa** (PB), ao norte, e para Campina Grande (PB), sentido oeste.
* Ferrovia Transnordestina – Por concessão, em PPP ou diretamente, alar-gar a bitola, construir (ou recuperar) e operar os trechos Juribiranga (PB)-Campina Grande (PB)-Patos (PB)-**Sousa** (PB) com uma variante para Santa Helena (PB)-Divisa Paraíba/Ceará.
* Ferrovia Transnordestina – Por concessão, em PPP ou diretamente, alargar a bitola, construir (ou recuperar) e operar os trechos **Sousa** (PB)-Cajazeiras (PB)-Divisa Paraíba/Ceará em Felizardo (CE).
* Ferrovia Transnordestina – Por concessão, em PPP ou diretamente, alargar a bitola, construir (ou recuperar) e operar os trechos Juribiranga (PB)-**João Pessoa** (PB)-Guarabira (PB)-Divisa Paraíba/Rio Grande do Norte em Nova Cruz (RN).

Paraná (PR)
* Variante Ferroviária Ipiranga (PR)-Guarapuava (PR) – Por concessão, em PPP ou diretamente pelo Governo Federal, alargar a bitola, construir (ou recuperar) e operar.

Pernambuco (PE)
* Ferrovia Transnordestina – Por concessão, em PPP ou diretamente, alargar a bitola, construir (ou recuperar) e operar os trechos São José da Lage (AL)-Divisa Alagoas/Pernambuco-Palmares (PE)-Escada (PE)-Cabo de Santo Agostinho (PE)-**Recife** (PE)-Carpina (PE)-Timbaúba (PE)-Divisa/Pernambuco/Paraíba.

Piauí (PI)
* Ferrovia Transnordestina – Por concessão, em PPP ou diretamente, alargar a bitola, construir (ou recuperar) e operar os trechos Divisa Ceará/Piauí, proveniente de Oiticica (?)-**Castelo do Piauí** (PI)-Altos (PI)-**Terezina** (PI)-Divisa Piauí/Maranhão.

Rio de Janeiro (RJ)
* Ramal Ferroviário em Barra Mansa (RJ) –Adequar (incluída a bitola larga) às necessidades regionais de transporte de passageiros e carga.

Rio Grande do Norte (RN)
* Ferrovia Transnordestina (N) – Por concessão, em PPP ou diretamente, alargar a bitola, construir (ou recuperar) e operar os trechos Divisa Paraíba/Rio Grande do Norte em Nova Cruz (RN)-Parnamirim (RN)-**Natal** (RN)-Ceará Mirim (RN)-João Câmara (RN)-Lages (RN)-Pedro Avelino (RN)-Macau (RN)-Mossoró (RN)-Divisa Rio Grande do Norte/Ceará.

Rio Grande do Sul (RS)
* Reestruturação do programa ferroviário do Estado, com novos ramais, de tal modo que sua malha ferroviária atinja a todas as áreas gaúchas de produção.

Santa Catarina (SC)
* Contorno Ferroviário de São Francisco do Sul (SC) – Por concessão, em PPP ou diretamente, construir (em bitola larga) e operar.

São Paulo (SP)
* Anel Ferroviário de São Paulo (SP) – Viabilizar (em bitola larga).
* Rodoanel – Concluir a construção do Rodoanel Mário Covas, de São Paulo, com obras em ritmo de 24 horas/dia, em convênio com o Estado de São Paulo.

Tocantins (TO)
* Ferrovia Norte-Sul – Mediante concessão, em PPP ou diretamente, dar prosseguimento à construção, em ritmo de 24 horas/dia, dos trechos Divisa Maranhão/Tocantins, em Estreito (MA)-Aguiarnópolis (TO)-Araguaína (TO) ou Babaçulândia (TO)-Colinas do Tocantins (TO)-Paraíso do Tocantins (TO)-**Palmas** (TO)-Porto Nacional (TO)-Gurupi (TO)-Talismã (TO), na divisa Tocantins/Goiás, rumo a **Brasília** (DF).

Obras e Providências Especiais Prioritárias

Acre (AC)
* Ponte do Rio Madeira – Construir a ponte sobre o Rio Madeira na BR-364, com duas pistas de três faixas de rolamento em cada uma delas e uma faixa de rolamento complementar para veículos leves, ligando o Estado do Acre ao Estado de Rondônia.

Alagoas (AL)
* Canal do Sertão – Dar continuidade em ritmo de 24 horas/dia à construção do Canal do Sertão, obra projetada para trezentos quilômetros de extensão, dos quais somente trinta quilômetros foram concluídos, objetivando levar água do Rio São Francisco (não confundir com a transposição do Rio São Francisco para a região do semi-árido nordestino) para irrigação das regiões agricultáveis do sertão alagoano. As obras estão em ritmo muito lento, em contraste com a urgência do atendimento das necessidades da região.

Amapá (AP)
* Transferir para o Estado as terras da União, sem o quê seus proprietários continuarão a ser legalmente considerados meros "ocupantes", sem condições de acesso às linhas de crédito bancário para as atividades agropecuárias.
* Construir um porto graneleiro.
* Apoiar a mudança do *status* de Área de Livre Comércio Macapá-Santana para Zona Franca, sem prejuízo (e como complemento) da Zona Franca de Manaus.

Amazonas (AM)
* Zona Franca de Manaus – Tornar permanente a Zona Franca de Manaus, como compensação da preservação ambiental (grandes florestas) responsável pela absorção de parte do excesso de gases poluentes causadores do efeito-estufa (X-19).

Bahia (BA)
* Metrô Lapa-Acesso Norte e Calçada-Paripe em Salvador (BA) – Construir (ou concluir) as obras do Metrô de Salvador, por concessão, em PPP ou diretamente pelo Governo Federal, em convênio com o Estado da Bahia e com o Município de Salvador (BA).
* Trens Urbanos e Metropolitanos – Por concessão, em PPP ou diretamente pelo Governo Federal em convênio com o Estado da Bahia e com o Município de Salvador (BA), tornar realidade outros projetos dos sistemas de trens urbanos e metropolitanos.

Ceará (CE)
* Avenida Litorânea – Em convênio com o Município de Fortaleza, construir ampla avenida litorânea com duas pistas de três faixas de rolamento e uma auxiliar em ambos os sentidos ligando as praias de Fortaleza, com vistas ao incremento do turismo receptivo.
* Metrôs das linhas Vila das Flores-João Felipe e Caucaia-João Felipe, em

Fortaleza (CE) – Por concessão, em PPP ou diretamente pelo Governo Federal em convênio com o Estado do Ceará e Municípios envolvidos, concluir os projetos iniciados, bem como tornar realidade outros projetos dos sistemas de trens urbanos e metropolitanos que interliguem o centro de Fortaleza às cidades da Grande Fortaleza, incluindo as áreas limítrofes ao Aeroporto Pinto Martins.

* Reestudar a possibilidade de instalar no Ceará outra refinaria no Nordeste com o objetivo de refinar o petróleo pesado extraído dos poços brasileiros.

Ceará (CE) e Piauí (PI)
* Ferrovia Transnordestina – Construir por concessão, em PPP ou diretamente pelo Governo Federal, uma linha em rota alternativa ligando Senador Pompeu (CE) a Castelo do Piauí (PI) - (XIV-4.4.1).
* Definir, com a participação dos governos dos Estados do Ceará e do Piauí, a fronteira (divisa territorial) Ceará-Piauí em toda a sua extensão.

Distrito Federal (DF)
* Metrô de Brasília (DF) – Por concessão, em PPP ou diretamente e em convênio com o Distrito Federal, duplicar, no espaço de quatro anos, a capacidade de transporte mediante a construção de novas linhas.

Espírito Santo (ES)
* Apoio à construção de duas refinarias integradas para refinar o petróleo pesado e o petróleo leve que serão extraídos em anos próximos, considerando as grandes reservas de ambos os tipos de petróleo existentes na plataforma submarina do Estado do Espírito Santo.

Goiás (GO)
* Ferrovia Norte-Sul – Dar prosseguimento em território goiano à Ferrovia Norte-Sul até o entroncamento (porto seco) da malha ferroviária goiana em Anápolis (GO).

Maranhão (MA)
* Pontes sobre o Rio Anil – Em convênio com o Município de São Luís (MA), construir duas pontes sobre o Rio Anil, com duas pistas de três faixas de rolamento para veículos automotores e uma faixa de rolamento para motos e bicicletas em cada sentido, e calçadas para pedestres.

Mato Grosso do Sul (MS)
* Trem do Pantanal – Construir mediante concessão, em PPP ou diretamente pelo Governo Federal, uma ferrovia ligando Campo Grande (MS) a Corumbá (MS), na divisa Brasil/Bolívia.

Mato Grosso (MT)
* Ferro-Norte – Construir mediante concessão, em PPP ou diretamente pelo Governo Federal, o prosseguimento da Ferro-Norte até a área portuária de São Paulo, passando por Cuiabá (MT) e toda a região sul de Mato Grosso, e cruzando o Estado de Mato Grosso do Sul, tal como consta do projeto original. Substituir o seu leito (trilhos) para bitola larga.

Minas Gerais (MG)

* Patrimônio Histórico – Em convênio com os Municípios envolvidos e com a supervisão do IPHAN (Instituto do Patrimônio Histórico Artístico Nacional), recuperar a originalidade de suas ruas e do casario, incluídas as edificações tombadas.
* Metrô de Belo Horizonte – Em convênio com o Estado de Minas Gerais e com o Município de Belo Horizonte, implantar integralmente o sistema de Metrô de Belo Horizonte (falta concluir cerca de 50% do projeto original) dentro do programa de descentralização do transporte ferroviário urbano de passageiros.
* Projeto BH-Bus – Concluir o projeto original, com a integração de todo o sistema de transporte urbano/suburbano de Belo Horizonte; construir as estações para integração das linhas de ônibus interconectando-as com as do metrô, de modo a viabilizar o pagamento de tarifa única; construir as trincheiras e/ou os viadutos projetados para as interseções da Avenida do Contorno, de forma a permitir maior fluência no tráfego (avenidas Amazonas e Afonso Pena) e construção dos túneis que se fizerem indispensáveis para ligação entre as áreas cujos acessos são feitos de forma bastante precária por vias não adequadas ao volume de tráfego (casos das ligações entre os bairros Estoril-Buritís e São Bento/adjacências, e do bairro Luxemburgo com a Avenida Silva Lobo).

Pará (PA)

* Via Expressa Entroncamento-Centro de Belém (PA) – Construir ampla via expressa rodoferroviária, com trechos em elevado para veículos automotores e faixa própria para motos, e uma linha dupla de metrô de superfície ligando o bairro do Entroncamento ao centro de Belém (PA), interconectada à rotatória e aos túneis em final de construção no início da BR-316 e acessos aos bairros de São Brás, Icoaraci e outros da região, em convênio com o Estado do Pará.
* Recuperar (onde necessário), ampliar e modernizar a Rodovia Augusto Montenegro, a Estrada Pedro Álvares Cabral e a Avenida Almirante Barroso, em convênio com os Municípios envolvidos.

Paraíba (PB)

* Projeto Canaã – Em convênio com o Estado da Paraíba, concluir o Projeto Canaã, capaz de suprir todo o Estado paraibano com abastecimento de água potável mediante a construção de açudes, cisternas e cacimbas, e perfuração de poços artesianos.
* Metrô de João Pessoa – Projetar, construir e implantar o sistema do metrô de João Pessoa (PB) em convênio com o Estado da Paraíba e o Município de João Pessoa.

Paraná (PR)

* Metrô de Curitiba – Em convênio com o Estado do Paraná e o Município de Curitiba, construir e implantar o sistema do Metrô de Curitiba, interligando-o às principais estações do sistema de transporte urbano e suburbano de superfície, com extensão até São José dos Pinhais (PR) e ao Aeroporto Internacional Afonso Pena.

*   Em convênio com o Estado do Paraná e Municípios envolvidos iniciar e concluir o projeto de interligação da BR-116 aos Municípios da grande Curitiba e ao centro da capital, para cuja execução das obras já existe financiamento assegurado.

Pernambuco (PE)
*   Rios Capiberipe e Biberibe – Em convênio com o Município do Recife, rebaixar a calha dos rios Capiberibe e Biberibe de forma a evitar transbordamentos e sobre eles construir pontes adicionais que unam as ruas de grande circulação de veículos e de pedestres interrompidas pelos respectivos rios.
*   Metrô do Recife – Em convênio com o Estado de Pernambuco e o Município do Recife, ampliar as linhas do metrô do Recife.
*   Duplicação da Rodovia Recife-Caruarú – Indenizar o Estado de Pernambuco pela duplicação da BR-232, no trecho Recife (PE)-Caruarú (PE), custeada pelo Tesouro estadual.

Piauí (PI)
*   Porto Luís Correia – Construir mediante concessão, em PPP ou diretamente pelo Governo Federal, o porto Luís Corrêa, em Parnaíba (PI).
*   Barragem no Rio Poti – Construir a barragem no Rio Poti, objetivando a irrigação dessa ampla região produtora piauiense.
*   Proceder à revitalização do Rio Parnaíba com vistas à melhoria de sua navegabilidade e ao aumento da capacidade energética da Hidroelétrica de Boa Esperança.
*   Concretizar a organização da cadeia produtiva do caju, de modo a torná-lo um dos suportes econômicos da região, com aproveitamento de toda a sua potencialidade industrial, da castanha à cajuína, que poderá transformar-se na mais importante bebida eminentemente nacional.

Rio de Janeiro (RJ)
*   Segunda ponte Rio-Niterói – Em convênio com o Estado do Rio de Janeiro, construir uma segunda ponte unindo o **Rio de Janeiro** (RJ) e Niterói (RJ), em dois níveis, com quatro faixas de rolamento em cada sentido, sendo o primeiro nível para o tráfego de trens e/ou metrôs e o segundo, para veículos pesados (caminhões e ônibus interestaduais).
    A atual (2006) ponte (Costa e Silva) Rio/Niterói, que será reservada somente para veículos automotores leves (automóveis e motos) e ônibus urbanos, terá ampliadas as laterais, que serão destinadas a faixas para bicicletas e calçadas para pedestres.
*   Metrô do Rio de Janeiro (RJ) – Em convênio com o Estado e com o Município do Rio de Janeiro, duplicar a capacidade do atual (2006) sistema de metrô com a construção de novas linhas.

Rio Grande do Norte (RN)
*   Aeroporto de São Gonçalo do Amarante – Dar celeridade ao prosseguimento das obras do novo aeroporto de Natal (RN), situado em São Gonçalo do Amarante, objetivando reduzir pela metade o tempo previsto de seu acabamento e início das operações. Construção de um novo acesso a partir de

Natal (RN), em pista dupla de quatro faixas em cada uma delas.
* Porto do Rio Potengi – Construir o porto do Potengi, aprofundando-lhe a calha de acesso e a área de evolução, de sorte a transformá-lo em escoadouro da produção norte-riograndense.
* Refinaria de Petróleo – Estudar a possibilidade de construção de uma refinaria para processar o petróleo leve.

Rio Grande do Sul (RS)
* Metrô Urbano – Por concessão, em PPP ou diretamente e em convênio com o Estado do Rio Grande do Sul e com o Município de Porto Alegre (RS), iniciar a construção de linhas de metrô urbano interligando os diversos bairros da capital gaúcha ao sistema do Trensurb.
* Trensurb – Tornar subterrânea sua linha nas áreas metropolitanas das cidades a que serve, a partir da estação central de Porto Alegre (RS), e ampliar o alcance de sua linha.
* Arroio Dilúvio – Em convênio com o Município de Porto Alegre (RS), rebaixar a calha do arroio Dilúvio para evitar transbordamentos e sobre ele construir pontes adicionais para o tráfego de veículos automotores leves, com passarelas laterais para o trânsito de bicicletas e pedestres, de modo a unir as ruas que ainda se encontram interrompidas em todo o trajeto da Avenida Ipiranga, que será alargada com aproveitamento das margens do arroio para faixas de rolamento auxiliares, quando possível, e tratamento urbanístico adequado.
* Área Portuária de Porto Alegre – Em convênio com o Estado do Rio Grande do Sul e com o Município de Porto Alegre (RS), implementar o projeto de revitalização da área portuária da capital gaúcha divulgado na administração do governador Antônio Britto.
* BR-448 (Rodovia do Parque) – Concluir, com alargamento das pistas para criar as terceira e quarta faixas de rolamento em ambos os sentidos (a quarta faixa servirá, circunstancialmente, como acostamento), dotá-la de modernos sistemas de iluminação elétrica e de segurança e estendê-la até Ivoti (RS), unindo, nessa Rodovia do Parque, por acessos, Porto Alegre (RS) a Sapucaia do Sul (RS), São Leopoldo (RS), Novo Hamburgo (RS), Dois Irmãos (RS) e Ivoti (RS).
* Pelotas (RS) – Na área de Saneamento Básico, dar prioridade à substituição de todo o encanamento (de ferro, centenário, já em decomposição) de água da cidade, de modo a assegurar a potabilidade da água oferecida à sua população.

Rondônia (RO)
* Hidrelétricas do Madeira – Construir as hidrelétricas de Santo Antônio e de Jirau, no Rio Madeira.

Roraima (RR)
* Transferir para o Estado as terras da União, sem o quê seus proprietários continuarão a ser legalmente considerados meros "ocupantes", sem condições de acesso às linhas de crédito bancário para as atividades agropecuárias.

Santa Catarina (SC)
* Avenida Hercílio Luz – Em convênio com o Município de Florianópolis,

rebaixar a calha do riacho que corre no centro da avenida e sobre ele concluir o projeto urbanístico objetivando aumentar as áreas de estacionamento.
* Acesso à Praia da Joaquina – Em convênio com o Município de Florianópolis, duplicar o acesso à Praia da Joaquina, passando pela Lagoa da Conceição (e construção de novas pontes).
* Estrada de Contorno da Ilha de Florianópolis – Em convênio com o Município de Florianópolis, concluir sua duplicação, de tal forma que todas as praias da ilha sejam interligadas por estradas-avenidas (iluminadas) de primeira categoria.
* Ponte Hercílio Luz – Em convênio com o Município de Florianópolis, concluir a recuperação da Ponte Hercílio Luz, considerando as suas características de patrimônio histórico e de atração turística, para tráfego de veículos automotores leves (automóveis e motos) e para o trânsito de bicicletas e de pedestres.

São Paulo (SP)
* Metrô – Em convênio com o Estado e com o Município de São Paulo, duplicar o alcance de suas linhas.
* Avenidas Urbanas e Elevados – Em convênio com o Município de São Paulo, abrir grandes avenidas ligando os bairros periféricos da capital e construir vias rápidas sobre pilares (elevados) nas marginais Pinheiros e Tietê, objetivando melhorar o tráfego/trânsito de veículos no perímetro urbano da cidade.
* Metrô São Paulo (SP)-Guarulhos (SP) – Em convênio com o Estado de São Paulo e com os Municípios de São Paulo (SP) e de Guarulhos (SP), viabilizar, no espaço de quatro anos, a linha de metrô em estudos entre o aeroporto de Viracopos e o centro de São Paulo (SP).
* Corredor Expresso entre Parque São Pedro II e Cidade Tiradentes – Construir em convênio com o Estado e com o Município de São Paulo (SP).
* Avenida Perimetral em Santos – Implementá-la em convênio com o Município de Santos (SP), objetivando facilitar o acesso ao Porto de Santos.
* Rodoanel Metropolitano – Concluir o Rodoanel Metropolitano em convênio com o Estado de São Paulo.

Sergipe (SE)
* Irrigação do Perímetro Nova Califórnia – Concluir o Projeto de Irrigação do Perímetro Nova Califórnia (faltam implantar cerca de 80% do projeto original), que atenderá aos municípios de Canindé de São Francisco, Poço Redondo, Monte Alegre, Nossa Senhora da Glória e áreas cicunvizinhas, gerando cerca de quarenta mil empregos na região.
* Revitalização dos "Manguezais" – Revitalizar toda a região dos mangues.

Tocantins (TO)
* Ponte Palmas-Miracema do Tocantins – Construir sobre o Rio Tocantins, em Lajeado (TO), ponte com duas pistas de três faixas de rolamento ligando a estrada TO-010 (Palmas-Miranorte, na BR-153/Rodovia Belém-Brasília).

*

Amazônia
* Hidrovias da Amazônia – Dar imediato cumprimento ao projeto, que já teria recebido a aprovação do aporte financeiro (financiamento) pelo BID.

* Implantar o Centro de Biotecnologia da Amazônia.

Brasil
* Concluir todas as obras iniciadas em governos anteriores, que foram interrompidas ou se encontram abandonadas – bordão de todos os candidatos a cargos executivos –, e implodir as que se tornaram inviáveis ou ultrapassadas.

Ceará (CE) e Piauí (PI)
* Ferrovia Transnordestina (**Variante**) – Construir por concessão, em PPP ou diretamente pelo Governo Federal, uma linha em rota alternativa ligando Senador Pompeu (CE) a Catelo do Piauí (PI) - (XIV-4.4.1).
* Definir, com a participação dos governos dos Estados do Ceará e do Piauí, a fronteira Ceará-Piauí em toda a sua extensão.

Nordeste
* Rio São Francisco – Revitalizar todo o Rio São Francisco, incluindo o saneamento básico de todos os Municípios ribeirinhos, reflorestamento e proteção da nascente e de suas margens, aprofundamento da calha de navegação e rigorosa e permanente fiscalização do uso de sua água. Concomitantemente, reestudar, à luz da realidade (sem motivações políticas) e em "regime de guerra", o projeto de sua transposição (VII-3.1).

Rio de Janeiro (RJ) e São Paulo (SP)
* Via Dutra (Rio-São Paulo) – Alargar as pistas da Via Dutra ampliando-as para seis faixas de rolamento, independentemente dos acostamentos, em ambos os sentidos, e dotando-as de iluminação elétrica e de sofisticado sistema de proteção eletrônica e de segurança, obedecendo aos mais altos níveis de construção rodoviária no mundo.

*

Brasil e Argentina
* São Paulo-Buenos Aires – Conferir prioridade a essa importante ligação rodoviária para cuja construção já estaria assegurado o financiamento pelo BID.

* * *

Manifestações Sobre Trabalhos do Autor

"Deu-me, então, o Senhor Presidente da República a agradável incumbência de transmitir ao ilustre Ministro a manifestação do seu apreço pela colaboração recebida. Ao fazê-lo, pediu-me também que assinalasse que as sugestões apresentadas refletem o elevado espírito público, o descortino e o desprendimento do Autor, qualidades que pautaram suas ações em todos os elevados cargos que ocupou." (Sobre *Sugestões para uma Reforma Geral do Brasil no Âmbito Fiscal/ Tributário e Monetário – com incursões pelos setores Educacional e de Saúde – e instituição do Dízimo Cívico*, em 27/10/1992, mais tarde, em 2005, reformulado e reintitulado *Um Novo Brasil*.)

Mauro Motta Durante
Ministro Chefe da Secretaria-Geral da
Presidência da República (Governo Itamar Franco)

*

"Acuso o recebimento do trabalho elaborado por V.Exa., intitulado 'Brasil Além do Primeiro Mundo', contendo sugestões relacionadas à atual situação econômica brasileira.
"A propósito, ao tempo em que agradeço a gentileza da remessa, esclareço que determinei aos setores competentes deste Banco Central a análise do documento em questão." (Em 16/9/1993.)

Pedro Sampaio Malan*
Presidente do Banco Central do Brasil

* Engenheiro, economista e Ministro da Fazenda no Governo Fernando Henrique.

*

"Agradeço (...) sua contribuição ao meu governo, a respeito do imposto sobre transações de qualquer natureza." (Sobre *Moderna, Justa e Eficaz Solução Tributária para o Brasil*, em 3/5/1995, mais tarde, em 1998, ampliado e reintitulado *Tributo Único*.)

Fernando Henrique Cardoso
Presidente da República

"A sua proposta é trabalho de fôlego e de alto merecimento. A apresentação do texto é excelente, a clareza e a concatenação das idéias são de alto nível; a linguagem, agradável e escorreita.

"Impressionam o esforço e a dedicação que ressumam de cada capítulo. (...) Meus parabéns pelo elevado senso de patriotismo que seu trabalho ingente revela". (Sobre *Uma Nova Proposta de Imposto Único – Providências, Conseqüências e Benefícios*, em 9/6/1997, mais tarde, em 1998, reintitulado *Tributo Único*.)

*Aguinaldo Junqueira**

* Jurista, foi diretor jurídico da Real e da Varig e presidente do Conselho de Curadores da Fundação Ruben Berta (Grupo Varig) nos anos de 1996 e 1997, quando se aposentou.

*

"É um trabalho profundo, que demonstra seus sólidos conhecimentos da matéria e, com grande oportunidade, abre caminho para ampla discussão em busca de modelo tributário eficaz e mais justo." (Sobre *Uma Nova Proposta de Imposto Único – Providências, Conseqüências e Benefícios*, em 16/6/1997, mais tarde, em 1998, reintitulado *TributoÚnico*.)

*Sálvio Medeiros Costa**

* Sálvio Medeiros Costa, advogado e administrador, foi, no Gabinete Civil da Presidência da República, assessor do Presidente e coordenador da Assessoria Parlamentar (1960-1964); no Ministério da Fazenda, assessor do Ministro, membro do Conselho de Contribuintes, secretário da Receita Federal (Governo Itamar Franco), diretor dos Cursos de Formação e diretor-substituto da ESAF; em atividades classistas e comunitárias, presidente da Unafisco e da Fundação Assefaz, e diretor do Centro Sergipano de Brasília; é membro dos Conselhos Consultivos da Fundação Assefaz e do Mosap (Movimento dos Servidores Aposentados e Pensionistas).

*

"É fácil construir um modelo de tributação que extraia da sociedade os recursos necessários para fazer frente às ações do Estado. Difícil é assegurar, nesse processo, além do princípio da suficiência arrecadatória, justiça fiscal, eqüidade horizontal e vertical e, finalmente, mínima influência sobre as decisões dos agentes econômicos.

"Observo que a construção do seu trabalho procurou assegurar respostas a todas essas necessidades." (Sobre *Uma Nova Proposta de Imposto Único – Providências, Conseqüências e Benefícios,* em 1º/7/1997, mais tarde, em 1998, reintitulado *Tributo Único*.)

*Mauro Bogéa Soares**

* Economista e professor, foi coordenador-geral de estudos econômico-tributários da

SRF, delegado da Receita Federal do Distrito Federal e assessor da Secretaria Executiva do Ministério da Fazenda (junho/1998).

*

"Seu trabalho é estupendo. Estupendo mesmo." (Sobre *Uma Nova Proposta de Imposto Único – Providências, Conseqüências e Benefícios*, em 14/7/1997, mais tarde, em 1998, reintitulado *Tributo Único*.)

L. C. de Miranda Lima*

* Jurista, foi consultor jurídico do Ministério da Justiça, consultor-geral da República e ministro do Tribunal Superior do Trabalho.

*

"Quero falar de minha satisfação ao receber o seu trabalho.
"Li-o todo com crescente admiração à medida que constatava a seriedade das pesquisas, dos estudos e a competência dos argumentos.
(...) "Este patriótico e responsável trabalho torna-o credor de todos nós cidadãos brasileiros.
"Cumprimento-o pelo cometimento e pela excelência da obra." (Sobre *Uma Nova Proposta de Imposto Único – Providências, Conseqüências e Benefícios*, em 22/7/1997, mais tarde, em 1998, reintitulado *Tributo Único*.)

César Baiocchi*

* Médico, financista e empresário.

Nota: *Uma Nova Proposta de Imposto Único – Providências, Conseqüências e Benefícios* era o título provisório do livro *TRIBUTO ÚNICO*, ainda em sua versão básica, distribuída para leitura crítica de algumas pessoas do relacionamento do Autor.

Críticas e Observações Generalizadas à Forma e ao Conteúdo de *Um Novo Brasil*

(Aqui o Autor preferiu renunciar à terceira pessoa e assumir a primeira pessoa do singular.)

A maioria de meus primeiros leitores (aos quais distribuí os *prints* de *Um Novo Brasil* para leitura crítica) não aceitou as inovações mais ousadas que eu havia introduzido na diagramação e na apresentação gráfica do texto, informando que a seriedade do tema não as comportava. Atendi.

Outros não aceitaram, pelo mesmo motivo, a inclusão de propostas tidas como "menores", tais como "farol baixo nas estradas" e "pisos antiderrapantes", que mantive.

Outro mostrou-se preocupado com o fato de os recursos financeiros de que disporá o Governo Federal não serem "suficientes para atender ao leque de ações", ao que esclareci que além do expressivo aumento da arrecadação com a instituição do novo Sistema Tributário Nacional (e adoção do **Dízimo Cívico**), há que considerar:

– a disponibilidade dos recursos que atualmente são canalizados para o pagamento dos juros e encargos (apropriados) da **dívida pública federal interna** (mobiliária, títulos em mercado), de responsabilidade do Tesouro Nacional e do Banco Central (remanescente), e que ficarão liberados à medida que sejam procedidas as concessões e efetivadas as privatizações, e seus resultados, utilizados na quitação progressiva dessa mesma dívida;

– a transferência para o setor privado, mediante concessão, da quase totalidade das obras de infra-estrutura pública (energia elétrica – geração, transmissão e distribuição –, rodovias e ferrovias, incluída sua conservação, saneamento básico etc., liberando o governo desse dispêndio);

– a transferência, mediante concessão, para a responsabilidade da iniciativa privada, da operação e recuperação das estradas federais que estão sem condições de tráfego normal;

– a federalização do ensino básico será financiada pelas verbas atualmente transferidas pela União para os Estados+DF e Municípios via Fundef (R$ 32,7 bilhões em 2005), que serão ampliadas com a possível aprovação, pela Câmara dos Deputados, da Emenda Constitucional que cria o Fundeb, em substituição ao Fundef;

– as bolsas de estudo integrais para os cursos superiores aos alunos carentes (ou proporcionais aos semicarentes) terão como suporte as verbas atualmente destinadas ao ensino superior público (incluídas as bolsas de estudo), que será privatizado via fundações);

– o atendimento médico-hospitalar e odontológico gratuito aos pacientes carentes (ou proporcional aos semicarentes) será custeado pelas verbas (vinculação constitucional/legal) atualmente destinadas aos serviços de saúde que será privatizado via fundações; e

– a redução do peso da administração pública na economia suportará os gastos que advirão de uma melhor e justa remuneração do funcionalismo federal e do reajustamento do soldo dos militares. As propostas estão integradas umas às outras e seus resultados interligados.

O mesmo leitor, minucioso em sua análise, observou que o fato do Autor "transitar, com tal 'desembaraço', do ambiente macro para o micro, criava, em certos momentos, alguma dificuldades para o leitor", ao que esclareci que, em se tratando de sugestão de um "Programa de Governo" aos candidatos a Presidente da República, cabia ao Autor, além de ordenar as medidas macroeconômicas que robusteçam a economia e persigam o desenvolvimento nacional, buscar as soluções microeconômicas que atendam mais diretamente às demandas das populações de todas as idades: creche, alimentação escolar, microcrédito, pescaria e agricultura de subsistência, alagamentos urbanos, segurança nas estradas (farol baixo nas 24 horas), segurança dos deficientes visuais (piso tátil, semáforo sonoro) e dos idosos (pisos antiderrapantes e barras de segurança nos boxes dos banheiros) etc.

Em outro ponto, aprofundou-se mais ainda: "Foi-me transmitida, também, uma percepção contraditória no que se refere à afirmação de que o peso do Estado para a sociedade deve ser diminuído (redução de cargos em comissão, privatizações, concessões etc., ou seja, um Estado Liberal, somente regulador), ao mesmo tempo em que é apresentada uma lista muito extensa de ações diretas nos mais variados setores da vida da Nação (Estado Intervencionista)". Esclareci que eu, ao afirmar que *a principal função do Estado é proporcionar aos seus cidadãos as melhores condições de vida possíveis* (I-2), estava defendendo, no fundo, uma proposição intervencionista; porém, a seguir (I-3), fiz uma profissão de fé liberal, *a começar pela restrição, ao estritamente essencial, de sua interferência* (do **Estado**) *nas áreas da* **produção***, do* **trabalho** *e do* **mercado***, e pela expansão, ao limite da competência, de seu apoio à* **livre iniciativa**, para, ao fim, declarar que *isto não significa que o Estado abdique de monitorar – porém sem intervir – o processo de desenvolvimento nacional, principalmente no que disser respeito à "visão de futuro do país [que deve ficar] acima dos interesses de grupos políticos, acadêmicos e empresariais"*, encampando um texto de Luís Nassif. Com esse comportamento contraditório à luz da doutrina política, estava me insurgindo contra a submissão aos clichês: Liberal/ Neoliberal ou Intervencionista, Esquerda ou Direita, Trabalhista ou Conservador, que não devem prevalecer quando se trata de Desenvolvimento Nacional e defesa dos interesses da sociedade. Não sei se fui convincente.

Um terceiro ponto ainda é abordado pelo mesmo leitor: sobre a carga tributária. Segundo ele "a carga tributária para a sociedade será significativamente aumentada" com o **Dízimo Cívico**. E acrescenta: "A relação Carga Tributária X PIB não pode ser abstraída das análises".

Em tréplica, insisto em dizer que a carga tributária para as pessoas física e jurídica é de **apenas 10%**, isto é, cada uma delas paga (recolhe) para o Fisco unicamente o seu **Dízimo Cívico** sobre os valores que recebe, ao contrário do que atualmente (2006) ocorre, isto é, paga (recolhe) ao Fisco, diretamente, muito mais que 10%. A receita tributária global (de todo o Poder Público) é que será de cerca de 50% do PIB.

Vejamos: se for pessoa física, esta paga (recolhe), de IRPF (excluída a alíquota zero para os rendimentos até R$ 13.968,00 no ano-base de 2005), 15% ou 27,5% (desconsideradas as possíveis deduções); ao INSS (proporcional ao salário, com alíquotas crescentes de 7,65% a 11%), até o teto de R$ 2.668,15, sem faixa de isenção; se servidor público, 11% ao PSS (Plano de Seguridade Social), sem isenção e sem teto; se aposentado do serviço público, 11% ao PSS, com uma faixa de isenção de até R$ 2.668.15, porém, sem teto; de CPMF, 0,38% sobre as movimentações financeiras de débito; de IPVA (proporcional ao valor do carro); de IPTU (proporcional ao valor do imóvel urbano); e de ITR (proporcional ao valor da terra rural) etc., o que eleva sua carga tributária pessoal a mais de 10%, independentemente dos demais tributos pagos (recolhidos) indiretamente, aqui não quantificados.

Se for pessoa jurídica, a situação é a seguinte: atualmente não existe uma única atividade empresarial, da média à megaempresa, que pague (recolha) menos de 10% sobre os valores que recebe, considerando que a tributação vigente incide sobre o faturamento (IPI ou IVA/ICMS, ou ISS), sobre o lucro (IR, seja ele presumido ou não), sobre o lucro líquido (CSLL), sobre a folha de pagamento (INSS patronal), além de outros tributos diretos e indiretos (as pequenas e microempresas que aderirem ao SIMPLES têm tributação diferenciada, mas, mesmo assim, a sua carga tributária abrangente é de cerca de 10% de seus recebimentos).

Quanto à relação *Arrecadação X PIB*, denominada de Carga Tributária, não deve ser assim considerada para medir a carga tributária das pessoas. O elevado volume da arrecadação do **Dízimo Cívico** é vinculado ao aumento exponencial da *base tributária* (todos pagando seu **Dízimo** ao Poder Público) e ao fato de o **Dízimo Cívico** alcançar a todas as operações de recebimento de valor, mesmo daquele em espécie ou resultante de troca (permuta/escambo) e de procuração em causa própria.

Sob o atual sistema tributário (2006) também haveria uma arrecadação semelhante se todos, mas todos mesmo, pagassem (recolhessem) seus tributos na forma da legislação em vigor. Só que isso é impossível exatamente pela forma em que está estruturado o vigente Sistema Tributário Nacional, que empurra o contribuinte para a sonegação tributária (com estímulo à elisão fiscal) ou para a informalidade da economia.

Outro leitor fez-me eliminar quase todos os asteriscos, substituindo-os por números sobrescritos.

A discussão mais acirrada foi quanto à introdução da "Resumida Biografia Iconográfica do Autor". Uns foram rigorosamente contra sua inclusão, alegando que não se tratava de biografia; outro achava que ela deveria vir em primeiro lugar, no início, para expor ao leitor, ao abrir o livro, a intimidade do Autor com o poder político, sua formação acadêmica e experiência em atividades pública e privada, o que transmitiria maior confiabilidade por sua autoridade na formulação das propostas; outro defendia que ela deveria vir por partes, intercaladas no texto, para não cansar o leitor; outros, em maior número, que ela deveria vir ao final, para não torná-la ostensiva, o que prevaleceu.

Uns foram contra as privatizações, apesar de toda a minha argumentação em favor delas. A maioria considerou-as indispensáveis, nos termos que propus, para que seja desatado o "nó górdio" do endividamento interno federal. Felizmente.

Um deles sugeriu a mudança da titulação da nova tributação para **Dízimo Cívico**, mais assimilável por todos, em substituição ao título anteriormente usado (Tributo Único). Por sinal, foi o mesmo que sugeriu alterar a ordem de alguns capítulos e até de parágrafos. Foi um trabalho... mas, acredito, compensador. E ainda ponderou que a identificação dos parágrafos fosse escrita em "negrito tramado", o que, depois de experimentado, não me pareceu adequado.

A observação mais interessante foi a de um amigo de muitos anos (quase meio século de amizade) que disse ser eu igual a um vulcão: quando todo mundo pensa que já está extinto, lá vem uma nova erupção. E que erupção!

Por fim, a grande preocupação do mais antigo dos amigos (sessenta anos de sólida amizade, capaz de levá-lo a afirmar que *Um Novo Brasil* é obra de gênio, o que não tem qualquer amparo no bom senso): "Como fazer para que o povo possa conhecer e entender as propostas para pressionar o Poder Público a implementá-las?". Respondi-lhe que dependeria da aceitação, como válidas para o desenvolvimento nacional e para a solução de prementes problemas da sociedade, pela mídia. Ela se encarregaria de divulgá-las e torná-las assimiláveis para o grande público.

Agradecimento Especial

Aos aqui nominados, que contribuíram com valiosas informações e importantes subsídios – indispensáveis para que estas propostas fossem levadas aos leitores alicerçadas em dados autênticos e absolutamente confiáveis –, e que aprimoraram este trabalho com procedentes críticas, o agradecimento muito especial do Autor.

Alexandre Dolabela Barcellos, por suas indicações das prioridades do Estado do Amapá;
Altamir Lopes, diretor do Banco Central (Departamento Econômico), pela solicitude do acolhimento das muitas inquirições e presteza de suas respostas;
Anamaria da Costa Souza, socióloga, a primogênita e querida filha, por sua objetividade e correção das respostas pesquisadas nas mais diversas áreas;
Ana Maria Pelini, secretária-geral da Secretaria de Justiça e Segurança do Estado do Rio Grande do Sul, por suas considerações sobre o sistema prisional gaúcho;
André Odenbreit Carvalho, diplomata, chefe do Setor Econômico da Embaixada do Brasil em Moscou (Rússia), por sua presteza em atender às solicitações do Autor;
Antônio Carlos de Lacerda e Souza, por suas obervações sobre as reservas petrolíferas do Estado do Espírito Santo;
Antônio Natálio Vignali, jornalista e comunicador, por seu interesse na divulgação das teses doAutor;
Antônio Olívio de Vasconcelos, por suas indicações complementares das prioridades do Estado da Bahia;
Antônio Roberto Forte Filho, por suas indicações das prioridades do Estado do Paraná;
Areski Damara de Omena Freitas, por suas indicações das prioridades do Estado de Alagoas;
Arnaldo Lourenço, por suas indicações das prioridades do Estado de Rondônia;
Beirinho Bantim, por suas indicações das prioridades do Estado de Roraima;
César Baiocchi, empresário e financista, por sua importante contribuição ao complementar a proposta de reforma agrária do Autor;
Cézar Busatto, advogado, político e ex-secretário da Fazenda do Estado do Rio Grande do Sul, por sua importante participação como Debatedor na palestra proferida pelo Autor em dependência da FIERGS (Federação das Indústrias do Estado do Rio Grande do Sul), sob os auspícios da Assessoria Liberal, em Porto Alegre-RS;
Christian Zini Amorim, por suas indicações complementares das prioridades do Estado de Tocantins;
Ciro Ruiz, engenheiro especializado em energia eólica, por sua orientação técnica;

Parte III - Apêndices

Clarimundo Vilanova, corretor e comunicador de TV, por seu permanente incentivo, importante contribuição, incluída a reordenação de alguns capítulos, parágrafos e textos, e acompanhamento de todas as fases da elaboração deste livro;

Cláudio Vinicius Silva Farias, por suas indicações complementares das prioridades do Estado Rio Grande do Sul;

Eduardo Fontoura Filgueiras, por suas indicações das prioridades do Estado de Tocantins;

Emmanuel Gayoso, por suas observações sobre o sistema de transporte rodoviário de carga;

Emídio Milas de Oliveira, por suas indicações das prioridades do Estado de Mato Grosso do Sul;

Everaldo João Ferreira, advogado, por sua assessoria jurídica, por seu incentivo e participação como Debatedor na palestra proferida pelo Autor para autoridades e empresários dos Municípios da região Sul de Santa Catarina;

Fernando Américo de Souza, arquiteto, cenógrafo e figurinista para teatro, ópera e balé, o caçula e querido filho, pela concepção original da capa e por outras importantes sugestões;

Fernando Antônio Gadelha da Trindade, assessor jurídico (áreas constitucional e eleitoral) do Senado Federal, pela solicitude das informações na área legislativa;

Francisco de Assis Maciel Carvalho, por suas indicações complementares das prioridades do Estado do Maranhão;

George (de Freitas) Fernandes, engenheiro civil e engenheiro de petróleo, pelas prestativas e valiosas informações em sua área de especialização;

Geraldo Hess (*in memoriam*), master of science E. E. P. pela Stanford University, EUA, professor do curso de pós-graduação de Finanças da Pontifícia Universidade Católica do Rio de Janeiro-RJ, consultor econômico e empresarial na área de negócios e Autor de livros de economia, por sua participação como Debatedor na palestra sobre reforma tributária proferida pelo Autor em dependência da FIERGS;

Gilberto Freitas, contador com especialização em tributação, por sua infinita paciência em responder às intermináveis inquirições sobre as filigranas (caminhos e descaminhos) da prática tributária que lhe foram feitas pelo Autor nos fins-de-semana em que se homizia para descansar em "nossa praia" catarinense (Turimar, em Balneário Gaivota, SC);

Gilberto Lourenço da Aparecida, do Banco do Brasil, por suas precisas informações;

Heitor Antônio Barbosa Viana, por sua sugestão de adoção de conta unificada no BC;

Jaires Porto, por suas indicações complementares das prioridades do Estado da Bahia;

João de Oliveira, vendedor;

José Avelá Pereira Costa, por suas indicações das prioridades do Estado do Piauí;

José do Carmo Gondim, por suas indicações complementares das prioridades do Estado do Ceará;

José Filgueiras, intelectual (imortal pela Academia Maranhense de Letras); desembargador (aposentado), foi presidente do Tribunal de Justiça do Maranhão e professor universitário, por suas manifestações de incentivo e permanente ansiedade pela finalização deste trabalho;

José Geraldo Forte, por suas indicações das prioridades do Estado do Rio Grande do Norte;

José Milton Alves dos Santos, por suas indicações das prioridades do Estado de Sergipe;

Agradecimento Especial 415

José Moreira de Oliveira Saraiva (*in memorian*), por suas considerações sobre segurança pública;

José Venilson de Carvalho, por suas indicações das prioridades do Estado do Acre;

José Vieira Nepomuceno Filho, palestrante e médico psicanalista, por sua valiosa contribuição na análise das presentes propostas;

Kleber de Souza, gerente de projeto da Coordenação-Geral das Relações e Análise Financeira dos Estados e Municípios – COREM, da Secretaria do Tesouro Nacional do Ministério da Fazenda, por sua presença sempre constante nas solicitações do Autor para definir os quantitativos da arrecadação pública (federal, estaduais e municipais) em todos os seus pormenores;

Lenira Lopes, pedagoga, funcionária pública (aposentada), por seu incentivo desde quando tomou conhecimento dos apontamentos deste trabalho;

Luciano Caldas Bivar, por suas considerações sobre *legitimidade* das Cláusulas Pétreas;

Luciano Pletsch Leite, engenheiro civil, por sua explicação sobre o funcionamento do sistema CFTV (Circuito Fechado de TV) de monitoramento de estradas;

Marcos Abrahão, por suas indicações das prioridades do Estado do Rio de Janeiro;

Maria de Lourdes (Lourdinha) da Costa Souza, advogada, esposa muito querida por 52 anos (até agora), por sua paciente assistência e dedicação ao Autor, e observação dos deslizes vernaculares como primeira leitora do trabalho do marido;

Maria do Carmo Costa Oliveira, por sua cessão da fotografia da família Costa Souza na comemoração do 70º aniversário da esposa do Autor;

Massimi Miki, por seus ensinamentos sobre a Zona Franca de Manaus e indicações das prioridades do Estado do Amazonas;

Mauro Sérgio Bogéa Soares, economista, foi coordenador-geral da Coordenadoria de Estudos Econômico-Tributários da Secretaria da Receita Federal, delegado da Receita Federal do Distrito Federal e assessor da Secretaria Executiva do Ministério da Fazenda, por seu incentivo ao proclamar-se (como técnico em tributação) entusiasta da tese do Tributo Único, tal como formulada pelo Autor;

Milton Mira de Assumpção Filho, estimado amigo e editor, por seu importante apoio e grande estímulo;

Newton Lins Teixeira de Carvalho, por suas indicações complementares das prioridades do Distrito Federal;

Orlando Lopes de Medeiros, cirurgião-dentista e doutor em Estudos Brasileiros, foi professor universitário e político, pela primazia da sugestão para desenvolver e transformar em livro as primeiras anotações das soluções aventadas pelo Autor para os problemas brasileiros;

Paulo Nogueira Batista Jr., economista, articulista, professor da FGV-EAESP e Autor do livro *A Economia como Ela é...* (Boitempo Editorial, 3ª edição, 2002), por sua pronta resposta à solicitação sobre importante tema deste livro (independência do Banco Central);

Paulo Roberto Rebello, por suas indicações complementares das prioridades do Estado de Santa Catarina;

Paulo Vasconcelos, por suas considerações sobre a exploração petrolífera no Brasil e indicações das prioridades do Estado de Sergipe;

Raimundo José dos Santos Mota, professor universitário, por suas indicações das prioridades do Estado do Pará;

Raul Batista de Souza, por suas indicações complementares das prioridades do Estado do Pará;

Roberto Siqueira, por suas indicações complementares das prioridades do Estado de São Paulo;

Rodolfo Antônio da Costa Guará, analista de sistema, por sua eficiente colaboração na área de sua especialização;

Ronaldo Nóbrega, jornalista, diretor do JornalBrasil (Internet), por seu incentivo e entusiamo relativamente às propostas de *Um Novo Brasil*;

Sálvio Medeiros Costa, advogado e administrador, foi, no Gabinete Civil da Presidência da República, assessor do Presidente e coordenador da Assessoria Parlamentar (1960-1964); no Ministério da Fazenda, assessor do Ministro, membro do Conselho de Contribuintes, secretário da Receita Federal (Governo Itamar Franco), diretor dos Cursos de Formação e diretor-substituto da ESAF; em atividades classistas e comunitárias, presidente da Unafisco e da Fundação Assefaz, e diretor do Centro Sergipano de Brasília; é membro dos Conselhos Consultivos da Fundação Assefaz e do Mosap (Movimento dos Servidores Aposentados e Pensionistas), pelas correções gramaticais e do vernáculo em primeira leitura, por suas abalizadas sugestões e interessado acompanhamento das diversas etapas deste trabalho;

Silvana Mota Davis Lourenço, por suas indicações complementares das prioridades do Estado de Rondônia;

Silvio Leote, técnico industrial, por sua pronta assistência na área de digitação eletrônica e seu grande entusiamo por *Um Novo Brasil*;

Tomaz Félix de Sousa Saraiva, engenheiro civil com especialização em siderurgia, por suas informações sobre a exploração do minério de ferro e sua industrialização, comercialização e transporte, e sua leitura profundamente analítica de *Um Novo Brasil*;

Uriel Agria, analista de sistema e bancário, por sua constante presença neste trabalho, mesmo a distância;

Valcir Ferreira Pereira, engenheiro-topógrafo, por sua assessoria na área de sua especialidade;

Valdemir Castilho Soares, por suas indicações das prioridades do Estado de Mato Grosso;

Valmor Barbosa da Cunha, diagramador, por sua dedicação à formatação deste trabalho em *Page Maker*, o que lhe custou renúncia ao lazer, ao sono e ao convívio familiar.

Vânia Maria da Costa Souza, socióloga, economista, cientista política, bancária (gerente regional de Gestão de Pessoas do Banco do Brasil), também querida filha, por suas importantes indicações;

Walter Américo da Costa Souza, arquiteto, Eng., MSc., professor universitário, gerente de projetos da Infraero, terceiro querido filho, por suas sugestões quanto aos temas abordados e à modernização da apresentação gráfica.

Resumida Biografia Iconográfica do Autor

1. O pai: Tomaz Félix de Souza, de industrial (cerâmica) a agricultor (plantador de capim, de milho e de banana); de artífice (fazedor de tamancos e de selas) a industrial do couro (curtume) e construtor de estradas (abandonou o setor quando se recusou a participar de "esquemas"); de austero político (vereador e prefeito) a auto-aposentado (sem percepção de proventos do Poder Público). Fez suas poesias e escreveu artigos publicados nos jornais maranhenses. Faleceu aos 84 anos, lúcido e ativo intelectualmente.

2. A mãe: Ana Pacífico de Souza, dona de casa e comerciante (sapataria); prendada e carinhosa mãe de vinte filhos. Faleceu aos 57 anos.

3. A primeira fotografia: Américo de Souza (17º filho de uma prole de vinte, do mesmo casal), aos quatro anos, com suas irmãs Tomazina (Neném), Teonília (Teté) e Iracema (Cema) no Carnaval de 1936, em Coroatá, Maranhão.

4. Em fins de 1942 a família mudou-se para São Luís, capital do Maranhão. Américo de Souza, aos onze anos, com seus irmãos Américo Félix (Tomazinho) e Ana (Naninha).

5. Aos treze anos, o primeiro emprego. Acordava às três horas da manhã para ir a pé (não havia ônibus ou bonde àquela hora da madrugada) para o trabalho: conferir, um a um, os exemplares do jornal *O Imparcial* que eram entregues aos jornaleiros. Pela manhã estudava (segunda série do ginásio, à época). À tarde, subscritava os jornais dos assinantes do interior do Estado.

6. Américo de Souza, aos dezesseis anos, radialista (locutor) na Rádio Ribamar em São Luís (1948).

7. Américo de Souza, repórter aos dezessete anos, entrevista para *O Imparcial* o general Ciro do Espírito Santo Cardoso, então comandante da 10ª Região Militar, em viagem de inspeção ao 24º Batalhão de Caçadores, de São Luís. Três anos depois, o general Ciro do Espírito Santo Cardoso viria a ser o ministro da Guerra (1952 a 1954) no segundo governo do presidente Getúlio Vargas. Aos dezoito anos, Américo de Souza obteve o registro de jornalista profissional, conforme inscrição de nº 68, datada de 13/9/1950, da Delegacia do Trabalho do Maranhão.

8. Político precoce: aos dezoito anos, candidato a Vereador por São Luís (1950).

9. Aos 20 anos, Aspirante a Oficial da Reserva do Exército.

10. O casamento com Maria de Lourdes da Costa Souza (Lourdinha) em 1954, com 22 anos.

11. Bacharel em Direito e advogado aos 23 anos.

12. Américo de Souza e o início da consolidação de sua família, em São Luís, com as filhas Vânia e Anamaria...

13. ... e a esposa Lourdinha.

14. No Rio de Janeiro, aos 27 anos, Américo de Souza foi chefe do Setor de Imprensa e Propaganda da Real Transportes Aéreos, à época, a maior empresa de aviação comercial da América Latina, depois comprada pela Varig.

15. Vice-presidente do Sindicato Nacional das Empresas Aeroviárias, aos 27 anos, ao lado do presidente, no Rio de Janeiro.

16. Na Câmara dos Deputados, no Rio de Janeiro, Américo de Souza cumprimenta o presidente Dwight Eisenhower, dos Estados Unidos, em visita ao Brasil. Na foto, ainda, os deputados Ranieri Mazzili e Carlos Luz e o vice-presidente João Goulart.

17. Américo de Souza em cerimônia de apresentação do primeiro Fusca brasileiro, na montadora Volkswagen em São Paulo, com a presença dos ministros general Teixeira Lott (Guerra) e do almirante Lúcio Meira (Viação e Obras Públicas), do presidente Juscelino Kubitschek e do governador Jânio Quadros (1959).

Jornal O GLOBO - Arquivo/17-02-1959

18. Américo de Souza participa da cerimônia de lançamento da Operação Nordeste e criação da Sudene pelo presidente Juscelino Kubitschek (sentado, à esquerda), no Palácio do Catete, no Rio de Janeiro, ocasião em que o economista Celso Furtado expõe o programa de recuperação econômica do Nordeste. Na foto, ainda, o chefe da Casa Civil dr. Victor Nunes Leal (de pé), o embaixador Roberto Campos (de óculos) e o ministro Negrão de Lima (Interior e Justiça).

19. Américo de Souza agradece homenagem recebida de políticos norte-rio-grandenses. À direita, o prefeito de Natal Djalma Maranhão e o deputado federal Theodorico Bezerra (de terno escuro).

20. Américo de Souza inicia sua campanha para a Câmara dos Deputados. Com o prefeito de Natal Djalma Maranhão e em companhia de amigos que o apoiavam, discursa em cerimônia de inauguração de obra municipal. Em segundo plano (atrás do orador), o jornalista Paulo Macedo.

21. Ao tomar posse como deputado federal pelo Rio Grande do Norte, aos 31 anos, perante o deputado Ranieri Mazzili, presidente da Câmara dos Deputados (1963).

22. Américo de Souza no plenário da Câmara dos Deputados. Como deputado federal foi um inovador ao transformar 50% das subvenções que destinava às instituições educacionais privadas em bolsas de estudo, que distribuía aos estudantes que lhe solicitavam, e ao individualizar as respostas de todas as cartas que recebia de seus eleitores, graças à primeira máquina datilográfica computadorizada importada pela IBM, a que alugara. E foi um pioneiro em diversas proposições atualmente consagradas, tais como as consignadas nos seguintes Projetos de Lei de sua autoria: Projeto Nº 562, de 19/6/1963, que "Institui o Auxílio-Desemprego", que viria a ser o atual (2006) Seguro-Desemprego e o Projeto Nº 3.638, de 2/5/1966, que "Torna obrigatório o uso de cintos de segurança em veículos motorizados", medida que tem salvado a vida de muitas vítimas de acidentes de carro, posteriormente incorporada pelo Código Nacional de Trânsito.

23. Deputado federal, em almoço no Palácio da Alvorada com o primeiro-ministro Tancredo Neves e o presidente João Goulart, em companhia de outros parlamentares (1963).

24. No Palácio da Alvorada, Américo de Souza é recebido pelo presidente João Goulart.

25. Américo de Souza, diretor e advogado da Varig em Brasília.

26. Com o presidente da Varig, Ruben Berta, e o presidente da República, marechal Castello Branco. Ao fundo, sr. Gedy Moraes, gerente administrativo da Varig em Brasília.

27. Américo de Souza (em pé) com o sr. Ruben Berta e o sr. Erik de Carvalho, presidente e vice-presidente da Varig, respectivamente, em um fim-de-semana no interior do Maranhão.

28. Em campanha para deputado federal pelo Maranhão (1966).

29. Entre amigos e eleitores, em campanha política para deputado federal.

30. Deputado federal, com o então governador do Maranhão José Sarney e o presidente da República marechal Costa e Silva, de cujo governo foi vice-líder na Câmara dos Deputados.

31. Américo de Souza com o presidente do Conselho de Ministros Profº Oliveira Salazar, de Portugal, em Lisboa (1967).

32. Américo de Souza acompanha a Rainha Elizabeth II, da Inglaterra, em Brasília (1968).

33. Américo de Souza com a esposa em recepção no Palácio Itamaraty, em Brasília (1968).

34. Abraçando amigos durante a campanha política para senador e, acima, recepcionado por eleitores.

35. Américo de Souza ouve, atento, a um seu eleitor.

36. Em campanha política para senador, discursa em comício no interior do Maranhão.

37. Eleitores prestigiam Américo de Souza em sua campanha para senador.

38. Senador, é cumprimentado pelo presidente George Bush (pai), dos Estados Unidos, em visita ao Congresso Nacional brasileiro.

39. Senador e vice-líder do governo no Senado, com a bancada parlamentar maranhense, em audiência com o presidente José Sarney.

40. Senador, recebendo em seu gabinete a atriz Betty Faria, o diretor de cinema Luiz Carlos Barreto (fazendo uma exposição), e os atores José Lewgoy, Glória Pires e Maitê Proença, que lhe foram solicitar apoio a projeto de valorização das artes cênicas.

41. Magistrado. Américo de Souza, ministro do Tribunal Superior do Trabalho, em dia de solenidade pública, entre dois de seus pares.

42. Proferindo palestra para os estudantes do curso de Direito da Ulbra, no Rio Grande do Sul. Em divulgação de seu livro *Tributo Único* (proposta de reforma tributária), Américo de Souza proferiu mais de duzentas palestras em universidades e faculdades, tribunais superiores, ministérios, embaixadas estrangeiras, bancos, empresas industriais e comerciais, instituições classistas e partidos políticos.

43. Com a esposa Lourdinha, os filhos Vânia, Fernando Américo, Anamaria, o genro Fernando Antônio Trindade e Walter Américo e as netas Júlia, Elisa, Paula e Luísa, na comemoração do 70º aniversário da esposa, em Brasília (2003).

44. Em junho de 2006, o PSL (Partido Social Liberal), em Convenção Nacional, aprovou o nome de Américo de Souza para concorrer às eleições desse ano como candidato à vice-presidência da República.

...e uma poesia para finalizar

Saudade
Américo de Souza

Uma das boas coisas da vida
                é a saudade.

Por isso é muito bom viver
                longe dos filhos,
                das netas,
                e até de amigos.

A saudade é como as fases da lua:
tem dia em que é minguante,
em outro, ela é crescente,
e há dia em que é coisa nenhuma.

Mas hoje é um dia de saudade.

Saudade dos pais,
            que se foram;

Do pai,
      que gostava de ouvir
      minhas estórias
      de político em ascensão,
      na juventude;
Da mãe,
      que brincava
      de dar beliscões
      quando fazia carinho.

Da namorada,
      mãe de meus filhos,
      pelos beijos que lhe dei;
Da noiva,
      minha eterna companheira,
      (por que não lhe bolinei?).

Dos filhos,
      ainda pequenos,
      exultantes,
      com seus presentes de "Papai Noel"
      nas manhãs dos dias de Natal;

Das netas,
    recém-nascidas,
    mãozinhas sempre fechadas,
    esboçando seus primeiros sorrisos
    para a beleza do mundo,
    que ainda não podiam ver.

Saudade dos meus tempos de menino
                  (moleque era pejorativo),
        dos tempos de ginásio,
            científico,
                faculdade de Direito...

Saudade das campanhas políticas;
      dos banquetes intermináveis,
      das conversas da madrugada,
      das multidões vibrantes
              que me ouviam embevecidas,
              que choravam,
              que aplaudiam,
              que gritavam eletrizadas,
              que me carregavam nos braços...

Saudade dos meus sonhos
        de um Brasil grande,
            dependente,
            apenas,
            da vontade de seu povo.

Saudade do primeiro emprego
        do último emprego...

Saudade do que fiz
e saudade do que deixei de fazer...

Hoje,
efetivamente,
é um dia de saudade.

Saudade grande,
      enorme,
saudade imensa,
      maior que a lua cheia de hoje.

                (Turimar, Balneário Gaivota-SC, em 19/2/2000)

Bibliografia

Affonso Celso Pastore e outros – *A Agenda Perdida: diagnósticos e propostas para a retomada do crescimento com maior justiça social*, Internet, Rio de Janeiro-RJ, setembro de 2002.

Albuquerque, Marcos Cintra Cavalcanti de – vide Marcos Cintra Cavalcanti de Albuquerque.

Aloísio Pessoa de Araújo e outros – *A Agenda Perdida: diagnósticos e propostas para a retomada do crescimento com maior justiça social*, Internet, Rio de Janeiro-RJ, setembro de 2002.

Américo de Souza – *TRIBUTO ÚNICO* – **Novo Paradigma Para Uma Reforma Tributária Moderna, Justa e Eficaz**, MAKRON *Books* do Brasil Editora Ltda., São Paulo-SP, 1998 (www.tributounico.com.br).

André Lara Resende – *Razões*, FOLHA DE S. PAULO, 1-2, S. Paulo-SP, 16/7/1996.

André Lara Resende e outros – *Credit, Interest and Jurisdictional Uncertainty: Conjectures on the Case of Brazil*, Internet, 2004.

André Urani e outros – *A Agenda Perdida: diagnósticos e propostas para a retomada do crescimento com maior justiça social*, Internet, Rio de Janeiro-RJ, setembro de 2002.

Antônio Ermírio de Moraes – *Educação: prioridade nº 1 da nação*, FOLHA DE S. PAULO, S. Paulo-SP, 1º/8/2004.

Antonio Riccitelli – Direito Constitucional, Editora ASR Assessoria, 3ª edição, S. Paulo-SP, 2004.

Araújo, Aloísio Pessoa de – vide Aloísio Pessoa de Araújo.

Arida, Persio – vide Persio Arida.

Armando Castelar Pinheiro e outros – *A Agenda Perdida: diagnósticos e propostas para a retomada do crescimento com maior justiça social*, Internet, Rio de Janeiro-RJ, setembro de 2002.

Bacha, Edmar Lisboa – vide Edmar Lisboa Bacha.

Barros, Ricardo Paes de – vide Ricardo Paes de Barros.

BUSINESS WEEK – Citação.

Bill Gates – *A Estrada do Futuro*, Ed. Schwarcz (Companhia das Letras), S. Paulo-SP, 1995.

Bivar, Luciano – vide Luciano Bivar.

Camargo, José Marcio – vide José Marcio Camargo.

Campos, Roberto – vide Roberto (de Oliveira) Campos.

Carneiro, Leandro Piquet – vide Leandro Piquet Carneiro.

CARTA CAPITAL – Reportagens, Seções e Colunas.
Cézari, Marcos – vide Marcos Cézari.
Chuahy, Eduardo – vide Eduardo Chuahy.
Ciro Gomes e Roberto Mangabeira Unger – *O Próximo Passo – Uma alternativa política ao neoliberalismo*, TOPBOOKS EDITORA E DISTRIBUIDORA DE LIVROS LTDA., Rio de Janeiro-RJ, 1996.
CORREIO BRAZILIENSE – Artigos, Reportagens, Seções e Colunas.
CORREIO DO POVO (Porto Alegre-RS) – Artigos, Reportagens, Seções e Colunas.
CORRIERE DELLA SERA (Roma-Itália) – Edição de 3/12/1997.
DIÁRIO CATARINENSE – Artigos, Reportagens, Seções e Colunas.
Diavezi, Vicente – vide Vicente Diavezi.
Editora Saraiva – *Código Civil*, 56ª edição, 2005.
  Código Tributário Nacional, 34ª edição, 2005, com Adendo Especial (Lei Complementar Nº 118, de 9/2/2005).
  Constituição da República Federativa do Brasil, 35ª edição, 2005.
Edmar Lisboa Bacha e outros – *Credit, Interest and Jurisdictional Uncertainty: Conjectures on the Case of Brazil*, Internet, 2004.
Eduardo Giannetti – *O valor do amanhã*, Companhia das Letras, Editora Schwarcz, S. Paulo-SP, 2005.
Eduardo Suplicy (senador) – Projeto de Lei Nº 80, de 16/4/1991, do Senado Federal.
ÉPOCA – Reportagens, Seções e Colunas.
EXAME – Reportagens, Seções e Colunas.
Fernandes, Reynaldo – vide Reynaldo Fernandes.
Ferreira, Aurélio Buarque de Holanda – vide Aurélio Buarque de Holanda Ferreira.
Ferreira, Pedro Cavalcanti – vide Pedro Cavalcanti Ferreira.
FOLHA DE S. PAULO – Artigos, Reportagens, Seções e Colunas.
Gamez, Milton – vide Milton Gamez.
Gates, Bill – vide Bill Gates.
Giannetti, Eduardo – vide Eduardo Giannetti.
Gomes, Ciro – vide Ciro Gomes.
Graziano, Xico – vide Xico Graziano.
Harold Kerzner – *Estrutura Organizacional Projetizada*.
ISTOÉ – Reportagens, Seções e Colunas.
ISTOÉ DINHEIRO – Reportagens, Seções e Colunas.
José Alexandre Scheinkman e outros – *A Agenda Perdida: diagnósticos e propostas para a retomada do crescimento com maior justiça social*, Rio de Janeiro-RJ, Internet, setembro de 2002.
José Marcio Camargo e outros – *A Agenda Perdida: diagnósticos e propostas para a retomada do crescimento com maior justiça social*, Internet, Rio de Janeiro-RJ, setembro de 2002.
Kerzner, Harold – vide Harold Kerzner.
Leandro Piquet Carneiro e outros – *A Agenda Perdida: diagnósticos e propostas para a retomada do crescimento com maior justiça social*, Internet, Rio de Janeiro-RJ, setembro de 2002.

Le Figaro/AFP – Noticiário e Reportagens.
Lino Rodrigues – *Aceita cartão inteligente?*, Istoé Dinheiro, nº 034, 22/4/1998.
Lisboa, Marcos de Barros – vide Marcos de Barros Lisboa.
Luciano Bivar – *Burocratocia*, M. Books do Brasil Editora Ltda., São Paulo-SP, 2006.
Marcos de Barros Lisboa e outros – *A Agenda Perdida: diagnósticos e propostas para a retomada do crescimento com maior justiça social*, Rio de Janeiro-RJ, Internet, setembro de 2002.
Marcos Cintra (Cavalcanti de Albuquerque) – *Tributação no Brasil e o Imposto Único*, MAKRON Books do Brasil Editora Ltda., S; Paulo-SP, 1994.
Maria Cristina Pinotti e outros – *A Agenda Perdida: diagnósticos e propostas para a retomada do crescimento com maior justiça social*, Rio de Janeiro-RJ, Internet, setembro de 2002.
Maria Cristina Trindade Torres e outros – *A Agenda Perdida: diagnósticos e propostas para a retomada do crescimento com maior justiça social*, Rio de Janeiro-RJ, Internet, setembro de 2002.
Mário Henrique Simonsen – *Imposto justo é o que se consegue cobrar*, Exame, Ed. Abril, S. Paulo-SP, 26/6/1991.
O salto no escuro do imposto único, Exame, Ed. Abril, S. Paulo-SP, 18/3/ 1992.
O saldo é muito favorável, Exame, Ed. Abril, S. Paulo-SP, 5/7/1995.
Marta Suplicy (deputada) – Projeto de Lei Nº 1.151, de 26/10/1995, da Câmara dos Deputados.
Mauro Sérgio Bogéa Soares e outros – *Sistema Tributário – Características Gerais, Tendências Internacionais e Administração*, Ministério da Fazenda (Secretaria da Receita Federal), Brasília-DF, 1994.
Menezes-Filho, Naércio de Aquino – vide Naércio de Aquino Menezes-Filho.
Milton Gamez – *Dinheiro tem morte lenta*, Folha de S. Paulo, 2-6/7, S. Paulo-SP, 19/11/1995.
Monica Weinberg – *7 lições da Coréia para o Brasil*, Veja, edição nº 1.892, p. 60 e seguintes, 16/2/2005.
Moraes, Antônio Ermírio de – vide Antônio Ermírio de Moraes.
Naércio de Aquino Menezes-Filho e outros – *A Agenda Perdida: diagnósticos e propostas para a retomada do crescimento com maior justiça social*, Rio de Janeiro-RJ, Internet, setembro de 2002.
O Estado de S. Paulo – Artigos, Reportagens, Seções e Colunas.
O Globo - Artigos, Reportagens, Seções e Colunas.
Olinto, Pedro – vide Pedro Olinto.
O Sul – Artigos, Reportagens, Seções e Colunas.
Parente, Pedro – vide Pedro Parente.
Parlamentskaya Gazeta – Edição de 10/8/2000.
Pastore, Affonso Celso – vide Affonso Celso Pastore.
Pedro Cavalcanti Ferreira e outros – *A Agenda Perdida: diagnósticos e propostas para a retomada do crescimento com maior justiça social*, Rio de Janeiro-RJ, Internet, setembro de 2002.
Pedro Olinto e outros – *A Agenda Perdida: diagnósticos e propostas para a retomada*

do crescimento com maior justiça social, Rio de Janeiro-RJ, Internet, setembro de 2002.

Pedro Parente – *Reforma Tributária ou Reforma Fiscal?* – Secretaria Executiva do Ministério da Fazenda, Brasília-DF, 17/9/1997.

Pedro Simon (senador) – Projeto de Lei Nº 32, de 7/3/1995, do Senado Federal.

Persio Arida e outros – *Credit, Interest and Jurisdictional Uncertainty: Conjectures on the Case of Brazil*, Internet, 2004.

Pessôa, Samuel de Abreu – vide Samuel de Abreu Pessôa.

Pinheiro, Armando Castelar – vide Armando Castelar Pinheiro.

Pinotti, Maria Cristina – vide Maria Cristina Pinotti.

PRIMEIRA LEITURA – Reportagens, Seções e Colunas.

Resende, André Lara – vide André Lara Resende.

Reynaldo Fernandes e outros – *A Agenda Perdida: diagnósticos e propostas para a retomada do crescimento com maior justiça social*, Rio de Janeiro-RJ, Internet, setembro de 2002.

Ricardo Paes de Barros e outros – *A Agenda Perdida: diagnósticos e propostas para a retomada do crescimento com maior justiça social*, Rio de Janeiro-RJ, Internet, setembro de 2002.

Riccitelli, Antonio – vide Antonio Riccitelli.

Roberto Campos – *A Bagunça Transcendente*, O ESTADO DE S. PAULO, S. Paulo-SP, 30/6/1991.

Reforma ou revolução, O ESTADO DE S. PAULO, S. Paulo-SP, 3/11/1991.

As carícias de Mike Tyson, O ESTADO DE S. PAULO, S. Paulo-SP, 23/2/1992.

O bestiário fiscalista, O ESTADO DE S. PAULO, S. Paulo-SP, 24/5/1992.

Exógenos e papirófilos, O ESTADO DE S. PAULO, S. Paulo-SP, 5/7/1992.

A esterilidade dos híbridos, O ESTADO DE S. PAULO, S. Paulo-SP, 2/8/1992.

A máquina do tempo, FOLHA DE S. PAULO, 1-4, S. Paulo-SP, 15/10/1995.

Roberto Mangabeira Unger e Ciro Gomes – *O Próximo Passo – Uma alternativa política ao neoliberalismo*, TOPBOOKS EDITORA E DISTRIBUIDORA DE LIVROS LTDA, Rio de Janeiro-RJ, 1996.

Rodrigues, Lino – vide Lino Rodrigues.

ROSSIISKAYA GAZETA – Edição de 10/8/2000.

Rozane Bezerra Siqueira e outros – *A Agenda Perdida: diagnósticos e propostas para a retomada do crescimento com maior justiça social*, Rio de Janeiro-RJ, Internet, setembro de 2002.

Samuel de Abreu Pessôa e outros – *A Agenda Perdida: diagnósticos e propostas para a retomada do crescimento com maior justiça social*, Internet, Rio de Janeiro-RJ, setembro de 2002.

Scheinkman, José Alexandre – vide José Alexandre Scheinkman.

Silva, Luiz Maurício da – vide Luiz Maurício da Silva.

Simon, Pedro – vide Pedro Simon (senador).

Simonsen, Mário Henrique – vide Mário Henrique Simonsen.

Siqueira, Rozane Bezerra – vide Rozane Bezerra Siqueira.

Soares, Mauro Sérgio Bogéa – vide Mauro Sérgio Bogéa Soares.

Souza, Américo de – vide Américo de Souza.

Suplicy, Eduardo – vide Eduardo Suplicy (Senador).
Suplicy, Marta – vide Marta Suplicy (Deputada).
THE ECONOMIST – Última edição de abril de 2005 e 2ª semana de fevereiro de 2006.
Torres, Maria Cristina Trindade – vide Maria Cristina Trindade Terra.
Unger, Roberto Mangabeira – vide Roberto Mangabeira Unger.
Urani, André – vide André Urani.
VALOR ECONÔMICO – Artigos, Reportagens, Seções e Colunas.
VEJA – Reportagens, Seções e Colunas.
Weinberg, Monica – vide Monica Weinberg.
Xico Graziano – *O Carma da Terra no Brasil,* A Girafa Editora, 2004.
ZERO HORA – Artigos, Reportagens, Seções e Colunas.

Legislação Citada
Constituição da República Federativa do Brasil, promulgada em 5/10/1988.
Lei Complementar Nº 62, de 28 de dezembro de 1989, que estabelece normas sobre o cálculo, a entrega e o controle das liberações dos recursos dos Fundos de Participação, e dá outras providências.
Lei Nº 5.172, de 25 de outubro de 1966, que institui o Código Tributário Nacional.
Lei Nº 6.024, de 13 de março de 1974, que dispõe sobre a intervenção e a liquidação extrajudicial de instituição financeira, e dá outras providências.
Lei Nº 7.210, de 11 de junho de 1984, que institui a Lei de Execução Penal, modificada pelas Lei Nº 9.046, de 19/5/1995; Lei Nº 9.268, de 2/4/1996; Lei Nº 9.460, de 5/6/1997; Lei Nº 10.713, de 14/8/2003; Lei Nº 10.792, de 2/12/2003 e Lei Nº 11.340, de 8/8/2006.
Lei Nº 7.320, de 11 de junho de 1975, que dispõe sobre a antecipação de comemoração de feriados e dá outras providências.
Lei Nº 7.827, de 27 de setembro de 1989, que dispõe sobre recursos dos Fundos Constitucionais de Financiamento do Norte, do Nordeste e do Centro-Oeste.
Lei Nº 8.087, de 29 de outubro de 1990, que revoga a Lei Nº 7.320, de 1975, supra citada.
Lei Nº 8.112, de 11 de dezembro de 1990, que dispõe sobre o Regime Jurídico dos Servidores Públicos Civis da União, das Autarquias e das Fundações Públicas Federais.
Lei Nº 9.394, de 20 de dezembro de 1996, que estabelece as diretrizes e bases da educação nacional.
Lei Nº 9.454, de 7 de abril de 1997, que institui o número único de registro de identidade civil e dá outras providências (originária do Projeto de Lei do Senado Nº 32, de 7 de março de 1995, de autoria do senador Pedro Simon).
Lei Nº 10.267, de 28 de agosto de 2001, que alterou dispositivos das Leis Nº 4.947, de 6/4/1966; Nº 5.868, de 12/12/1972; Nº 6.065, de 31/12/1973; Nº 6.739, de 5/12/1979 e Nº 9.393, de 19/12/1996 e deu outras providências.
Lei Nº 10.406, de 10 de janeiro de 2002, que institui o Código Civil.
Lei Nº 10.438, de 26 de abril de 2002, que cria o Programa de Incentivo às Fontes Alternativas de Energia Elétrica-PROINFA, revista pela Lei Nº 10.762, de 11

de novembro de 2003.
Lei Nº 10.753, de 30 de outubro de 2003, que institui a política nacional do livro.
Lei Nº 11.100, de 25 de janeiro de 2005, que estima a receita e fixa a despesa da União para o exercício financeiro de 2005.
Lei Nº 11.105, de 24 de março de 2005, que regulamenta os incisos II, IV e V do parágrafo 1 do artigo 225 da Constituição Federal (Lei de Biossegurança).
Lei Nº 11.180, de 23 de setembro de 2005, que institui o projeto Escola-Fábrica e dá outras providências.
Lei Nº 11.306, de 16 de maio de 2006, que estima a receita e fixa a despesa da União para o exercício financeiro de 2006.
Lei Federal (*Federal Law*) Nº 117-FZ, de 5 de agosto de 2000, da República Russa.

Índice Onomástico e Temático

A
Aborto – 231
Abrahão, Marcos – 415
Acervo Cultural dos Imigrantes – 215
Acesso dos Pobres à Justiça – 158
Acordos Bilaterais – 238
Adicional de Compensação às Perdas Salariais dos Agentes Fiscais – 357
Administração Federal – 13
Advertência – XLI
Aeronáutica (Marinha e Exército) – 246
Affonso Celso Pastore – XXXVII, 184, 433
A Função do Estado – 3
Agências Reguladoras – 23
Agradecimento Especial – 413
Agradecimentos – XXVII
Agria, Uriel – VI, 416
Agricultura e Meio Ambiente – 107
Agronegócio – 107
Aguiar, Amador – 215
Aguinaldo (de Mello) Junqueira Filho – 353, 368, 404
Aith, Marcio – 14
ALALC – 237
Alano, José Alcino – 133
Alaor Barbosa – 49
(Alberto) Santos Dumont – 215
(Albuquerque), Marcos Cintra (Cavalcanti de) – 262, 286, 290, 326, 332, 352, 365, 435
ALCA – 237
Alcides Amaral – 23
Alexandre Dolabela Barcellos – 413
Alexandre Garcia – 110
Algumas Outras Vantagens da Adoção do Dízimo Cívico – 33
Alíquota Única de 10% para o Imposto Único (Dízimo Cívico) – 29
Aloísio Pessoa de Araújo – XXXIX, 433
Altamir Lopes – 413
Amador Aguiar – 215
Amaral, Alcides – 23
Américo de Souza (João) – 431, 433
Américo (Tomazinho) Félix de Sousa – 417
Amorim, Christian Zini – 413
Ana Amélia Lemos – 127, 130, 131
Analfabetismo – 211
Anamaria da Costa Souza – 416, 419, 413
Ana (Naninha) Félix de Sousa – 417
Ana Maria Pelini – 413
Ana Pacífico de Souza – 417
André Lara Resende – XXXIII, 64, 260, 287, 310, 360, 433
André Odenbreit Carvalho – 413
André Rebouças – 215
André Urani – XXXIX, 433
Andres, Valdir – 132
Andrino, Edison – 104
Anéis Viários – 140
Anexo – 253
Anistia das Dívidas dos Estados e Municípios para com a União – 73
Anistia das Dívidas para com o Fies – 210
Anistia Fiscal e Tributária Ampla, Geral e Irrestrita às Pessoas Físicas e Jurídicas por seus Débitos para com o Poder Público – 74
Antônio Carlos de Lacerda e Souza – 413
Antônio Delfim Netto – 337
Antônio Ermírio de Moraes – 81, 82, 138,

197, 433
Antônio Manjone – 217
Antônio Natálio Vignali – 413
(Antônio de) Oliveira Salazar – 426
Antônio Olívio de Vasconcelos – 413
Antônio Rebouças – 215
Antonio Riccitelli – VI, 433
Antônio Roberto Forte Filho – 413
Aparecida, Gilberto Lourenço da – 414
Apêndices – 373
Aposentadorias – 19
Aposentados e Pensionistas (III-7) – 186
Apresentação – XXXI
Araújo, Aloísio Pessoa de – XXXIX, 433
Areski Damara de Omena Freitas – 413
Arida, Persio – XXXIII, XXXIV, 64, 121, 436
Armando Castelar Pinheiro – XXXIX, 433
Arnaldo Lourenço – 413
Arns (Neumann), Zilda – 226
Arquivo Nacional – 214
(Arthur da) Costa e Silva (presidente da República) – 82, 337, 425
Assis, Machado de – 215
Assumpção Filho, Milton Mira – VI, 415
Atendimento Médico e Tratamento Hospitalar Gratuito pelo Serviço de Saúde Privado – 225
Athayde, Celso – 182
Atividades Informais – 93
Audiência Pública – 23
Augusto Jefferson Lemos – 286
Aurivaldo Coimbra de Oliveira – 259
Avicultura – 111

B

Bacha, Edmar (Lisboa) – XXXIII, XXXIV, 64, 434
Baiocchi, César – 363, 405, 413
Banco Central – 59
Bantim, Beirinho – 413
Barão de Mauá – 215
Barão Rothischild – 56
Barbosa, Alaor – 49

Barbosa, Rubens – 98
Barbosa, Ruy – 215
Barcellos, Alexandre Dolabela – 413
Barreto, Luiz Carlos – 429
Barros, Ricardo Paes de – XXXIX, 437
Bartazzo, Ivan – 217
Base Tributária Universal Dentro do País – 36
Batista Jr., Paulo Nogueira – 60, 415
Beatriz Ilari – 216
Becskeházy, Ilona – 205
Beirinho Bantim – 413
Beltrão, Hélio – 82
Benedito Lasmar – 110
Benjamin Steinbruch – 9, 81
Bens (tesouros) no Fundo do Mar – 250
Berta, Ruben (Martin) – 215, 404, 424
Beth Bolton – 216
Bety Faria – 429
Bezerra, Theodorico – 422
Beyer, Esther – 216
Bibliografia – 433
Bibliotecas e Museus – 213
Bill Gates – 286, 433
Bill, MV – 182
Biotecnologia e Nanotecnologia – 221
Bivar, Luciano – 262, 415, 435, orelha da contracapa
BNDES – 82
Boeira, Nelson – 206
Bolsas de Estudo para os Estudantes nas Universidades e Faculdades da Rede Privada Obtidas por Meio Eletrônico – 207
Bolsas de Tratamento e Recuperação de Dependentes Químicos – 194
Bolton, Beth – 216
Branco, (Humberto de Alencar) Castello (presidente da República) – 424
Bulhões, Octavio – 369
Busatto, Cézar – 413
Busca Remissiva – XLIII
Bush (pai), George – 428
Bush, George W. – 275
Bush, Jason – 275

Índice Onomástico e Temático 441

BUSINESS WEEK – 275, 433

C
Caça – 117
Caça e Pesca – 117
Cadastro Único de Registro de Imóveis – 192
CADE – 162
Camargo, José Marcio – XXXIX, 434
Campos, Roberto (de Oliveira) – 369, 436
Canto e Música – 216
Cardoso, Ciro do Espírito Santo (general) – 418
Cardoso, Fernando Henrique (senador, ministro das Relações Exteriores, ministro da Fazenda e presidente da República) – 369, 403, 434
Carlos Luz (deputado) – 420
Carneiro, Leandro Piquet – XXXIX, 434
Carros de Aluguel – 149
CARTA CAPITAL – 434
Cartão Eletrônico de Identidade – 176
Cartões de Crédito – 78
Carvalho, André Odenbreit – 413
Carvalho, Erik (Kastrup) de – 424
Carvalho, Francisco de Assis Maciel – 414
Carvalho, José Venilson de – 415
Carvalho, Newton Lins Teixeira de – 415
Casa da Moeda – 71
Casos Omissos – 369
Castello Branco (Humberto de Alencar) - (presidente da República) – 424
Castro, Cláudio de Moura – 205
Castro, Paulo Rabello de – 360
Cavalcante, Rangel – orelha da contracapa
Celso Athayde – 182
Celso Furtado – 421
Celso Ming – 284
Certificação de Recolhimento do Dízimo Cívico – 368
César Baiocchi – 363, 405, 413
Cézar Busatto – 413
Cezar Medeiros – 40, 41
Christian Zini Amorim – 413
Cidadania – 175

Ciência e Tecnologia – 219
Cintra (Cavalcanti de Albuquerque), Marcos – 262, 286, 290, 326, 332, 352, 365, 435
Ciro do Espírito Santo Cardoso (general) – 418
Ciro Gomes – 57, 434
Ciro Ruiz – 414
Citações (Tancredo Neves, Marcel Proust e David Ben Gurion) – XXIX
Clarimundo Vilanova – VI, 414
Cláudio de Moura Castro – 205
Claudio Humberto – 70
Cláudio Hummes (Dom) – 112
Cláudio Vinicius Silva Farias – 414
Código Nacional do Trabalho – 124
Comércio – 92
Comércio de Aparelhos Eletroeletrônicos – 93
Comércio (Desenvolvimento, Indústria e Comércio) – 81
Comércio Virtual – 92
Compensação pela Perda dos Incentivos Fiscais/Tributários – 358
Comportamento Ético – 14
Compra e Venda de Câmbio – 66
Comunicações – 151
Conclusão – 251
Conselho de Desenvolvimento Econômico e Social – 94
Conselho Nacional Curador do Patrimônio da União, do Tesouro Nacional e da Dívida Pública – 10
Considerações Finais – 357
Contribuição para Terceiros (INSS) e Seguro de Acidentes do Trabalho – 359
Controle Sanitário – 233
Convênios com Universidades – 221
Copom e Juros Básicos – 62
Corpo de Bombeiros – 172
CORREIO BRAZILIENSE – 434
CORREIO DO POVO – 434
CORRIERE DELLA SERA – 434
Corrupção – 189
Costa, José Avelá Pereira – 414
Costa e Silva (Arthur da) - (presidente da República) – 82, 337, 425

Costa, Sálvio Medeiros – VI, 404, 416
Couros e Peles – 111
CPORs – 248
Creches Comunitárias Gratuitas para Todas as Crianças Carentes – 181
Crédito de Carbono – 114
Criação de Mais Duas Unidades Federativas com a Divisão dos Estados do Amazonas e do Pará – 162
Crianças – 180
Críticas e Observações Generalizadas à Forma e ao Conteúdo de Um Novo Brasil – 407
CTA – 248
Cultura – 213
Cultura Indígena – 215
Cultura Negra – 215
Cumulatividade (em cascata) – 277
Cunha, Euclides da – 215
Cunha, Valmor Barbosa da – VI, 416
Cupom Fiscal – 78
Cursos Profissionalizantes – 210
Cynthia Geyer – 216

D

David Ben Gurion – XXIX
David Dias de Sousa – 259
Dedicatória – XXV
Deficientes Físicos – 180
Deficientes Visuais – 180
Deflação Momentânea – Queda do Índice Geral de Preços – Aumento Real *Per Capita* do Poder Aquisitivo do Trabalhador e Expansão do Nível de Emprego – 343
Delfim Netto, Antônio – 337
Delmiro Gouveia – 215
Depósitos Judiciais – 76
Desenvolvimento – 81
Desenvolvimento, Indústria e Comércio – 81
Desenvolvimento do Turismo – 101
Desenvolvimento Nacional – 7
Desenvolvimento Regional – 83
Desenvolvimento Regional das Fronteiras – 238
Desintermediação Bancária – 282

Desregulamentação e Simplificação da Atividade Empresarial – 341
Detran – 172
Diálogo Esclarecedor – 367
Diário Catarinense – 434
Dias, Gonçalves – 215
Dias, José Alan – 127
Diogo Mainardi – 156
Diminuição do Peso da Administração Pública na Economia Nacional – 13
Direito e Liberdade de Associação – 175
Distribuição da Arrecadação do Dízimo Cívico para os Entes Federados – 32
Dívida Externa – 43
Dívida Interna – 39
Dívidas Públicas e Privatizações – 39
Dízimo Cívico, Ainda sem Similar – 369
Dízimo Cívico: um Tributo Bíblico, Justo e Eficaz – 36
Dízimo Cívico e Reforma Agrária – 362
Dízimo Cívico e os Tributos Municipais – 361
Djalma Maranhão – 422
Dolarização – 284
Dom Cláudio Hummes – 112
Drauzio Varella – 194, 231
Droga – 193
Dumont, (Alberto) Santos – 215
Durante, Mauro Motta – 403
Dwight Eisenhower – 420

E

Ecologia – 113
Economia e Finanças – 59
Ecoturismo – 102
Edison Andrino – 104
Edmar (Lisboa) Bacha – XXXIII, XXXIV, 64, 434
Edson Vidigal – 152
Eduardo Fontoura Filgueiras – 414
Eduardo Giannetti – 64, 434
Eduardo Jorge – 360
Eduardo Nunomura – 216
Eduardo Suplicy (senador) – 434
Educação – 197

Educação: Prioridade nº 1 – 197
Educação Superior – 205
Eisenhower, Dwight – 420
Elisa de Souza Silva – 429
Elton Pfeifer – 367
Embrapa – 109
Embriões Humanos e Medicina Regenerativa – 220
Emílio (Garrastazú) Médici (presidente da República) – 337
Emmanuel Gayoso – 414
Emprego (Pleno Emprego) – 120
Empresas de Aviação Nacionais – 146
Empresas *Offshore* – 71
Emídio Milas de Oliveira – 414
Energia (Minas e Energia) – 125
Energia Alternativa de Origem Vegetal – 131
Energia Elétrica – 125
Energia Eólica e Solar Fotovoltaica – 132
Energia Nuclear – 127
Ensino de Balé e Dança de Rua, de Violão e de Outras Expressões de Arte – 216
Ensino do Idioma do País de Nascimento dos Participantes da Colonização Brasileira – 211
Ensino na Área Rural – 211
ÉPOCA – 9, 205, 434
Equilíbrio Orçamentário – 59
Eqüinos – 111
Equiparação das Empresas Estrangeiras às Nacionais – 93
Erik (Kastrup) de Carvalho – 424
Ertel, Lurdete – 133
Escolas Técnicas Profissionalizantes Federais – 210
Esporte Amador e Universitário – 223
Esporte e Lazer – 223
Esporte Profissional – 224
Esther Beyer – 216
Estradas Vicinais Municipais – 142
Estudantes – 183
...e uma poesia para finalizar – 431
Euclides da Cunha – 215
Eutanásia – 232
Evaldo Scheffer Ramos – 310

Everaldo João Ferreira – 414
Everardo Maciel – 291
EXAME – 51, 275, 286, 288, 434
Exercício da Presidência da República – 13
Exército (Marinha e Aeronáutica) – 246
Exportação e Importação – 97
Exportações – 97
Extinção da Declaração de Ajuste Anual do Imposto de Renda (Receita Federal) e Instituição da Declaração Estatística Nacional (IBGE) – 339
Extinção das Benesses Fiscais/Tributárias – 358
Extinção das Dívidas Securitizadas – 77
Extinção de Todo o Contencioso Administrativo e Judicial de Caráter Financeiro e Natureza Fiscal e Tributária em que Pessoas Físicas e Jurídicas sejam Partes Contra o Poder Público – 75
Extinção dos Atuais Impostos, Taxas, Emolumentos e Contribuições (IV-3 e A.V) – 27, 295
Extinção dos Monopólios – 94
Extrato Diário *on line* da Arrecadação Pública – 33

F

Faria, Betty – 429
Farias, Cláudio Vinicius Silva – 414
Farol Baixo nas Estradas – 142
Federalização da Educação Básica Pública (Educação Infantil, Ensino Fundamental Fundamental e Ensino Médio) – 198
Feriadões – 104
Fernandes, George (de Freitas) – 414
Fernandes, Reynaldo – XXXIX, 436
Fernando Américo de Souza – VI, 414
Fernando Antônio Gadelha da Trindade – 414
Fernando Gabeira – 239
Fernando Henrique Cardoso (senador, ministro das Relações Exteriores, ministro da Fazenda e presidente da República) – 369, 403, 434
Ferreira, Everaldo João – 414
Ferreira, Pedro Cavalcanti – XXXIX, 435

Ferrovias (XIV-4) – 138, 393
Fiança... – 159
Filgueiras, Eduardo Fontoura – 414
Filgueiras, José – VI, 414
Fim da Guerra Fiscal entre os Estados e entre os Municípios e da Disputa Quanto ao Local de Recolhimento Tributário – 35
Fim do Déficit Público – Equilíbrio Fiscal (Déficit Nominal Zero) e Reativação da Economia – 347
Fim do Desvio de Receita para Burlar o Fisco – 370
Flat Tax e sua Expansão no Leste Europeu – 275
Flávio Tavares – 113
Flexa de Lima, Paulo Tarso – 114
Flexibilização Trabalhista – 121
FOLHA DE S. PAULO – 4, 9, 40, 41, 64, 66, 69, 72, 81, 82, 87, 89, 99, 107, 126, 128, 132, 138, 141, 143, 152, 170, 197, 201, 226, 231, 239, 286, 337, 365, 366, 434
Fonseca, Roberto Giannetti da – 64, 66
Forbes (Malcolm Forbes Jr.), Steve – 275
Forças Armadas – 245
Forças Armadas em Tempos de Paz – 247
Formação Profissional (em Turismo) – 102
Formas de Arrecadação – 27
Foro Privilegiado, *Habeas Corpus*, Fiança, Liberdade Provisória, Liberdade Condicional, Prisão Domiciliar, Prisão Especial, Prisão Administrativa, Prisão Temporária, Relaxamento de Flagrante, Regimes Aberto e Semi-Aberto, Sursis (suspensão condicional da pena), Prescrições Penais, Visita de Advogados, Visita Íntima e de Familiares e outras Regalias (TV, celulares, comida especial e bebidas, revistas, roupas, tênis, cigarros etc.) – 159
Fortalecimento das Organizações Empresariais Brasileiras de Capital Nacional – 8
Forte Filho, Antônio Roberto – 413
Forte, José Geraldo – 415
(Francisco) Negrão de Lima – 421
Francisco de Assis Maciel Carvalho – 414
François Quesnay – 291

Franco, Itamar – XXXIII, 403, 404
Freitas, Areski Damara de Omena – 413
Freitas, Gilberto – VI, 414
Frutas para Exportação – 109
Funcionalismo Público – 15
Fundamentos Econômicos (do novo Sistema Tributário) – 261
Fundo de Garantia – 121
Fundo de Garantia do Tempo de Serviço (FGTS) - (IV-11, b; XII-4.1) – 359
Furtado, Celso – 421

G

Gabeira, Fernando – 239
Gamez, Milton – 286, 435
Garagens e Estacionamentos – 188
Garcia, Alexandre – 110
Gates, Bill – 286, 433
Gaudenzi, Sérgio – 249
Gayoso, Emmanuel – 414
Gedy (Rodrigues de) Moraes – 424
George (de Freitas) Fernandes – 414
George, Henry – 291
George Bush (pai) – 428
George W. Bush – 275
Geração de Novos Empregos – 33
Geraldo Hess – 414
Gestão de Custos, Prestação de Contas e Fiscalização dos Gastos Públicos – 14
Geyer, Cynthia – 216
Giannetti, Eduardo – 64, 434
Giannetti da Fonseca, Roberto – 64, 66
Gilberto Freitas – VI, 414
Gilberto Lourenço da Aparecida – 414
Giuliano Guandalini – 49
GLOBO NEWS – 250
Glória Pires – 429
Gomes, Ciro – 57, 434
GNT – 156
Gondim, José do Carmo – 414
Gonçalves Dias – 215
Goulart, João (Belchior) - (presidente da República) – 420, 423
Gouveia, Delmiro – 215
Grandes Eixos Rodoferroviários – 135

Graziano, Xico – 112, 437
Gregio, Odécio – 286
Grupos Étnicos – 215
Grupos Armados Ilegais Colombianos (FARCs, ELN, AUC e Outros) – 240
Guandalini, Giuliano – 49
Guará, Rodolfo Antônio da Costa – 416
Guarda Municipal – 171
Gurion, David Ben – XXIX

H
Habeas Corpus... – 159
Hackmann, Paulo – 48
Haiti – 239
Hamilton Moss de Souza – 133
Harold Kerzner – 14, 434
Heitor Antônio Barbosa Viana – 178, 414
Hélio Beltrão – 82
(Henrique Duffles) Teixeira Lott – 421
Henry George – 291
Hess, Geraldo – 414
Hidrelétrica – 126
Hidrogênio Veicular – 134
Homossexualismo – 183
Hospitais de Recuperação Locomotora – 229
Hospitais Psiquiátricos – 229
Humberto, Claudio – 70
(Humberto de Alencar) Castello Branco (presidente da República) – 424
Hummes, Dom Cláudio – 112

I
Idosos – 179
Ilari, Beatriz – 216
Ilona Becskeházy – 205
Imigrantes – 184
Importação (Exportação e Importação) – 97
Importações – 99
Impostos Extrafiscais (Regulatórios) de Importação e Exportação – 335
Inclusão Social (Bolsa-Família e Bolsa-Escola) – 184
Incorporação Social dos Habitantes do Semi-Árido – 186
Indústria – 85

Indústria do Lixo – 92
Indústria Madeireira – 113
Inflação – 67
Instituição do Dízimo Cívico sobre Recebimentos de Valor de Qualquer Natureza (IV-4) – 301
Insuficiência Arrecadatória – 285
Integração (sem unificação) dos Fiscos Federal, Estaduais, Municipais e do Distrito Federal – 357
Introdução ao Texto – XXXVII
Investimento Social e os Sem-Teto – 186
IPVA e o Seguro Obrigatório – 360
Iracema (Cema) Félix de Sousa – 417
IstoÉ – 434
IstoÉ Dinheiro – 320, 434
Itamar Franco – XXXIII, 403, 404
Ivan Bartazzo – 217
Ivan Valente – 201

J
Jaires Porto – 414
Jânio (da Silva) Quadros (presidente da República) – 72, 421
Jason Bush – 275
(João) Américo de Souza – 431, 433
João (Belchior) Goulart (presidente da República) – 420, 423
João de Oliveira – 414
Johannpeter, Jorge Gerdau – 14
John Kerry – 275
Jorge, Eduardo – 360
Jorge Gerdau Johannpeter – 14
Jó Saldanha – VI
José Alcino Alano – 133
José Alexandre Scheinkman – XXXVII, 9, 40, 60, 184, 434
José Alan Dias – 127
José Avelá Pereira Costa – 414
José do Carmo Gondim – 414
José Filgueiras – VI, 414
José Geraldo Forte – 415
José Lewgoy – 429
José Marcio Camargo – XXXIX, 434
José Moreira de Oliveira Saraiva – 415

José Milton Alves dos Santos – 415
José Sarney (deputado federal, governador, senador e presidente da República) – orelha da capa, orelha da contracapa, XXXIII, 104, 120, 262, 336, 425, 428
José Venilson de Carvalho – 415
José Vieira Nepomuceno Filho – 415
Jô Soares Onze e Meia – 291
Jubran, Samir – 363
Júlia de Souza Maia – 429
Junqueira Filho, Aguinaldo (de Mello) – 353, 368, 404
Juros Básicos (Copom e Juros Básicos) – 62
Juros de Mercado – 63
Juros e Encargos da Dívida Pública Mobiliária Federal Interna – 42
Juscelino Kubitschek (de Oliveira) - (deputado federal, governador, presidente da República e senador) – 139, 215, 421
Justiça – 155

K
Kerzner, Harold – 14, 434
Kerry, John – 275
Kleber de Souza – 415
Kubitschek (de Oliveira), Juscelino (deputado federal, governador, presidente da República e senador) – 139, 215, 421

L
Lacerda, Paulo – 192
Lasmar, Benedito – 110
Lavoura de Subsistência – 110
Lazer – 224
Lazer (Esporte e Lazer) – 223
L. C. de Miranda Lima Filho – 405
Leal, Victor Nunes – 421
Leandro Piquet Carneiro – XXXIX, 434
Le Figaro/AFP – 141, 435
Legislação Cível e Penal – 155
Lei de Biossegurança – 220
Leite, Luciano Pletsch – 415
Lemos, Ana Amélia – 127, 130, 131
Lemos, Augusto Jefferson – 286
Lenira Lopes – 415

Leopoldo César de Miranda Lima Filho – 405
Leote, Silvio – 416
Lewgoy, José – 429
Liberdade Condicional... – 159
Liberdade Provisória... – 159
Licitações Públicas – 190
Lima, (Francisco) Negrão – 421
Lima Filho, Leopoldo César de Miranda – 405
Lima, Paulo Tarso Flexa de – 114
Limpeza das Praias – 105
Lino Rodrigues – 320, 435
Lisboa, Marcos de Barros – XXXVII, 184, 435
Livro Didático – 210
Lopes, Altamir – 413
Lopes, Lenira – 415
Lorenzoni, Onyx – 142
Lott, (Henrique Duffles) Teixeira – 421
Loubet, Vander – 110
Lourenço, Arnaldo – 413
Lourenço, Silvana Mota Davis – 416
Luciano Bivar – 262, 415, 435, orelha da contracapa
Luciano Pletsch Leite – 415
Lúcio Meira – 421
Luísa Souza Trindade – 429
Luís Nassif – 4, 41, 64, 69, 72, 89, 107, 128, 132, 219, 409
Luís Roberto Ponte – 262, 286, 290
Luiz Carlos Barreto – 429
Luiz Pinguelli Rosa – 126
Lurdete Ertel – 133
Luz, Carlos (deputado) – 420

M
Macedo, Paulo – 422
Machado de Assis – 215
Maciel, Everardo – 291
Maia, Júlia de Souza – 429
Maia, Simone Peixoto – VI
Mailson da Nóbrega – 336
Mainardi, Diogo – 156
Maior Integração com os Países Participantes da Colonização Brasileira – 241
Maioridade Penal, Pena Máxima de Reclusão

Índice Onomástico e Temático 447

e o Instituto do Júri Popular – 155
Maitê Proença – 429
Malan, Pedro Sampaio – 403
Malcolm Forbes Jr. (Steve) – 275
Malogro do "Imposto Único" em Outros Países – 365
Manejo Portuário e Aeroportuário das Exportações e Importações – 99
Manifestações sobre Trabalhos do Autor – 403
Manjone, Antônio – 217
Maranhão, Djalma – 422
Marcel Proust – XXIX
Marcio Aith – 14
Marcos Abrahão – 415
Marcos Cintra (Cavalcanti de Albuquerque) – 262, 286, 290, 326, 332, 352, 365, 435
Marcos de Barros Lisboa – XXXVII, 184, 435
Marcos Pontes (tenente-coronel aviador) – 249
Marechal Rondon – 215
Maria Cristina Pinotti – XXXIX, 435
Maria Cristina Trindade Torres – XXXIX, 435
Maria de Lourdes (Lourdinha) da Costa Souza – VI, 415, 419, 426
Maria do Carmo Costa Oliveira – 415
Maria João Rodrigues – 4
Marinha, Exército e Aeronáutica – 246
Mário Henrique Simonsen – 51, 58, 275, 286, 288, 289, 365, 435
Marta Suplicy (deputada federal) – 183, 435
Massimi Miki – 415
Mauá, Barão de – 215
Mauro Motta Durante – 403
Mauro Sérgio Bogéa Soares – 404, 415, 435
Mazzili, Ranieri – 420, 422
Medeiros, Cezar – 40, 41
Medeiros, Orlando Lopes de – 415
Médici, Emílio (Garrastazú) - (presidente da República) – 337
Medicina Regenerativa – 220
Meio Ambiente (Agricultura e Meio Ambiente) – 107

Meios de Comunicação – 151
Meira, Lúcio – 421
Menezes-Filho, Naércio de Aquino – XXXIX, 435
"Meninos do Tráfico" – 182
Meninos de Rua – 181
Mercado de Capitais – 69
Mercosul – 236
Microcrédito Rural e Periférico – 72
Miki, Massimi – 415
Mikhail Orlov – 276
Milton Gamez – 286, 435
Milton Mira de Assumpção Filho – VI, 415
Minas e Energia – 125
Ming, Celso – 284
Ministério Público – 175
Monetização – 285
Monica Weinberg – 204, 435
Moraes, Antônio Ermírio de – 81, 82, 138, 197, 433
Moraes, Gedy (Rodrigues de) – 424
Mortalidade Infantil – 231
Mourão, Ronaldo Rogério de Freitas – 249
Mota, Raimundo José dos Santos – 416
Multas – 163
Museus (Bibliotecas e Museus) – 213
Música (Canto e Música) – 216
MV Bill – 182

N

Naércio de Aquino Menezes-Filho – XXXIX, 435
Nassif, Luís – 4, 41, 64, 69, 72, 89, 107, 128, 132, 219, 409
Negrão de Lima (Francisco) – 421
Nelson Boeira – 206
Nepomuceno Filho, José Vieira – 415
Neutralidade – 287
Neves, Tancredo – XXIX, 423
(Neumann), Zilda Arns – 226
Newton Lins Teixeira de Carvalho – 415
NFSP e Comprovação da Capacidade Arrecadatória do Dízimo Cívico – 31
Nóbrega, Mailson da – 336
Nobrega, Ronaldo – 416

Novas Unidades (de Serviço) das Forças Armadas – 246
Novo Conceito de Carga Tributária das Pessoas – 37
Novo Modelo Econômico – 25
Novo Modelo Econômico Propiciador da Redução da Carga Tributária e do Aumento da Arrecadação Pública – Dízimo Cívico – 25
Novo Sistema Tributário Nacional – Instituição do Dízimo Cívico – 255
Novos Paradigmas para o Sistema Tributário Nacional e seus Fundamentos Econômicos – NFSP e Estimativa de Receita do Dízimo Cívico – 261
Nunomura, Eduardo – 216

O

OAB – Contra-capa
Obras e Providências Especiais – 396
Octavio Bulhões – 369
Odécio Gregio – 286
O Estado – 3
O Estado de S. Paulo – 23, 49, 71, 98, 112, 122, 211, 216, 365, 435
O Globo – 435
Olavo Setúbal – 56
Olinto, Pedro – XXXIX, 435
Oliva Neto, Oswaldo – 4
Oliveira, Aurivaldo Coimbra da – 259
Oliveira, Emídio Milas de – 414
Oliveira, João de – 414
(Oliveira), Juscelino Kubitschek - (deputado federal, governador, presidente da República e senador) – 139, 215, 421
Oliveira, Maria do Carmo Costa – 415
Oliveira, Ribamar – 365
Oliveira Salazar (Antônio de) – 426
ONGs – 195
ONG "Amigos do Bem" – 195
Ônibus Urbano e Suburbano – 148
ONU e Outros Organismos Internacionais – 235
Onyx Lorenzoni – 142
Operários e Secretários Domésticos – 123

Orlando Lopes de Medeiros – 415
Orlov, Mikhail – 276
O Sul – 48, 70, 186, 194, 435
Oswaldo Oliva Neto – 4
Outras Fontes de Energia – 133
Ovinos e Caprinos – 110

P

Pagamento de Empréstimos e Financiamentos Bancários – 69
Paraguai – 238
Parente, Pedro – 292, 436
Parlamentskaya Gazeta – 275, 436
Parte I – Um Novo Brasil – 1
Parte II – Novo Sistema Tributário Nacional (Anexo) – 253
Parte III (Apêndices) – 373
Pastore, Affonso Celso – XXXVII, 184, 433
Patrimônio Cultural – 216
Paula Souza Trindade – 429
Paulo Hackmann – 48
Paulo Lacerda – 192
Paulo Macedo – 422
Paulo Nogueira Batista Jr. – 60, 415
Paulo Rabello de Castro – 360
Paulo Roberto Rebello – 416
Paulo Tarso Flexa de Lima – 114
Paulo Vasconcelos – 415
Pecuária e Suinocultura – 110
Pedro Cavalcanti Ferreira – XXXIX, 435
Pedro Olinto – XXXIX, 435
Pedro Parente – 292, 436
Pedro Sampaio Malan – 403
Pedro Simon (senador) – 130, 176, 190, 436
Peles (Couros e Peles) – 111
Peles Naturais – 117
Pelini, Ana Maria – 413
Penas mais Severas aos Traficantes – 194
Pereira, Valcir Ferreira – 416
Persio Arida – XXXIII, XXXIV, 64, 121, 436
Pesca – 118
Pesquisa Científica Transgênica – 220
Pessoa, Samuel de Abreu – XXXIX, 343, 436
Pfeifer, Elton – 367
Pinheiro, Armando Castelar – XXXIX, 433

Pinotti, Maria Cristina – XXXIX, 435
Pires, Glória – 429
Planejamento Familiar – 231
Plano Trintenário (da Agricultura) – 107
Plebiscito e Regulamentação pelo Congresso Nacional – 57
Pleno Emprego – 120
Polícias Federal e Estaduais – 169
Política Cambial – 64
Política Externa – 235
Política Habitacional – 72
Ponte, Luís Roberto – 262, 286, 290
Pontes (tenente-coronel aviador), Marcos – 249
Porto, Jaires – 414
Portos e Vias de Acesso (VIII-4) – 143
Precatórios – 78
Prefácio – XXXIII
Prêmio por Denúncia de Corrupção e Fraude – 190
Prescrições Penais... – 159
Preservação das Fontes de Água – 113
PRIMEIRA LEITURA – 127, 436
Prisão Administrativa... – 159
Prisão Domiciliar... – 159
Prisão Especial... – 159
Prisão Temporária... – 159
Privatizações – 43
Privatizações (Dívidas Públicas e Privatizações) – 39
Privatizações pela Ótica de Outros Brasileiros – 57
Procedimento Judicial em que o Poder Público for o Autor – 156
Procedimento Judicial em que o Poder Público for o Réu – 157
Processos e Condenações pela Prática de Corrupção e Fraude – 191
Processos de Licitação – 21
Proença, Maitê – 429
Profissionais Liberais e Autônomos – 123
Profissionalização do Exportador – 98
Programa Espacial – 248
Programa Rodoferroviário, Obras e Providências Especiais Prioritárias – 375

Programas Culturais – 215
Progressividade – 288
Promoção do Brasil no Exterior – 104
Propaganda Enganosa – 187
Prostituição Infantil – 183
Proteção Ambiental – 113
Proteção ao Direito Autoral – 157
Proust, Marcel – XXIX
Providência Administrativa pela Receita Federal – 325

Q

Quadros, Jânio (da Silva) – 72, 421
Quebra de Sigilo Fiscal e Bancário – 190
Quesnay, François – 291

R

Rangel Cavalcante – orelha da contracapa
Racy, Sonia – 71, 98, 211
Rádios e Televisões Estatais – 152
Raimundo José dos Santos Mota – 416
Rainha Elizabeth II – 426
Ramos, Evaldo Scheffer – 310
Ranieri Mazzili – 420, 422
Raul Batista de Souza – 416
Reativação da Economia – 347
Rebouças, André – 215
Rebouças, Antônio – 215
Rebello, Paulo Roberto – 416
Recadastramento Imobiliário Urbano e Rural – 112
Recebimentos Não-Tributáveis – 313
Recebimentos Tributáveis – 305
Receita Federal – 325
Recuperação das Rodovias – 137
Redução do Depósito Compulsório – 61
Reestruturação (Reengenharia) do Estado Brasileiro – 3
Reflorestamento – 112
Reforma Agrária e os Sem-Terra – 111
Reforma Política – 163
Regimes Aberto e Semi-Aberto... – 159
Regimes de Exceção – 240
Registro e Extinção (baixa) de Empresa – 94
Registro Geral (de Identidade) com base na

Lei Pedro Simon e Cartão Eletrônico de Identidade – 176
Registro de Obras de Arte – 214
Regulamentação pelo Banco Central – 319
Reintegração das Pessoas na Sociedade Econômica do País – 187
Relaxamento de Flagrante... – 159
Repatriamento e Ressarcimento aos Cofres Públicos do Principal e dos Ganhos Originários de Corrupção e Fraude – 192
Réplica aos Contrários – 277
Representações Diplomáticas – 241
Resende, André Lara – XXXIII, 64, 260, 287, 310, 360, 433
Reserva Amazônica – 113
Reservas Carboníferas – 130
Reservas Minerais – 125
Reservistas – 247
Resumida Biografia Iconográfica do Autor – 417
Retorno do Dinheiro Remetido para o Exterior por Brasileiros ou Estrangeiros Residentes no País – 70
Revisão Integral da Legislação Federal – 158
Reynaldo Fernandes – XXXIX, 436
Ribamar Oliveira – 365
Ricardo Paes de Barros – XXXIX, 436
Riccitelli, Antonio – VI, 433
Risco-Brasil – 72
Roberto Giannetti da Fonseca – 64, 66
Roberto (de Oliveira) Campos – 369, 436
Roberto Mangabeira Unger – 57, 436
Roberto Siqueira – 416
Rodolfo Antônio da Costa Guará – 416
Rodolfo Tourinho (senador) – 130
Rodovias (XIV-2) – 136, 375
Rodovias Estaduais – 141
Rodrigues, Lino – 320, 435
Rodrigues, Maria João – 4
Ronaldo Nóbrega – 416
Ronaldo Rogério de Freitas Mourão – 249
Rosa, Luiz Pinguelli – 126
ROSSIISKAYA GAZETA – 275, 436
Rothischild, Barão – 56
Rozane Bezerra Siqueira – XXXIX, 436
Ruben (Martin) Berta – 215, 404, 424
Rubens Barbosa – 98
Ruiz, Ciro – 414
Ruy Barbosa – 215

S

Salário Mínimo – 119
Salazar, (Antônio de) Oliveira – 426
Saldanha, Jó – VI
Sálvio Medeiros Costa – VI, 404, 416
Samir Jubran – 363
Samuel de Abreu Pessoa – XXXIX, 343, 436
Saneamento Básico – 232
Saneamento das Finanças Públicas – 7
Santas Casas de Misericórdia – 231
Santos Dumont (Alberto) – 215
Santos, José Milton Alves dos – 415
Santos, Thelma Ribeiro dos – 70
Saraiva, José Moreira de Oliveira – 415
Saraiva, Tomaz Félix de Sousa – VI, 86, 131, 416
Saraiva, Tomazina (Neném) de Souza – 417
Sarney, José (deputado federal, governador, senador e presidente da República) – orelha da capa, orelha da contracapa, XXXIII, 104, 120, 262, 336, 425, 428
Saúde – 225
Scheinkman, José Alexandre – XXXVII, 9, 40, 60, 184, 434
Seca no Sul e no Norte do País – 114
Segurança Nacional – 245
Segurança Pública – 165
Seguro do Crédito Agrícola – 115
Seletividade – 289
Sem-Terra (Reforma Agrária e os Sem-Terra) – 111
Sem-Teto – 186
Sérgio Gaudenzi – 249
Serviço Odontológico Gratuito por Clínicas Odontológicas do Setor Privado – 228
Setúbal, Olavo – 56
Silva, (Arthur da) Costa e (presidente da República) – 82, 337, 425

Silva, Elisa de Souza – 429
Silva, Luiz Maurício da – 436
Silvana Mota Davis Lourenço – 416
Silva, Zileide – 249
Sílvio Leote – 416
Simon (senador), Pedro – 130, 176, 190, 436
Simone Peixoto Maia – VI
Simonsen, Mário Henrique – 51, 58, 275, 286, 288, 289, 365, 435
Sindicatos e Entidades de Classe – 124
Sinopse (Um Novo Brasil) – 7
Siqueira, Roberto – 416
Siqueira, Rozane Bezerra – XXXIX, 436
Sistema Prisional – 171
Soares, Mauro Sérgio Bogéa – 404, 415, 435
Soares, Valdemir Castilho – 416
"Sonhando com os BRICs: o caminho para 2050" – 9
Sonia Racy – 71, 98, 211
Sousa, Américo (Tomazinho) Félix de – 417
Sousa, David Dias de – 259
Souza, Anamaria da Costa – 413, 419, 429
Sousa, Ana (Naninha) Félix de – 417
Souza, Ana Pacífico de – 417
Souza, Antônio Carlos de Lacerda e – 413
Souza, Fernando Américo de – VI, 414
Souza, Hamilton Moss – 133
Souza, Iracema (Cema) Felix de – 417
Souza, (João) Américo de – 431, 433
Souza, Kleber de – 415
Souza, Maria de Lourdes (Lourdinha) da Costa – VI, 415, 419, 426
Souza, Raul Batista de – 416
Souza, Tomaz Félix de – 417
Souza, Vânia Maria da Costa – 416, 419, 429
Souza, Walter Américo da Costa – VI, 416
Steinbruch, Benjamin – 9, 81
Steve Forbes (Malcolm Forbes Jr.) – 275
Subsídios e Isenções – 290
Subsídios, Vencimentos e Soldos – 16
Sumário – XI
Suplicy (deputada), Marta – 183, 435
Suplicy (senador), Eduardo – 434
Sursis (suspensão condicional da pena)... – 159

T

Tancredo Neves – XXIX, 423
Tavares, Flávio – 113
Táxis e Transporte Urbano Alternativo – 148
Tecnologia (Ciência e Tecnologia) – 219
Teixeira Lott (Henrique Duffles) – 421
Telecomunicações – 151
Thelma Ribeiro dos Santos – 70
Terminal Eletrônico, a Grande Arma do Policial em Ronda Preventiva – 168
Termelétrica – 129
Teonília (Teté) Félix de Sousa Cerveira – 417
THE ECONOMIST – 81, 276, 437
Theodorico Bezerra – 422
Tiros-de-Guerra – 248
Tomaz Félix de Sousa Saraiva – VI, 86, 131, 416
Tomaz Félix de Souza – 417
Tomazina (Neném) de Sousa Saraiva – 417
Torres, Maria Cristina Trindade – XXXIX, 435
Tourinho, Rodolfo (senador) – 130
Trabalho – 119
Trabalho Escravo – 124
Trabalho Infantil – 123
Transferência/Distribuição do Dízimo Cívico à União, aos Estados, ao Distrito Federal e aos Municípios – 351
Transferência para a CEF dos Débitos de Toda a Carteira de Financiamentos Habitacionais em Poder do Sistema Bancário Privado e Anistia das Dívidas Contraídas pelo Mutuário com o SFH para Aquisição ou Construção de Habitação Unifamiliar com a Quitação dos Respectivos Empréstimos e Extinção dos Fundos de Compensações Salariais – 76
Transformação das Universidades Federais em Fundações Privadas – 208
Transformação do Serviço de Saúde Pública em Fundações Privadas – 227
Transformação do Serviço de Saúde Pública Odontológica em Fundações Privadas – 229
Transgênicos (Pesquisa Científica Trans-

gênica) – 220
Transplante, Doação e Recepção de Órgãos Humanos – 231
Transporte Aéreo – 145
Transporte Alternativo (Táxis e Transporte Urbano Alternativo) – 148
Transporte Marítimo – 142
Transportes – 135
Transportes Urbano e Suburbano – 147
Trens de Alta Velocidade – 141
Tributação (Imposto de Renda) nos Estados Unidos – 365
Trindade, Fernando Antônio Gadelha da – 414
Trindade, Luísa Souza – 429
Trindade, Paula Souza – 429
Turismo – 101
Turismo Cultural – 102
Turismo Externo Receptivo – 103
Turismo Sexual – 103
Turmas Diferenciadas para Alunos Especiais – 205
TV GLOBO – 110, 182

U

Uma Única Base de Cálculo – 26
Um Novo Brasil: Reestruturação do Estado Brasileiro – 3
Um Novo Brasil: Sinopse – VII
Um Único Tributo Arrecadatório – 27
Unger, Roberto Mangabeira – 57, 436
Unicidade da Base de Cálculo – 291
Unicidade de Linguagem Tributária Internacional – 292
Unidades Móveis de Saúde – 230
Unificação das Polícias Militar e Civil – 170
Urani, André – XXXIX, 433
UrielAgria – VI, 416
Uruguai – 239

V

Valcir Ferreira Pereira – 416
Valdemir Castilho Soares – 416
Valdir Andres – 132
Valente, Ivan – 201
Valmor Barbosa da Cunha – VI, 416
VALOR ECONÔMICO – 121, 276, 437
Valorização da Intelectualidade – 213
Vander Loubet – 110
Vânia Maria da Costa Souza – 416, 419, 429
Varella, Drauzio – 194, 231
Vasconcelos, Antônio Olívio de – 413
Vasconcelos, Jurandir P. – 437
Vasconcelos, Paulo – 415
VEJA – 14, 49, 89, 94, 198, 204, 205, 232, 437
Verticalização – 293
Viana, Heitor Antônio Barbosa – 178, 414
Viaturas Públicas – 22
Victor Nunes Leal – 421
Vidigal, Edson – 152
Vieira, Mara Lúcia Monteiro – 437
Vignali, Antônio Natálio – 413
Vilanova, Clarimundo – VI, 414
Visita Íntima e de Familiares... – 159
Visita de Advogados... – 159
Vistos Consulares – 242

X

Xico Graziano – 112, 437

W

Walter Américo da Costa Souza – VI, 416
Weinberg, Monica – 204, 435

Z

ZERO HORA – 84, 89, 113, 126, 127, 128, 129, 130, 131, 132, 133, 134, 156, 172, 198, 249, 289, 437
Zilda Arns (Neumann) – 226
Zileide Silva – 249

Endereços do Autor para correspondência:

Ministro AMÉRICO DE SOUZA
e-mail: **americodesouza@uol.com.br**
Av. Beira Mar Norte, 289
Turimar
Tels.: (48) 3583-1418 / 3583-0323 / Fax (48) 3583-0303 / Cel. (48) 9985-8428
Balneário Gaivota – SC
CEP 88955-000

Este livro foi digitado em Times New Roman, Page Maker 6.0,
nas fontes 8,5/9/10/12/14/18/20/24/26/30 e impresso
em papel Chamois-Fine Alcaline Dunas de 70g/m² pela

Gráfica Editora Pallotti
Av. Plínio Brasil Milano, 2145
Tel.: (51) 3021-5001; Fax: (51) 3021-5050
CEP 90520-003 – Porto Alegre – RS
e-mail: **pallotti@pallotti.com.br**